海纳百川　追求卓越

——上海市政府质量奖二十年

（2001—2020 年）

陈学军　主编

中国质量标准出版传媒有限公司
中　国　标　准　出　版　社

北　京

图书在版编目（CIP）数据

海纳百川　追求卓越——上海市政府质量奖二十年 2001—2020 年/陈学军主编．—北京：中国质量标准出版传媒有限公司，2021.8

ISBN 978－7－5026－4904－3

Ⅰ．①海…　Ⅱ．①陈…　Ⅲ．①质量管理—经验—上海—2001—2020　Ⅳ．①F273.2

中国版本图书馆 CIP 数据核字（2021）第 048599 号

中国质量标准出版传媒有限公司
中　国　标　准　出　版　社　出版发行
北京市朝阳区和平里西街甲 2 号（100029）
北京市西城区三里河北街 16 号（100045）
网址：www. spc. net. cn
总编室：(010)68533533　发行中心：(010)51780238
读者服务部：(010)68523946
中国标准出版社秦皇岛印刷厂印刷
各地新华书店经销

*

开本 787×1092　1/16　　印张 21.75　字数 404 千字
2021 年 8 月第一版　　2021 年 8 月第一次印刷

*

定价 **90.00** 元

编者按

十年磨一剑，砺得梅花香。二十铸品牌，谱写新乐章。

上海，是一个蕴藏着生生不息、精益求精质量基因的城市。这里，是中国近代工业的发祥地，诞生了中国第一家味精厂、第一家电池厂、第一家时钟制造厂、第一家民族制药厂、第一台万吨水压机。这里，也是中国民族自主品牌的摇篮，从20世纪30年代一直到80年代末，诞生了“永久牌”自行车、“蝴蝶牌”缝纫机、“上海牌”手表、“中华牌”铅笔等一大批响亮的民族自主品牌，积淀了深厚的质量传统。

20世纪80年代末、90年代初，随着社会主义市场经济体制的逐步建立，在跨国巨头与新兴民营经济的轮番冲击下，上海原有的本土品牌渐渐沉寂。面临挑战，1988年，时任上海市市长朱镕基提出“质量是上海的生命”，指出质量问题对受资源要素制约的上海来讲，是个生死攸关的问题。1990年，中共上海市委发布《中共上海市委关于全党重视抓好质量的意见》，明确提出“质量上，则上海兴；质量下，则上海衰”。1991年起上海市开始推荐质量标兵个人奖项，1993年起同时推荐上海市质量标兵企业奖项。

进入21世纪，改革开放及经济体制调整不断深入，如何在传承积淀的基础上改革创新，是每一个质量人孜孜以求的目标。为更好地体现政府质量奖的科学性，2001年上海市正式设立质量金奖，以鼓励各行各业重视质量；为进一步唤起全社会质量意识，2007年上海市又设立了市长质量奖，表彰上海质量成就突出的组织及个人，2008年举行首届市长质量奖颁奖典礼。2012年，为充分发挥政府质量奖的激励引导作用、提高上海城市综合竞争力，上海市政府颁布《上海市政府质量奖管理办法》(沪府办发〔2012〕8号)，正式合并市长质量奖、质量金奖两个奖项，设立上海市政府质量奖。自此，质量，这个上海城市精神的重要基因，更是融入了上海的血液之中，成为上海孜孜不倦的品质追求。

自2001年上海市设立质量金奖已有二十个年头。二十年来，上海始终坚持“质量是上海的生命”的宗旨，充分发挥政府质量奖励制度的激励导向作用，以“建制度、强管理、树标杆、促引领”为工作原则，努力推动上海城市质量竞争力整体提升。二十年来，上海市政府质量奖工作呈现出“立、推、融、进”四个特点：

立，通过实施上海市政府质量奖励制度，在全市树立了一大批管理先进、质量卓越、业绩突出、品牌价值显著的质量标杆。据统计，二十年来共有190家（次）组织和102位个人获上海市政府质量奖，已基本形成以“市长质量奖为最高质量荣誉、质量金奖为各行业质量标杆”的体系。它们中，有宝山钢铁股份有限公司、上海汽车集团股份有限公司［原上海市汽车工业（集团）总公司］、上海振华重工（集团）股份有限公司、中国商用飞机有限责任公司、上海航天设备制造总厂、上海微电子装备有限公司等战略性新兴产业龙头企业；有上汽安吉物流股份有限公司（原安吉汽车物流有限公司）、上海东湖物业管理有限公司（原上海东湖物业管理公司）、上海申通地铁集团有限公司、国网上海市电力公司、上海交响乐团等服务业品牌企业，它们充分体现了上海经济与社会高质量发展的成果，并激励引导着更多组织提高质量意识、强化质量管理、持续改进经营绩效水平、共推上海高质量发展。

推，通过实施上海市政府质量奖励制度，形成了“树立一批质量标杆、推动一个行业质量提升”的质量奖工作推进模式。近年来，上海市政府质量奖获奖组织及个人的覆盖面越来越广，业态越来越丰富，已从最初的制造业，逐步延伸至服务业、公共领域甚至农业。据统计，截至2020年年底，上海市政府质量奖获奖组织和个人共涉及30个行业门类，基本覆盖上海主要产业领域，他们在带动上下游产业高质量发展、促进行业质量提升方面发挥了重要的示范引领作用；此外，也带动了更多的行业、组织重视质量、追求卓越。近3年，上海市参与群众性质量提升活动企业基层班组6万余个，参与职工累计达76万余名。据统计，2020年上海制造业质量竞争力指数为95.78，连续11年排名全国第一，公共服务质量总体满意度继续位居全国前列。这其中，政府质量奖励制度发挥了积极的激励引导作用。

融，通过实施上海市政府质量奖励制度，“持续改进、追求卓越”的质量理念已越来越融入到上海各行各业的高质量发展之中。在实施政府质量奖励制度过程中通过搭建公共交流平台，大力宣传上海市政府质量奖获奖组织和个人的质量管理方法和经验，有效传播了质量文化。如2019年启动的上海市百家质量奖获奖组织“质量开放日”活动，整个活动超过35000人次参加，活动总曝光量达到500万余人次；2018—2020年上海市组织开展了各类质量宣传活动2000多场，向广大市民全方位展示质量奖获奖组织的质量风采，参与企业上万家、公众几十万人次，通过这些公共宣传活动有效营造了“质量第一”的社会氛围，“质量是上海的生命”理念已深入人心，“持续改进、追求卓越”的质量意识已成为社会共识。

进，通过实施上海市政府质量奖励制度，上海市政府质量奖励制度本身也在随着工作的推进与时俱进、不断总结、不断完善。如2012年颁布《上海市政府质量奖管理办法》，2016年、2019年先后对其进行修订，进一步扩大申报渠道、突出激励引导、简化评审程序、严格评审纪律、加强社会监督、提高评审透明度、加强宣传推广等，以适应社会发展变化、需求。配套制定质量奖评审工作规范，在总结多年上海市政府质量奖评审工作经验的基础上，制修订《上海市政府质量奖个人评价准则》《医疗机构卓越绩效评价准则》等标准，至今形成了由办法、规范、标准、表单等构成的一整套较完整的质量奖评审制度体系。随着上海经济社会的发展，上海市政府质量奖励制度也将不断改进、完善，为推动上海高质量发展发挥更大作用。

当前，“海纳百川”已成为质量奖工作坚持的宗旨，“追求卓越”已成为全市各类组织和个人矢志奋斗的目标。值“十四五”开局之际，持续改进，不断提升政府质量奖励工作，对助推上海全面深化“五个中心”（国际经济、金融、贸易、航运和科技创新）建设、加快建设具有世界影响力的社会主义现代化国际大都市具有重要意义。本书通过对上海市政府质量奖励制度实施二十年来的回顾，系统总结了政府推进质量奖励工作的做法和实践，清晰反映了上海市质量发展和质量提升的脉络和脚印，希望进一步发挥质量奖励制度作用，以质量塑造新形象，以质量打造新优势，以质量促进新发展，为推动新时代上海高质量发展，提升城市能级和核心竞争力而不懈努力。

时光总是向前，奋斗永不停步。质量，是上海城市的软实力、竞争力，是上海的城市形象。未来，上海将适应经济发展新常态，围绕国家战略实施，对照城市发展目标，砥砺前行，不忘初心，始终秉持“质量是上海的生命”理念，坚持发扬“精益求精”的质量精神，让坚持质量的传统在各行各业传承，让发展持续改进质量的基因在社会各界延续，推动上海质量进入新的发展阶段。未来，上海将以质量统百策、以质量兴千业、以质量惠万民，让上海率先进入质量时代，让上海人人享受品质生活，让上海这座现代化大都市不断闪耀卓越的光彩！质量，这个传承上海城市精神的基因，将一如既往地推动上海追求卓越！

上海市质量工作领导小组副组长
上海市政府质量奖审定委员会副主任委员
上海市市场监督管理局局长

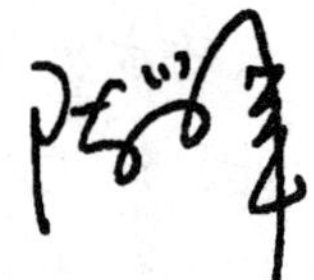

2021 年 3 月

前　言

“质量是上海的生命”，上海历届领导都高度重视质量工作。为激励引导上海各行各业重视质量、追求卓越，提高上海城市综合竞争力，上海市于2001年设立质量金奖、2007年设立市长质量奖，2012年统一为上海市政府质量奖，至2020年上海市已建立“市长质量奖为最高质量荣誉、质量金奖为各行业质量标杆”的政府质量奖励制度。经过二十年的沉淀和凝练，上海市政府质量奖励制度、工作机制不断完善；“树立一批质量标杆、推动一个行业质量提升”的工作模式基本形成；质量奖获奖组织及个人已遍及上海30个主要行业，充分体现了“海纳百川、追求卓越”的上海城市精神。上海市政府质量奖已成为上海质量工作的一张靓丽名片，成为展示上海质量特色、宣传上海质量标杆的重要载体。

当前，正值“十四五”开局之际，立足新发展阶段、贯彻新发展理念，服务新发展格局，梳理、总结上海市政府质量奖的二十年发展历程，创新实施政府质量奖励制度，对大力实施质量强国战略，深入开展质量提升行动，满足人民群众对美好生活的需要，助推上海新一轮高质量发展具有重要的现实意义。

本书是对上海市政府质量奖工作二十年的回顾和总结，从发展历程、制度建设、公共服务、行业推广、区域实践、评审感悟、获奖情况、绩效评估、获奖案例等9方面，全面、完整地记录了上海市政府质量奖二十年来的发展之路；从政府、行业、区域、企业等多个角度反映了上海市政府质量奖工作的探索、实践、特色和影响力；从制造业、服务业、公共产品和服务等多个维度展现了上海市政府质量奖获奖组织、个人的卓越质量实践成果，希望各行各业能以争创政府质量奖为动力，以质量获奖组织和个人为榜样，积极践行先进质量管理理念与方法，以质量塑造新形象，以质量打造新优势，以质量促进新发展，逐步踏上追求卓越的光辉征程。

本书由上海市质量工作领导小组副组长、上海市政府质量奖审定委员会副主任委员、上海市市场监督管理局局长陈学军任主编，由上海市政府质量奖审定委员会办公室组织编写，编写人员包括王晓东、李明、李春宛、杨灯海、沈海军、陆志瑜、金芯羽、郑芸、屈林、胡军、侯智斌、施瑛男、倪旦红、徐正初、徐颖芳、康军、彭昕等，由杨灯海、徐正初、沈海军、郑芸负责章节统稿，由张丽虹负责总的统稿。

在本书编写过程中，得到钱仲裘、黄小路、沈伟民、陶树基、陈木楷、黄肖强、刘刚、郁时霖等前辈领导和专家的热忱指导。在此谨向曾经为上海市政府质量奖工作作出贡献的各位老领导、老专家、老同志们致以诚挚的敬意。

市政府质量奖审定委员会各成员单位、各区市场监督管理局、上海汽车集团股份有限公司、上海电气集团股份有限公司、中国商用飞机有限责任公司、上海航天技术研究院等集团及市生物医药、服装鞋帽等行业协会，以及各质量奖获奖组织及个人为本书编写提供了大量的素材。

在本书编辑出版过程中，上海市质量监督检验技术研究院给予了大力支持，该院陆志瑜、金芯羽、施瑛男等同志承担了大量编辑、协调和沟通等工作，在此对于为本书作出贡献的人们一并表示衷心感谢！

由于时间仓促，编写组水平有限，书中难免出现错漏疏误之处，恳请广大读者不吝指正，以便持续改进。

编写组

2021 年 3 月

领导寄语

质量反映一个国家和地区的综合实力、体现一个民族的整体素质，质量发展是强国之基、立业之本、转型之要。我们要牢固树立质量即是生命，质量决定发展效益和价值的理念，不断推进本市质量高地建设，努力探索出一条符合上海经济社会发展要求的质量发展新路。

——杨雄（摘自2015年度上海市市长质量奖颁奖仪式上的讲话）

质量发展事关城市未来、人民生活，卓越的城市需要卓越的质量。以卓越质量推动从数量扩张向质量提高的战略性转变，以卓越质量为国际金融中心、经济中心、贸易中心、航运中心和具有全球影响力的科技创新中心建设提供强力支持，以卓越质量主动服务长三角和国家发展大局，全力将上海打造成具有国际竞争力的质量高地。

——应勇（摘自2016年度上海市市长质量奖颁奖仪式上的讲话）

上海市委、市政府历来高度重视质量工作，在全国率先设立质量金奖、市长质量奖，树立了一大批管理先进、业绩突出、品牌价值显著的质量标杆，引领带动上海制造业竞争力指数连续10年位居全国第一，公共服务质量总体满意度位居全国前列。我们要坚持质量第一、推动质量变革、提升质量治理能力、推广上海标准、打响上海品牌。同时，要强化质量社会共治，讲好上海质量故事。

——龚正（摘自2019年度上海市市长质量奖颁奖仪式上的讲话）

数读 上海市政府质量奖二十年

190家（次） 102位

2001—2020年，共计190家（次）组织、102位个人获得上海市政府质量奖。其中，19家组织、14位个人获上海市市长质量奖；171家（次）组织、88位个人获上海市质量金奖。

30个

2001—2020年，上海市政府质量奖所有获奖组织和个人所在组织共涉及汽车制造业、通用设备制造业、电气机械和器材制造业等30个行业。其中，制造业、服务业占比分别为52.1%、29.7%。国有、私营、中外合资占比分别为48.6%、35.6%、9.9%。

1个+3个+5个

2001—2020年，上海市已建立1+3+5的政府质量奖制度体系，即1个管理办法：《上海市政府质量奖管理办法》；3个配套规范：评审工作规范、评审员管理规定、观察员管理制度；5个标准：《卓越绩效评价准则》《卓越绩效评价准则实施指南》《小企业卓越绩效评价准则》《医疗机构卓越绩效评价准则》《上海市政府质量奖个人评价准则》。

3家 19家 5位

2012年我国设立中国质量奖，为我国最高质量荣誉，至2020年年底，已评选3届。上海共有3家组织获得中国质量奖，19家组织、5位个人获得中国质量奖提名奖，获奖数分别占全国获奖总数的10.2%、14%、9%，位居全国各省市前列。

500+ 人

2001—2020年，上海市先后有500余名评审员参加政府质量奖评审。截至2020年年底，纳入上海市政府质量奖评审专家库的共有285人，其中92%来自获奖组织中高层管理人员。

6450 人（次） **15万** 小时

2001—2020年，上海市政府质量奖审定委员会办公室共组织6450人次的评审专家为参评组织提供质量诊断，总计时长超15万小时。

2000 余份报告

2001—2020年，上海市政府质量奖审定委员会办公室共组织评审专家为参评组织提供质量诊断报告2000余份，提出组织或个人的质量优势和可对照之处，总结提炼组织或个人的先进质量管理经验。

22万 余人次

2001—2020年，上海市、区两级市场监督管理局组织开展“两千一百”工程、“万千百”工程、质量大讲堂等质量公益培训活动，培训人数累计达22万余人次。

2000 家（次） **1.5万** 余册 **1000万** 余人次

上海市、区两级市场监督管理局组织2000家（次）各级质量奖获奖组织参与质量开放日、市民质量巡访等质量宣传活动，积极传播质量文化，推广交流先进质量管理方法，共计发放质量宣传册1.5万余册，网络总浏览量超1000万人次。

12000 余家 **1100** 余家

上海市各区注重开展质量奖申报组织前端培育和孵化工作，建立“蓄水池”，储备“后备力量”。2009年以来，共培育12000余家组织、孵化1100余家组织导入卓越绩效管理模式。

10.08:1

据研究，以政府对质量奖工作的宣传成本、培训成本、组织评审和奖励经费总和作为政府投入成本，以获奖组织年纳税总额中质量奖贡献的部分作为质量奖效益，测算得到上海市政府质量奖的效益费用比为10.08。

目　录

1 上海市政府质量奖综述

上海市政府质量奖从 2001 年发展至今，从无到有，从点到线到面，不断拓展和延伸，通过建章立制、制定标准、创新机制，形成了系统的工作体系，表彰和树立了一批质量标杆，带动了上海各行业的质量提升，助力上海经济高质量发展。本章主要记叙上海市政府质量奖的发展历程、主要内容和发展特点等，从时间跨度展现二十年来上海市政府质量奖的奋进轨迹、创新特色和发展趋势。

1.1 设立历程

设立政府层面的质量奖项是国际通行做法，目的是鼓励改进、表彰卓越，我国也已设立政府质量奖励制度。上海自1991年起推荐质量标兵到2012年正式设立上海市政府质量奖，始终围绕上海的战略定位和发展目标，积极引导上海市各行各业应用先进质量管理方法、追求卓越绩效，推动高质量发展、创造高品质生活、提升上海城市能级和核心竞争力。

1.1.1 国内外质量奖

世界许多国家和地区为推动企业和各类组织提高质量管理水平，促进国家和地区经济和综合实力提升，将建立和实施质量奖项目作为重要的质量激励手段。在众多的质量奖中，最为引人注目的当属美国波多里奇国家质量奖、欧洲 EFQM 质量奖和日本戴明奖。最早可追溯至日本于1951年设立的戴明奖项目，该奖项助推了日本经济迅速崛起，帮助日本经济长期维持在世界前列，全面质量管理（TQM）理念亦迅速在世界普及。1987年，美国为应对来自日本的竞争，设立了政府主导的波多里奇国家质量奖，以鼓励人们更加关注质量管理和客户满意，推动美国经济的振兴。该奖为提高美国企业的产品和服务质量，提升质量管理水平并保持长期繁荣和可持续的竞争力，保障美国后来长期处于全球经济霸主地位起到了重要作用。紧随美国之后，欧洲、加拿大、英国、新加坡、印度等国家和地区也先后设立了质量奖。据不完全统计，全球以美国波多里奇国家质量奖为蓝本设立的国家和地区质量奖项目已有八十多个。质量奖的设立为这些国家和地区的组织提高质量水平，增强竞争能力发挥了非常重要的促进作用。

数十年来全球成功的国家和地区质量奖项目经验表明，评奖只是手段，而不是最终目的。大多数组织正是通过创奖过程中的不断学习和持续改进，提高了组织管理水平，增进了组织内外部的合作，提升了组织的竞争能力，从而取得了实实在在的经济和其他经营绩效。

随着20世纪70年代我国进入大规模经济建设，质量奖励形式就已经出现，当时主要在企业层面。实行改革开放后，1978年原国家经济委员会在引进质量管理理论和方法的同时，也了解到发达国家在质量奖励方面的经验做法，于1979年设立了质量奖，为鼓励企业不断提高产品质量，决定对工业产品中的优质品颁发国家质量奖，奖项采取企业申报、专家评审、国家经济委员会授奖方式进行，奖项主要针对企业产品质量设立，分别为金质、银质奖章（牌），1979年度172项优质产品获奖。在质量奖建立之后，鉴于质量奖励仅从产品角度进行表彰还很不够，产品质量好坏的关键，在于企业的全面质量管理。1982年5月，国家经济委员会决定在质量奖项目中增设质量管理奖，以通过这种办法，鼓励企业推进全面质量管理，建立健全企业质量管理体系。20世纪90年代初，由于评审过程中的一些问题，国务院决定暂时停止质量奖评审工作。

进入 21 世纪，为了适应我国市场经济发展的新形势，应对加入 WTO 后激烈竞争的挑战，北京、上海、深圳、宁波等省市政府陆续开始探索开展政府质量奖工作。2004 年 8 月，国家标准 GB/T 19580《卓越绩效评价准则》正式发布，该标准借鉴了美国波多里奇国家质量奖和欧洲质量奖评价模型和准则，各地政府质量奖项目开始采用该评价标准。将质量奖评审工作聚焦到：一是引导企业关注市场竞争的焦点，重视产品和服务质量；二是通过卓越绩效模式，引导和激励企业追求卓越，加速培育我国具有国际竞争力的企业；三是树立卓越绩效的标杆企业，将他们的经验为广大企业分享，提高我国企业的整体水平。

2012 年，我国设立中国质量奖，为我国最高质量荣誉，旨在表彰在质量管理模式、管理方法和管理制度领域取得重大创新成就的组织和为推进质量管理理论、方法和措施创新作出突出贡献的个人。至 2020 年年底，已评选 3 届，全国共有 19 家组织、3 位个人获中国质量奖，194 家组织、22 位个人获中国质量奖提名。中国质量奖的设立成为国家层面促进质量提升的重要激励手段。

1.1.2　上海市质量标兵

1990 年 5 月，上海颁布了第一份党委抓质量的文件《中共上海市委关于全党重视抓好质量的意见》，文件中首先提出“质量是上海的生命”这个重要的论断。上海市各系统、各行业积极贯彻文件精神，市经济委员会、市人民政府财贸办公室、市人民政府交通办公室、市建设委员会、市对外经济贸易委员会、市技术监督局等连续多年联合发文，以实施“名牌工程、优良工程、放心工程、正点工程”四大工程为重点，部署开展“学质量先进，树质量标兵”活动。通过各行业推荐、市质量工作领导小组审定，每年表彰一批质量意识强、业务精、作风硬、实绩佳的市质量标兵企业和个人。1991 年、1992 年推荐质量标兵个人，1993 年起，同时推荐质量标兵企业。推荐范围也逐步从工业系统扩大到工业、财贸、建设、交通、邮电、外经贸系统。截至 1999 年，共评选出上海大众汽车股份有限公司、上海第四建筑工程公司、上海铁路分局上海站等 131 家市质量标兵企业和 225 位质量标兵个人。通过树标兵，增强全社会的质量意识，有效推动了全市产品质量、工程质量、运输质量和服务质量的提高。

1999 年，上海市经济委员会、市商业委员会、市建设和管理委员会、市人民政府交通办公室、市对外经济贸易委员会和市技术监督局联合开展上海市质量红旗企业、集体和个人推荐活动，经各级主管部门审查推荐，市质量工作领导小组审定，表彰新中国成立后在上海市质量战线作出杰出贡献的 50 面质量红旗企业、集团和个人，授予“新中国成立 50 周年上海市特别质量奖”荣誉。其中包括上海市飞机制造厂等质量红旗企业 25 家、上海锅炉厂有限公司质量管理处等质量红旗集体 10 家、上海航天局李相荣等质量红旗个人 15 名，个人颁发 50 克重的金质奖章。

1.1.3 上海市质量金奖

从2001年起，为了更好地体现出质量奖项的科学性，根据《中华人民共和国产品质量法》第六条，“国家鼓励推行科学的质量管理方法……。对产品质量管理先进和产品质量达到国际先进水平、成绩显著的单位和个人，给予奖励。”在“上海市质量标兵”推荐评选基础上，上海市在全国率先开展“质量金奖”评选工作，确定上海市质量金奖为年度奖。评审标准参照波多里奇奖评审标准并结合上海实际情况而制定，内容采用波多里奇奖的标准，细节简化便于企业理解。评审方式采取资料评审和现场评审相结合的方式进行，把资料评审作为初审，在此基础上由专家评审组进入现场，一是核实申报资料的真实性和完整性，二是帮助企业提炼质量管理模式和总结经验，最后形成专家小组推荐名单并报领导小组审定。

2002年，由上海市发展计划委员会、市经济委员会、市质量技术监督局等11家单位联合发文制定《上海市质量金奖管理办法（试行）》（沪质技监管〔2002〕223号），将奖励范围从“四大工程”（工业、商业、交通、建设系统）扩大到科技、农业、信息、旅游等，并在申报和评审过程中采用自愿申报、行业推荐、资格初审、材料初审、现场评审、市质量工作领导小组审定、登报公示等方法和程序。上海市质量工作领导小组负责审定获奖名单、检查监督评审工作和组织表彰。上海市质量工作领导小组办公室负责制定、修订“上海市质量金奖”管理办法和评审标准、评聘评审人员，成立评审委员会、组织评审和向市质量工作领导小组提出获奖名单。2005年，GB/Z 19579《卓越绩效评价准则实施指南》和GB/T 19580《卓越绩效评价准则》（等效采用美国波多里奇奖评审标准）正式颁布后，上海市质量金奖也就以这两个标准为评审依据并延续至今。

1.1.4 上海市市长质量奖

为进一步唤起全社会的质量意识，进一步把质量观念、质量意识和质量管理方法，体现在上海经济社会发展的各个环节和各个方面，在总结已经开展了多年“上海市质量金奖”经验的基础上，上海市酝酿设立上海市市长质量奖。2004年7月，时任上海市长韩正至上海市质量技术监督局调研时，明确表示支持并同意设立上海市市长质量奖。2005年，市政府召开新闻发布会，公开即将实行上海市市长质量奖，当时全国尚未有其他省市实行政府质量奖。经过一段时间的精心准备，2007年9月时任上海市市长韩正同志在全市质量月大会上宣布上海市正式设立市长质量奖，2008年3月上海市政府办公厅印发《上海市市长质量奖管理办法（试行）》，组建由市质量技术监督局、市发展和改革委员会、市人事局等13家单位组成的市长质量奖审定委员会，制定《上海市市长质量奖评价标准》《上海市市长质量奖评定实施细则》等配套文件。

作为市政府设立的最高质量荣誉，上海市市长质量奖主要授予实施质量管理并取得卓越经营绩效的各类组织和为质量振兴事业作出突出贡献的个人。获奖组织和个人原则上每年各不超过 2 个。市长质量奖的设立初步确立了上海以市长质量奖为标杆、以质量金奖为基础的政府质量奖励制度。市长质量奖实行自愿申报原则，市相关行业行政主管部门、行业协会和区县质量技术监督局签署推荐意见，进行资格审查、资料评审、现场评审、综合评价，并对获奖候选名单进行公示，召开上海市市长质量奖审定委员会（2010 年后改为政府质量奖审定委员会）会议，对进入现场评审的组织和个人名单、获奖候选名单等进行审定，并报市政府批准。

2008 年 9 月质量月期间，时任上海市市长韩正同志为首届上海市市长质量奖获奖组织宝山钢铁股份有限公司宝钢分公司和上海市市长质量奖获奖个人上海三菱电梯有限公司董事长范秉勋颁奖。

1.1.5　上海市政府质量奖

为完善上海市政府质量奖励制度，推进上海市市长质量奖及上海市质量金奖评审工作，2010 年 10 月，经市政府同意，合并上海市市长质量奖审定委员会和上海市质量金奖评审委员会，成立上海市政府质量奖审定委员会。审定委员会的主要职责是：指导、推动上海市政府质量奖评审活动开展，研究决定评审过程中重大事项；审定上海市政府质量奖评审标准；确定上海市质量金奖拟奖励名单，向市政府、市长报审上海市市长质量奖拟奖励名单。

鉴于上海市市长质量奖和上海市质量金奖两个奖项的工作体系、评价标准、评定程序、评审队伍等基本相同，同时为规范行政行为、提高行政效率，提升政府质量奖评定工作的权威性，审定委在总结多年质量奖励评定时间、借鉴国内外成功经验与做法的基础上，确定将《上海市质量金奖管理办法（试行）》《上海市市长质量奖管理办法（试行）》合二为一，2012 年 2 月由上海市政府办公厅印发了《上海市政府质量奖管理办法》(沪府办发〔2012〕8 号)，正式确立以市长质量奖为全市最高质量荣誉、质量金奖为全市各行业质量标杆的上海市政府质量奖励制度。且规定组织获上海市质量金奖 3 年以上，才可申报上海市市长质量奖，有利于最大限度调动企业争创市长质量奖的积极性。《上海市政府质量奖大事记（2001—2020 年）》见附录 1。

1.2　奖项介绍

《上海市政府质量奖管理办法》对上海市政府质量奖奖项进行了设定和规定，包括设奖宗旨、奖项内容、工作体系和监督管理等，明确了质量奖工作的依据和规范，确保质量奖工作有序开展。

1.2.1　设奖宗旨

政府质量奖是一项基于法律授权的质量奖励制度，根据《中华人民共和国产品质量法》第六条，“国家鼓励推行科学的质量管理方法……。对产品质量管理先进和产品质量达到国际先进水平、成绩显著的单位和个人，给予奖励。”根据《上海市政府质量奖管理办法》第一条，设立上海市政府质量奖，旨在围绕上海市战略定位和发展目标，发挥质量、标准和创新对经济社会高质量发展的支撑引领作用，通过建立全市质量激励机制，树立质量管理标杆组织，将获奖组织与个人的成功经验与社会分享，进一步提升全社会对质量工作的认识和重视，引导本市各行各业应用先进质量管理方法、追求卓越绩效，以推动高质量发展、创造高品质生活、提升城市能级和核心竞争力。

1.2.2 奖项内容

上海市政府质量奖包括“上海市市长质量奖”和“上海市质量金奖”，均分为“组织”和“个人”奖。两者具有梯度关系，其中，市长质量奖为上海市最高质量荣誉、质量金奖为上海市各行业质量标杆；上海市市长质量奖主要授予质量管理水平卓越、自主创新能力显著、品牌知名度高、经济效益和社会效益处于本市和全国同行业内领先地位的组织，和质量工作成效显著、对促进本市经济社会发展作出突出贡献的个人。上海市质量金奖主要授予质量管理水平优秀、自主创新能力强、品牌知名度较高、经济效益和社会效益处于本市同行业内领先地位的组织或在质量管理、品牌建设等方面取得突出创新成果的组织，和质量工作成绩优秀、对推动相关行业发展做出重要贡献的个人。

上海市政府质量奖为年度奖，每年评审一次。每年上海市市长质量奖获奖组织和个人总数均不超过 2 个，上海市质量金奖获奖组织总数不超过 10 个、获奖个人总数不超过 5 个。自 2001 年设奖以来，截至 2020 年，共有上海市市长质量奖获奖组织 19 家、个人 14 位，上海市质量金奖获奖组织 171 家（次）、个人 88 位。

上海市政府质量奖不向申报组织和个人收取任何费用，工作经费和奖励经费全部列入市年度财政预算。上海市市长质量奖获奖组织奖励 100 万元，获奖个人奖励 10 万元，上海市质量金奖获奖组织奖励 50 万元，获奖个人奖励 50 克金牌。

1.2.3 工作体系

上海市政府质量奖的工作体系共分四个层面：一是由市分管副市长任主任，19 个政府部门组成的政府质量奖审定委员会（简称市审定委），负责指导、推动、监督市政府质量奖评审工作的开展，审议评审规则、审定拟奖名单及研究、决定有关重大事项；二是设在市质量主管部门的政府质量奖办公室（简称市审定办），负责组织开展市政府质量奖评审工作，包括组织制修订相关评审标准、评审规则，建立评审专家库，宣传推广获奖组织和个人先进质量管理经验，组织对申报组织和个人的资格评审等；三是从评审专家库抽取人员组成的评审组，负责开展当年评审的具体工作，包括资料评审、现场评审、综合评价及撰写评审报告等，当年评审工作结束后，评审组自动解散；四是各区政府、行业主管部门、行业协会等，负责相关领域的宣传发动、培育指导工作。主要工作流程是：

（1）市审定办每年一季度发布申报通知，向全社会公开市政府质量奖相关管理办法及评审标准、评审规则。凡符合申报条件的组织和个人可自愿申报。经申报后，市审定办组织评审组对申报组织和个人的基本条件、申报材料的完整性进行审查，以书面形式征求相关部门意见。对通过审查的，市审定办向社会公示名单，公示无异议的，进入资料评审。

（2）评审组根据评审规则，对通过资格审查的申报组织和个人的申报材料进行评审，形成资料评审报告，提出申报组织或个人的优势和可改进之处。市审定办根据资料评审报告，按照“好中选优”的原则，确定现场评审名单；对未进入现场评审的申报组织和个人，反馈资料评审报告。评审组根据评审规则，对通过资料评审的申报组织或个人进行现场评审，形成现场评审报告，提出申报组织或个人的成功经验和改进建议；对进入现场评审的申报组织和个人进行综合分析评议，形成综合评价报告，总结提炼申报组织或个人可分享、可复制的先进质量管理经验和创新做法。市审定办结合本市经济社会发展实际与综合评价情况，提出获奖建议名单，提请市审定委审议。

（3）市审定委审议获奖建议名单、决定拟奖名单，经组织向社会和在申报组织或个人单位内部不少于 7 天的公示后，按照规定程序上报市政府批准。市政府发文表彰市政府质量奖获奖组织、个人，颁发奖牌、证书和奖金。

（4）各区政府、行业主管部门、行业协会等积极宣传、推广政府质量奖获奖组织和个人先进质量管理经验，发挥标杆引领示范作用，推动上海市总体质量水平不断提升。

1.2.4　监督管理

质量奖评审的公开、公平、公正是质量奖制度实施的关键。加强政府质量奖活动的监督管理，是确保质量奖评审质量的重要措施。根据《上海市政府质量奖管理办法》，监督管理措施主要包括：

申报材料真实性。申报组织或个人对其提供材料的真实性负责。对发现通过提供虚假材料或采取不正当手段骗取市政府质量奖的，由市审定办报市审定委提请市政府批准，撤销奖励，收回奖牌、证书，向社会公告，3 年内不接受该组织或个人再次申报上海市政府质量奖，并将其纳入本市社会公共信用信息平台、事中事后综合监管平台。

履行职责规范性。工作人员如有弄虚作假、徇私舞弊、违法违纪的，按照有关规定处理。评审员如不遵守评审纪律及承诺的，视情节轻重，予以批评、警告，或取消评审资格、予以通报批评，违法违纪的，按照有关规定处理。工作人员及评审员与申报组织或个人有利害关系的，应主动提出回避。

建立双向监督反馈制度。申报组织或个人对评审人员纪律执行情况作评价，评审人员对申报组织或个人守纪情况作评价，并反馈相关纪检部门。

建立现场评审监督机制。市审定办每次可派遣 1 ~ 3 位观察员参加现场评审，对评审员评审过程中的公正性、客观性、保密性进行观察监督；对现场评审计划的执行情况进行观察监督；对进入现场评审的组织和个人遵守评审纪律情况进行观察监督。观察员主要来自于上海市政府质量奖审定委员会组成单位、行业主管部门、政风行风监督员、新闻媒体代表等。

建立社会监督机制。市政府质量奖评审过程公开、透明，接受媒体、公众及社会各界的监督。制定异议处理制度，并向社会公开异议举报渠道和处理流程。任何单位或者个人对市政府质量奖评选表彰有异议的，可实名向市审定办提出，并提供必要的证明材料。

建立质量奖后评估制度。市审定办每年度委托第三方机构对年度上海市政府质量奖工作进行评估。

建立回访制度。区级市场监管部门应定期组织对其辖区 3 年内的获奖组织和个人进行回访，支持其获奖后持续改进。发现存在应撤销奖励情况的，及时报告市审定办，由市审定办按照相应程序处理。获奖组织或个人在获奖后如发生重事故或其他违反上海市政府质量奖宗旨与原则的重大事项的，由市审定办报市审定委提请市政府批准，撤销奖励，收回奖牌、证书，向社会公告。

明确规定获奖者义务。获奖组织和个人应积极履行向社会宣传推广其先进质量管理经验的义务（涉及商业机密的除外）。获奖组织和个人获奖后 3 年内，应每年填写《上海市政府质量奖质量绩效报告》，报送市审定办及所在区市场监管部门。获奖组织高层管理人员、获奖个人的名单列入市政府质量奖评审专家库，根据安排参加相关评审工作及宣传推广活动。获奖组织和个人可在组织或个人形象宣传中，使用上海市政府质量奖荣誉称号及标识，但需注明获奖年度，且不得用于产品宣传，不得在产品或包装上标注上海市政府质量奖称号或标识。

1.3 发展特点

上海市政府质量奖自设立二十年来，逐步建立了“标准引领的制度体系，服务为先的工作体系，示范带动的知识体系”，形成了“公共服务、行业推动，区域实践、全市覆盖”的工作格局。在增强上海核心城市功能、服务能级和“四大品牌”建设方面，充分发挥了政府质量奖励工作的引导带动作用，树立的质量标杆充分展示了上海经济发展的质量成果、质量水平和质量高度，体现了上海新时代发展的质量优势，有力助推上海现代化国际大都市高水平、高标准、高质量的建设发展。

1.3.1 激励引导促企业追求卓越

上海始终致力于发挥政府质量奖励制度的引导作用，激励企业加强质量管理、追求卓越绩效和可持续发展，发挥质量、标准和创新对经济社会发展的标杆作用，推动经济社会高质量发展。

加强顶层设计，建立完善政府质量奖励制度。在市级层面，制定《上海市政府质量奖管理办法》，确立以“市长质量奖为本市最高质量荣誉、质量金奖为各行业质量标杆”的质量奖励制度。在区级层面，各区积极建立区级政府质量奖励制度。市、区两级政府质量奖制度明确设奖宗旨是树立质量标杆，强调从政策、资金方面引导各行各业学习质量标杆和运用质量管理理念与方法，推动全市持续形成重视质量、让质量在上海城市发展中领跑的良好氛围。2019 年上海市制造业质量竞争力指数为 96.78，全国排名第一，连续 11 年领跑全国，保持较强的质量竞争能力。

注重培育引导，完善服务联动工作机制。着手构建区、市、国家三级联动的政府质量奖梯队培育工作机制。区级层面重在质量标杆企业的发掘、培育和孵化，为企业量身定制“质量体检报告”，帮助入孵企业提升质量水平；市级层面重在发动推荐各行各业优秀组织申报质量奖，推动质量奖工作在制造业、服务业等领域不断拓展、行业质量整体水平不断提升；国家层面重在推选代表上海先进制造业和现代服务业突出成就的企业积极申报中国质量奖。近年来通过区、市政府质量奖层层筛选的工作机制，在业已开展的中国质量奖评选中，上海市共有 3 家组织获得中国质量奖，19 家组织和 5 位个人获得中国质量奖提名奖，无论是单届、还是总数，上海获奖数量和获奖比例均位列全国第一。《上海组织和个人获中国质量奖名录（2013—2018）》见附录 2。

促进质量示范，发挥质量标杆引领作用。目前上海市政府质量奖获奖组织遍布全市制造业、服务业、医疗卫生等各个领域，通过政府质量奖励制度的实施，推进各行各业提升质量、追求卓越，构筑高质量发展的内生动力，增强企业和市场主体“重质量、讲诚信、树品牌”的价值追求和责任担当，弘扬精益求精、崇尚一流、质量至上的发展理念和工匠精神，更好地履行服务人民、服务社会、服务上海城市建设发展的质量使命，发挥行业领头羊的影响力和品牌力的作用，特殊时期，更是责无旁贷地勇担社会责任。2020 年新冠疫情突发期间，众多质量奖获奖组织率先垂范，奋进争先，不论是在抗疫前沿，还是在复工复产一线都充分展示了质量标杆的引领风范。

1.3.2　宣传推广带行业质量提升

上海是全国最早开展政府质量奖励工作的城市，经过二十年推进政府质量奖的实践，在全市营造了浓厚的追求卓越的质量氛围，树立了各行各业的质量标杆，促进了各行业质量水平的持续提高，有力促进了上海总体质量水平提升和上海品牌建设。

紧扣产业转型发展实效，不断延伸拓展创奖领域。围绕“把上海打造成具有国际竞争力质量高地”、加快建设“四个中心”和形成服务经济为主产业结构的战略目标，上海市政府质量奖设立二十年来，创奖领域从最初的制造业向服务业、农业等领域不断拓展，向医疗卫生、养老、金融等公共服务领域不断延伸。目前上海市已形成“树立一批质量标杆、带动一个行业质量提升”的有效工作模式。获奖组织类型呈现了制造业稳定、服务业增加、新兴产业及公共领域快速增长的特点，获奖组织的覆盖面越来越广，目前已涉及 27 个产业门类，充分发挥了政府质量奖对上海市经济转型升级、实现质量效益型发展的引导作用。《上海市政府质量奖获奖名录》见附录3。

紧密围绕产业发展重点，突出体现质量创新成果。质量是上海实现创新驱动发展、经济转型升级的关键。上海市政府质量奖的实施，紧紧抓住“以传承为基点，以创新为核心，以质量为目标”的关键，推动企业承续上海积淀多年的重视质量的基因，实现从讲速度、讲规模到讲质量、讲效益，重点关注高质量、高水平供给的转变，把微观质量的提升作为宏观质量的支撑点，打造上海的核心竞争力和国际竞争力，提高经济持续发展的活力。二十年来政府质量奖获奖组织及其绩效充分反映了上海在制造业、服务业等各行各业创新发展的成果。

加强质量标杆创新成果宣传推广，带动更多质量主体参与。市、区两级政府通过政府颁奖仪式、媒体全方位报道、“百家获奖企业质量开放日”活动、长三角质量分享活动、万家中小企业先进质量方法公益培训等形式，大力宣传推广获奖组织先进质量管理理论、方法及经验，搭建“成果宣传为先导，公共服务为基础，质量提升为目标”的政府质量管理和服务平台，加速和催化了获奖组织管理创新的持续性，提高了组织质量竞争力，带动了更多组织实施并取得卓越经营绩效，从而提高整个产业链的质量水平，促进整个区域经济的高质量发展。

1.3.3 海纳百川推全市质量发展

上海始终坚持“质量是上海的生命”的理念，抓住以人为本的质量工作核心思想，与时俱进，持续改进，切实为人民群众提供更好的产品、更优的服务、更美的环境，竭力提升人民群众的生活品质、提高人民群众的质量获得感和幸福感。

海纳百川，体现上海城市精神。上海市政府质量奖审定委员会办公室在质量奖工作开展过程中注重质量奖申报和推荐范围的扩展，从国资企业转向国资和民营经济并重，突出民营中小企业发展质量的定位。民营经济的发展状况是反映城市经济活力的重要指标，民营中小企业更是经济不可或缺的重要组成部分。鉴于中小企业占本市企业总数的99%，上海市政府质量奖审定委员会办公室根据中小企业的质量管理发展需求，2016年即制定了《小企业卓越绩效评价准则》，直接面向小企业的经营管理需求，提出了相应的质量管理方法和质量提升途径。遵循“推进更深层次改革、更高水平开放”发展要求，鼓励和培育更多的外资参与政府质量奖的申报，为上海市各种经济类型的企业营造了公平、良好的环境，近年来，申报上海市政府质量奖的民营和外资组织和个人占申报总数的“半壁江山”，接近或超过一半。已有3家民营小企业，5位民营企业家或质量管理者获上海市质量金奖。

根据社会需求，持续改进评奖机制。质量服务于经济社会发展。上海市政府质量奖制度随着社会需求发展变化，及时调整完善，先后于2002年、2008年、2012年、2016年、2019年进行制修订，从以评为主向培育、评定、推广、服务四位一体模式转变，评审过程中更加注重提高组织和个人的质量意识、管理意识、品牌意识、危机意识和发展意识，提升质量管理能力和持续发展能力。更加注重“公平、公正和公开”的原则，采取座谈会、现场验证、资料核查、人大代表现场观察等方法，全面听取企业员工、中层和高层管理者，供应商和客户，业内和社会各界的意见，增加质量奖评审的透明度、知晓度和参与度。在评审的环节中，注重强调组织和个人先进质量管理理念、方法和模式的总结、提炼和推广，明确企业获奖后发挥标杆引领作用的义务，以及影响和带动行业质量提升的责任。

紧跟时代发展步伐，促进城市数字化转型发展。紧紧对照上海全面推进城市数字化转型战略部署要求，结合政府质量奖评奖方式、制度体系、工作机制、考评内容等管理工作，积极推进运用大数据、智慧化等数字化转型手段，融合质量奖管理要素，选拨质量管理数字化转型标杆，运用数字化方式于评审过程，不断创新，持续改进，进一步巩固构筑上海未来新质量高地和战略优势，全面推进上海质量治理体系和治理能力现代化，展示上海质量新水平和新高度。

1. 3. 4　队伍建设强评审工作质量

上海市政府质量奖评审工作主要通过评审员对照评价标准评选质量标杆作为推荐获奖的主要依据。因此，建立一支业务精湛、素质优良、结构合理的评审专家队伍，是保证上海市政府质量奖评审工作质量的重要基础性工作。

加强制度建设、严格评审员管理。为确保质量奖评审工作权威、公正、科学、高效，在评奖之初，市质量技术监督局即制定《上海市质量金奖评审员管理实施细则》，后几经修改、完善，2019 年又正式发布《上海市政府质量奖评审员管理规定》（沪质奖审办〔2019〕5 号），对评审员招募、专家库管理、评审员选用、评审员行为规范、评审员监督管理等进行了明确规定。此外还专门印发《上海市政府质量奖评审工作规范》（沪质奖审办〔2019〕3 号），明确规定评审员开展资料评审、现场评审、综合评价应遵循的程序等。并在实际执行中，通过观察员监督、被评方监督、社会监督等各种方式加强对评审员的管理，确保评审客观、公正。

好中选优，组建队伍。市审定办按照“广纳群贤、优化结构、分类分级、动态运作、严加考核、能进能出”的原则，组织、建设和管理评审员队伍。2001 年起即着手建设评审专家队伍，经各委办、各大控股集团的推荐，招募上海市政府质量奖的第一批专家队伍。二十年来，每年公开向社会尤其是获奖组织招募评审员，经培训和考试通过后纳入上海市政府质量奖评审员专家库，目前逐步形成一支由各行业质量标杆组织、高等院校、研究机构组成、系统掌握质量及经营管理的理论与方法、有丰富的质量及经营管理实践经验的评审专家队伍。截至 2020 年年底，上海市政府质量奖专家库共有 285 人，其中 92%（261 位）来自市政府质量奖获奖组织中高层质量管理人员。

分类分级，动态管理。对评审员进行分类分级管理。根据评审员的从业领域、所属行业、专业类别分类，实施分类管理。根据评审员的资历技能、再教育经历、评审经历等，分为一般评审员和组长评审员。每年根据申报组织和个人的行业和专业要求，从上海市政府质量奖专家库中遴选聘用合适的评审员参加年度评审工作，并在评审前进行再培训。对评审专家库进行动态管理，每年评审工作结束后，对评审员的评审表现和能力进行考核评估，纳入专家库档案中，实施动态管理。

二十年来，上海市政府质量奖在上海创新驱动发展、经济转型升级的发展历程中，形成了“激励引导、创新驱动、持续提升、队伍建设”的发展特点，为推动上海经济社会高质量发展发挥了积极的激励引导作用。进入新时代，上海市政府质量奖工作将以更高的站位、更新的视野、更实的行动，努力走出一条结构更优、作用更大、更可持续的发展之路。

2　上海市政府质量奖制度建设

上海市政府质量奖发展历程中，不断改进、创新和完善，不断提升评奖工作的科学性、规范性、有效性，构建了“办法、配套管理规范、评价标准”“三位一体”的制度体系，确保市政府质量奖评审活动规范、有序进行。本章将简要解读《上海市政府质量奖管理办法》及其配套管理规范以及相关评价标准。

2.1 管理办法

从2001年上海市质量金奖评选活动开展之初，市质量主管部门就十分重视制度的建设和完善。2002年，市发展计划委员会、市经济委员会等委办局和行业协会共11家单位联合印发了《上海市质量金奖管理办法（试行）》(沪质技监管〔2002〕223号)，规范了申报和评审过程中的办法和程序。2008年，伴随着上海市市长质量奖的设立，市政府办公厅印发了《上海市市长质量奖管理办法（试行）》(沪府办发〔2008〕8号)，对评审工作和流程进一步界定和规范。至2010年，开始起草制定统一的《上海市政府质量奖管理办法》，2012年上海市政府办公厅正式印发《上海市政府质量奖管理办法》(沪府办发〔2012〕8号)，确立规范化运作流程。随着经济社会发展，2016年、2019年先后两次修订，每一次制修订都在持续改进、不断完善。

2.1.1 确立规范化运作流程

2012年《上海市政府质量奖管理办法》的颁布实施，是评审工作适应新形势的制度要求，是政府质量奖评审工作10年实践活动的成果总结，也是深入推进政府质量奖活动规范化运作的制度依据。

(1) 制定背景和过程

质量是上海的生命，追求卓越是上海城市精神的内涵。要将先进质量管理理念与方法传递到上海经济社会发展的各个环节，要将政府质量奖的评审范围延伸到与上海城市发展目标和两个中心建设相匹配的各个领域，促进上海提升城市国际竞争力，上海市政府质量奖是政府加强宏观质量引导的重要手段，是激励各行业提升质量管理水平、走质量效益型发展道路的有力举措。

自2001年设立以来，上海市政府质量奖在促进全市企业、行业、产业核心竞争力提升、服务经济社会发展方面发挥了积极作用。对新时期市政府质量奖励制度做进一步完善，是适应新时期下上海经济社会发展的迫切需要。为规范行政行为、提高行政效率，并提升政府质量奖评定工作的权威性，有必要合并《上海市质量金奖管理办法（试行）》《上海市市长质量奖管理办法（试行）》上述两个管理办法，起草并出台《上海市政府质量奖管理办法》。

根据上海市人民政府2010年第26号令《上海市行政规范性文件制定和备案规定》，规范性文件的有效期自施行之日起一般不超过5年，规范性文件名称冠以“暂行”“试行”的，有效期自施行之日起一般不超过2年。2002年印发的《上海市质量金奖管理办法（试行）》和2008年印发的《上海市市长质量奖管理办法（试行）》皆属试行性质，且皆已超过有效期。故需要对上述两试行办法进行修订，以符合《上海市行政规范性文件制定和备案规定》。

《上海市政府质量奖管理办法》(以下简称《管理办法》）起草工作历时一年半。2010 年 6 月，市政府质量奖审定委员会讨论决定，启动《管理办法》起草工作；2010 年 7 月成立《管理办法》起草小组，2010 年 10 月形成《管理办法（初稿)》。在此基础上，通过专题研讨会、书面征求意见等形式，广泛听取有关委办局、企事业单位、质量专家学者的意见，形成《管理办法（征求意见稿)》。2011 年 1 月，通过中国上海门户网站、市质量技术监督局网站公开征求全社会的意见与建议，并同步征求市政府法制办公室意见。2011 年 6 月将修改后的《管理办法（草案)》书面征求上海市政府质量奖审定委员会成员单位委员的意见。2011 年 9 月上报市政府办公厅，根据市政府法制办公室意见修改完善后，年底形成《管理办法（送审稿)》。2012 年 2 月 27 日，上海市政府办公厅正式印发《上海市政府质量奖管理办法》(沪府办发〔2012〕8 号)。

（2）制定原则

一是加强政府对质量兴市的引导。明确建立政府质量奖励制度，对获奖组织和个人进行表彰奖励，不仅仅是评选、树立几个质量标杆，而是更强调政府开展政府质量奖活动，从制度、资金方面引导本市各行各业学习先进质量管理理念与方法，提高质量水平，激励企业追求有质量、有效益、可持续的发展，在全市增强“质量是上海的生命”的使命感，形成全市重视质量、追求卓越质量的良好质量氛围。

二是突出市长质量奖与质量金奖的梯度关系。进一步确立以“市长质量奖为本市最高质量荣誉、质量金奖为本市各行业质量标杆”的政府质量奖励制度，对市长质量奖和质量金奖的申报条件做了明确界定，且规定申报市长质量奖的组织必须获市质量金奖 3 年以上；坚持“好中选优”的原则，市长质量奖获奖组织和个人数量每年各不超过 2 个，质量金奖获奖组织总数不超过 10 个、获奖个人总数不超过 5 个；坚持宁缺勿滥，获奖数可少额或空缺。

三是突出服务本市“创新驱动、转型发展”。围绕上海加快建设“四个中心”和形成服务经济为主产业结构的战略目标，明确将上海市质量金奖分设制造业、服务业、小企业及其他类，将创奖领域从之前的制造业向服务业、小企业拓展；特别是针对上海城市发展的实际，将创奖领域向医疗、教育等公共服务领域延伸。

四是明确评审标准、评定程序与国际接轨。规定政府质量奖评价标准主要参照美国波多里奇国家质量奖评定标准，该标准为全世界超过 80 个国家和地区的质量奖评定所采用。评定程序也遵循国际惯例，包括资格审查、资料评审、现场评审、综合评价等环节，务求通过严密的程序选拔出能与世界级企业相比较的卓越企业。

五是强调政府为企业提供质量管理公共服务。通过企业或组织免费评奖和政府提供公益培训、评审等配套服务，帮助企业掌握先进的质量管理理念与方法，推广获奖组织和个人追求卓越的成功经验和成果，带动更多的企业和组织实施标准并取得卓越经营绩效，推动企业管理创新持续性、规模化开展，提高企业质量竞争力。通过政府质量奖评审全过程，搭建政府为企业提供质量管理公共服务的平台。

（3）主要内容

《上海市政府质量奖管理办法》(沪府办发〔2012〕8号）共分六章，包括：总则、组织管理、申报条件、申报评定程序、监督管理、附则等，共计三十四条。较之前的试行办法进一步明确管理职责，完善管理机制，细化评定程序，加强监督管理，利于评审工作规范、高效开展。

1）奖项设置：上海市政府质量奖包括“上海市市长质量奖”和“上海市质量金奖”两个类别，均分“组织”和“个人”奖；其中市长质量奖是市政府设立的质量工作最高荣誉。

2）奖项数量：上海市市长质量奖获奖组织和个人总数各不超过2个；上海市质量金奖获奖组织总数不超过10个，获奖个人总数不超过5个。

3）遵循原则：自愿申请；科学、客观、公正；严格标准、好中选优。

4）组织管理：成立上海市政府质量奖审定委员会，指导、推动、监督上海市政府质量奖评定活动的开展；下设办公室，负责上海市政府质量奖评定工作的日常监督和管理。

5）申报条件：对申报市长质量奖和质量金奖的组织，提出了合规经营、质量体系、经济效应和社会责任等方面的要求；对参评市长质量奖个人和质量金奖个人的，明确了从业年限、质量意识和创新能力、理论研究和管理实践、知名度和影响力等方面的要求。

6）申报评定程序：发布申报通知——申报组织及个人递交材料（须经区县质量技术监督局、有关行业或部门推荐）——资格审查（审定办对申报材料组织审查）——资料评审（评审组对申报材料进行评审，确定进入现场评审的名单）——现场评审（评审组对申报组织或个人进行现场评审）——综合评价（评审组形成综合评价报告，提出获奖候选名单）——审议（审定委审议获奖推荐名单）——社会公示（征求社会意见）——审定批准(市政府批准获奖名单)——表彰奖励（召开表彰大会)——宣传推广（在有关新闻媒体上宣传推广获奖组织或个人的先进经验与做法)。

7）监督管理：引入社会监督机制，提升评审工作的透明度。明确规定申报组织或个人对其提供材料的真实性负责，获奖组织和个人应履行向社会推广、分享其先进管理经验和方法的义务，确定获奖组织和个人对获奖称号的使用规则。明确评审纪律要求，包括回避制度和双向监督制度，确保评审客观公正。

2.1.2　扩大各行各业参与度

2016年，为进一步提高上海市政府质量奖的社会影响力和权威性，围绕全市重要战略部署及中心工作发挥质量奖的激励引导作用，上海市政府质量奖审定委员会办公室对《管理办法》进行了修订。

（1）修订背景和过程

《上海市政府质量奖管理办法》(沪府办发〔2012〕8号）规范了政府质量奖的评审工作，在社会上树立了一批管理先进、质量卓越、业绩突出、品牌价值显著的质量标杆，一定程度上促进了各类组织质量竞争能力的提升。但与此同时，政府质量奖励制度在实施过程中，也存在着奖项设置曲高和寡、激励措施单向单一、辐射领域不够宽广、示范引领作用未能充分发挥等问题，与上海经济社会发展的贴合度需进一步加强。

2015 年 6 月，上海市政府质量奖审定委员会经讨论，决定修订《上海市政府质量奖管理办法》。2015 年 8 月，上海市政府质量奖审定委员会办公室成立修订小组，通过充分调查研究市政府质量奖设立后的实施情况，于 2015 年 10 月中旬完成《上海市政府质量奖管理办法》修订初稿。2016 年 1 月中旬至 3 月底期间，起草小组通过召开专题讨论会和书面征求意见等多种形式，听取本市有关委办局、质量方面的专家学者、质量奖评审员及企事业单位等多方面的意见，对《上海市政府质量奖管理办法》修订稿进行了修改和完善。2016 年 9 月 5 日，市政府办公厅正式印发修订后的《上海市政府质量奖管理办法》（沪府办发〔2016〕39 号）。

（2）修订原则

一是注重持续创新。牢牢把握卓越绩效模式“学习、改进与创新”的精髓，鼓励各类组织特别是科创型组织，真学真懂真用卓越绩效模式，走质量效益型发展道路，逐步实现管理创新与技术创新的持续永动、良性循环。

二是注重梯次培育。改变重评审、轻培育的现象，通过上海市政府质量奖数据平台，科学设置政府质量奖项类别，为各类组织特别是科创型组织提供不同发展阶段所需要的质量管理方法和技术服务、提供不同发展阶段所能达到的梯度激励通道。

三是注重示范带动。改变评完、奖完、宣传完的简单做法，充分挖掘获奖组织的创新经验，充分发挥标杆的示范引领作用，以更有效的宣传和服务形式，孵化、带动更多的组织特别是小型科创组织提升管理水平和创新能力。

四是注重社会参与。结合政府职能转变，发挥质量公益性专业机构、行业主管部门、行业协会作用，扩大行业组织、技术机构及消费者、供应链各环节相关方等参与推荐、评定的范围，提高政府质量奖评审的社会化程度。

五是注重政策引导。改变单向单一发放政府质量奖奖金的做法，探索人才落户、人才待遇、金融支持等综合扶持政策，探索设立政府质量发展专项资金，将财政资金主要用于公益性质量技术服务及支持质量改进和创新，进一步发挥好政策的导向激励作用。

（3）主要内容

1）强化引导作用。贯彻落实“创新、协调、绿色、开放、共享”发展理念，紧扣“质量强国、制造强国”战略，围绕“大质量”格局，充分发挥政府质量奖的引领示范作用，改善质量供给，释放消费潜力，增强本市经济社会发展的内生动力。更加突出质量创新。鼓励倡导“工匠精神”。扶持小企业质量发展。

2）优化评审环节。充分发挥社会专业力量作用，广泛调动公众参与，调整优化奖项评审程序，提高评审过程的专业性、公开性和公平性。进一步提升评审过程的专业化水平。增加公众评价环节。探索建立政府质量奖评审监督和现场观摩制度。

3）增加激励形式。以提高奖项“含金量”、增强奖项有形和无形吸引力为重点，进一步激发各类组织参与评奖的积极性，提升获奖组织的荣誉感。明确政府质量奖励资金用途。搭建有效平台，为获奖组织加强交流、宣传推广等提供载体。强化企业质量主体责任。在获奖后续管理中建立“退出机制”，对获得奖项的组织和个人，在一定时限内如果发生重大质量事故和严重违法违纪行为等情况，将撤销奖励、收回证书，并向社会公告等。被撤销奖项的企业或组织 3 年内不得参加市政府质量奖的申报。

4）提升社会影响。探索与广播电视、网络等媒体以及专业策划运营公司等合作，坚持评审与宣传推广同步，加强对各类组织有针对性的培训辅导，不断扩大政府质量奖的公众知晓度和社会影响力。宣传推广融入到奖项评审的全过程。加强培训辅导。以创新性小企业为主，定期开展卓越绩效模式公益性专项培训、专题辅导等。

2.1.3 引领高质量发展方向

2019 年，为了进一步体现高质量发展的导向，更好落实全力打响“四大品牌”和开展质量提升行动的部署，加大优化营商环境的力度，体现政府质量奖“服务企业、推动发展，实现更高效率、更简流程、更好效果、更优服务”的目标，结合政府质量奖励制度实施情况，上海市政府质量奖审定委员会办公室对《上海市政府质量奖管理办法》进行了第二次修订。

（1）修订背景和过程

一是更好体现高质量发展的导向。党的十九大报告明确提出我国经济已由高速增长阶段转向高质量发展阶段，必须坚持质量第一、效益优先，以供给侧结构性改革为主线，推动经济发展质量变革、效率变革、动力变革。作为改革开放的排头兵、创新发展的先行者，上海要按照党中央国务院关于高质量发展的最新部署，充分发挥政府质量奖励制度的激励引导作用，推动高质量发展。

二是更好落实开展质量提升行动和打响“四大品牌”的决策部署。2017 年 9 月中共中央国务院颁发《关于开展质量提升行动的指导意见》，2018 年 1 月上海市委市政府发布《开展质量提升行动的实施方案》，并相继发布《关于全力打响上海“四大品牌”率先推动高质量发展的若干意见》等一系列推动高质量发展的文件，成为当前及今后一段时期上海质量工作的纲领性文件。政府质量奖励制度作为落实这些重要决策部署的重要措施，需及时跟进、完善，加快对接。

三是更好支撑营商环境改善。优化营商环境、完善制度供给是推动高质量发展的突破口，是深入推进供给侧结构性改革的核心手段。政府质量奖励制度作为一项涉及面广、影响力大、尤其是与企业密切相关的制度，需要根据“放管服”改革要求不断完善。

四是更好地体现“公开、公平、公正”的政府质量奖评定的公信力，使政府质量奖工作能适应经济发展新要求，支撑上海市质量发展新优势。需要进一步完善政府质量奖的申报和评定的过程标准，明确申报条件，健全“申报、资格审查、资料评审、现场评审、审定公示、表彰奖励、宣传推广”的评定程序和流程。

修订工作分三步实施。第一步研究评估。2018 年，市政府质量奖审定委员会办公室委托第三方机构开展《上海市政府质量奖实施成效研究》，面向近十年获得政府质量奖的 78 家企业，通过调查问卷、访谈等方式收集有关意见、建议，内容涉及宣贯培训、申报过程、评审标准、评审意见反馈及获奖后宣传推广等方面，为《管理办法》修订奠定基础。第二步调研修改。2018 年，组织调研组实地走访了几十家企业，包括国企、民营企业；先后召开了政府质量奖评审专家座谈会、政府质量奖审定委成员单位座谈会、行业质量工作促进会成员座谈会等，听取意见和建议，修改形成《管理办法（草案）》。第三步征求意见。2019 年 2 月 14 日，市政府质量奖审定委员会办公室向审定委各成员单位发函书面征求意见。2019 年 2 月 22 日到 2 月 28 日，通过政府网站向社会公众公开征询《管理办法（草案）》意见，经修改形成《管理办法（送审稿）》。2019 年 7 月 11 日，市政府办公厅正式印发修订后的《上海市政府质量奖管理办法》(沪府办规〔2019〕8 号)。

（2）修订原则

一是增强公开透明。公开、公平、公正是政府质量奖励制度的核心。要围绕建立公开公平公正的评奖机制，通过《管理办法》的修订，进一步构建科学规范合理的政府质量奖励体系，发掘、树立质量管理标杆企业，总结提炼先进质量管理方法与模式，引导带动企业或行业质量提升。

二是突出激励引导。通过《管理办法》修订，突出强调政府质量奖的功能主要不在于评出多少数量的奖，而重在树立质量管理标杆企业，宣传推广其先进质量管理方法与模式，弘扬企业家精神和工匠精神，激励更多企业在质量管理上持续改进，追求卓越，促进本市质量水平整体提高。

三是拓宽参与渠道。通过《管理办法》修订，进一步拓宽民营企业参与政府质量奖的渠道，加强培育与指导，通过申报评审，帮促民营企业提高质量水平。

四是简化评审程序。在深化“放管服”改革、减轻企业负担、改善营商环境的大背景下，通过《管理办法》修订，简化企业申报、评审程序，突出政府质量奖的服务引导功能，即宣传推广先进质量管理方法与模式，帮促指导企业提高质量意识、改进质量管理、提升质量水平。

五是完善监督管理。通过《管理办法》修订，加强相关监督管理的制度设计，健全监督机制，提升管理水平。

（3）主要内容

2019 版《上海市政府质量奖管理办法》按照“更高效率、更简流程、更好效果、更优服务”的目标要求，在如下方面进一步健全完善。

1）明确管理职责。进一步明晰审定机构、管理机构、评审组的各自职能和职责；增强评审过程的公开透明度，增加向全社会公开奖励政策、评审标准、评审流程等；增加通过资格审查的组织和个人向社会公示环节；明确异议申述要求，完善异议处理机制，公开异议举报渠道，规范异议处理流程，接受社会各界监督，进一步提高政府质量奖的公信力和权威性。

2）规范经费用途。进一步明确奖励经费的主要用途是用于推广宣传先进质量管理经验等；加强对申报组织和个人的培育和指导；区分市长质量奖和质量金奖的申报条件，深化引导激励各类组织持续改进、追求卓越的质量提升长效机制；强调评审重在对申报组织和个人提出质量提升改进建议和提炼质量管理经验；明确宣传推广的主体等。

3）简化评审环节。改变质量金奖按制造业、服务业等进行分类的方法，鼓励更多不同类型的业态、不同规模和性质的组织与个人参与申报；提出曾获中国质量奖、区政府质量奖的组织与个人免于资格审查等；删除“公众评价、陈述答辩”两个环节，减轻申报者负担，提高工作效率。

4）明确原则标准。上海市政府质量奖的评定原则，在申报、评审和授予中，遵循“申请自愿、不收费”和“科学、公开、公平、公正，严格标准、好中选优”。上海市政府质量奖的评审标准，主要采用国家标准 GB/T 19580《卓越绩效评价准则》等，小企业采用上海市地方标准 DB31/T 1009《小企业卓越绩效评价准则》，医疗机构采用上海市地方标准 DB31/T 1153《医疗机构卓越绩效评价准则》；个人评审标准，主要采用上海市地方标准 DB31/T 598《上海市政府质量奖个人评价准则》。

5）明确申报要求。规定申报上海市质量金奖的组织，应具有良好信用记录，质量管理工作具有行业特色、企业特点，质量工作成绩显著，具有良好的经营业绩、社会贡献等。申报上海市市长质量奖的组织，应获得上海市质量金奖 3 年以上或获得过中国质量奖，主要经济、技术和质量等指标在上年度位于国内或本市领先地位，具有卓越的经营业绩、突出的社会贡献以及广泛的知名度、社会影响力。申报上海市质量金奖的个人，在质量管理或实践中形成独特的工作方法、经验或成果；对形成组织质量文化、提高行业质量水平和绩效、推动本市产业工艺和技能改进等作出重要贡献。申报上海市市长质量奖的个人，积极推广应用先进质量管理理念或方法，具有显著卓越的经济效益或社会效益，以及具有广泛的知名度和社会影响力等。获奖组织或个人在同一年度内，不得重复申报本市、区两级政府质量奖。获奖组织或个人在获奖后 3 年内，不得重新申报同一奖项。

6）完善审定程序。上海市政府质量奖评审共有资格审查、资料评审、现场评审、综合评价、审定公示、上报批准等程序。其中，资格审查由纪检、市场监督、财税等各部门共同把关；资料评审、现场评审、综合评价，委托各个评审组进行；审定由政府质量奖审定委员会进行。每一个环节都执行严格的评审规范，力求通过制度、程序、规范多层把关，保证评审的公开、公正。

7）加强监督管理。要求申报组织、个人无严重失信行为；明确获奖组织和个人 5 年内每年应如实填报《上海市政府质量奖实施绩效报告》，需报送所在区级市场监管部门；

建立信誉制度，有关申报方提供虚假资料的，撤销其称号，向社会公告，并将其纳入社会公共信用信息平台、事中事后综合监管平台；增加政府质量奖励后评估制度，委托第三方机构对年度奖励工作进行评估，促进政府质量奖励工作不断完善；增设“回访制度”条款，要求区级市场监管部门应定期组织对辖区内获奖组织和个人回访、督促整改等。

2.2　工作规范

为规范政府质量奖评审过程，上海市政府质量奖审定委员会办公室根据修订后的《上海市政府质量奖管理办法》，先后制定发布《上海市政府质量奖评审员管理规定》《上海市政府质量奖评审工作规范》《上海市政府质量奖观察员管理制度（试行）》三个配套管理规范，进一步加强了市政府质量奖评审工作的规范化、精细化和程序化。

2.2.1　评审工作规范

2018 年，在总结政府质量奖评审工作经验和做法的基础上，上海市政府质量奖审定委员会办公室起草了《上海市政府质量奖评审规范（试行）》，对评审工作的要求和流程进行了初步规范。2019 年，根据新修订的《上海市政府质量奖管理办法》（沪府办规〔2019〕8 号）的要求，为确保上海市政府质量奖评审过程的规范、公正，明确流程要求，提升工作效率，加强和规范相关记录归集和存档，市审定办印发了《上海市政府质量奖评审工作规范》（沪质奖审办〔2019〕3 号）。

（1）制定背景和过程

《上海市政府质量奖评审工作规范》的制定，是二十年政府质量奖评审工作实际操作经验的总结。规范制定前，有关政府质量奖的程序和要求、资料管理等多以通知、表格等形式留存。为提升政府质量奖评审工作自身的管理水平，2018 年市审定办组织力量，认真总结上海市政府质量奖多年评审工作的特色做法和成功经验，在 2019 年形成评审工作规范，强化了评审工作的整体和各阶段的计划管理、过程管理、文档管理。把每一个阶段要做什么，过程中提供什么材料，专家要交什么材料，发什么通知，记录写什么内容，以及最后归档内容及要求等都明确规定。

《上海市政府质量奖评审工作规范》的制定发布，是规范和完善政府质量奖评审工作的重要手段。用文件形式将政府质量奖的资料评审、现场评审、综合评价及异议处理等环节进行规定，有利于评审工作的规范运行，避免口头传递中存在的效果“递减效应”，减少操作过程中可能出现的失误，提高评审工作的质量和效率。

《上海市政府质量奖评审工作规范》的实施，有利于构建评审工作全方位、全流程的监管机制。将政府质量奖评审工作的流程、规范，包括材料格式、填写表格等的具体要求，在文件中予以明确和公开，既为基层组织和个人提供了方便，也提高了整个评审工作的透明度，让评审工作受到包括申请方、推荐方在内的各方监督。

（2）主要内容

2019 年 8 月 29 日印发的《上海市政府质量奖评审工作规范》共分七个部分，包括目的、适用范围、工作依据、申报评定程序和要求、异议处理、绩效评估、资料管理。

1）明确规范目的、适用范围及工作依据。目的是“确保上海市政府质量奖评审过程规范、公正，明确流程要求，提升工作效率，加强和规范相关记录归集和存档”；适用范围涵盖“评审工作的策划、组织实施和监督全过程管理”；工作依据包括《上海市政府质量奖管理办法》、国家标准《卓越绩效评价准则》、上海市地方标准《上海市政府质量奖个人评价准则》《小企业卓越绩效评价细则》《医疗机构卓越绩效评价细则》，及其他国家和上海市有关法律、法规、规章、规范性文件。

2）明确申报评定过程由申报、资格审查、资料评审、现场评审、综合评价、审定公示等环节构成。重点规范了“资格审查”“资料评审”“现场评审”“综合评价”“审定公示”的要求和流程。“资格审查”的主要内容是看申报条件的符合性、申报材料的完整性以及有否重大质量、安全等事故和重大质量投诉，严重失信行为情况。“资料评审”重在做好评审准备和开好评审会议，分工合作，责任到人，在条款评审的基础上形成《资料评审报告》。“现场评审”要落实 7 项准备工作：①召开进入现场评审预备会，向评审员说明评审程序和工作纪律；②由联络员配合评审组长编制现场评审工作方案，包含现场评审时间安排和评审组人员；③与组织/个人确认评审组组长编制的《现场评审计划》；④通知评审员，发放《现场评审任务书》《现场评审计划》《现场评审记录表》《小组评审意见汇总表》《评审员行为规范》《评审员现场注意事项》以及组织/个人的申报材料；⑤通知申报组织/个人，发放《现场评审通知书》《现场评审计划》和《上海市政府质量奖回避申请表》，并在现场评审实施 3 天前回收《上海市政府质量奖回避申请表》；⑥通知推荐单位参加现场评审，发放《现场评审通知书（推荐单位）》；⑦通知观察员参加现场评审，发放《现场评审通知书（观察员）》《现场评审计划》。现场评审的流程由首次会议、评审会议、座谈会、末次会议等构成。“综合评价”以会议的形式进行，由市审定办根据年度评审工作实施情况，选择现场评审组长及部分评审员组成综合评价组，在汇报讨论的基础上，与会者填写《综合评价意见表》，形成推荐的初步名单。“审定公示”环节，由市审定办结合本市经济社会发展实际，形成上海市政府质量奖评审工作报告，提出获奖建议名单，并提请上海市政府质量奖审定委员会审议。市审定办向社会公示拟由市政府表彰的获奖组织/个人，同时在各申报单位内部进行公示；公示时间不少于 7 天。

3）规定异议处理的内容和流程。任何单位或者个人对上海市政府质量奖评选表彰有异议的，可以实名向市审定办提出，并提供必要的证明材料。涉及异议问题的组织/个人，应当及时提出申辩理由，提交有关异议的补充材料和旁证文件。市审定办在必要时可直接组织评审员进行调查处理，或采用座谈会、听证会等方式听取意见。有关异议的处理一般应当在受理期结束后 30 日内，由市审定办将处理结果答复提出异议的个人或者组织。

4）明确年度绩效评估要求，每年度政府质量奖评审工作完成后，市审定办应委托第三方机构对评审工作进行绩效评估，形成评审绩效评估报告。

5）明确工作资料管理要求，按照年度评审文件、申报组织/个人文件、评审员文件三大类 23 项资料清单目录进行保存，规定了保存期限与方式，文件编号规则等。

2. 2. 2　评审员管理规定

从 2001 年起，上海市政府质量奖评审工作就引入了专业评审员评审制度，前后有 500 多位市政府质量奖评审员参与了政府质量奖评审工作，发挥了重要作用。为了加强上海市政府质量奖评审员队伍建设，保证上海市政府质量奖评审工作的公正公平，2006 年制定了《上海市质量金奖评审员管理实施细则》(沪质技监管〔2006〕209 号)；2010 年出台了《上海市政府质量奖评审员管理规定》(沪质技监管〔2010〕310 号)；2019 年根据新印发的《上海市政府质量奖管理办法》(沪府办规〔2019〕8 号）的要求，进一步修订了《上海市政府质量奖评审员管理规定》(沪质奖审办〔2019〕5 号）并正式印发。

（1）制定背景和过程

加强评审员队伍管理。评审员是保证评审质量的关键，评审员队伍的素养、专业知识和评审能力，决定评审工作的公正性和科学性。为此通过制定规范，确立“广纳群贤、优化结构，分类分级、动态运作，严加考核、能进能出”的管理原则，有利于形成有效的管理机制和监督体制，为评审工作的高质量推进提供强有力的人力支撑和智力支持。

规范评审员评审行为。政府质量奖评审设有客观的评价准则，但是整个评审工作，无论是资料评审还是现场评审，都是由带着主观性的人员进行的，如何实现主客观的有机统一，必须增强评审员的公正意识、规范评审员的操作行为，明确评审员的产生方式、基本要求，运用制度筑牢“防火墙”。

提升评审员队伍素养。政府质量奖评审员有其特殊要求，并非从事质量工作的人员就一定胜任，需要开展必要的教育培训。因此，要在政府质量奖评审方面提出明确要求，通过加强专业培训和经验交流，包括评审标准解读、案例解析、报告撰写、经验分享等，以及必要的考核，实现评审员队伍素养和能力的不断提升。

二十年来，通过市政府质量奖评审，聚集起了本市一大批质量工作方面的人才，他们之中有经验丰富的老同志，有年富力强的中坚力量，也有充满朝气的年轻人，共同用智慧与知识为评审工作作出贡献。参照组织人事管理要求，审定办每年对评审员队伍进行梳理，老同志以 70 周岁为评审员任职的年龄限定，同时积极招聘和培养年轻同志加入队伍。每年举办面向全体政府质量奖评审员的专项培训班，分析国际评奖动态，解读评审准则，交流“实战”经验，培训结束前组织笔试考核，成绩计入评审换档案。截至 2020 年年底，纳入市政府质量奖评审专家库管理的共有 285 人。

（2）主要内容

2019 年印发的《上海市政府质量奖评审员管理规定》共分七章二十六条，包括总则、评审员招募、评审员专家库管理、评审员选用、评审员行为规范、评审员监督和附则。

“总则”部分，明确了制定《上海市政府质量奖评审员管理规定》的目的和原则，强调“确保本市政府质量奖评审工作权威、公证、科学、高效”。同时对评审员做出了界定，“是指根据上海市政府质量奖评审要求，聘用参与上海市市长质量奖和上海市质量金奖资料评审、现场评审、综合评价的第三方专业人员，包括一般评审员和组长评审员”。规定由上海市政府质量奖审定委员会办公室按照“广纳群贤、优化结构，分类分级、动态运作，严加考核、能进能出”的原则，负责评审员队伍的组织、建设和管理工作。

“评审员招募”部分，明确了评审员的任职条件和申请流程。任职条件包括六个方面：一是坚决贯彻执行党和国家质量方针、政策和决策部署，熟悉质量、经济等相关法律、法规规定；二是具有大学或以上文化程度，年龄不超过65周岁，能合理安排时间、参加一定强度的评审工作；三是具备5年以上管理或专业技术工作经历，系统掌握质量及经营管理的理论与方法，有丰富的质量及经营管理实践经验；四是熟悉《卓越绩效评价准则》国家标准或相关质量、经营管理体系评价方法；五是具备较强的分析判断、交流沟通和语言文字表达能力，有团队合作精神；六是具有较强工作责任心、社会责任感和良好职业操守，无违法违纪等不良行为记录。申请流程：经有关单位或评审员推荐后，递交申请表及相关证件、证明材料；由市审定办进行资格审查，通过者须经集中培训，考试合格者纳入上海市政府质量奖评审员专家库。

“评审员专家库管理”部分，规定了评审员档案管理的内容，不仅包括个人的实证性材料，而且纳入评审员参与年度评审情况的动态记录。要求“按照从业领域、所属行业、专业类别进行分类，实施分类管理”。强调评审员要“加强自我学习，注重总结经验、更新知识，不断适应评审需求”，审定办要“不定期组织开展评审标准、评审方法与技巧等培训，指导评审员持续提高评审水平和能力”。

“评审员选用”部分，规定了选用有效期、评审组组成、组长评审员条件以及回避制度。评审组一般由3~9位评审员组成，实行组长负责制，由组长主持整个评审活动。担任组长评审员的须满足三个条件：一是参加市政府质量奖评审活动5次以上，对评审标准和评审技巧的掌握达较好水平；二是具有较强的组织领导、沟通协调和综合判断能力，能指导评审组成员有序开展评审活动，能有效预防和应对评审活动中出现的各种问题；三是具有较强的综合分析和语言文字表达能力，能主持编写较高质量评审报告。回避制度规定了5种必须回避的情形：一是在申报组织或申报个人所在单位任职或离职不足两年的；二是担任申报组织或申报个人所在单位上一级集团公司、控股公司高层管理人员的；三是与申报组织、申报个人及其所在单位存在经济利益或竞争关系的；四是近两年内为申报组织或申报个人所在单位提供过咨询、培训服务的；五是其他有可能影响评审公正性或申报组织、申报个人及所在单位提请回避的。

“评审员监督”部分，强化了评审员的监督管理，明确了取消评审员资格的四种情形：一是不遵守评审员行为规范，造成不良影响的；二是在评审员考核中不合格的；三是连续两年或连续3次因自身原因未能参加评审的；四是有其他违法违纪行为的。还对应回避而不主动回避，滥用职权、玩忽职守、徇私舞弊等违纪违法行为的，明确了处理意见。

2. 2. 3 观察员管理制度

为了强化对市政府质量奖评审过程的监督和控制，确保市政府质量奖评审的公平公正、市政府质量奖评审过程的公开透明，审定办在落实《上海市政府质量奖管理办法》的过程中创新提出设立观察员监督制度，邀请人大代表、政协委员以及新闻媒体等，共同参与对政府质量奖评审工作的监督。为了明确观察员职责、工作内容和工作要求，2018 年市审定办制定《上海市政府质量奖观察员管理制度（试行）》（沪质奖审办〔2018〕7 号）。

（1）制定背景和过程

上海市政府质量奖设立观察员制度是评审工作进入新阶段、适应新形势的必然要求。如何将评审工作的各项要求和纪律落到实处，不仅要求制度健全完善，要求评审员的自觉遵循和自律精神，从体制机制的角度还需要形成管理和监控的闭环，观察员制度的应运而生是顺应时代的产物，得到了评审工作组织方、评审方以及参评方的共同肯定。

上海市政府质量奖观察员制度设立以来，经过两年的实际操作，成效显著。2019 年政府质量奖评审共有46 人次观察员参与现场评审，2020 年共有 26 位观察员对现场评审过程进行监督。观察员全程参与现场评审，对评审计划执行情况、评审纪律执行情况等进行监督，同时也无形中考察了各位评审员的现场表现，有利于提升市政府质量奖评审工作的整体水平，确保评审的公正性、客观性、保密性。

（2）主要内容

2018 年 10 月印发的《上海市政府质量奖观察员管理制度（试行）》主要包括：

明确观察员的选定方式、观察组的组成，每年由市审定办在政府质量奖的现场评审中随机抽取参评组织，由市审定办委派观察员开展监督工作。观察员主要来自上海市政府质量奖审定委员会组成单位、行业主管部门、政风行风监督员、新闻媒体代表等。

规定观察员应具备的条件：1）具备良好的职业道德，依照客观公正、科学严谨、实事求是的工作原则，认真负责、公正廉洁地履行职责；2）能够遵守保密纪律，对评审中讨论的情况及评审意见及其他有关情况须予以保密；3）熟悉质量、品牌等相关政策法规和理论知识，在产品或服务等相关领域具有丰富工作经验。

规定观察员在履行监督活动时的主要职责：1）对现场评审组评审专家评审过程中的公正性、客观性、保密性进行观察监督；2）对现场评审计划的执行情况进行观察监督；3）对进入现场评审的组织和个人遵守评审纪律情况进行观察监督；4）根据现场观察情况，填写《上海市政府质量奖评审观察记录表》。

明确对观察员反馈的异常情况，市审定办应及时启动调查。经调查核实，发现存在违反《上海市政府质量奖管理办法》《上海市政府质量奖评审员管理规定》情况的，按相应规定对于受评单位或评审人员进行处理。

2.3 评价标准

上海市政府质量奖的评审标准依照组织和个人奖项，分为两大类。对于组织奖项的评审，主要采用国家标准 GB/T 19580《卓越绩效评价准则》作为基本的评价标准，适用于所有的组织类型。对于小企业和医疗机构，在 GB/T 19580 基础上，结合企业和行业属性特点，以地方标准形式制定了两个相应的评价标准 DB31/T 1009《小企业卓越绩效评价准则》、DB31/T 1153《医疗机构卓越绩效评价准则》作为补充。对于个人奖项的评审，主要采用上海市地方标准 DB31/T 598《上海市政府质量奖个人评价准则》。评审标准根据质量管理理论和实践的发展，适时进行修订或调整。

2.3.1 卓越绩效评价准则及其实施指南

（1）概述

上海市政府质量奖的组织类别奖项主要采用国家标准 GB/T 19580《卓越绩效评价准则》作为基本的评价标准。该标准借鉴了国际上类似质量奖项目的先进评价准则，结合我国质量管理的实际情况，从领导、战略、顾客与市场、资源、过程管理、测量、分析与改进以及结果等七个方面规定了组织卓越绩效的评价要求。评价标准突出强调了战略、社会责任和经营绩效，注重“资源”配置和“改进与创新”，并与可持续发展、品牌建设推进、诚信体系建设等相结合。

采用 GB/T 19580《卓越绩效评价准则》，可帮助识别和提升组织整体绩效和能力，为组织的所有者、顾客、员工、供方、合作伙伴和社会创造价值，有助于组织获得长期成功。采用该标准也可以使各类组织易于在质量管理理论和实践方面进行交流和共享成果，成为一种理解、管理绩效并指导组织进行规划和获得学习机会的工具。

（2）框架结构

GB/T 19580《卓越绩效评价准则》给出了卓越绩效评价准则的框架，见图 2-1。

在卓越绩效评价框架结构中，条款 4.1、4.2、4.3、4.4、4.5、4.6 为组织的管理“过程”，条款 4.7 为组织的绩效“结果”。组织通过其管理过程的运行获取组织的绩效结果；基于结果的测量、分析，推动组织管理过程的改进和创新。

“过程”条款中，“领导”掌控着组织前进的方向，并密切关注着“结果”。“领导”“战略”“顾客与市场”构成“领导作用”三角，是驱动性的，旨在强调领导对战略和顾客与市场的关注；“资源”“过程管理”“结果”构成“资源、过程和结果”三角，是从动性的，显示组织利用资源，通过过程管理取得结果。而“测量、分析和改进”是组织运作的基础，是链接两个三角的“链条”，并推动组织的改进和创新。

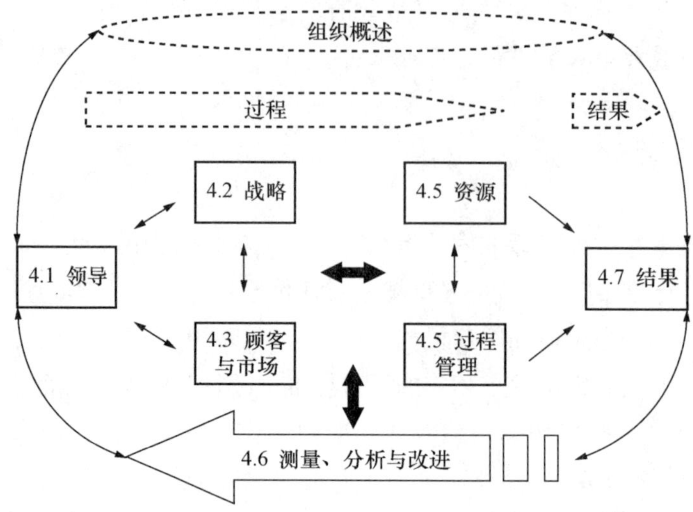

图 2－1　卓越绩效评价准则框架

该框架结构中的“组织概述”部分包括组织的环境、关系和挑战，显示了组织运营的关键因素和背景状况，是开展组织卓越绩效评价的基础。

（3）基本理念

在 GB/T 19580《卓越绩效评价准则》的“引言”部分，明确了卓越绩效评价准则的“基本理念”，包括远见卓识的领导，战略导向，顾客驱动，社会责任，以人为本，合作共赢，重视过程和关注结果，学习、改进和创新，系统管理等九项。从逻辑关系上理解，应是首先确定了“基本理念”，然后才有具体的评价准则要求。“基本理念”本质上是卓越绩效评价准则的总体指导思想。管理行为准则要求是建立在基本理念的基础上的。

（4）内容概览

《卓越绩效评价准则》从领导，战略，顾客与市场，资源，过程管理，测量、分析与改进以及结果等七个方面规定了组织卓越绩效的评价要求。卓越绩效评价准则内容构成分为 7 项条款（4. 1 ~4. 7）、23 项评分条款（4. 1. 2 ~4. 7. 7），见表 2－1。

表 2－1　卓越绩效评价准则内容构成

条款（7 项）	评分条款（23 项）
4. 1　领导	4. 1. 2　高层领导的作用
	4. 1. 3　组织治理
	4. 1. 4　社会责任
4. 2　战略	4. 2. 2　战略制定
	4. 2. 3　战略部署

续表

条款（7项）	评分条款（23项）
4.3 顾客与市场	4.3.2 顾客和市场的了解
	4.3.3 顾客关系与顾客满意
4.4 资源	4.4.2 人力资源
	4.4.3 财务资源
	4.4.4 信息和知识资源
	4.4.5 技术资源
	4.4.6 基础设施
	4.4.7 相关方关系
4.5 过程管理	4.5.2 过程的识别与设计
	4.5.3 过程的实施与改进
4.6 测量、分析与改进	4.6.2 测量、分析和评价
	4.6.3 改进与创新
4.7 结果	4.7.2 产品和服务结果
	4.7.3 顾客与市场结果
	4.7.4 财务结果
	4.7.5 资源结果
	4.7.6 过程有效性结果
	4.7.7 领导方面的结果

为了更好地理解和实施国家标准 GB/T 19580《卓越绩效评价准则》，国家还同时颁布了国家标准化指导性技术文件 GB/Z 19579《卓越绩效评价准则实施指南》。该实施指南对评价要求作了详细说明，并规定了评分系统的具体要求，为组织更好地理解和应用《卓越绩效评价准则》提供了指南。

2.3.2 小企业卓越绩效评价准则

（1）概述

上海市地方标准 DB31/T 1009《小企业卓越绩效评价准则》是为小企业量身定制的卓越绩效评价标准，2016 年 12 月起正式实施应用。制定该标准是为了鼓励、引导小（微）

企业追求卓越，提高经营绩效，促进小（微）企业的健康发展。

该标准以 GB/T 19580《卓越绩效评价准则》为基础，结合本市小（微）型企业的经营环境、管理实践、质量水平和发展导向，本着“适用、易懂、聚焦”原则，规定了小企业的卓越绩效评价要求和评价方法。

该标准适用于上海市政府质量奖对于小企业（含微型企业）的评审，也可用于追求卓越绩效的小企业（含微型企业）开展组织自我评价。

（2）特点和主要内容

相对于作为基础的 GB/T 19580《卓越绩效评价准则》，该标准的基本框架不变，但部分评分条款做了调整。例如，“4. 1　领导”中的“高层领导的作用”改成了“领导者的作用”，“4. 2　战略”中的“战略制定”和“战略部署”分别改成了“战略决策”和“战略执行”，“4. 4　资源”，突出了“人力资源”的重要性和与其他资源条款的平衡性，其他资源条款内容进行了适当调整，主要围绕两个方面：1）资源提供或配置；2）资源利用或管理的有效性和效率。

具体条款调整方面，有较大调整（优化）的条款和要求有 14 项，简化评价内容的条款有 20 余项，同时，针对小企业管理的特点，新增了 14 项特色要求。总体来说，评价条款要求的篇幅（字数）减少超过 40% 。

除了省略和简化的内容，一些变化调整的内容包括，用“对比企业”替代“竞争对手、标杆”，以“主要业务过程”替代“关键过程”等。新增的特色评价要求，例如，“4. 1　领导”中鼓励创新、适度承担风险；组织治理中的对治理结构的考虑；识别诚信经营风险，遵守行业诚信准则等。“4. 2　战略”中明确（经营）战略定位；管理战略实施风险，确保财务安全性等。“4. 3　顾客与市场”中学习和利用来自顾客的知识和资源。“4. 4　资源”中工作的组织强化以顾客为导向的运营；在人力、技术、信息和基础设施方面关注对外部资源的利用。“4. 5　过程管理”中过程识别考虑组织的核心能力和优势，与经营战略定位相匹配。“4. 6　测量、分析与改进”中绩效分析包括对满足顾客需求程度、财务健康状况的评价等。

该标准对评分条款“分值表”和“组织概述”做了相应调整，也补充了 7 项术语和定义。在分值表调整方面，结合小企业管理的特点和管理提升导向，适当提高了“领导”和“人力资源”条款的权重，降低了“战略”“过程管理”条款的权重；“结果”中，将部分“财务结果”的权重评分加到了“人力资源”结果中。

2. 3. 3　医疗机构卓越绩效评价准则

（1）概述

上海市地方标准 DB31/T 1153《医疗机构卓越绩效评价准则》于 2019 年 4 月正式发布。该标准制定过程中，市医疗卫生主管部门及本市 10 多家各级各类医疗机构专家参与了研讨、编制和意见征询。制定该项标准的目的是，在本市医疗行业更有效地导入卓越绩效管理模式和推进政府质量奖项目，从而引导行业树立在医疗服务质量和安全方面领先、机构运营绩效卓越并可持续的标杆组织，在业内分享和推广成功经验。

鉴于不同行业组织的卓越管理要素具有共通性，以及便于与跨行业其他组织的政府质量奖评价标准相协调，有利于行业间的比较和分享，《医疗机构卓越绩效评价准则》采用了国家标准 GB/T 19580 的基本框架和评价要素。同时，结合本市医疗行业的特点，尤其是医疗服务质量和患者安全的管理要求，对标准中的具体评价条款，进行了适当的调整和补充。

该标准适用于上海市政府质量奖对于医疗机构的评审，也可用于医疗机构实施卓越绩效管理，开展以追求卓越为导向的组织改进与创新活动的自我评价。

（2）特点和主要内容

该标准的突出特点是融入了对于医疗行业机构的服务质量和患者安全方面的关注和管理要求，涉及服务对象（患者等）的安全与风险管理，医疗服务过程中专业人员（包括医护、医技人员等）与服务对象的关系，服务对象需求、参与及权益保障，服务对象的个人信息安全、隐私保护，医疗过程中院感的预防和控制，以及体现在社会责任中的医学伦理、人道主义、公益性和社区公共卫生健康责任等。

相对 GB/T 19580，该标准新增加的评价要求主要体现在以下条款中：

“4.1　领导”，融入了倡导和促进患者安全文化的建立；确保机构科研和医疗服务符合伦理要求；承担提升社区医疗健康水平责任，履行公共卫生健康和应急救治职责等评价要求。

“4.3　服务对象与市场”，融入了考虑和维护患者、家属及其他服务对象应有的权利，并作出相应的回应；开展患者及家属教育，使其具备参与患者治疗过程和治疗决策所需的知识和能力等评价要求。

“4.4.2　人力资源”，融入了建立和实施机构内员工健康安全计划的评价要求。

“4.5　过程管理”，融入了通过过程设计，确保医疗服务提供全过程的连续性和协调性，实现过程的顺畅衔接；识别和降低医疗服务相关过程中获得和传播感染的风险，开展感染预防和控制活动，并与机构的规模、过程的复杂性及风险水平相匹配；以及在机构的应急响应系统中考虑预防和管理，以及运营的连续性等评价要求。

对各评价条款的评分权重也根据目前本市医疗行业的特点，做了相应的调整，人力资源、技术资源和资源结果的权重有所增加，战略、过程管理和财务结果的权重对应降低。

标准适当简化了部分条款的表述，同时补充了必要的注释和说明。还将评价要求和评价方法整合在了一个标准中，便于医疗机构用于自我评价。

2.3.4　个人评价准则

（1）概述

根据《上海市政府质量奖管理办法》规定，上海市市长质量奖和上海市质量金奖两个类别均设立了个人奖，表彰在质量工作和促进本市经济社会发展或推动相关行业发展方面作出突出贡献的个人。上海市地方标准 DB31/T 598《上海市政府质量奖个人评价准则》作为个人卓越绩效的评价要求和评价方法，于 2012 年 5 月正式发布。目的在于通过政府质量奖个人奖评选，推动提高全社会质量意识，鼓励和引导个人追求卓越，提高组织绩效，促进经济社会可持续发展。

该标准以 GB/T 19580《卓越绩效评价准则》的基本理念为指导，以国际通用的卓越绩效评价模型为依据，结合个人追求和实现卓越的关键要素，评价要求涵盖了意识与素质、目标与计划、顾客、学习与发展、工作过程、改进与创新、结果等方面，力求将个人为实现卓越绩效应具备的观念和意识贯穿于各项要求之中，体现在个人行为之中，促进个人为组织和社会追求卓越绩效作出更大贡献。

卓越绩效个人评价准则的框架见图 2－2。

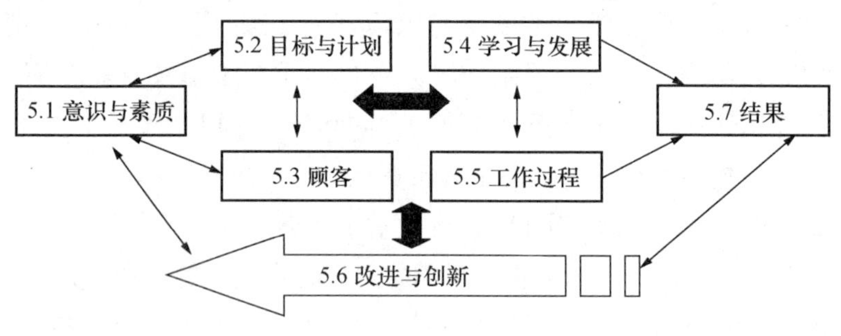

图 2－2　个人评价准则框架

该标准适用于上海市政府质量奖个人奖的评价，也可用于个人追求卓越绩效的自我评价。

（2）特点与主要内容

在系统性方面，个人评价标准的基本框架与市政府质量奖所采用的组织类评价标准基本匹配，从结构、主要内容和评价方法上保持一贯性、协调性，使整个政府质量奖的评价体系更具系统性、完整性。

在适用性方面，有别于组织类评价，个人评价除了评价的关键要素要围绕个人追求卓越的关键影响因素进行识别和确定外，还要使得评价的要求和方法对于处在组织的不同岗位、不同职位的个人均是适用的，能够兼顾组织的高、中层管理者以及基层人员的工作行为的共性和差异性，采用具有统一性的评价要素和方法，使评价标准更具有可操作性，评价结果更具可比性。

在具体评价要素和条款方面，个人评价标准由 7 项条款（5. 1 ~ 5. 7）、16 项评分条款（5. 1. 1 ~ 5. 7. 4）构成，见表 2－2。

对于“5.1　意识与素质”的评价，涉及卓越意识和职业素质两个方面，具体评价内容包括：追求卓越的价值观，良好的质量、诚信和社会责任意识；践行组织的价值观，为组织文化建设做出贡献；身体力行，影响相关方，营造良好的质量氛围和环境；提升个人的才智、能力与内在涵养；立足本职、履行职责，发挥模范带头作用；以及履行社会责任，促进组织及相关方履行社会责任等。

表 2－2 个人评价准则评价要求构成

条款（7 项）	评分条款（16 项）
5.1 意识与素质	5.1.1 卓越意识
	5.1.2 职业素质
5.2 目标与计划	5.2.1 目标与计划的制定
	5.2.2 目标与计划的实施
5.3 顾客	5.3.1 顾客关系
	5.3.2 顾客满意
5.4 学习与发展	5.4.1 学习
	5.4.2 发展
5.5 工作过程	5.5.1 工作过程实践
	5.5.2 工作过程改进
5.6 改进与创新	5.6.1 改进
	5.6.2 创新
5.7 结果	5.7.1 工作绩效
	5.7.2 学习成果
	5.7.3 创新成果
	5.7.4 社会影响

对于“5.2 目标与计划”的评价，涉及目标与计划的制定和目标与计划的实施两个方面，具体评价内容包括：参与制定组织的战略目标、规划和计划；结合本岗位职责要求，制定工作目标与计划，并与组织的目标相一致；实施工作目标与计划，并对实施过程进行监测；评价目标与计划实施的效果；以及应对机遇和挑战，及时调整工作目标与计划等。

对于“5.3 顾客”的评价，涉及顾客关系和顾客满意两个方面，具体评价内容包括：识别与了解顾客的需求与期望，不断改进自身的工作；保持与顾客的沟通，倾听其意见和建议，建立互信的合作关系；促进组织建立良好的顾客关系；测量分析顾客的满意程度，不断改进自身及组织的工作；以及提高组织的顾客满意程度等。

对于“5.4 学习与发展”的评价，涉及学习和发展两个方面，具体评价内容包括：坚持学习，勇于实践，充分发挥自身的潜能和主动性，提升个人的职业素质和绩效水平；促进组织或团队的学习，激发组织或团队的主动性、积极性和创造性，促进组织或团队的绩效提升；明确职业发展方向，实现职业发展目标，并与组织的发展保持一致；以及带领或影响组织或团队的其他成员共同进步，促进组织或团队的人才队伍建设等。

对于“5.5 工作过程”的评价，涉及工作过程实践和工作过程改进两个方面，具体评价内容包括：根据工作要求或标准，规范运作，确保工作质量，达到预期效果；运用新的理论、方法、技术、工具以及有关信息，提高工作效率和顾客满意度；根据工作效果和效率的监测及分析，促进工作过程的改进和优化；以及将工作过程改进的成果和经验进行分享，促进组织绩效的提升等。

对于“5.6 改进与创新”的评价，涉及改进和创新两个方面，具体评价内容包括：识别改进机会，分析原因，制定对策，有目标、有计划地开展持续改进活动；学习、借鉴内外部的改进成果，用于持续改进，并发挥积极作用；激发创新动力，开展创新活动，取得创新成果；以及在组织或团队中营造创新氛围，带领、支持或参与创新活动，并发挥积极作用等。

对于“5.7 结果”的评价，涉及工作绩效、学习成果、创新成果和社会影响四个方面，具体评价内容包括：个人在质量、管理、经营、服务、技术等方面的工作绩效水平，顾客以及组织或团队的评价；个人推动组织或团队取得的工作绩效；个人的学习成果，包括能力提升、专业领域的成果和作用等；个人推动组织或团队取得的学习成果；个人的创新成果，包括质量、管理、经营、服务、技术、理论、品牌等；个人推动组织或团队取得的创新成果；个人获得的荣誉，在企业、行业、社会的影响力和认可度，履行社会责任的结果等；以及个人推动组织或团队取得的社会影响。对“结果”的评价还包括相关绩效结果与个人以往以及标杆的比对结果。

上海市政府质量奖励制度体系是上海市政府质量奖发展的“压舱石”，规范和保障了市政府质量奖工作健康、有效地运行。在适应上海经济发展新常态中，将进一步强化上海市政府质量奖制度建设，形成科学、规范、系统的制度体系和管理模式，夯实市政府质量奖运行的制度基础，使上海市政府质量奖成为上海城市发展的靓丽质量名片。

3 上海市政府质量奖公共服务

提供公共服务是政府的重要职责之一，提供高质量公共服务是开展政府质量奖工作的重要目标之一，其中包括以培育孵化促企业先进质量管理方法学习、以评审交流促企业质量管理改进、以宣传推广促企业卓越质量实践分享等。本章主要通过政府质量奖工作链中的“事前培育、事中增值、事后分享”等多维度视角，展现上海市以服务企业、服务经济、服务人民为宗旨，着力加强为企业、行业、市民提供政府质量奖公共服务，不断提升公共服务水平，着力提高政府质量治理体系和治理能力现代化水平。

3.1 评审前培育孵化

上海市政府质量奖评审工作的特点在于不仅仅是对组织进行评奖，授予其荣誉和物质奖励，更重要的是通过评奖引导更多的企业学习先进质量管理理念和方法，开展系统性的自我评价、辨别绩效差距、找出需要改进的领域，探索具有自身特色和亮点的质量管理方法，使其不仅在产品质量而且在经营质量上追求卓越，最终实现全市企业整体质量管理水平的提升。

3.1.1 开展质量公益培训

上海从设立政府质量奖之初就确立了以评奖为契机，通过公益培训，推进全市整体质量水平提升的目标。2001 年，上海率先引入美国国家质量奖的评奖标准——卓越绩效管理模式，当年即组织全市 200 多家企业的主要领导进行专题学习，邀请国内外质量专家予以讲解，帮助企业对质量的理解从单一的产品质量向全面质量管理理念转变。其后，上海开始着力搭建质量管理公共服务平台，通过实施“两千一百”工程、“万千百”工程、质量大讲堂等载体，每年组织卓越绩效标准公益讲座和质量工具运用公益培训，推动全市各类组织学习实践卓越绩效模式、积极参与政府质量奖申报。二十年来，上海质量管理公益培训人数累计达 22 万余人次。

（1）实施“两千一百”工程

2010—2012 年，上海启动实施“两千一百”工程，即培育 1 000 家企业学习实践卓越绩效模式，培训 1 000 名企业中高层管理人员掌握卓越绩效评价准则，培育 100 名政府质量奖评审专家，三年间共对 1 300 多家企业的 1 700 多位企业中高层管理人员开展了《卓越绩效评价准则》培训，有 1 016 名企业参加培训者通过考试获得合格证书，有 100 余位专家经培训考试入选政府质量奖专家库。

2013—2015 年，上海实施了新一轮“两千一百”工程，在三个方面有新的提升：

一是升格组织主体。第一轮“两千一百”工程由原市质量技术监督局组织，第二轮“两千一百”工程的组织主体升格为市质量安全工作领导小组办公室，该小组是由分管副市长任组长的全市质量安全工作协调组织，充分说明了市政府对质量公益培训工作的重视。

二是更新工程内容。“两千”内容不变，“一百”内容更新为鼓励 100 个组织和个人申报各级政府质量奖，以通过推动组织及个人积极参与政府质量奖申报，既提升组织自身质量管理水平和质量竞争力，又可在全社会树立更多的质量标杆。

三是丰富培训方式。以普及培训与重点培训、课堂授课与实地学习、理论学习与实践运用、定期培训与普及相结合的方式，提高培训成效。

2016 年，市审定办对“两千一百”工程培训效果进行了调查，内容包括《卓越绩效评价准则》对企业的作用等。发放调查问卷 220 份，有效问卷 187 份，经统计分析，通过培训，对标准很了解和比较了解的学员从 32.09% 增加到 83.42%，对标准“了解一般”的学员从 35.83% 下降到 16.58%，培训后学员对标准的了解程度有大幅提高。

通过培训，62.21% 的学员认为标准对激励组织实施质量改进、提高竞争力和促进所在企业发展很有作用，见图 3-1。

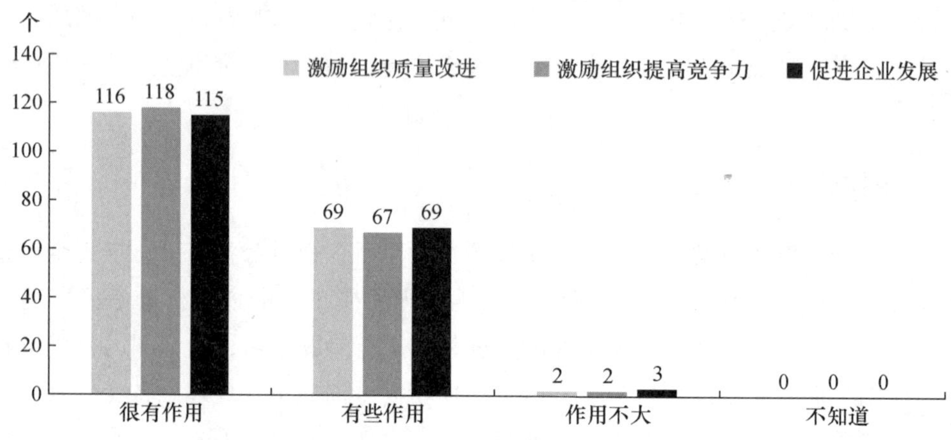

图 3-1　标准对企业的作用

（2）实施中小企业质量提升“万千百”工程

为进一步传播质量知识，2020 年市审定办在全市范围内实施中小企业质量提升“万千百”工程，即组织全市一万家中小企业开展先进质量管理方法公益培训、组织全市一千家“专精特新”中小企业开展首席质量官公益培训、培养一百名首席质量官，通过推广先进质量管理方法和工具，引导企业强化“全员参与、过程管理、持续改进”的质量理念，提高企业质量意识，提升企业人员质量素质，促进中小企业高质量复工复产，推动上海经济高质量发展。

在实施万家中小企业先进质量管理方法公益培训时，结合当年疫情防控要求，采用网络培训的形式，邀请国内知名质量管理专家、教授、企业质量高管等讲授“卓越绩效模式”“六西格玛管理”“统计过程控制”“质量改进常用七种工具之因果图和排列图”“降本提质增效‘精益生产管理’”等课程。据统计，线上观看人数 12 176 人，中小型企业占比高达 82.3%；涉及工业、零售业、餐饮业、软件和信息技术服务业、批发业、物业管理等 21 个行业。调查显示，学员对卓越绩效模式的了解程度较高，占比为 61.5%，仅次于对六西格玛的了解。卓越绩效模式在企业中最有应用价值，见图 3-2。说明多年来，上海市开展宣传推广卓越绩效管理的公共服务成效较显著，但还有很大空间。

（3）举办“质量大讲堂”

自 2018 年 1 月起，上海市开办公益性质量宣传培训活动“质量大讲堂”，由质量学术机构邀请国内外知名质量专家学者、企业家等，紧密围绕质量工作重点和社会民生质

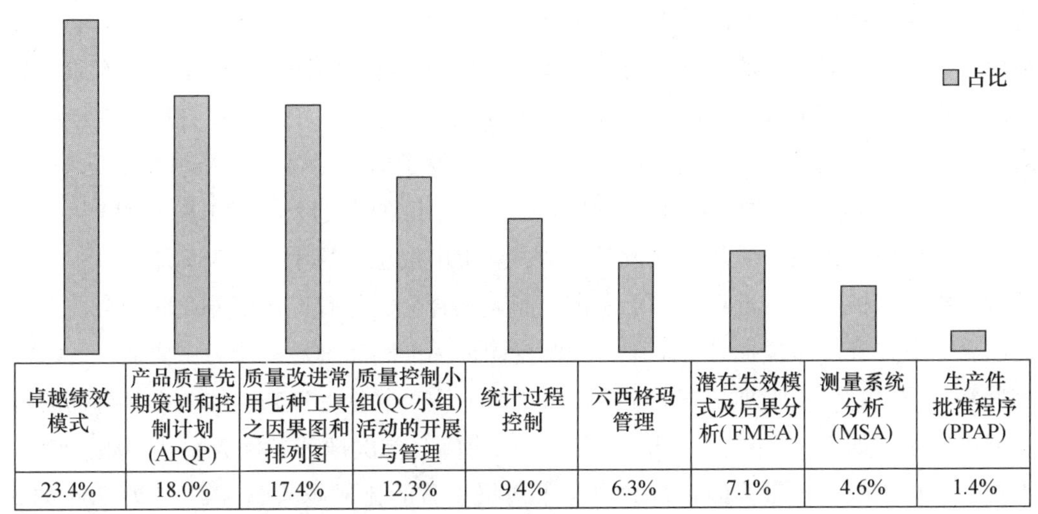

卓越绩效模式	产品质量先期策划和控制计划(APQP)	质量改进常用七种工具之因果图和排列图	质量控制小组(QC小组)活动的开展与管理	统计过程控制	六西格玛管理	潜在失效模式及后果分析(FMEA)	测量系统分析(MSA)	生产件批准程序(PPAP)
23.4%	18.0%	17.4%	12.3%	9.4%	6.3%	7.1%	4.6%	1.4%

图 3－2　企业中最有应用价值的先进质量管理方法

量、“长三角”一体化发展等热点话题，分享交流质量领域的先进理念、成功经验和心得体会。截至 2020 年年底已举办 17 期。2019 年，“质量大讲堂”围绕“高质量发展的动力变革”“建设质量标准新高地　推动长三角一体化高质量发展”等主题共举办 5 期，吸引 1 150 名市民参与。2020 年，根据疫情防控发展动态，先后以“质量文化与文化质量”“金融科技、数字赋能”“卓越城市、品质生活”为主题，通过线上线下相结合方式举办“质量大讲堂”活动，累计超过 12 万余人次参与。

3.1.2　培育推荐质量标杆

上海着力搭建区域、行业、市三级联动的政府质量奖梯队培育工作机制，以充分推选出上海各行各业优秀企业代表、质量标杆。

（1）建立区域培育推荐机制

至 2017 年，上海市 16 个区都已建立区级政府质量奖。各区以区级政府质量奖为平台，挖掘区内优秀企业，建立培育库，并推荐优秀企业申报市政府质量奖，成为市政府质量奖源源不断的后备力量。以宝山区为例，2015 年设立区政府质量奖后，建立了三份梯队名单，一是培训名单，即把宝山各街镇、园区、相关委办局推荐的各类组织纳入日常宣传教育培训；二是培育名单，即通过日常宣传教育发现一批有质量提升需求和强烈意愿的各类组织，纳入小班化培育；三是跟踪名单，即把获得区级政府质量奖的各类组织纳入该名单，予以密切关注，并根据质量管理成熟度，依次推荐申报市政府质量奖。2018—2020 年，由各区推荐申报市政府质量奖申报组织数量分别占全市申报总数的 40%、52%、46%。

（2）建立行业发动推荐机制

行业主管部门积极发动。各部门以政府质量奖励制度为抓手，结合提质增效、创新引领、环境营造、要素集聚、降低成本等方面的提振实体经济举措，积极推动行业优秀组织参与政府质量奖申报。如上海市卫生健康委员会（以下简称市卫健委）、上海市农业农村委员会、上海市地方金融监督管理局、上海市民政局等部门组织开展全系统政府质量奖评价标准宣贯培训，市卫健委以政府质量奖申报为契机，坚持多年对全市各级医院组织开展政府质量奖宣传、相关标准专题宣贯培训，有效激发了医疗卫生系统质量提升的积极性。2018—2020 年，市卫健委共推荐申报 29 家组织申报市政府质量奖。2018—2020 年，由市级各委办推荐申报市政府质量奖的数量分别占全市申报总数的 33%、38%、30%。

行业组织积极参与。近年来，上海市工商业联合会、上海现代服务业联合会、上海市商业联合会等在开展质量提升行动中，把制定团体标准和品牌建设作为主要抓手，积极推荐挖掘一批质量过硬、管理精细的企业申报市政府质量奖。近年来，加入推荐行列的行业组织越来越多，如 2020 年市医药协会、医疗机构协会首次推荐了优秀企业申报。由行业组织推荐申报市政府质量奖的企业数占全市申报总数的比例越来越高，从 2019 年的 3% 上升到 2020 年的 5%。

（3）建立中国质量奖遴选推荐机制

经过市、区两轮的遴选，在区级、市级政府质量奖获奖组织的基础上，积极推荐能充分代表上海制造业、服务业先进水平、质量管理模式成熟、质量文化特色鲜明的组织申报中国质量奖。在业已开展的三届（2013 年、2016 年、2018 年）中国质量奖评选中，上海共有 3 家组织获得中国质量奖，19 家组织、5 位个人获得中国质量奖提名奖，获奖数占全国获奖总数比例分别达 10.2%、14%、9%，无论是单届、还是总数，上海获奖数量和获奖比例均位列全国第一。

3.1.3　进行中小企业质量孵化

中小企业是推动国民经济发展，构造市场经济主体，促进社会稳定的基础力量。已成为拉动经济的新增长点，是反映城市经济温度和活力的最普遍细胞。上海市中小企业占全市企业总数的 99%①，针对中小企业发展需求，上海市各区纷纷出实招精准服务中小企业。

如奉贤区建立并深耕评审与孵化并重的政府质量奖工作机制，在全市率先建立“政府出资、部门组织、机构出人、企业出效”的卓越绩效管理和 5S② 现场管理双孵化机制，引入专业管理团队和管理专家免费为入孵企业“把脉号诊”，为企业管理“量体裁衣”，助力企业形成可持续发展的质量文化、提升质量管理理念、改善经营绩效，并精心组织中小企业走进市、区两级质量标杆企业进行“跨界学习”，让质量标杆企业的“一把手”面对面分享成功的管理经验，有效推动了更多中小企业的“一把手”从最初的“倾听者”转变为“学习者”“实践者”和“推广者”。

---

① 该数据来源于上海市经济和信息化委员会 2020 年 2 月发布的新闻。

② 5S 即整理（SEIRI）、整顿（SEITON）、清扫（SEISO）、清洁（SEIKETSU）、素养（SHITSUKE）。

如宝山区把卓越绩效孵化机制纳入区政府质量奖管理办法，确定“诊断—培训—辅导—跟踪”卓越绩效公益孵化环节。每两年遴选区内 20 家各类优秀组织，由区政府提供 120 万元的专项资金开展卓越绩效公益孵化，精选专业、敬业、精业的质量管理资深专家团队，根据入孵企业的管理现状，“面对面”“一对一”提供全方位的质量管理指导，每次孵化历时半年。至 2020 年已为 42 家各类组织提供公益孵化，为企业量身定制“质量体检报告”，形成卓越绩效孵化诊断报告 42 份，提出优势与创新点 110 余条，主要改进建议 313 项，帮助入孵企业提升质量水平。

此外，闵行、金山、嘉定、青浦等区积极开设符合区情发展特色的质量提升营活动、卓越绩效孵化班等，借助各街、镇、园区、行业协会的力量，组织开展公益孵化，引导企业树立“享受过程大于注重结果”的正确观念，把创奖与卓越质量实践有机结合起来，为中小企业快速成长提供先进的质量管理方法和体系。

3.2 评审中诊断增值

上海市在运用公共服务手段不断扩大先进质量管理方法培训培育覆盖面的同时，也注重探索政府质量奖增值服务的内涵和外延，充分展现申报和参与政府质量奖的益处和价值。

3.2.1 提供免费质量诊断机会

上海市政府质量奖评审将评选优秀质量和提炼组织先进质量管理经验充分结合，每年根据申报组织所属行业，在评审专家库中遴选具有相关行业和专业背景的评审员，组成评审组，对企业进行为期 3 ~ 5 天的资料评审、现场评审和综合评审。二十年来，上海市政府质量奖共组织 6 450 人次的评审专家为参评企业提供质量服务超 15 万小时。对申报上海市政府质量奖的 424 家组织和 146 位个人进行了资料评审、现场评审和综合评价。其中：

提供质量改进建议。在资料评审阶段，评审组对照评价准则，对通过资格审查的组织和个人的申报材料进行评审，形成资料评审报告，逐条逐款地提出申报组织或个人的质量改进建议，由市审定办反馈给组织和个人，推动企业质量改进。

提供质量诊断。在现场评审阶段，对于进入现场评审的组织或个人，现场评审组专家走进企业现场，对参评组织和个人的质量管理现状进行分析，对照评价准则提出参评企业的优势和可改进之处，助力参评企业质量提升。

提供质量诊断报告。在综合评价过程中，评审专家系统总结提炼申报组织或个人的先进质量管理经验，进行综合评价，提供质量管理诊断报告。二十年间，市审定办共为参评组织和个人提供资料评审报告、质量管理诊断报告 2 000 余份。

简而言之，任何参评组织或个人只要通过当年政府质量奖资格审查环节，都能免费获得评审专家书面反馈意见和报告，参与政府质量奖成为深受企业欢迎的一项质量增值服务。不少评审组织多次参评市政府质量奖，通过一次次的质量诊断，不断改进质量管理，提升质量经营能力，实现经济效益、社会效益、内部管理多丰收。很多企业认为政府质量奖评审对质量提升帮助很大，如上海市血液中心连续 3 年参评市政府质量奖，先后获得三份质量诊断报告，收获评审专家提出的数十条质量改进建议，经过中心全员参与，持续改进，不断提升，2019 年最终获得市质量金奖。

3. 2. 2　搭建优秀经验学习平台

政府质量奖能在企业之间建立起沟通渠道，参评组织能增加近距离学习和聆听获奖企业成功经验的机会，通过向质量标杆学习，帮助企业达到更高的质量管理水平。

学习评价标准。政府质量奖评审标准是世界级优秀企业管理的结晶，政府质量奖评审员很多也来自获奖企业高层或本身为质量专家学者，通过评审，参评企业可以学到很多优秀企业先进质量管理理念、做法和经验。

交流企业先进经验。为了普及先进质量管理理念与方法、宣传推广优秀企业质量经验，上海每年组织政府质量奖获奖组织和个人的经验交流会，各类参评组织能优先参加学习交流，有了和获奖企业亲密接触的学习机会，能更好地提高本企业的经营管理水平。如 2018 年，在上海市市长质量奖设立十周年之际，上海举办了卓越质量实践经验交流会，邀请市区两级政府质量奖获奖企业参加，分享企业追求卓越的心得体会和最佳实践，百余家当年参评市区两级政府质量奖和准备参评的优秀企业中高层质量管理者参加，反响热烈。

3. 2. 3　提升参评组织质量声誉

对于参评组织，参加上海市政府质量奖无形中扩大了参评组织的社会知晓度，提升了参评组织的形象和美誉度，使其品牌价值、市场影响力与竞争优势进一步提升。

扩大了参评组织社会知晓度。上海市综合运用传统媒体和新媒体，逐步扩大对政府质量奖的宣传。2016 年尝试在正式受理和进入现场评审环节，增加社会公示和市民调查环节，通过微信公众平台，组织开展市政府质量奖网络票选，得到社会广泛关注，既加强了社会监督，又扩大了社会影响，2017 年和 2018 年连续开展该活动，通过手机、网络接收市民投票。2016—2018 年 3 年里共接收市民投票 48. 3 万余次，一定程度上帮助参评企业赢得了更多消费者的信任。

拓宽了参评组织的宣传渠道。上海市建立市政府质量奖观察员制度，邀请市质量部门政风行风观察员、市人大代表、政协委员、新闻媒体工作者等作为观察员全程参与现场评审环节，现场观摩参评组织。该项制度从 2018 年开始执行，至 2020 年先后邀请了 70 余人次参与。观察员制度的设立，既加强了评审过程的社会监督力度，又使观察员对参评组织在新时代建设、品牌发展、履行社会责任、对社会做贡献等方面有了更深的了解，无形中扩大了对参评组织的宣传。

帮助参评组织建立质量声誉。政府质量奖除了使获奖组织得到一定的物质奖励激励外，更大的价值是增强了参评组织的知名度和诚信度。政府质量奖成为参评组织向市场主体传递有效质量信号的重要渠道，使这些组织获得了更多的市场机会，具备了良好的市场信用体系，品牌知名度和诚信度得到了商业伙伴的认可，在同业竞争中更具有优势，成为企业投标竞争中的加分项。如上海信业智能科技股份有限公司荣获政府质量奖后，在某次江苏省的某投标竞争中，评标专家组将其获政府质量奖作为重要考核项，最终因为该公司获得过政府质量奖占据了绝对优势。

促进其他领域的叠加效应。如上海蓝盟网络技术有限公司荣获政府质量奖后对其在银行的授信提升帮助很大，并带来其他一系列荣誉，包括获得了 2018 年上海市“专精特新”中小企业，以及上海企业创新文化优秀品牌等。在公司投标大金空调（上海）有限公司的运维服务项目时，因为大金空调（上海）有限公司和上海蓝盟网络技术有限公司同为 2015 年市质量金奖的获奖组织，大金空调（上海）有限公司对于市质量金奖有着非常高的了解和认可度，招投标过程中也参照了《卓越绩效评价准则》的若干细则对投标单位进行严格考核，最终上海蓝盟网络技术有限公司中标。

3.3 评审后宣传推广

上海市政府质量奖既是质量荣誉表彰，更是高质量发展的风向标，既要树立质量标杆，更要加大宣传推广获奖组织先进经验，让获奖者发挥质量引领示范作用，使广大市民体验到质量获得感和幸福感。

3.3.1 多渠道：广泛宣传质量标杆

上海市政府质量奖励工作不断加强宣传推广力度，也不断丰富宣传形式，运用各种方式，大张旗鼓地开展获奖组织和个人的宣传推广活动。

举行表彰仪式。每年通过市长质量奖颁奖仪式、全市质量会议等举行表彰仪式。二十年来，历年上海市市长为获得市长质量奖的组织和个人进行颁奖，分管质量的副市长为获得上海市质量金奖的组织和个人进行颁奖，充分体现党委、政府对质量工作的重视，社会反响良好。

运用媒体传播。历年来，上海市政府质量奖获奖名单在《解放日报》等重要媒体上公告。随着新媒体时代的到来，上海在知名门户网站上设立上海市政府质量奖专栏，知名报纸、公众号、官微上介绍上海市政府质量奖获奖组织及经验。此外，还在上海地铁客流量最大的站连续播放获奖组织和个人的宣传片，在站厅宣传栏刊登获奖组织和个人质量事迹，印制政府质量奖宣传海报等。2020 年因为疫情影响，充分利用信息化技术，组织获奖组织和个人，录制先进质量管理经验介绍视频在线上直播，仅 9 月期间就吸引了 1.5 万多人次观看视频。新浪专栏在 9 月期间也达到了 1 200 多万人次的浏览量。

编印系列宣传册。二十年来，为加强获奖组织先进质量管理经验的推广，编印了一系列政府质量奖宣传册，通过不同的侧重点，多方位多角度宣传。2010 年，首次组织编印了《追求卓越——上海市政府质量奖经验交流册（2007—2010 年）》。从 2016 年开始，每年编印《上海市政府质量奖获奖组织及个人经验交流》年度册，侧重对当年度获得市政府质量奖的组织和个人的经验介绍。2018 年，编印了《质量引领　创新驱动——上海市政府质量奖集锦》，对历年获奖组织及个人质量管理经验予以汇编，并编印了《卓越城市　质量高地——上海市政府质量奖巡礼（2001—2018 年）》，展现上海市政府质量奖发展历程和制度建设等。2019 年开始，每年编印《上海市政府质量奖工作掠影》，这些系列宣传册全过程记录上海市政府质量奖评审过程，全方位展示市政府质量奖的工作成果，全要素宣传企业先进质量管理经验，累计向社会发放 1 万余册。

宣传学习优秀企业经验。为加大质量标杆企业宣传力度，2018 年市审定办组建“上海市质量宣讲团”，向社会发布首批 40 人宣讲师名单，成员大多来自市区两级政府质量奖获奖组织高层管理人员或一线质量工作者等。宣讲团是全市公益性质量宣讲资源，成立后根据各行各业各区需求，广泛开展质量宣讲活动，分享获奖企业的质量事迹和创奖经验。成立至今，共举办了 200 余场质量宣讲活动，近 4 万家企业代表听取了获奖企业质量事迹和创奖经验分享，部分宣讲内容录制成视频教程，通过网络扩大宣传面，引领更多企业学先进、创一流。

3.3.2　请进来：面向市民质量开放

为贯彻落实“人民城市人民建、人民城市为人民”重要理念，切实提升市民百姓的质量获得感，形成人人创造质量、人人关注质量、人人享受质量的社会氛围，上海坚持政府质量奖评审与向社会开放同步。

市民质量巡访活动。2016 年，上海开展了“走进质量都市——市民质量大使巡访探营”系列活动。通过网络征集来自社会的“市民质量大使巡访团”，赴上海市政府质量奖获奖组织深度走访体验，先后寻访申通地铁、国际机场、大金空调等与百姓生活息息相关的政府质量奖获奖组织，并同步开展了微征文征言、网络投票评选等配套活动。活动报名浏览量突破 10 万人次，场均报名 1 674 人。活动结束后收到市民感想感言 205 篇，市民纷纷表示质量巡访活动很有意义，让普通市民有机会走近获奖组织，了解获奖组织严格的质量管理流程，近距离感受上海质量，加深了对上海这座城市的印象。

百家获奖组织质量开放日活动。2019 年开始，市民质量巡访活动升级为“百家获奖组织质量开放日”活动。每年有上海 100 家各级政府质量奖获奖企业及质量技术服务机构向社会公众开放。各质量开放主体精心组织安排，有的通过采取“一套展示方案”“一条观摩路线”“一个质量技术基础设施展示中心（服务中心、教学点）”“一系列现场交流”等形式展示其质量文化、质量理念；有的针对业内上下游组织需求，开展专业的质量研讨会；还有的根据本单位特色设计开展丰富多样的质量科普讲座等活动。自开放日活动举办以来，每年都有 3 万多人次参加，其中学生超过 1 500 人次，区人大代表、政协委员超过

100 人次。据不完全统计，质量开放日活动总浏览量超 500 万余人次。

青少年质量夏令营活动。2013 年开始，上海开启了“京沪藏”“沪滇藏青”青少年手拉手质量夏令营之旅活动，组织云南、西藏、青海等地的藏族、白族、汉族、土家族、彝族等共计 570 余名青少年到上海参加质量主题活动，特别安排到获得市政府质量奖的组织参观学习，帮助青少年了解和熟悉质量知识，开拓质量视野。至今已举办了 10 期。通过活动，在青少年心目中深深埋下了质量的种子。

3.3.3 走出去：长三角质量经验分享

为响应国家长三角一体化发展战略规划，开展长三角区域质量工作一体化探索，打造长三角区域质量标杆，上海市加强与浙江、江苏、安徽、江西四省在政府质量奖方面的联动。

（1）获奖组织经验分享

联合举办质量经验分享会。自 2003 年以来，质量月“苏浙皖赣沪”共同行动已经走过 18 个年头，四省一市通力协作，开创了质量一体化发展的新局面。各地纷纷设立政府质量奖，旨在引导全社会高度重视质量工作，推动更多企业应用先进质量管理方法，持续改进质量，提高质量竞争力，推动经济高质量发展。为了进一步将苏浙皖赣沪质量发展一体化合作机制落实落细，提供更多可复制推广的先进质量管理经验、方法，助力企业深入开展质量提升行动，携手共促区域质量建设，推动经济社会发展率先进入“质量时代”，2019 年，苏浙皖赣沪政府质量奖获奖企业质量经验分享会在上海召开。会上，四省一市获得政府质量奖的组织代表中国商用飞机有限责任公司、好孩子儿童用品有限公司、杭州鸿雁电器有限公司、黄山旅游发展股份有限公司、江铃汽车股份有限公司等分享了质量管理做法和经验。会议创新活动形式，采用现场直播的方式为四省一市无法到场的企业提供了参会机会，见图 3－3。据统计，上万人次观看了此次现场直播。

图 3－3　苏浙皖赣沪政府质量奖获奖企业质量经验分享会现场

联合举办质量品牌故事演讲。2020 年，苏浙皖赣沪四省一市市场监督管理局联合开展质量品牌故事演讲大赛，旨在宣传展示苏浙皖赣沪各行各业企业在推进全面建设小康社会进程中，如何发挥质量品牌引领作用，推动经济高质量发展的事迹。四省一市政府质量奖获奖组织积极参赛，最终上海电气电站设备有限公司上海汽轮机厂等政府质量奖获奖单位的质量品牌故事演讲分获一、二、三等奖和优胜奖，充分展示了长三角质量标杆的风采，体现了长三角一体化高质量发展的成果。

（2）专家库资源共享

把外省市专家“请进来”。上海在市政府质量奖评审过程中，积极邀请苏浙皖赣的政府质量奖评审专家，如浙江大学、南京理工大学和合肥工业大学等高等院校和科研机构的质量专家参与上海市政府质量奖评审，充分借用长三角专家智慧助力上海市政府质量奖工作。

把上海的专家“借出去”。上海也积极提供本市政府质量奖评审专家库资源至长三角地区各省市政府质量奖评审使用，2019—2020 年共有 100 多名评审员被借用，参与长三角地区各省市政府质量奖评审。

通过双向交流、资源共享，加强了长三角地区政府质量奖公共服务，促进了长三角政府质量奖工作的交流合作。

上海市在提供政府质量奖公共服务方面进行了一些探索，未来还要在公共服务的培育形式、宣传载体、增值项目等方面有所创新，更要充分运用数字化管理，提高公共服务的针对性、有效性和覆盖面，进一步发挥政府质量奖在公共服务中的品牌效应、叠加效应、辐射效应，让公共服务增加“质感”，积极助力上海高质量发展。

4　上海市政府质量奖在行业的推广

上海市实施政府质量奖励制度二十年来，已形成“树立一个质量标杆、推动一个行业质量提升”的工作模式。各行业主管部门、企业集团、行业协会等以推动企业申报政府质量奖为契机，积极推进卓越绩效管理模式等先进质量管理方法在行业的实施和应用，形成各具特色的质量工作模式和经验。本章选取电气装备、汽车制造、航天航空等上海重点产业及与市民生活息息相关的医疗卫生、公共交通、养老服务、金融商贸等行业，呈现相关部门或组织以政府质量奖为抓手，推动行业质量提升的主要做法和成效。

4.1 战略驱动

先进制造业、高端制造业是上海产业发展的重要方向，上海对标国际最高标准和最好水平，攻坚高端制造，发力实体经济，上海电气集团股份有限公司、上海汽车集团股份有限公司等大企业集团充分发挥战略驱动作用，以上带下，以点促面，全面推行卓越绩效管理，促进产业整体提升，打响“上海制造”品牌。

4.1.1 电气装备：构建三层质量管理架构③

电气制造是上海的重点产业。上海电气制造业的龙头——上海电气集团股份有限公司（以下简称上海电气）是新中国第一个动力制造基地的摇篮，是中国装备制造业最大的企业集团之一，主导产业聚焦能源装备、工业装备、集成服务三大领域，旗下有电站、输配电、重工、轨道交通、机电一体化、机床、环保、电梯、印刷机械等多个产业集团，致力于为全球客户提供绿色、环保、智能、互联于一体的技术集成和系统解决方案。

上海电气质量管理现已形成总部—产业集团—企业三个层面的管理架构，实现设计、采购、制造、销售、服务等全流程质量管控。经过集团上下多年来的共同努力，已涌现出上海三菱电梯有限公司、上海海立电器有限公司、上海锅炉厂有限公司、上海电气电站设备有限公司上海发电机厂、上海电气电站设备有限公司上海汽轮机厂等一大批获得上海市政府质量奖的标杆企业，引领电气行业不断提升质量能级。

（1）主要做法

全面推行卓越绩效管理。卓越绩效管理是上海电气质量管理取得成绩、塑造品牌的重要手段，也是上海电气质量管理不断优化持续改进的第一选择。围绕集团战略，以电力设备为主体的核心产业、以核岛设备及关键锻件为主体的关键产业率先践行《卓越绩效评价准则》，通过跟踪研究、树立标杆、加强交流等方式，在集团内部全面推行先进的质量理念、模式和方法，集团和企业不断加深对卓越绩效的理解，切实提高集团质量管理架构水平，提高集团产品质量能级。

持续编制《质量管理案例集》。上海电气从2011年开始，每年出版一本《质量管理案例集》，有成功经验，也有失败的教训，很多案例都是来自客户的反馈。根据企业所处发展阶段，从质量文化的层面上为客户市场中心工作注入新的内涵，充实新的内容：围绕客户抱怨和投诉处理，开展改进攻关，提高产品质量和可靠性，改善服务质量和响应能力；围绕用户满意工程，运用科学的测评手段，分析利用调查数据，准确掌握并适时引导客户需求，用信息化的手段为客户服务和市场拓展提供支撑。集团以各种形式取得客户的

③ 本节内容由上海电气集团股份有限公司提供基础材料。

评价，并特别加强了负面评价的成因源分析，持续攻关，有效输出，闭环管理，形成分享的机制，为电气业内业外的企业提供经验。

有效采用先进质量管理技术和方法。处于不同阶段的企业对管理有不同程度的理解，对质量管理技术和方法也有完全不同的理解和选择。质量管理没有“一贴灵”，上海电气主张经验分享和营造互相学习借鉴的文化氛围并搭建交流平台，强调技术方法运用的主体是企业。企业根据所处发展阶段和质量现状，分别采用接近零不合格品过程的质量控制、以绩效为中心的质量体系评价与改进、引入成本概念的质量经济管理等先进的质量管理理念和相应的技术手段。

广泛开展群众性质量活动。上海电气质量文化建设以技能为基，组织多层次的质量培训、讲座、交流和技能竞赛，提高员工的质量素质和能力；以群众性的质量活动为魂，立足基层班组，组织开展 QC 小组活动、合理化建议，运用合适的质量工具实施有针对性的工艺改进和流程改进，并适时进行经验总结、案例分享，运用信息化的手段将质量文化的成果显性化，鼓舞基层员工投入到新一轮的改进攻关中。

扎实推进集团质量管理平台建设。通过“中心授权、协会牵头、企业参与、专家起草、实践改进”路径，完成《上海电气（集团）总公司质量工作规范》的制修订，包括 12 个制度和导则。建立“上海电气质量管理专家库”，一批理论与实践优势兼备、研究造诣较深的质量领域专家为集团的质量攻关、培训、咨询和专题研究等提供智力支持。围绕“以班组建设为基础、以客户服务为中心，提高产品质量和服务质量”等质量月主题，每年开展丰富多彩、各具特色的质量月活动。组织开展全员质量劳动竞赛，覆盖集团制造、工程类企业 18 家。围绕困扰企业发展的痛点难点，认真剖析存在的问题，从管理的各个维度去思考，合力推进企业运营质量的提高。

（2）工作成效

产品质量稳定可控。2019 年，上海电气产品等级品率达 94.73%，产品等级品率逐年上升，质量损失率为 0.38%，产品质量稳定可控，见表 4－1。

表 4－1 上海电气 2011—2019 年产品等级品率及质量损失率

年　份	2011 年	2012 年	2013 年	2014 年	2015 年	2016 年	2017 年	2018 年	2019 年
产品等级品率/%	91.90	91.88	92.51	92.43	92.94	93.29	94.52	93.54	94.73
质量损失率/%	0.28	0.34	0.32	0.55	0.38	0.50	0.57	0.86	0.38

树立了一批质量标杆。上海电气全面推行卓越绩效管理理念，集团内产品质量能级提升显著，涌现了一批获得中国质量奖荣誉和上海市政府质量奖荣誉的组织和个人（见表 4－2），产品质量攻关成果丰硕。如上海电气电站设备有限公司上海汽轮机厂在多年推行卓越绩效先进质量管理方法的基础上，坚持持续开展质量攻关工作，“自主高效切向进汽超临界 660 兆瓦等级汽轮机产品攻关”项目获 2017 年度上海市重点产品质量攻关成果二等奖、“新型超临界 350 兆瓦汽轮机产品攻关”项目获 2018 年度上海市重点产品质量

攻关成果一等奖、“中国首台350兆瓦等级核电汽轮机组增容改造项目质量攻关”项目获2019年度上海市重点产品质量攻关成果三等奖，质量攻关成果均达到国际先进技术水平，“卡脖子”装备产品质量改进成效显著，提升了上海工业基础能力和竞争力。

表4－2　2001—2020年上海电气获得上海市政府质量奖和中国质量奖的组织和个人名单

年份	荣誉名称	获奖组织（个人）
2001年	上海市质量金奖	上海日立电器有限公司④
		上海三菱电梯有限公司
2002年	上海市质量金奖	上海柴油机股份有限公司
2004年	上海市质量金奖	上海日立电器有限公司
		上海汽轮机有限公司⑤
2005年	上海市质量金奖	上海柴油机股份有限公司
2006年	上海市质量金奖	上海三菱电梯有限公司
2007年	上海市质量金奖	上海日立电器有限公司
		上海汽轮机有限公司
		上海锅炉厂有限公司
2008年	上海市市长质量奖	范秉勋（上海三菱电梯有限公司董事长）
	上海市质量金奖	上海电气集团上海电机厂有限公司
2009年	上海市市长质量奖	上海日立电器有限公司
	上海市质量金奖	程幸之（上海建设路桥机械设备有限公司总经理）
2010年	上海市市长质量奖	上海锅炉厂有限公司
	上海市质量金奖	上海电气风电设备有限公司
2011年	上海市质量金奖	上海第一机床厂有限公司
2012年	上海市质量金奖	上海电气电站设备有限公司上海发电机厂
		陈明涵（上海电气集团上海电机厂有限公司总经理）
		萧伟锋（上海工具厂有限公司总经理）

④　上海日立电器有限公司于2017年更名为上海海立电器有限公司。

⑤　上海汽轮机有限公司于2007年更名为上海电气电站设备有限公司上海汽轮机厂。

续表

年份	荣誉名称	获奖组织（个人）
2013 年	第一届中国质量奖提名奖	上海锅炉厂有限公司
		李斌（上海电气液压气动有限公司工段长）
	上海市市长质量奖	李斌（上海电气液压气动有限公司工段长）
	上海市质量金奖	上海电气电站设备有限公司上海电站辅机厂
2014 年	上海市市长质量奖	上海三菱电梯有限公司
	上海市质量金奖	上海电气核电设备有限公司
		上海日用－友捷汽车电气有限公司
2015 年	上海市市长质量奖	贺荣明（上海微电子装备有限公司总经理）
2016 年	第二届中国质量奖提名奖	上海电气核电设备有限公司
		上海三菱电梯有限公司
	上海市市长质量奖	上海电气电站设备有限公司上海发电机厂
2019 年	上海市市长质量奖	上海电气电站设备有限公司上海汽轮机厂

4.1.2　汽车制造：推行全产业链质量管理⑥

汽车制造是上海六大支柱产业之一。2019 年，上海市汽车制造业共实现工业总产值 6 409.57 亿元。上海汽车集团股份有限公司（以下简称上汽集团）作为中国汽车工业的领军企业和重要力量。2019 年，上汽集团汽车销量连续 13 年在国内汽车行业排行第一；2020 年，上汽集团名列《财富》杂志世界 500 强第 52 位，连续 7 年进入百强名单，在上榜的全球汽车企业中名列第 7。

（1）质量管理发展历程

上汽集团的发展历程，就是企业产品质量不断提升得到用户认可的过程，就是质量管理不断升级得到市场和社会认可的过程。上汽集团质量管理发展大致可以划分为四个阶段：

整车产品质量提升期（1983—1995 年），以桑塔纳轿车国产化为契机。通过引进组装生产德国大众的桑塔纳轿车，同步引入国际先进的质量标准、理念和意识，全面开展“生产特区”管理、ISO 9000 和 VDA 6.1 质量管理体系贯标认证、质量能力上 A 级等工

⑥　本节内容由上海汽车集团股份有限公司提供基础材料。

作，为集团之后的顺利成长奠定了坚实的基础，攒足了后劲。

质量体系能力提升期（1995—2005 年），以别克轿车本土化投产为契机与美国通用的合作为上汽集团打开了全新的视界，质量是制造出来的（BIQ）理念，质量“三不原则”（不制造、不接受、不传递缺陷），供应商管理“十六步法”，产品质量先期策划和控制计划（APQP）、生产件批准程序（PPAP）等方法理念得到全面的推广执行。开展“用户满意工程”，确定“以用户为中心”的质量核心，引入 QS 9000 和 ISO/TS 16949 质量体系标准，为上汽集团的腾飞并成为业界翘楚发挥了重要作用。

自主品牌质量发展期（2005—2015 年），以荣威轿车进入市场为契机。从 2005 年开始酝酿自主品牌，将高起点、高技术含量和高产品质量作为自主品牌战略定位，拥有来自上汽大众汽车有限公司、上汽通用汽车有限公司骨干人才的自主品牌团队，构建起了全球整车开发流程（GVDP）开发流程、上汽乘用车精益制造系统（SMS 制造系统）、供应商质量评价准则等一系列本体化质量管理体系，引入卓越绩效管理模式，推动自主品牌从优秀走向卓越，“让质量成为自主品牌的竞争优势”信念得到有力贯彻。

“新四化”质量管理实践期（2015 年至今）。明确从传统制造企业向为消费者提供全方位产品和服务的综合供应商转变的战略方向，“新四化”（电动化、智能网联化、共享化、国际化）战略成为汽车行业共识，质量管理紧跟国际质量体系发展的步伐，探索大数据、智能网联在质量工作中的应用，构建软件质量管理的能力体系，建设新能源质量管理体系，积极推动“新四化”战略顺利实施，为上汽集团创新发展保驾护航。

（2）主要做法

1）响应市场关注，高标准高质量开展质量改进活动，满足用户对产品的要求。质量持续提升是上汽集团质量工作永恒的主题，集团坚持以“用户满意”为宗旨和工作核心，不断提高质量标准水平，以用户需求推动产品标准，以用户眼光评判产品标准，将“三现”主义（现场、现时、现物）、质量快速响应系统（QRQC）、客户抱怨跟踪处理系统等方法应用在日常工作中，将质量持续改进的意识灌输到每个员工的心中，推动集团质量持续改进取得实效。以车内空气质量提升为例，上汽集团开展车内空气质量提升活动。一方面严格现生产产品的质量监控，坚决满足车内空气质量现行国家推荐性标准要求，同时充分准备、积极应对将出台的国家强制性标准；另一方面，集团质量主管领导亲自挂帅，行业专家倾力投入，各整车和关键零部件协同行动，针对未纳入国家标准限值但受到社会广泛关注的总碳散发（TVOC）指标开展改进提升工作，进一步提升上汽集团产品质量水平，提高用户使用体验。

2）开展网上用户满意度调研，将质量触角深入到最终用户，以第一手数据针对性开展质量工作。上汽集团用户满意度测评运行五年来取得一定经验，通过测评使得上汽集团掌握了第一手用户对产品/销售/售后服务的评价数据，也是质量工作与互联网相结合的有益尝试。在质量提升活动中进一步扩展调研范围、完善调研内容、细化结果分析、创新调研手段等，逐步形成上汽集团满意度测评指数，促进行业用户满意度稳步提升。

3）健全质量工作制度体系，加强质量安全与风险管控，为经营活动保驾护航。上汽集团是国内最早开展质量管理体系贯标认证的企业集团之一，集团所属的所有企业都开展了质量管理体系贯标认证工作，并在日常工作中持续维护和提升质量管理体系有效性。在质量管理体系建设上，集团明确要求所属企业做到：质量管理体系全覆盖；质量管理体系运行稳定、有效；质量管理体系响应快速，具备复制能力。上汽集团紧紧依托企业“内控制度”，编制完善了质量管理工作的各项工作流程，包括重大质量事故处理流程、重大质量信息上报流程、产品质量与质量管理监督检查流程、质量业绩评价和考核流程、缺陷汽车召回管理流程和政府质量奖惩制度等，促进各项质量管理工作的有序、规范开展。

4）推广先进质量管理方法，提升质量管理和体系能力。在国家标准 GB/T 19580《卓越绩效评价准则》正式发布之前，上汽集团及下属企业即已接触到美国波多里奇奖，在其后参与上海市质量金奖评选过程中也逐步加深对卓越质量管理的认识和理解。在国家卓越绩效标准发布后，上汽集团一直密切跟踪标准执行情况，在行业内开展卓越绩效管理的推广工作。2009 年，集团在质量月期间邀请国家标准《卓越绩效评价准则》主要起草人对上汽集团进行《卓越绩效评价准则》专题培训，集团董事长、总裁带头，所属各企业主管质量（副）总经理、质量经理、制造经理及相关人士共 180 多人参加了培训，标志着卓越绩效管理在上汽集团全面推行。2010 年到 2012 年期间，集团踊跃参与上海市组织的“两千一百”推广卓越绩效模式工程，上汽集团所有企业都参与到卓越质量管理的培训、学习、实践活动中。2014 年，集团邀请专家在集团质量经理高级研修班上进行卓越绩效管理的专题授课，在企业质量骨干中进一步灌输质量经营理念和卓越质量的做法。在多年快速发展历程中，上汽集团各企业在不同领域、专业、产品、服务的日常质量工作实践中逐步形成了许多具有上汽特色的质量管理特色、经验和方法，既是企业的宝贵财富，也是新时期上汽质量工作的重要基础。集团组织编写“上汽集团质量管理系列丛书”第二册《上汽集团卓越质量管理经验汇编》，共收集 37 家企业的 6 篇全面质量管理经验材料、79 篇质量故事，为上汽集团全产链企业提升质量管理和体系能力提供借鉴。

5）面向“新四化”战略发展，打造上汽集团质量新优势。随着上汽集团“新四化”领域重点战略项目的推进，集团在质量管理方面也遇到了不少新挑战、新课题。随着“智能制造”不断深化应用，上汽集团持续建设和完善网络系统，努力探索和利用大数据实现对制造过程的实时监控和全过程可追溯；随着车内控制器和软件的使用率越来越高，上汽集团在保持传统产品质量优势的同时，积极利用汽车软件过程改进及能力评定（ASPICE）、能力成熟度模型集成（CMMI）等工具和理念，结合最新版 ISO 9000，建立软件质量的管控体系；随着海外经营快速拓展，上汽集团在满足当地法规标准的前提下，积极把成熟的质量系统向海外复制；随着“用户定义质量”理念的提出，上汽集团持续开展用户体验质量的研究，把用户对产品和服务“看的顺眼、开的顺畅、用的顺心”等体验，不断地转化为可量化、可执行的工程标准，形成持续提升质量的工作闭环。

（3）工作成效

1）取得荣誉

① 争创政府质量荣誉

随着2012年版《上海市政府质量奖管理办法》的发布以及2016年、2019年的修订优化，上汽集团在全产业链企业中推行卓越绩效管理，积极参与政府质量奖的评选，取得丰硕成果，共有4家企业和1位个人荣获上海市市长质量奖，11家企业和1位个人17次荣获上海市质量金奖（见表4－3）。涌现出上汽大众汽车有限公司、上汽通用汽车有限公司、上海汽车集团股份有限公司乘用车分公司、延锋汽车饰件系统有限公司、联合汽车电子有限公司等一大批获得上海市政府质量奖的标杆企业，从整车到零部件、从制造业到服务业，实现整个汽车行业的质量提升。

表4－3　2001—2020年上汽集团获得上海市政府质量奖的组织和个人名单

年份	荣誉名称	获奖组织（个人）
2001年	上海市质量金奖	上海大众汽车股份有限公司⑦
2002年	上海市质量金奖	延锋伟世通汽车饰件系统有限公司⑧
2003年	上海市质量金奖	上海通用汽车有限公司⑨
2004年	上海市质量金奖	上海大众汽车股份有限公司
2005年	上海市质量金奖	上海小糸车灯有限公司
2006年	上海市质量金奖	上海通用汽车有限公司
2007年	上海市质量金奖	上海大众汽车股份有限公司
2009年	上海市质量金奖	上海通用汽车有限公司
		上海纳铁福传动轴有限公司
2010年	上海市质量金奖	安吉汽车物流有限公司⑩
2011年	上海市市长质量奖	上海大众汽车股份有限公司
	上海市质量金奖	延锋伟世通汽车饰件系统有限公司
2012年	上海市质量金奖	联合汽车电子有限公司
2013年	上海市市长质量奖	上海通用汽车有限公司
	上海市质量金奖	上海汽车集团股份有限公司乘用车分公司

⑦ 上海大众汽车股份有限公司于2015年更名为上汽大众汽车有限公司。

⑧ 延锋伟世通汽车饰件系统有限公司于2014年更名为延锋汽车饰件系统有限公司。

⑨ 上海通用汽车有限公司于2015年更名为上汽通用汽车有限公司。

⑩ 安吉汽车物流有限公司于2018年更名为上汽安吉物流股份有限公司。

续表

年份	荣誉名称	获奖组织（个人）
2014 年	上海市市长质量奖	延峰汽车饰件系统有限公司
2016 年	上海市市长质量奖	陶海龙（上海汽车集团股份有限公司乘用车分公司副总经理）
	上海市质量金奖	上汽大通汽车有限公司
		上海赛科利汽车模具技术应用有限公司
2018 年	上海市市长质量奖	上海汽车集团股份有限公司乘用车公司
	上海市质量金奖	李秀峻（上汽大众汽车有限公司质量保证执行总监）
2019 年	上海市质量金奖	上海汽车集团财务有限责任公司

② 争创上海市重点产品质量攻关成果

上汽集团连续多年获得上海市重点产品质量攻关工作优秀组织奖，集团所属企业获得质量攻关成果一等奖 28 个、二等奖 47 个、三等奖 80 个。如上汽通用汽车有限公司秉持卓越绩效、持续改进先进质量管理理念，已形成一批质量攻关成果，其中“车内空气质量法规应对及客户满意度提升”项目获 2019 年度上海市重点产品质量攻关成果三等奖、“基于智能技术的动力总成精密装配与质量监控系统的自主开发及应用攻关”项目获 2019 年度上海市重点产品质量攻关成果二等奖、“轿车制造全过程复杂工况应力场变形预测质量提升关键技术”项目获 2020 年度上海市重点产品质量攻关成果一等奖，不断突破基础性技术问题和质量难题，有效推动质量技术水平和质量总体水平的不断提高，推动我国汽车产业优化升级。

2）质量体系贯标认证情况

上汽集团紧跟国际质量体系发展步伐，在国内第一批开展全面质量管理活动，下属企业（原易初通用机器有限公司）在中国汽车行业中第一个获得 ISO 9000 质量体系标准认证证书，截至 2019 年，上汽集团管理体系认证工作已经形成质量体系、环境体系、职业健康安全体系三驾马车齐头并进，实验室认证、物流认证、服务体系认证等其他管理体系支持辅助，共同确保集团整体管理体系高质、有效，各类认证证书 464 张。

4.2　创新驱动

行业头部企业充分利用自身话语权发挥示范引导作用，以创新为驱动力，以行业质量提升行动为抓手，把卓越绩效融入项目、产品全生命周期管理机制中，带动行业企业高质量发展。

4.2.1 航天装备：实施一体化质量管理体系[11]

航天装备制造业是国家重点发展的战略性新兴产业之一。上海航天装备制造业主要是以中国航天科技集团公司第八研究所，即上海航天技术研究院（以下简称航天八院）为骨干企业。航天八院以“基础夯实工程、精品塑造工程、瓶颈突破工程、用户满意工程”为抓手，以质量管理体系、产品保证体系和产品工程基础建设等为核心，以常见病、多发病、短板、薄弱环节专项突破为重点，实施“双归零模式”点面结合深入推进航天装备质量提升。

（1）主要做法

1）建立健全一体化质量管理体系

航天八院深化质量管理理念转变，构建健全质量治理架构，优化质量管理模式，强化质量责任落实，夯实质量技术基础，持续推动质量与效益提升。2018 年启动全院一体化质量管理体系建设，贯彻 GJB 9001C 要求，遵循过程方法、基于风险的思维和 PDCA 循环（管理环，也称戴明环）“三位一体”的理念，实现全院上下共念“一本经”。面向组织将质量管理体系过程与业务流程结合，明确院所两级质量管理接口，发布面向全院的质量手册和 47 篇程序文件，强化质量管理活动在院所两级的统一协调。完善面向岗位的质量体系第三层次文件，让每个岗位人员所从事的每一项作业活动做到“有依据、按依据、留记录、可追溯”。实施全院一体化质量体系管理评审，对全院质量体系及各单位质量体系运行情况进行评价和诊断，从全院角度提出系统性改进项目。建立质量巡察和综合检查机制，与单位内审机制深度融合，强化对各级领导质量责任落实的监督，促进各单位内部审核活动的规范性和有效性。

2）深入推进产品保证工作

全面导入产品保证理念和方法，明确全院产品保证体系架构、要素、职责、管理要求，建立“专业化 + 矩阵式”产品保证队伍，各单位按层级建立平台专业级、横向部门级、纵向领域级的产品保证组织结构。发布《八院航天型号产品保证通用规范》等产品保证管理主要标准、制度 550 余项，各领域制定产保通用标准、指南、实施细则等 150 余份，各单位制修订产品保证制度和标准 2000 余份，有效指导和规范各领域、各型号、各层级开展产品保证工作。逐步推进以技术风险识别与控制为核心的系统级产品保证和以潜在失效模式分析为核心的在线产品保证，各领域有效实施项目群产品保证，垂直指导型号产品保证，有效确保了在型号任务急剧增加、人员增量不大的情况下科研生产和产品质量总体平稳、可控。

3）持续优化质量治理架构

明晰“院长抓体系、两总抓型号、厂所长抓产品”权责关系，先后出台八院航天型

⑪ 本节内容由上海航天技术研究院提供基础材料。

号“产品保证”“产品工程”工作要求，颁布“质量纪律、质量规矩”“质量责任追究实施细则”等文件；完善质量责任体系，下发“八压一严”要求，建立核心岗位质量责任清单；建设一体化质量管理体系，实践产品保证，推进产品工程，通过质量分析、质量管理评价、质量综合检查以及开展三个面向质量问题归零等，力抓问题短板，有效治理共性问题，着力促进各单位、各型号质量管理规范化。

4）有效提升工艺保证能力

全面建立单位工艺目录，严控禁（限）用工艺使用，规范产品工艺选用；发布重点专业工艺仿真要求，基本实现结构化工艺设计；完成院内单位电装工艺能力评价和多余物防控治理，工艺质量问题逐年减少。建立全院工艺技术体系，首次设立工艺振兴两总系统，聚焦核心/关键技术，全力争取并获批上级工艺研究项目 116 项（较“十二五”增加 35%），首次获得国家自然基金集成制造项目，荣获国防科技进步二等奖（“航天大型复杂结构件特种成套制造装备及工艺”）等重大奖项 20 余项，工艺技术实现快速发展。

5）有序推动产品化工作

建立了具有领域特色的“1＋5”产品化组织机构，优化建立产品化工作管理模式。有序推进产品队伍建设，任命了 5 名平台总师、40 名产品首席，产品队伍作用逐步得到发挥。制定 47 项产品化制度标准，规范产品化工作实施。建立并定期更新系统级平台、单机、部组件/模块、软件、元器件等 5 个层级产品型谱，稳步推进去型号化和去任务化“去两化”（去型号化和去任务化）工作，优化压缩了产品规格种类，其中空间、运载单机压缩率分别为 33%、44.1%。开展型谱产品成熟度评价、设计及工艺定型，形成了一批较为成熟可靠的型谱单机产品。

（2）工作成效

1）“过程方法”逐步深入人心，全员参与质量体系建设的机制更为健全。过程管理的界面和责任清晰，按过程编制的体系文件受到一线员工欢迎，体系的系统性、规范性和科学性增强。

2）质量体系过程融入业务流程，质量管理效率得到提升。采用过程方法建设的质量管理体系更具系统性和科学性，较好地解决了体系与科研生产活动“两张皮”、质量体系文件要求与执行“两张皮”等问题，提升了质量管理效率，将体系要求从“要我做”变为“我要做”，调动了各级人员的积极性。

3）质量体系持续改进能力逐年提升，质量管理的有效性得到增强。强化对各单位质量综合检查，近三年来院累计发现并督促整改问题 3213 个，持续改进单位质量体系，支撑型号产品质量提升，在任务量逐年增加的情况下，院质量问题逐年减少。

4）培育了一批质量标杆。在质量体系持续改进和质量管理有效性增强的基础上，培育出一批中国质量奖和上海市政府质量奖的组织和个人（见表 4－4），形成一批质量攻关成果。如上海卫星工程研究所将卓越绩效理念融入质量改进工作中，不断深化创新理念，推动大国重器质量更上一层楼，其“高精度星敏感器光机组件装调能力提升攻关”项目获2020年度上海市重点产品质量攻关成果一等奖，质量技术属于国际先进水平。

表4-4 2001—2020年航天八院获中国质量奖和上海市政府质量奖的组织和个人名单

年份	荣誉名称	获奖组织（个人）
2004年	上海市质量金奖	袁洁（上海航天技术研究院院长）
2005年	上海市质量金奖	上海卫星工程研究所
2008年	上海市质量金奖	
2012年	上海市市长质量奖	
2016年	上海市质量金奖	上海航天设备制造总厂
2018年	第三届中国质量奖提名奖	上海航天设备制造总厂对接机构总装组
2019年	上海市市长质量奖	姜健（上海卫星装备研究所所长）
2020年	上海市质量金奖	上海空间电源研究所

4.2.2 航空装备：强化全生命周期质量管理

航空装备产业属于技术密集型先进制造业，产业链长，带动效应强，在促进科技进步、产业升级发展方式转变中发挥重要作用，是战略性新兴产业的重要组成部分，是科技与装备产业的战略制高点。上海已初步建立了以大型客机和民用航空发动机研制、新支线飞机量产为代表的民用航空产业体系，提出了打造具全球影响力的航空制造业集群的目标。位于上海的中国商用飞机有限责任公司（以下简称“中国商飞”）是实施国家大型飞机重大专项中大型客机项目的主体，是统筹干线飞机和支线飞机发展、实现我国民用飞机产业化的主要载体，至2021年2月，C919大型客机6架研制批飞机全部投入试验试飞任务，累计订单815架。ARJ21新支线飞机已经批产运营，累计订单616架。

（1）主要做法

中国商飞以卓越绩效为抓手，围绕质量管理体系、型号质量管理、质量技术基础、质量改进与提升、质量文化等方面开展质量工作，推进全生命周期质量管理，涌现出一批上海市政府质量奖个人及上海市重点产品质量攻关成果。

1）以客户为中心，不断完善质量管理体系。以客户为中心，让客户满意是始终努力的方向。质量是重中之重，核心之核心，关键之关键。中国商飞依据AS 9100标准及适用法律法规要求建立质量管理体系，对标最佳航空实践，结合管理体系要求，按过程方法构建质量管理体系，推进质量管理体系文件结构化、层次化工作，2010年通过AS 9100 C版认证，2018年通过AS 9100 D版认证。通过走进运行和运营一线，不断提升运行支持能力，努力改进飞机设计、提高飞机性能，2020年客户满意度达91.94%。

2）推广系统工程，强化项目全生命周期质量管理。大力推广系统工程理论，结合型号实际创新质量管理工具方法，创新提出“两透一控”（吃透需求、吃透技术、构型控制）、“基于系统工程的双五归零”⑫ 等理念方法，形成了“质量红队”和“质量督查组”的工作模式。策划建立各型号质量保证体系，组织实施型号首飞、转段及重大试验试飞科目等评审工作，严格实施门禁管理，做好质量把关，保障型号研制工作顺利开展。

3）创新机制提升设计质量。启动“6－2－1－1”设计质量提升工程。即“六项机制”，包括岗位资质培训认证、技术纪律、审签责任、质量奖惩、问题管理与经验共享、设计跟产确认等机制；“两大能力”，包括“风险管控”和“质量检控”能力；“一支队伍”，就是以设计流程为主线，建立一支具有我国民机特色的设计质量保证师队伍，充分发挥其技术优势，深度介入设计全过程，确保设计输出的高质量；“一套流程”，即定义并健全一套“全生命周期”“标准化”“信息化”的飞机设计流程。

4）夯实质量技术基础。筹建国家商用飞机产业计量测试中心，并联合中国东方航空股份有限公司、中国电子科技集团有限公司等 32 家单位共同组建国家商用飞机产业计量测试联盟。截至 2020 年，公司已拥有国家航空航天和国防合同方授信项目（NADCAP）管理委员会、热处理、化学处理、无损检测、材料测试实验室、密封、流体配送等 NADCAP 专业工作组的投票权；获批工信部民机质量控制专项课题，开展制造过程人为因素控制课题研究。

5）精细制造，不断提升产品质量。依据中国民航 CCAR21 部《民用航空产品和零部件合格审定规定》及相应管理程序要求，按照“责任经理＋四大职能经理”管理模式，建立生产质量保证体系，获得生产许可证。提出提升产品质量的十条措施，即“落实主体责任、提升一批标准、做实 PDCA、推广先进技术、养成良好习惯、严格工作纪律、扎实基本技能、细化工卡程序、究因重果改进、事事追求极致”，制定专项工作措施并组织实施。

6）完善问题管控机制，持续增强质量改进与自我提升能力。建立产品全生命周期问题管控机制，初步构建问题状态跟踪全过程、多维度的统一表单和信息化平台，基于中国商飞制造运营系统（CMOS）平台的问题管控模块上线运行，实现问题分类分级状态管理显性化、信息化。整合体系审核业务，从业务上统筹“1＋5”体系（质量管理体系、生产质量保证体系、设计保证系统、产品安全管理体系、持续适航体系和运行支持体系）审核和产品审核，流程上涵盖产品全生命周期各个环节；强化质量审核监督职能，赋予质量审核队伍问责权限，加大对局方等外部检查、客户监造、航线运营等过程中发现问题的闭环管理监督力度，对“常见病”“多发病”“重症病”等重点问题实施动态验证，推进问

⑫ “基于系统工程的双五归零”指：“技术归零”，及时处置、风险可控、定位准确、机理清楚、故障复现、措施有效、举一反三；“管理归零”，过程清楚、责任明确、措施落实、严肃处理、完善规章、修订标准、系统改进、知识共享。

题有效归零；构建公司级和中心级两级审核机制，培养形成首批专业的两级内审员队伍。

7）全面开展群众性质量工作，有效推进精益改进工作。2014 年开始导入精益管理，推进精益项目实施，推广实施 6S⑬ 星级管理，组织开展 QC 小组活动、开展精益班组创建工作，全面推广群策群力与合理化建议，通过持续改进在产品质量提升、工作效率提高、采购费用降低、管理成本减少等方面取得实效。2020 年，100% 现场达到了三星，累计结题精益项目 88 个，年度 QC 小组结题数达 204 个。中国商用飞机有限责任公司上海飞机设计研究院荣获“上海市群众性质量管理 40 周年成果推广优秀企业奖”。

8）推进质量安全工作作风建设，培育形成特色质量文化。贯彻落实“四铁”（铁要求、铁纪律、铁抓手、铁问责）工作准则和“四精”（精湛设计、精细制造、精诚服务、精益求精）质量方针，推进员工质量安全工作作风持续提升，开展“三个敬畏”（敬畏生命、敬畏规章、敬畏职责）主题宣传教育，推广“零缺陷”质量文化，设立产品质量安全监督举报机制，组织“质量月”活动，组建公司质量讲师团，开展典型质量案例警示教育、质量安全专题专项培训等活动，严格质量奖惩和问责，通过不断强化质量安全意识，一线员工质量理念和认识明显提高。

（2）工作成效

产品质量稳定可控。近年来，顾客满意度稳步提升，过程有效性 4 级及以上比例增长明显。2020 年，中国商飞顾客满意度达 91.94%，产品一次提交合格率达 99.80%，产品质量稳定可控（见表 4－5）。

表 4－5　中国商飞 2016—2020 年部分关键过程质量指标达成情况

关键过程质量指标	2016 年	2017 年	2018 年	2019 年	2020 年
顾客满意度	85.37%	86.46%	85.8%	91.82%	91.94%
过程有效性 4 级及以上比例	—	—	76.60%	81.98%	89.66%
产品一次提交合格率	99.87%	99.95%	99.80%	99.65%	99.80%

涌现了一批质量标杆和质量攻关成果。中国商用飞机有限责任公司上海飞机设计研究院总部布置班组获得第三届中国质量奖“一线班组”表彰，中国商飞 3 位个人获得上海市质量金奖（见表 4－6），中国商飞荣获 2019—2020 年上海市重点产品质量攻关优秀组织，共 18 个项目获得上海市重点产品质量攻关成果表彰。如中国商用飞机有限责任公司上海飞机制造有限公司持续开展精益改进和质量提升工作，实现由跟随者到创新领跑者的转变，其“C919 客机数字化先进检测技术研究与应用”项目获 2020 年度上海市重点产品质量攻关成果三等奖。

⑬　6S 管理模式是 5S 的升级，6S 即整理（SEIRI）、整顿（SEITON）、清扫（SEISO）、清洁（SEIKETSU）、素养（SHITSUKE）、安全（SECURITY）。

表 4-6　中国商飞历年获得上海市政府质量奖和中国质量奖名单

年份	荣誉名称	获奖组织（个人）
2002 年	上海市质量金奖	胡双钱（上海飞机制造厂⑭组长）
2005 年	上海市质量金奖	王文斌（上海飞机制造厂厂长）
2014 年	上海市质量金奖	孙善福（中国商用飞机有限责任公司 ARJ 21—700 新支线飞机项目总质量师）
2016 年	第二届中国质量奖提名奖	胡双钱（中国商用飞机有限责任公司数控机加车间钳工组组长）
2018 年	第三届中国质量奖	中国商用飞机有限责任公司上海飞机设计研究院总体气动部总体布置班组

4.3　管理驱动

上海市各行业主管部门以政府质量奖为抓手，积极推广卓越绩效先进管理模式在各行业的应用，引导行业组织提升质量意识和质量水平，形成“成熟一个，推荐一个，树立一个，带动一批”的政府质量奖推动模式，促进上海医疗、上海交通等成为上海高质量发展的名片。

4.3.1　医疗卫生：标准先行、系统推进⑮

上海医疗卫生系统历年高度重视加强医院质量管理，始终坚持把医疗技术能力作为提升城市能级和核心竞争力的重要手段，把医疗质量水平作为保障群众健康权益和生命安全的基本底线。

（1）主要做法

1）制定符合行业特色的评审标准

上海医疗系统早在 2012 年就启动了“《医疗保健类卓越绩效准则》应用试点研究”课题项目，瑞金医院卢湾分院通过试点应用此课题项目中引用的美国翻译版《医疗保健类卓越绩效评价准则》，为上海市制定医疗机构卓越评价准则奠定了基础。2017 年，上海市医疗卫生机构开始申报市政府质量奖，适用医疗卫生机构的市政府质量奖评价标准再次被提出需求。上海市卫生健康委员会结合医疗机构行业管理特色，积极组织专家参与，推进医疗机构卓越评价准则的起草和完善。2019 年 4 月，地方标准 DB31/T 1153—2019《医疗机构卓越绩效评价准则》正式发布。

⑭　上海飞机制造厂于 2009 年更名为中国商用飞机有限责任公司上海飞机制造有限公司。

⑮　本节内容由上海市卫生健康委员会提供基础材料。

2）建立医疗卫生行业政府质量奖专家队伍

市卫生健康委员会组织市医院综合评审（评价）中心主任、医院行业协会副会长、三级医院院长、质量控制管理部门负责人等参与医疗机构类市政府质量奖评审标准的制定，并遴选一批具有丰富医院管理经验和医院评审（评价）经验的专家通过培训、考核进入市政府质量奖评审专家库，使越来越多的医院管理专家了解、熟悉、掌握卓越绩效评价准则。同时，通过近年来上海市医疗机构纷纷导入卓越绩效评价准则、争创市政府质量奖，也涌现出不少熟悉评价准则的专家。至2020年年底，上海市政府质量奖评审专家库里的医疗系统专家从最初的数人，经过几年的发展，已增加到20名。

3）系统推进市政府质量奖申报

2017年以来，市卫生健康委员会积极组织开展市政府质量奖申报工作。每年制定医疗卫生机构申报当年度上海市政府质量奖工作的通知，下发至各区卫生健康委员会、各办医主体、各直属医疗卫生机构，全行业发动市政府质量奖申报工作，对申报时间、申报条件、申报材料、申报流程进行详细说明。先后设定了逐级遴选、推荐机制。各区卫生健康委员会、各办医主体遴选、推荐所辖、所属医疗卫生机构中质量管理和经营绩效成效突出的组织和个人。市卫生健康委员会组织市政府质量奖评审专家库里的专家，对基层上报推荐组织和个人提供的材料进行初审和二次遴选，确保推荐参评单位和个人的质量。通过有效的组织和推荐机制，每年市卫生健康委员会推荐申报组织涵盖不同系统、不同级别、不同类别的医疗卫生机构，不管是单位还是科室，均为上海乃至全国的行业标杆，申报个人也基本都为上海乃至全国行业内富有口碑的医院、科室管理者。

（2）工作成效

在上海市卫生健康委员会积极推动下，医疗卫生系统质量提升的积极性很高，医疗服务质量不断提升。在近几年上海市公共服务质量监测中，社区卫生服务质量满意度呈逐年上升趋势，在各服务行业中名列前茅。

至2020年，医疗卫生领域已有3家组织获得中国质量奖提名奖，10家组织、8位个人获上海市政府质量奖，其中4名个人荣获上海市市长质量奖。在评审中，医疗卫生系统的组织（个人）在医院、科室管理中的卓越表现和成果都给评审专家留下了深刻的印象，具体获奖名单见表4－7。

表4－7　上海医疗卫生系统历年获得上海市政府质量奖和中国质量奖名单

年份	荣誉名称	获奖组织（个人）
2013年	上海市质量金奖	胡翊群（上海交通大学医学院附属瑞金医院卢湾分院院长）
2017年	上海市质量金奖	复旦大学附属中山医院（内镜中心）
		上海儿童医学中心
		上海长海医院（泌尿外科）

续表

年份	荣誉名称	获奖组织（个人）
2017 年	上海市质量金奖	上海中医药大学附属岳阳中西医结合医院（特色推拿）
		卢奕（复旦大学附属眼耳鼻喉科医院眼科研究院院长）
2018 年	第三届中国质量奖提名奖	上海长海医院（泌尿外科）
		上海交通大学医学院附属瑞金医院（血液科）
		中国人民解放军第二军医大学东方肝胆外科医院（吴孟超肝胆外科团队）
	上海市市长质量奖	潘柏申（复旦大学附属中山医院检验科主任）
		黄国英（复旦大学附属儿科医院院长）
	上海市质量金奖	复旦大学附属华山医院（神经外科）
		复旦大学附属肿瘤医院（病理科）
		徐文东（上海市静安区中心医院院长）
2019 年	上海市质量金奖	上海交通大学医学院附属瑞金医院（内分泌代谢科）
		上海市血液中心
		华克勤（复旦大学附属妇产科医院党委书记）
2020 年	上海市市长质量奖	张文宏（复旦大学附属华山医院感染科主任）
		肖臻（上海中医药大学附属龙华医院院长）
	上海市质量金奖	上海市第六人民医院（骨科）
		复旦大学附属中山医院（感染诊疗与防控中心）

4.3.2 公共交通：质量安全质量提升双推进[16]

公共交通作为城市的重要基础设施，与市民群众的生产生活密切相关。对于上海这座特大型城市，提升城市公共交通服务质量更是建设资源节约型和环境友好型社会的重要途径，是增强城市国际竞争力的重要支撑。上海市交通主管部门重点在全面提升交通建设工程质量水平和改善人居环境质量两个方面下功夫，培育树立上海交通服务新标杆。

---

⑯ 本节内容由上海市交通委员会提供基础材料。

（1）主要做法

1）强化制度管理，落实主体责任。制定印发《上海市市管交通建设工程质量安全动态监管记分管理实施细则》，进一步约束规范参建单位和项目关键人员建设过程中的履职行为，加强工程建设质量过程管理，落实现场质量安全管理责任。出台《交通建设工程质量问题约谈实施办法》《交通建设工程质量问题挂牌督办实施办法》，加强市管交通工程质量监督，防范和遏制工程质量事故。细化上海市建设工程用砂质量要求，加大砂料、混凝土拌合物、硬化混凝土的氯离子含量检测力度，推动砂石行业绿色健康发展。制定《试验检测不合格报告快报制度》，要求试验检测机构将不合格情况在24小时内上报，做到不合格情况及时跟进、及时处置。定期开展公路水运试验检测机构“四不两直”“双随机”[17] 专项检查，促进试验检测在工程质量安全监督管理中的基础性和关键性作用。充分发挥竣工质量检测把关作用，跟踪落实竣（交）工质量问题整改销项，实施全过程、全生命周期质量管理。

2）坚持监促并举，注重能力提升。印发《关于以更高标准、更严措施加强上海市交通建设工程安全质量监督工作的通知》，对严厉打击各类违法声音行为、强化安全质量责任提出更高标准和更严措施。不断加大从业人员职业技能教育，宣传和弘扬精益求精的“工匠”精神，大力推动人员岗位练兵，加强监督人员业务知识和执法能力考核培训。将质量通病治理和工程创优相结合，积极开展“平安工地”“品质工程”“上海市水运优质工程”“上海市文明工地”等各项活动，营造全行业重视质量的良好氛围。加快工程质量信息化管理，打造“互联网＋工程质量安全监管”信息化平台，推出“上海交通建设工程安全（文明）质量检查电子台账”，有效提升建设工程管理效率和管理质量。坚持以技术创新加快推动行业升级，完成《上海交通建设工程“四新技术”应用指南》研究，加大交通建设行业装配式技术推广，深化建筑信息建模（BIM）技术结合应用，实现工程质量精细化管理。

3）实施公交战略，加快服务提升。不断推进公共交通多元化服务，持续增加公共交通中运量新线运营，丰富公共交通系统层次，全市已建成中运量线路59.8千米。加大推进地面公交线网结构优化，开展中心城骨干通道公交线网重构，完成9条骨干通道线网优化调整。持续倡导绿色低碳出行，全市2000多辆公交车使用B5生物柴油，降低污染气体排放量10%以上，公共汽电车能源消耗量相比十二五末减少2万吨标准煤。有序推进公共交通设施建设，建成公交枢纽站300个，建成公交专用道437.1千米，中心城区基本形成“三纵三横”主干道公交专用道网络系统。稳步推动公交信息化管理升级，推进智慧公交服务，公交智能集群调度、运营监测、安全管理进入常态化管理模块，“上海公交”应用程序（APP）基本覆盖全市公共线路，公交驾驶安全事故大幅下降。

---

⑰ “四不两直”是指安全生产暗查暗访制度，即“不发通知、不打招呼、不听汇报、不用陪同接待、直奔基层、直插现场”；“双随机”是指随机抽取检查对象、随机选派执法检查人员的抽查机制。

（2）工作成效

上海市交通委员会着眼树立行业质量标杆，每年积极组织行业企业申报市政府质量奖，上海国际机场股份有限公司、上海申通地铁集团有限公司、中国铁路上海局集团有限公司、上海航空股份有限公司等组织和个人先后荣获上海市政府质量奖。具体名单见表 4 –8。

表 4 –8　上海交通行业市政府质量奖和中国质量奖历年获奖名单

年份	荣誉名称	获奖组织（个人）
2001 年	上海市质量金奖	大众交通（集团）股份有限公司营运分公司
		上海铁路局上海铁路分局
2002 年	上海市质量金奖	上海航空股份有限公司
		秦蓉（上海宝山巴士公共交通有限公司售票员）
2003 年	上海市质量金奖	上海国际机场股份有限公司
		杨国平［大众交通（集团）股份有限公司总经理］
2004 年	上海市质量金奖	上海铁路局上海铁路分局
2005 年	上海市质量金奖	上海航空股份有限公司
2006 年	上海市质量金奖	柴刚强（上海港务工程公司）
2007 年	上海市质量金奖	上海港复兴船务公司
		上海铁路局⑱
2008 年	上海市质量金奖	上海巴士出租汽车有限公司
2014 年	上海市质量金奖	上海海博出租汽车有限公司
2015 年	上海市市长质量奖	上海国际机场股份有限公司
	上海市质量金奖	上海申通地铁集团有限公司
		大众汽车租赁有限公司
2016 年	第二届中国质量奖提名奖	东航凌燕乘务示范组
		上航吴尔愉劳模团队创新工作室
2018 年	上海市质量金奖	中国铁路上海局集团有限公司上海站

上海申通地铁集团有限公司曾获 2015 年上海市质量金奖，作为上海市公共交通出行

⑱　上海铁路局于 2017 年更名为中国铁路上海局集团有限公司。

的骨干力量，坚持精益求精，不断构建市民生活、工作、出行于一体的城市新型生态圈，客流规模世界第二，运行可靠度、列车准点率逐年提高，推动上海地铁运营服务质量不断提升。不断加强质量人才培育，现有全国技术能手 4 名、国家级技能大师工作室 1 个，多工种在全国轨道交通行业技能竞赛中获得第一名，并入选第 46 届世界技能大赛国家集训队。注重构建特色质量标准体系，建立了覆盖建设和运营专业条线，工作标准、技术标准和管理标准三大类别 21 个子类的 5 000 多项标准，其中独创性企业标准占标准总量 38%，属于行业领先水平的标准占 16%。

上海国际机场股份有限公司曾获 2015 年上海市市长质量奖，公司不断提升服务保障质量，2019 年，浦虹两场共保障航班起降 784 831 架次，完成旅客吞吐量 12 177. 41 万人次，完成货邮吞吐量 405. 26 万吨，其中浦东国际机场总体靠桥率从 50% 上升至 90%，航班放行正常率从 86% 提升至 90% 以上。国际机场协会（ACI）公布的 2020 年度机场服务质量（ASQ）旅客满意度项目评选结果中，浦东国际机场更是在全球 348 家机场中排名第一，荣获“2020 年度亚太地区 4000 万以上级最佳机场”奖项。

中国铁路上海局集团有限公司上海站自 2018 年“心尚”服务质量模式荣获上海市质量金奖以来，车站始终保持高质量快速发展。运能运力不断扩充，2020 年日均图定开行旅客列车 1 107 趟，较 2018 年增加 175 趟，增幅为 18. 7%；经营效益稳步提升，三年来，旅客发送量占上海市旅客发送总量的份额逐年递增，从 2018 年的 53. 22% 上升至 2020 年的 58. 62%，车站旅客投诉率由 16. 85% 下降为 3. 81%，表扬率由 1. 59% 上升至 6. 76%，旅客满意度由 80. 49 上升至 85. 11，连续 3 年在全公司名列前茅。

4. 3. 3　生物医药：品牌评价助推行业发展⑲

生物医药产业是上海市战略性新兴产业的重要支柱。上海医药行业协会坚持“服务企业、规范行业、发展产业”的宗旨及“智慧服务、智慧规范、智慧发展”的理念，积极参与医药行业社会共治，初步形成了在医药行业内发掘优秀企业的新方法、新模式，助力企业追求卓越绩效，带动行业高质量发展。

（1）主要做法

1）开展品牌评价，建立优秀企业蓄水池

协会开展上海医药产业品牌研究和品牌指数研究，率先发布了医药行业第一个品牌评价团体标准《上海医药行业企业品牌指数评价通用要求》，将企业品牌指数分解为可直接测量的一系列指标，主要由财务指数和非财务指数构成。其中，非财务指数主要来源于品牌经济的内涵，由诚信指数、创新指数、质量指数、影响力指数等构成。制定《上海医药行业名优产品申报评审办法》及《上海医药行业名优产品评审标准》，从创新能力、质量基础设施建设、质量管理、企业经济规模与可持续发展、企业形象、产品建设成果等六

⑲　本节内容由上海医药行业协会提供基础材料。

方面开展评价。品牌指数评价及名优产品评价周期为每两年一次，此项工作得到了广大会员企业包括长三角地区企业的积极参与，成为选拔优秀企业的蓄水池。

2）参与社会共治，彰显协会价值

协会积极参与“上海品牌经济提升工程”以及“信用医药卫生网”数据库的建立，数据库是开放性、溯源性、公众性的综合性信息服务平台，确保了协会能够正确评价优秀企业。

3）设立专委会，推广卓越绩效管理模式

协会设立了由中国科学院院士参与的“上海医药行业协会标准化技术专业委员会”，充分发挥上海市产、学、研、医的综合优势，根据行业发展、监管需要和企业需求，引入国内、国际领先的质量管理理念，推动医药行业实施卓越绩效管理模式，推进企业强化质量管理，提升精益管理的水平。吸引了包括世界 500 强企业、长三角地区大型医药企业在内的众多会员企业积极参与，拓展了医药行业长三角一体化发展以及国际化合作的新路径，努力把上海医药行业打造成为具有国际竞争力的质量高地。

4）发布团体标准，增强企业质量意识

通过专委会活动的开展，进一步增强了企业追求质量的意识。在专委会的指导下，从 2018 年下半年起共发布了 9 个团体标准，其中多个团体标准填补了空白。标准参与对象有中国社会科学院、国内外企业、药审中心、医院等，药品标准范围涉及药品生产、流通、使用、监管等。其中组织撰写并发布的《窄治疗指数药物质量评价及标准制订的通用技术要求》团体标准，是国内首个该类药物的技术规范。

（2）工作成效

经过协会的推广和培育，一批行业内的优秀企业脱颖而出。赛诺菲（中国）投资有限公司上海分公司、扬子江药业集团上海海尼药业有限公司、上海雷允上药业西区有限公司等医药领域的优秀企业相继获得市政府质量奖，其中：赛诺菲（中国）投资有限公司上海分公司于 2020 年度获上海市质量金奖，是一家首批进入中国的 500 强法国医药企业，始终坚持着“质为健康”的价值观，坚守“扎根中国，服务中国”承诺及对产品质量的承诺。建立全生命周期质量管理体系，搭建涵盖“全产品、全过程”的药品全生命周期质量管理体系模型，推动实施“全球统一”的质量管理方针和质量管理文件，建立和有效实施业内领先的国际先进药物警示系统。同时积极参与国家药品相关质量标准的制定，已累计参与 10 多项国家药典标准和团体标准的编制，包括依诺肝素产品国家药典标准、甘精胰岛素类产品国家药典标准等，支持推动中国标准国际化，提升国内药品标准水平。

扬子江药业集团上海海尼药业有限公司曾获 2014 年度上海市质量金奖，主要从事中西药品的生产和研发，产品覆盖循环系统药、抗生素等多个领域。公司积极推进质量改进。强化自主研发能力建设，打造产品核心竞争力，确立中西药并举的产品战略，每年投入销售额的 5% 进行研发，建成上海市企业技术中心、中药质量控制重点实验室，拥有 22 个药品生产批件、3 个新药证书、2 个国家重点新产品和 3 个上海市高新技术产品。高度重视质量风险防控，严格按照《药品生产质量管理规范》，建立并有效管控生产质量管理体系，从产品生命周期的新品研发、物料进厂等6个环节开展质量风险管理，建立产品召回程序，积极开展质量技术改造和QC小组活动并取得良好成果。基于对质量的持续追求，公司成长为上海市高新技术企业、专利试点企业、创新型企业和上海市科技小巨人企业。

上海雷允上药业西区有限公司曾获2013年度上海市质量金奖，主营中西药品、中药饮片等健康医疗产品和服务；秉承“质量奠基，诚信为本”的信念，在上海医药经营服务领域率先导入卓越绩效管理模式，不断提升经营管理质量；构建“大质量”管理体系，成立以总经理为首的质量管理领导小组，建立三级质量管理网络，形成具有雷允上西区特色的卓越绩效管理模式；加强知识产权保护，设置知识产权管理机构，制订知识产权保护制度，积极参与“知识产权保护规范化市场”培育试点，持续推进知识产权保护管理制度化、常态化、长效化。实施标准化管理，积极推进“老字号”企业档案标准管理，膏方定制形成一套品质闭环管控模式团体标准，实现中医药服务质量能级有效提升；推动数字化“质量惠民”工程，搭建“区域中药代煎代配平台”，实现区域健康资源协同及健康数据共享，助推健康服务一站式、健康管理一体化进程。通过不断发挥质量品牌优势，公司品牌影响力稳居上海市行业前列。

4.4 服务驱动

2011年，上海成立市行业质量工作促进会，是上海推进大质量工作机制建设的一大亮点，对于充分发挥行业协会作用，推进质量总体水平的进一步提升，具有重要意义。各行业协会在行业质量工作促进会的牵头组织下，进一步发挥桥梁纽带作用，协同推进政府质量奖的培育挖掘，积极树立行业质量标杆。

4.4.1 养老服务：着力提高市民质量获得感[⑳]

上海是全国人口老龄化程度最高的地区，截至2019年年底，户籍老年人口超过518万，占户籍总人口的35.2%（其中80岁以上的老年人近82万）。全市已建成712家养老院，1 800多家社区养老服务设施和机构，养老服务质量直接关系到广大老年人的获得感、幸福感、安全感。上海市以“建立长效、统筹疫情、守牢底线”为主题，持续推进养老服务质量建设，取得了阶段性的成效。

（1）主要做法

1）建立养老服务机构服务质量建设长效机制。自2017年来，上海市成立了养老服务机构服务质量建设专项行动工作小组，全面统筹质量工作。全市16个区配套成立了各区

⑳ 本节内容由上海市民政局提供基础材料。

养老服务机构服务质量建设专项行动工作小组。2020 年，上海市民政局、上海市卫生健康委员会、上海市市场监督管理局、上海市住房和城乡建设管理委员会、上海市消防救援总队等 5 个单位共同下发《推进上海市养老机构质量建设年度工作方案》，加强各区落实养老机构服务质量年的各项工作的督促指导。

2）注重标准引领，夯实技术基础。2020 年，为应对疫情的需要，上海市快速发布了《呼吸道传染病流行期间养老机构安全操作指南》。同时启动《养老机构设施和服务规范》《养老机构服务合同示范文本》《养老设施建筑设计标准》等 3 项地方标准的修订工作，开展《养老机构等级划分和评定指南》《养老机构服务质量监测规范》《养老机构信用评价指南》《认知障碍专区设置与服务规范》等 4 项地方标准制修订工作。此外，相关机构还积极参与制定与养老机构相关的团体标准、企业标准。

3）加强养老服务质量人才队伍建设。以养老护理员为重点，以管理人员为龙头，开展多层次的养老服务从业人员培训培养。2020 年 7 月，市民政局对全市养老机构院长进行“服务质量提升”线上专题培训，共有近 6 000 人参加了培训。做好养老护理人员职业技能培训工作，将“培训 10 000 名养老护理员”作为年度目标任务，分阶段推进落实，截至 2020 年 10 月底全市养老护理员培训人数为 18 168 名。市民政局与上海开放大学合作举办三届“老年服务与管理”大专学历教育，2020 年首届 269 名学生顺利毕业，获得大专学历证书。

4）发挥标准认证作用，推动服务质量提升。深入开展养老机构标准化试点示范活动，截至 2020 年 11 月，共验收通过了 34 个养老机构标准化试点建设项目。其中 2 个通过了国家级服务业标准化试点验收；11 个通过了市级社会管理和公共服务标准化试点验收；21 个通过了上海民政系统标准化试点验收，养老机构参与标准化试点示范的积极性高涨。争创“上海品牌”。2019 年 6 月，上海市徐汇区社会福利院成为上海市第一家获得“上海品牌”认证的养老机构。2020 年，上海市第一社会福利院、上海市第四社会福利院分别获得“上海品牌”认证。开展“上海品牌”认证，对推动上海市养老机构高质量发展起到了引领和标杆作用。

（2）工作成效

1）养老机构服务质量满意度较高。结合国家和上海市养老机构相关标准和要求，2020 年 9 月至 10 月，市质量工作领导小组委托第三方测评机构对全市养老机构进行了日常监测，共采集到有效样本 3 059 份，测评信度为 0. 949，覆盖全市 16 个区。从监测结果看 2020 年的养老服务整体满意度评价结果为 87. 97，处于“满意水平”。对测评发现的问题予以通报，推动养老服务行业不断提升质量。

2）树立质量标杆，引领行业整体质量提升。市民政局着眼树立行业质量标杆，以点带面推进养老服务行业整体质量提升。邀请专家对养老机构培训卓越绩效标准，选取行业内组织重点培育，推荐行业服务质量标杆参与市、区两级政府质量奖评审，截至 2020 年年底，已有杨浦区社会福利院获得 2020 年度上海市质量金奖，上海市闵行区继王养老院获得2018年第三届闵行区区长质量奖，上海市安亭镇社会福利院孟瑛获第三届嘉定区质量金奖。

4.4.2 金融服务：标准测评共助质量提升

上海作为国际金融中心，已集聚发展了涵盖股票、债券、期货、货币、票据、外汇、黄金、保险等在内的全国性金融市场，是国际上金融市场门类较完备的城市。2019年，上海金融市场成交总额达1 934.3万亿元，全国直接融资总额中的85%来自上海金融市场；金融业增加值6 600.6亿元，增长11.6%，占全市生产总值的17.3%。提升金融服务质量水平，已成为促进金融行业飞速发展的基石。

(1) 主要做法

1）制定标准，规范服务。2019年，上海市金融行业持续完善金融服务标准体系，修订了DB31/T 446《银行业窗口服务质量规范》、DB31/T 686《证券业窗口服务规范》两项地方标准，并结合窗口服务和五星优质网点的评选开展了地方标准的学习和培训。

2）开展测评，提升水平。2019年，上海市金融行业开展了年度金融窗口服务质量测评工作，通过暗访、在线调研和大数据舆情监测相结合的方式，共采集样本量5 715份，舆情监测数据信息1614条。测评结果显示，2019年，上海金融窗口服务质量指数评价为86.68，总体服务质量较高。通过测评找到行业短板，促进质量改进。

3）两级联动，标杆引领。行业主管部门率先发动，和区质量部门联合培育，如黄浦区率先将卓越绩效管理模式导入金融服务行业，持续推动相关组织提升卓越绩效模式的成熟度，树立行业质量标杆，带动引领行业内优秀组织共同提升质量。

(2) 工作成效

通过培育，在金融服务领域带动了一批优秀组织实施卓越绩效评价准则。银行间市场清算所股份有限公司、上海股权托管交易中心股份有限公司及上海汽车集团财务有限责任公司等一批获奖的金融服务机构其专业水平和服务质量都已达到国际和国内领先水平。

银行间市场清算所股份有限公司曾获2017年度上海市质量金奖，为金融市场直接和间接的本外币交易及衍生产品交易提供登记、托管、清算等服务。公司建立了健全有效的质量风控管理体系，聚焦风控管理体系国际化，构建风险防火墙。围绕质量风险管理过程指标的实现，识别和策划各过程的输入、输出、主要过程环节及控制要点，提升风险管理水平，以适应市场变化。聚焦业务产品创新化，增强市场竞争力。持续分析制约公司战略发展的瓶颈因素，不断推进对约束环节的改进，提升组织适应环境变化的能力，持续对业务创新效果开展有效评价。公司已成为全球中央对手方协会（CCP12）执委会委员、国际资本市场协会（ICMA）成员、亚太中央证券存管机构组织（ACG）成员。

上海股权托管交易中心股份有限公司曾获2018年度上海市质量金奖组织奖，致力于解决中小微企业融资难问题，全力支持上海国际金融中心建议。公司在质量管理上严把审核大关，严保挂牌质量，严肃监督管理，重视融资交易，提升服务水平；完善审核制度，对挂牌企业的审核标准建立严谨的制度体系，每项业务制定详细的业务规则及业务细则，对展示系统设置严格的准入标准和审核流程，坚持准入和融资行为事前严格把关；优化操作指引，服务企业、中介机构更好完成企业合规性整改，在相关业务规则的框架下制定更易实践的操作指引、标准化模板、相关问题的指导意见及业务流程图，并通过反馈机制不断完善优化；清晰过程管理，建立可视化的流程系统，挂牌企业、服务机构、内部流程均可以通过清晰的信息化界面获取，大幅提升客户体验。公司内部也通过系统实现各部门职责清晰，部门高效流转。公司以良好的市场功能成为我国具代表性的场外交易市场，拥有股份转让系统（E 板）、科技创新板（N 板）和展示系统（Q 板）等三个专业化资本市场板块，服务企业总数近万家。

上海汽车集团财务有限责任公司曾获 2019 年度上海市质量金奖，主营公司金融、汽车金融、投资融资三大业务板块。公司将创新和风险控制相结合，不断优化质量风控体系，不断提高质量管理、风险管理水平，由各部门、风险管理部定期/不定期进行问题排查，聘请专业会计师事务所对公司质量风险管理进行专项评价，不断完善制度；实行科学绩效考核机制，对各部门实行年度目标考核，考核中包含质量指标、风控指标、合规指标等，并将目标考核分解到责任人。传播全员质量管理理念和风险管理文化，定期召开合规风控会议，组织全员参与质量风险管理培训；建立定期报告机制，定期分析公司质量风险管理情况及内部控制状况并形成报告上报董事会，并结合公司情况对质量风险管理进行持续改进。通过对质量的不懈追求，公司还曾获得由《金融时报》、中国社会科学院金融研究所颁发的“年度最佳服务财务公司（2016 年）”和“年度最佳资金管理财务公司（2018 年）”等诸多重要奖项。

4.4.3　商贸服务：调研推优共治三位一体㉑

上海商业是上海社会发展的重要支撑和产业名片。随着上海国际商贸中心建设和人民群众生活品质的不断提高，新经济、新业态不断涌现，对商贸服务业提出了更新更高的要求。上海商业联合会积极发挥联合联动的优势，通过区域、行业、企业间的合作交流，加强商业行业质量提升；协助和指导行业协会制订行规行约、行业标准、服务规范，先后涌现出百联集团、新世界股份等获得市政府质量奖的标杆组织，对上海的商业经济发展起到较大的促进作用。

上海商业联合会下很多行业协会积极开展质量工作，其中上海服装鞋帽商业行业协会创新方法、找准定位，有效促进业内企业质量水平的提升，成为推进“上海购物”品牌建设的生力军。

㉑　本节内容由上海服装鞋帽商业行业协会提供基础材料。

（1）主要做法

1）深入调研，组织培训，提高企业质量意识

协会深入企业调研，召开多种形式座谈会，听取企业反映产品质量现状和诉求，会同相关部门和专家共同商讨制订行业《质量提升方案》，开展系列质量提升活动。瞄准先进标准，与全国服装标准化技术委员会、全国制鞋标准化技术委员会、市质量与标准化研究院等不定期对企业进行标准及法律法规的培训，在行业营造知法、崇法、用法的良好氛围，有效提升行业质量的标准化、法制化水平。

2）推新创优，树立标杆，开展品牌培育

协会积极开展行业推新创优，品牌培育工作，力求突出前瞻性，重点抓好服饰标准质量与风险管理新思路，动员会员企业做好服装季节新品上柜前质量检测工作；组织会员企业观展服饰高新技术博览会、新技术产品推广会；帮助品牌企业开展产品满意度测评。多次举办《卓越绩效评价准则》培训，引导企业组织开展自身评价，明确持续改进质量工作目标方向，尤其对行业品牌企业进行专项培训，帮助企业更好地理解准则；为了树立行业质量标杆，协会组织制定了西服、旗袍高级定制服务团体标准，为企业争创上海品牌和政府质量奖提供了标准支撑。积极推荐行业质量标杆企业加入全国服装标准化技术委员会、全国制鞋标准化技术委员会，让标杆企业引领会员企业的产品向高质量发展。

3）发扬诚信，质量共治，提升行业自律

协会主动适应市场经济新常态，提升行业自律，每年定期召开质量大会（已举办十届），发布年度服饰质量监督抽查报告，表彰行业质量好、信誉高、服务优的企业。各企业进行经验交流，使企业学有榜样，从而推进行业整体质量的提升。协会积极探索行业与政府部门合作的新模式，质量共治，签署服装鞋帽行业产品质量提升备忘录，开展质量诚信工作，召开各类服饰产品质量分析会和质量安全风险监测分析会，请行业专家点评分析产品质量不合格原因，使企业增强了产品质量诚信意识。多年来，协会坚持做好学生服质量监督工作，促使相关校服企业以更大的精力投入校服产品的研发和质量提升。

（2）工作成效

在协会的积极推动和培育推荐下，恒源祥（集团）有限公司、上海培罗蒙西服公司、上海开开实业股份有限公司、上海蔓楼兰企业发展有限公司等会员单位先后荣获市政府质量奖。

上海培罗蒙西服公司曾获2012年度上海市质量金奖（个人），在实施质量发展战略过程中将文化内涵运用科技手段贯穿于产品之中，不断实现企业市场创新的飞跃来壮大、发展、扩容品牌，并将全面质量管理的科学思想和理论，与公司的生产实践相结合，培育以质量为支柱的企业文化，形成了一整套企业质量管理体系和强大的质量优先文化氛围。培罗蒙西服制作技艺被认定为国家级非物质文化遗产进行保护。

上海蔓楼兰企业发展有限公司曾获2017年度上海市质量金奖，是一家集研发、生产、销售于一体的新中式服务中小企业。在近二十年的发展历程中一直秉承“人性管理、独立创新、精益生产、顾客至上”的质量方针，运用智能信息化手段进行智慧管理和数据分析，实现产品精准市场投放。在产品制造的数据采集、设计、生产、仓储、销售等过程进行数据化、智能化管理，通过使用 3D 扫描设备进行智能调整，通过 3D 打印技术提升高级定制服装的一次成交率。通过运用大数据分析产品受众人群不同年龄层的身高、三围变化规律，通过数据分析进行持续改进，不断完善产品版型，使产品更适合大众消费，持续提升用户的质量满意度。

在行业主管部门、企业集团和行业协会组织的共同推动、积极参与下，政府质量奖推广的力度、广度、宽度、深度等都成倍增长扩大，成效明显，成为先进质量管理方法和模式推广的强大的支撑和驱动力。在上海新的征程中，各行业主管部门、企业集团更要携手奋进，戮力同心，以政府质量奖为平台，培育打造更多的质量标杆，促进行业高质量发展，为助推上海成为国内大循环的中心节点和国内国际双循环的战略链接贡献力量。

5 上海市政府质量奖在区域的实践

上海市已构建由市长质量奖、市质量金奖、区政府质量奖组成的三级梯度政府质量奖培育体系。其中，各区以实施政府质量奖励制度为抓手，积极培育树立区域质量标杆，深入实施质量强国战略，扎实推进质量强区建设，助力区域经济高质量发展。本章按照上海市各区政府质量奖工作的发展阶段，展现上海市16个区在推进政府质量奖励制度实施过程中的创新举措和特色做法。

5.1　建章立制，积极推广

2009年，奉贤区首开先河，在全市各区中率先设立区长质量奖。2012年《上海市产品质量条例》明确“区、县人民政府应当建立健全质量奖励制度。对质量管理先进和产品质量达到国际先进水平、成绩显著的单位和个人，以及为产品质量检验检测技术研究做出突出贡献的单位和个人，给予表彰和奖励”。据此，各区政府质量奖纷纷推出，至2017年，上海市16个区全部建立了区级政府质量奖励制度，制定了严格的管理办法、确立了评价标准，明确了奖项设置，设计了奖项标志等，区级质量奖励制度逐步建立完善起来。《上海市各区政府质量奖获奖名录》见附录4。

5.1.1　普陀：追求卓越创新发展

普陀区地处上海市中心城区西北部，是中国近代民族工业的重要发源地之一，质量文化源远流长。普陀区以提高发展质量和效益为中心，着力践行“品质　卓越　创新”的城市质量精神，将质量工作全面融入区域经济发展和社会治理，深入开展质量提升行动，智能软件、研发服务、科技金融、生命健康四大产业发展势头强劲，区域质量竞争力持续增强，“质量第一”成为全区上下共识。

（1）设奖历程

2015年5月，《上海市普陀区区长质量奖管理办法（试行）》（普府〔2015〕34号）发布。区长质量奖的设立，是普陀区由政府推动开展质量提升新的制度探索，实现了三方面的有机融合：一是政府通过树立市场标杆，充分发挥规范、引导市场秩序有序发展的职能作用；二是企业通过实施卓越绩效管理模式，进一步提升质量发展能力和品牌建设能力，更有效地在市场上崭露头角，创造收益；三是消费者面对纷纭复杂的市场供给，能有效地降低选择成本，更好地满足品质生活的需要。

2017年7月，普陀区对原有的管理办法进行优化完善，增设组织提名奖和个人提名奖，同时增加获奖名额，以评审促提高，激励更多组织和个人实践卓越绩效管理模式。截至2020年12月，普陀区共有5家单位6次荣获上海市质量金奖组织奖，5名个人荣获上海市质量金奖个人奖；完成三届区长质量奖的评审，其中6家单位荣获区长质量奖，3家单位荣获区长质量奖提名奖，8名质量工作者荣获区长质量奖，2名质量工作者荣获区长质量奖提名奖。

（2）措施与成效

1）机制创新，探索政府推动质量提升的新途径

普陀区区长质量奖重点突出三个特色：一是将区域内登记注册的各类组织均纳入申报、评审范围，鼓励各行各业结合自身特色，参与质量提升工作，推动产品、工程、服务、人居环境等四大质量共同提高；二是分设组织奖和个人奖，从而大力弘扬执着专注、精益求精、一丝不苟、追求卓越的工匠精神，着力建设知识型、技能型、创新型质量工作者队伍；三是充分借鉴市级政府质量奖的优秀经验和做法，同时又突出普陀区域特色，为组织持续改进、不断提高，建立便捷有效的通道。

2）方法创新，建立区长质量奖培育新方法

搭建平台，建立全区一盘棋的区长质量奖工作机制。2015 年 8 月，普陀区依托区质量工作领导小组成立区长质量奖评审委员会，将推广卓越绩效管理模式、推动政府质量奖制度建设，作为全区质量提升的重要内容和有力抓手。建立从各委办局到街镇到园区，层层落实，形成合力的工作机制，充分、深入挖掘条线、区块优秀企业，形成全区政府质量奖培育库。同时将政府质量奖培育工作纳入街道镇质量工作考核，激发各街镇、园区参与的热情。

精准施策，建立因地制宜的企业分类指导机制。普陀区积极实施“万千百”质量提升工作，开展包括质量管理、标准化、认证等各类质量公益培训，强化企业质量意识，提高企业质量素质。结合市、区两级政府质量奖申报工作，通过组织卓越绩效管理模式培训专场和“面对面”咨询、“一对一”服务等多种形式，精准指导企业做好准备工作，展示质量优势。开展重点企业、重点园区调研，深度了解企业需求，引导企业强化“持续改进、追求卓越”的质量理念。

汇聚资源，建立质量技术基础设施一站式服务机制。成立普陀区质量技术服务联盟，加强区内质量基础设施统筹建设、协同服务、综合应用，依托研究技术机构、协会等社会资源，增强对质量基础设施建设的支撑，为企业提供以计量、标准、认证认可、检验检测、质量管理等为核心的“一站式”服务，精准快速解决企业质量提升的短板、弱项，促进全产业链条、全经营周期质量提升。

树立标杆，建立以点带面共同提高的促进带动机制。组织开展各类宣传培训、座谈交流、经验分享活动，传播先进的质量方法，带动更多的单位追求卓越。在获奖组织中推广“首席质量官”制度，承办“首席质量官谈高质量发展”论坛。打造“质量开放日”活动和“普陀家庭质量巡访”活动品牌。拍摄《美好生活　普陀质造》宣传片，扩大政府质量奖影响力。组织区长质量奖标识征集、评选活动，增强社会公众对质量的参与。

3）成效初显，为区域经济社会转型发展注入新能量

普陀区围绕重点产业和重点领域，积极推行卓越绩效模式等先进管理方法，涌现出一批质量管理创新、不断追求卓越的组织和个人，为助推普陀区科学发展、转型发展，做出了积极贡献。

质量管理的提升推动区域经济效益持续提升。通过实施区长质量奖励制度，进一步增强企业创新意识和持续改进意识，在提高企业质量管理水平的同时，经济效益持续增加，为区域经济发展作出贡献。如中国建材国际工程集团有限公司于 2018 年获评第二届普陀区区长质量奖组织奖，公司充分借助品牌、标准化、认证等多种手段，不断夯实质量发展基础，持续改进，相继荣获上海市质量金奖组织奖等奖项，积极参与首席质量官和上海品牌认证等活动，质量管理的水平和能力跃上一个新的台阶，成为普陀区企业质量提升的标杆典型。质量管理的提升带动经济效益的持续提升，即使面对新冠肺炎疫情的严重影响，公司营业收入保持稳健增长，从 2017 年 98.06 亿元提高到 2020 年的 131.35 亿元，增长率达到 33.95% 。

卓越绩效管理理念向公共服务领域不断拓展。普陀区以区长质量奖申报为契机，持续拓展卓越绩效管理模式的应用范围，在公共服务领域树立质量标杆，推动管理模式的变革，引导服务能力的提升。如普陀区人民医院是全市首家导入卓越绩效管理模式并获得区长质量奖的医疗机构，医院将卓越绩效管理模式与医疗系统管理要求相结合，探索了卓越绩效管理模式在医疗领域的应用途径，在该院的带领下，普陀区中心医院、普陀区长风新村街道长风社区卫生服务中心，先后获得区长质量奖和提名奖，为卓越绩效管理模式在医疗系统的应用、推广发挥了重要作用。

在履行社会责任中发挥带头作用。区长质量奖获奖单位充分发挥自身经营优势和行业优势，带头勇挑重担，在履行社会责任中展示了应有的担当。如新冠肺炎疫情发生以来，区长质量奖获奖组织上海复星医药（集团）股份有限公司与某德国生物科技公司合作，在新冠疫苗研发上走到了世界前列，同时公司创新药注射用青蒿琥酯在非洲已经救治重症疟疾患者约 3000 万人；面对全国口罩紧缺的状况，区长质量奖获奖组织劲霸男装（上海）有限公司积极响应政府号召，调度各方资源转产口罩，并入围中华人民共和国商务部出口“白名单”的医用口罩生产企业名单。

5.1.2 长宁：服务国际精品城区建设

长宁区地处沪宁、沪杭发展轴交汇的“Y”型支点，紧邻虹桥综合交通枢纽，是人流、物流、信息流、资金流的重要汇聚地，是上海链接长江三角洲、连通国际的“桥头堡”。近年来，长宁区大力发展航空服务、智能互联网、时尚创意、人工智能、大健康等产业，尤其是在线新经济发展势头强劲，集聚了一批头部企业以及细分领域的优质新生代互联网企业。长宁区以质量奖为抓手，着力推动高质量发展，奋力创造高品质生活，加快建设具有世界影响力的国际精品城区。

（1）设奖历程

2015 年 12 月 25 日，《上海市长宁区区长质量奖管理办法（试行）》(长府办〔2015〕76 号）发布。2016 年 7 月 11 日，长宁区政府第 152 次常务会议讨论通过《长宁区区长质量奖工作实施方案》，并启动首届区长质量奖的评选。2018 年 1 月，长宁区对原有的管理办法进行优化完善，增设组织提名奖和个人提名奖，激励更多组织和个人实践卓越绩效管理模式。截至 2020 年 12 月，长宁区共开展两届区长质量奖，评选出获奖组织 6 家、获奖个人 5 名。区长质量奖的评选工作，是质量强区工作的一项重要举措，通过区长质量奖的申报和评选激发企业对学习、实施卓越绩效模式的热情，在全区范围内进一步营造质量第一的良好氛围。

（2）措施与成效

1）围绕“四个台”，营造质量第一的良好氛围

提前谋划，政府搭台。长宁区成立区长质量奖评审联席会议，区长任主任，分管副区长任副主任；组建区长质量奖评审专家组，具体实施区长质量奖评审工作。评审办依据《上海市长宁区区长质量奖管理办法》的规定程序，组建评审专家组，邀请来自上海市政府质量奖评审专家库成员，严格遵循公平、公正的原则，依据评审规则程序，推进评审工作。

广泛发动，群英登台。通过长宁门户、长宁时报、长宁有线等媒体发布申报通知、申报指南、评价标准等相关资料，宣传介绍区长质量奖，并通过区、街镇、委办局等公众微信号推送。发动各街镇、园区、直属企业等申报归口单位和有关委办局，积极推荐优秀单位申报。邀请卓越绩效管理专家开展政府质量奖建设及卓越绩效管理标准的专项培训，指导企业开展材料撰写和申报工作。申报组织、申报个人所在企业等各组织覆盖了航空服务业、互联网＋生活性服务业、医疗服务与生物医药、传媒、人工智能、资产管理、物流、法律、商业服务、公共服务等多个领域。

信用监管，比武擂台。对申报组织通过信函征询、信用平台查询等方式进行资格审查，由评审会审定受理名单。组织专家评审申报材料，形成评审报告上报评审会，通过资格审查和资料评审，两届区长质量奖共有 16 家企业和 9 名个人进入陈述答辩。坚持科学、公正、公平的评审原则，专家评审组对受评企业和个人进行提问和打分，分析企业优势及可改进之处，指导申报单位对照评价准则，进一步梳理提炼，持续改进。

优中选优，卓越舞台。经评审专家组综合研讨分析，形成长宁区区长质量奖获奖推荐名单。上海市长宁区妇幼保健院、上海春秋旅行社有限公司、上海市光华中西医结合医院等优秀组织的先进质量管理模式和管理理念脱颖而出，得到广泛认可。评选出的获奖个人，既有作为技术领军人物的企业“一把手”，也有多年从事质量管理工作，坚持精益求精的人员。在年度质量大会的舞台上，追求卓越的政府质量奖组织和个人充分展现风采，区长为获奖组织及个人颁发奖牌，获奖组织和个人做交流发言。

2）抓住“三个关键点”，推动区域高质量发展

抓住“关键切入点”。评审办充分了解掌握全区产业、企业情况，利用各种途径介绍、宣传政府质量奖政策，必要时还对部分企业进行走访摸底，针对性地开展持续的沟通、交流，邀请卓越绩效专家开展专题培训，向企业传递卓越绩效管理的理念、知识、方法，培育企业、引领企业发展的质量意识、服务意识。

抓住“关键增长点”。通过举办卓越绩效管理主题讲座、组织首届获奖组织经验交流等一系列举措，申报对象在数量上不断增加，在行业范围上也得到拓展，申报组织、申报个人所在企业等各组织覆盖了传媒、旅游、信息技术、资产管理、医药与医疗服务、法律、商业服务、公共服务等多个领域，与长宁区以现代服务业为代表的第三产业快速发展的当前阶段密切相关。

抓住“关键闪光点”。政府质量奖申报对象中，部分来自民主党派。民主党派中的企业高层管理人员、企业家及优秀企业为政府质量奖组织和个人的培育、发展提供了良好的基础和选择。同时，民主党派人员对政府质量奖推进工作的关心和积极推荐也发挥了重要作用。这也为今后政府质量奖工作积累了良好经验。

3）践行“三个坚持”，服务国际精品城区建设

坚持“初心和使命”。通过政府质量奖评选，培育、树立了一批区域高质量发展的组织和个人标杆，面对突如其来的新冠肺炎疫情，区长质量奖获奖组织和个人挺身而出、冲锋在前，主动参与疫情防控。首届区长质量奖获奖组织上海市长宁区妇幼保健院、第二届区长质量奖组织奖上海市光华中西医结合医院坚持“疫情就是命令，防控就是责任”，作为援鄂医疗队员出征，迅速奔赴前线展开工作；第二届区长质量奖个人奖信达生物制药（苏州）有限公司上海信圣生物科技分公司董事长俞德超坚持“同舟共济，共抗疫情”，向武汉市红十字会捐赠人民币200万元，用于支持武汉疫区前线抗击防治工作，共同打赢疫情防控攻坚战。

坚持“责任和担当”。第二届区长质量奖获奖组织上海春秋旅行社有限公司制定《新冠肺炎疫情对旅游服务影响的应急预案》，号召全体党员干部主动坚守岗位，做好疫情应对的守门员。第二届区长质量奖个人提名奖上海嘉春企业管理有限公司坚持“以服务践行初心使命，用行动诠释责任担当”，嘉春753园区各单位积极部署、全面防控、精准施策、多措并举，牢筑园区疫情防控的“防疫网”。

坚持“崇尚质量和追求卓越”。深化卓越绩效管理模式在全区的广泛宣贯和推广，邀请首届长宁区长质量奖获奖单位开展政府质量奖建设的意义及卓越绩效管理的经验介绍；通过标杆树立和经验推广，提升了申奖组织和个人对卓越绩效管理模式的认知，促进区内越来越多的组织成为追求卓越的实践者，带动了长宁区整体质量意识的不断深化以及质量水平的不断提升。

5.1.3　静安：与时俱进强化结果

静安区地处上海市中心，周边与6个区相邻，历史文脉悠久、商业商务发达、创新活力迸发、信息交通便捷，是上海对外交流的重要窗口。区域汇聚了上海市能级较高的中央商务区——南京西路街区以及上海市中心城区园区转型的成功案例——市北高新园区；集中了南京西路和大宁两大市级商圈以及曹家渡、苏河湾两个区级商业中心。服务经济产业链完整，产业业态丰富、产业门类齐全。总部经济、楼宇经济、外向型经济齐头并进，活力迸发。

（1）设奖历程

2014年，静安区政府质量奖设立，分“静安区质量奖”和“静安区质量入围奖”。2016年4月1日，新成立的静安区人民政府印发《静安区政府质量奖管理办法》（静府发〔2016〕5号）。截至2020年12月，静安区政府质量奖已开展三届评选，共评选出获奖组织17家、获奖个人11名。

（2）措施与成效

1）严格工作标准，与时俱进完善机制建设

2015年，静安区首届区政府质量奖评审正式启动，静安区积极深化卓越绩效模式在现代服务产业中的运用，结合静安区作为中心城区，生产企业相对较少，金融业、服务业特别是高端服务业、专业服务业云集，精细化管理需求高等情况，将《卓越绩效评价准则》应用于上述产业。2016 年，设立了由 10 个相关职能部门组成的区政府质量奖审定委员会，各成员单位协同配合、群策群力。

2）孵化培育企业，结果导向推动质量实践

充分利用“质量月”广泛开展质量提升、质量宣传、质量整治、群众性质量活动等系列活动，提高全区质量意识与质量素养。每年借助“中国品牌日”“世界计量日”等，组织开展多场质量提升主题活动，鼓励企业按照“国内领先、国际一流”的目标，在各自专业领域积极争创“上海品牌”，扩大静安品牌的知晓度和影响力。招募建立静安区质量提升宣传员队伍，组织分享质量管理的成功经验，在全区形成学习质量先进、赶超质量先进的意识和氛围。

3）聚焦重点区域，领军效应凸显静安特色

依托市北高新园区“全国质量服务产业知名品牌创建示范区”建设，以大数据产业建设促进质量服务产业集聚发展；依托“梅泰恒”商圈“全国现代服务业（高端商业和商务楼宇）知名品牌示范区”建设，将静安南京西路打造成为“上海购物”的标志性区域和上海购物天堂的核心承载区；增强“国家检验检测认证公共服务平台示范区”服务能级，助推检验检测创新服务模式，提升服务效率，大幅缩减检验检测机构涉及到期复查和部分领域扩项的行政许可周期，加快检验检测服务质量提升与品牌塑造。

5.1.4　崇明：融入绿色生态发展

崇明区由崇明、长兴、横沙三岛及附近其他沙洲和水域组成，其中崇明岛地处中国最大河流长江入海口，是世界最大的河口冲击沙洲，也是中国第三大岛。根据《上海市崇明区总体规划暨土地利用总体规划（2017—2035）》，到 2035 年，崇明区将建设成为在生态环境、资源利用、经济社会发展、人居品质等方面具有引领示范作用的世界级生态岛，成为长江生态环境大保护的示范区、国家生态文明发展的先行区。

（1）设奖历程

2017 年 1 月 19 日，上海市崇明区人民政府办公室印发《上海市崇明区区长质量奖管理办法》（沪崇府办发〔2017〕8 号），正式确立了以“区长质量奖为最高质量荣誉”的政府质量奖励制度。2018 年，向区内各企业广发“英雄帖”，组织开展了首届区长质量奖的评选表彰工作。截至 2020 年 12 月，共计开展区长质量奖评选两届，评选出区长质量奖 2 名、区长质量奖提名奖 6 名，挖掘培育了一批质量管理成效显著、具有标杆示范作用的组织。

（2）措施与成效

1）服务引路，推广卓越绩效模式

积极推广先进质量管理方法。全面推行以卓越绩效模式为重点的先进质量管理理论和方法，组织质量标杆导入卓越绩效模式。先后策划举办了一系列卓越绩效评价准则标准培训、品牌建设与质量提升专题培训、质量开放日等教育培训活动，广泛动员、组织区内中小企业质量管理人员通过在线直播的形式参与先进质量管理方法公益培训，参与人员达1 000余人次，有力提升了企业的质量意识和质量水平。由上海超诚科技发展有限公司总结提炼的“超越自我、卓越不凡、诚心修身、诚行致远”、由上海万禾农业科技发展有限公司总结提炼的“‘互联网+’农业新零售模式”作为质量管理经验分别在2019年、2020年苏浙皖赣沪“质量月”期间进行宣传推广。

2）培育品牌，加强质量品牌宣传

构建品牌梯度培育模式。重点聚焦生态旅游业、现代服务业、现代农业、海洋装备业等领域，着力培育产业特征显著、竞争力强的区域品牌。重点推进长兴海洋装备产业园区、崇明工业园区开展“上海市知名品牌创建示范区”创建。以上海市政府质量奖、上海品牌认证为培育目标，构建政府质量奖梯度培育库，激发企业活力，促进全区质量管理水平的整体跃升。不断丰富质量品牌宣传。利用“5·10中国品牌日”“9月质量月”等质量品牌活动平台，开展崇明质量精神口号征集、崇明区区长质量奖标识征集、质量品牌故事征集、质量知识竞赛等群众性活动，提出并积极实践“崇质量为魂，明生态之本”的崇明区城市质量精神，进一步激发了群众追求卓越质量的热情。

3）标杆示范，带动区域质量提升

引导首届崇明区区长质量奖获奖组织上海超诚科技发展有限公司成为全区首家开展“上海品牌”认证的组织。冠华不锈钢制品股份有限公司通过参评崇明区区长质量奖，积极转变以往主要依赖贴牌生产的模式，开展自主品牌打造，推出“喜时”品牌，并顺利成为了花博会服务品牌商，品牌效应得到了极大的提升。涌现了一批质量攻关成果。近年来，共计开展重点产品质量攻关项目39个，相关企业通过质量攻关有效提高了产品质量竞争力。崇明区市场监督管理局连续3年荣膺“上海市重点产品质量攻关优秀组织奖”。尤其是获得第二届崇明区区长质量奖提名奖的上海瀛庙果蔬专业合作社，在崇明世界级生态岛建设和2021年第十届中国花卉博览会筹办的契机下，积极开展质量攻关，加强技术研究与创新，使红掌花的存活率明显提高，鲜切花的优质比例从80%提高到95%，鲜切花瓶插期平均延长一个星期左右，年均产鲜切花总量增长108.33%，成为该年度唯一获奖的农业企业。

5.2 结合实际，凸显特色

各区在经历几次（届）政府质量奖评审后，一方面先后对评审周期、评审数量、奖励额度、奖项名称等做了更符合区情的调整，融入标准、品牌、创新等元素，赋予政府质量奖更丰富的内涵；另一方面将政府质量奖与区发展实际更紧密地结合，凸显区域发展特色。截至2020年12月底，上海市各区共开展区级政府质量奖评审活动58次（届），共有

297 家组织、108 名个人荣获区级政府质量奖。

5.2.1　虹口：擦亮品字招牌

虹口区，因虹口港而得名，位于上海市中心城区东北部，全区面积 23.4 平方千米，辖 8 个街道，区域总人口超过 90 万人。虹口区紧紧围绕“推动高质量发展、创造高品质生活”，聚焦北外滩开发建设，深入贯彻“品质虹口、创享未来”的城市质量精神，以政府质量奖为抓手，持续开展“四大品牌”建设，全力打造高质量的产业体系、高质量的环境支撑、高质量的发展载体、高质量的人才队伍、高质量的民生保障。

（1）设奖历程

2013 年 5 月，《虹口区区长质量奖管理办法》（虹府发〔2013〕13 号）发布，成为虹口区人民政府设立的最高质量荣誉。为鼓励中小微企业积极实践卓越绩效管理模式，帮助中小微企业做大做强，2018 年 4 月，新修订的《虹口区区长质量奖管理办法》（虹府规〔2018〕1 号）对外发布，取消原区长质量奖各奖项，新设虹口区区长质量奖金奖和虹口区区长质量奖银奖，按照制造业、服务业、小企业组织、其他组织类别、创新单项分别评定，并对新设奖项的奖励资金进行了重新设定。截至 2020 年 12 月，虹口区累计有 19 家企业和 12 位个人荣获虹口区区长质量奖。

（2）措施与成效

虹口区结合区域中小企业和服务型企业多等特点，结合虹口南、北、中三大功能区规划发展，持续推进卓越绩效，努力提升企业质量管理水平，标杆引领作用凸显，涌现出一批不断追求卓越的组织和个人，为推动虹口高质量发展、创造高品质生活做出了积极贡献。

1）通过实施区长质量奖激励机制，增强企业持续改进、追求卓越的质量意识。上海家化联合股份有限公司高度重视质量管理，拥有国内同行中领先的生产规模和工艺质控能力，在化妆品行业中率先引入卓越绩效，建立了一整套从原材料到成品、从设计开发到消费者使用的全过程产品质量保证体系，确保产品的安全性、有效性、使用性和稳定性达到消费者的需求和期望，并在产品技术和质量的优势领域引领行业发展，先后荣获“上海品牌”认证、虹口区区长质量奖组织金奖等荣誉，通过采取差异化的品牌经营战略，旗下拥有的“佰草集”“六神”“美加净”“高夫”等诸多中国著名品牌，面对中国市场上的激烈竞争，在众多细分市场上建立了领导地位，旗下“佰草集”品牌已经成功打入法国等欧洲发达国家的主流市场，开创中国化妆品之先河。

2）拓展卓越绩效覆盖面，推动医疗领域管理模式的变革。上海市第一人民医院主动创新管理模式，不断追求卓越绩效，持续推进医院“智慧后勤”“智慧建造”，创新探索质量监测控制、质量绩效评价等新模式、新机制，引入最新的运营管理理念，改革后勤服务模式，有效提升了患者就医体验与员工工作体验。在全国医院后勤专业年会上累计交流论文 230 余篇，连续 3 年交流论文数量、优秀论文获奖数量全国第一，其副院长吴锦华荣获了虹口区区长质量奖金奖个人荣誉。

3）助力中小企业追求卓越，帮助中小企业做优做强。通过品牌培育和精准指导，积极鼓励中小企业引进卓越绩效管理模式，开展质量管理水平提升活动，树立了中小企业质量标杆。虎扑（上海）文化传播股份有限公司是互联网时代中国体育领袖创新企业，为用户提供完整覆盖线上线下的体育相关内容与服务，与国内外30多家顶级体育机构结成战略合作伙伴关系，通过卓越的管理过程，获取了卓越的经营业绩，业务数据连续翻倍的增长，已经由业务相对单一的体育论坛，发展成为集体育营销策划、赛事营销与管理、活动管理、公关传播、体育市场调研、新媒体运营、体育公益为一体的体育整合营销机构，为各大企业、品牌与机构提供全方位体育营销服务，至2020年年底公司估值已超过80亿人民币，为区域的经济发展做出了积极贡献。

4）组织开展质量标杆企业质量开放日活动。2020年，虹口区组织500余名社会公众参观上海材料研究所、1876创意产业园、上海灯具城等区域质量标杆企业，让社会公众亲身感受质量、体验质量。各企业通过演示文稿（PPT）放映、现场观摩、会议交流等丰富多样的形式，向社会公众展示了质量管理实践成果和经验，推广交流了先进质量管理方法，传播了质量文化，增强了人们“质量第一”意识和质量获得感。在凯德龙之梦、瑞虹新天地月亮湾、上海白玉兰广场、百联曲阳购物中心和搜乐城等重点商圈，及上海灯具城、1876创意产业园、四川北路商业楼宇等，播放质量月宣传公益视频，并以横幅海报形式开展质量宣传。

5.2.2 杨浦：“质量+创新”

杨浦区位于上海中心城区东北部，地处黄浦江下游西北岸，是上海面积最大、人口最多的中心城区，是中国近代工业的发源地，有着优质的质量基础，高校和科研机构集聚，有着浓厚的创新基因。近年来坚持“三区联动、三城融合”的理念，走出了一条从“工业杨浦”到“知识杨浦”再到“创新杨浦”的转型发展之路。面向未来，将进一步激活区内优质资源，主动融入上海新发展格局构建、数字化转型等大局工作中，以“质量+创新”双轮驱动模式，全力谋划推进“四高城区”建设。

（1）设奖历程

2017年9月，杨浦区政府发布了《上海市杨浦区质量创新奖管理办法（试行）》（杨府办发〔2017〕57号），设立了区域最高质量奖项“杨浦区质量创新奖”，并组建评审委员会指导、推动政府质量奖各项工作，办公室设在区市场监督管理局；2018年组织开展了首届杨浦区质量创新奖申报评选活动，在全区质量大会上对荣获首届区质量创新奖的4家组织和2名个人予以了表彰。

（2）措施与成效

1）以提升辐射带动为导向，加强标杆示范引领

经过多年的努力实践，杨浦区逐步建立以“政府主导、企业为主、社会参与、技术支撑”的卓越绩效管理模式推广应用格局，指导培育本区优秀组织开展质量提升活动，着力加强卓越绩效管理模式宣贯，引导行业、园区、企业等各类组织积极申报国家级、市级和本区政府质量奖项，应用先进管理方法提升质量竞争力，导入卓越绩效管理模式的组织范围覆盖了设计制造、企业孵化、高新技术、医疗卫生等众多行业，形成了一批行业质量示范标杆。

截至 2020 年 12 月，杨浦区获中国质量奖（提名奖）3 家单位，上海电力设计院有限公司和上海杨浦科技创业中心有限公司总经理谢吉华分别荣获上海市市长质量奖组织和个人奖，上汽大通汽车有限公司、上海市政工程设计研究总院（集团）有限公司、上海蓝盟网络技术有限公司、上海复展智能科技股份有限公司、同济大学建筑设计研究院（集团）有限公司等 10 家单位和 4 名个人荣获市质量金奖，“上海品牌”认证企业 2 家，国家级知名品牌示范区 1 个，获奖等级和数量均位居全市前列。上海杨浦科技创业中心有限公司的“九宫格”质量管理方法，在全国科技孵化领域得到广泛的应用和推广，打造了科技企业孵化“杨浦模式”。在 2020 年新冠肺炎疫情防控初期，上海大通汽车有限公司运用卓越绩效管理方法，完成负压救护车紧急生产任务；同济大学建筑设计研究院（集团）有限公司以质量管理“三大体系”为保障，三天完成施工图，二十天完成工程建设，完成上海市公共卫生临床中心应急救治临时医疗用房项目，高质量地支援抗疫一线。优刻得科技股份有限公司从卓越质量管理中获得发展动力，持续提升科技服务能级，成为“云计算”领域的头部企业。

2）以推进协同发展为路径，加大中小企业帮扶

依托“杨浦区质量技术服务专家联盟”和第三方技术机构，通过质量云课堂、质量公益培训、质量诊所等方式，提供计量、标准、检验检测、认证、质量管理等“一站式”质量基础设施服务，引导中小企业建立健全质量管理体系，开展标准比对、重点产品质量攻关、设立首席质量官等，不断创新和持续改进，提升产业链质量水平。搭建卓越绩效企业培育梯度，通过实地调研，深入了解企业发展状况，加强《卓越绩效评价准则》宣贯，分梯队分等级培育先进卓越绩效管理企业，培育一批梯次递进、成长有序、生态良好的企业群落，形成比较优势，引导资源要素加快向重点企业集聚，提升区域产业竞争力。对实施先进质量管理模式、引领国内外标准的优秀企业，优先推荐参与各级政府质量奖的申报，凸显政府质量奖的引领作用。“十三五”时期，对区内荣获政府质量奖等质量荣誉项目的共 76 家企业发放奖励 1300 多万元。

3）发挥“质量提升”的关键作用，推动重点行业提质增效

杨浦区全力打造环同济升级版，以促进现代设计产业发展能级、技术水平和质量效益全面提升为目标，建设千亿级设计产业集群。全区把开展现代设计行业质量提升作为重要抓手，以“环同济知识经济圈”建筑设计产业为重点区域，充分发挥行业组织引导、规范、服务行业质量提升作用，会同相关行业主管部门、社会组织、专业机构等会商会诊，制定切实可行的质量提升举措；树立和表彰一批卓越经营的质量管理标杆，充分发挥重点企业的引领示范作用，引导和激励企业追求卓越的质量经营，推动中小企业对标先进赶超发展。2020 年上半年，2 家设计企业荣获上海市质量金奖，规模以上设计企业共参与各类标准制修订 108 项，同比增长 33%，承担 9 个专业标准化技术委员会（含分标委）工作，同比增长 12.5%；ISO 9000 质量管理体系认证证书数量上升到 62 张，同比增长 11%；专利授权数 157 件，同比增长 22%；规模以上企业户数以及营收分别增长 16% 和 6%。多项质量数据实现大幅提升。

5.2.3　徐汇：政府主导、企业主责

徐汇区位于上海市中心城区西南部，占地面积 54.93 平方千米。作为国家“双创”示范基地以及上海科创中心重要承载区，徐汇区践行“人民城市人民建，人民城市为人民”重要理念，全力发展人工智能、生命健康、艺术传媒、科技金融四大战略性新兴产业集群，打造高质量发展与高品质生活相融合的典范城区。

（1）设奖历程

徐汇区于 2017 年设立徐汇区政府质量奖，每两年评选一届，设徐汇区区长质量奖和徐汇区质量奖两个奖项，是徐汇区最高等级的质量荣誉。截至 2020 年 12 月，已开展两届评选，共有 6 个组织、6 名个人荣获区长质量奖，7 个组织和 7 名个人荣获区质量奖。

（2）措施与成效

1）强化组织保障。2017 年，徐汇区第 16 届政府第 13 次常务会议决定创设区长质量奖，审议通过《徐汇区区长质量奖管理办法》(徐府发规〔2017〕3 号)，首次以规范性文件的形式确立了本区质量标杆地位。充分发挥区质量工作领导小组牵头抓总作用，成立区政府质量奖评审委员会，召开区质量工作领导小组全体会议暨质量提升工作推进会，研究部署质量奖相关工作；在年度区质量工作要点及区质量状况分析报告中重点布置和分析质量标杆培育情况。

2）坚持政府主导。对徐汇区而言，政府质量奖不仅仅是推强选优的“竞技台”，从更深的内涵来说，它更是引领未来发展的“风向标”、提升一流品质的“加速器”。结合区域实际，开展政策修订，首次在全市提出将社会治理项目纳入政府质量奖评选范畴，旨在充分发挥政府质量奖的激励作用，推动基层治理的社会化、法治化、智能化，为全区质量整体提档升级打造更强驱动。

3）开展质量提升。制定《徐汇区关于开展质量提升行动的实施方案（2018—2020 年)》，开展质量提升行动 9 大重点领域 14 个专项行动，启动编制新一轮质量提升行动方案(2021—2023 年)。截至 2020 年 12 月，徐汇 3 家组织获中国质量奖提名奖，19 家组织、7 位个人获上海市政府质量奖，获奖总数在中心城区名列前茅；12 家单位获“上海品牌”认证，率先实现覆盖四大品牌。

4）打造标杆引领。企业是质量品牌建设的责任主体。提升质量，归根到底要靠企业。徐汇区政府质量奖的获奖者，涉及科技、医疗、文化等各行各业，横跨产品、服务、

工程、人居四大质量领域，既有科技医药等“硬核”产业的领军企业，也有新兴服务业、文化领域的龙头单位，这些质量先行者们共同的特点就是“坚持卓越引领”。首届区长质量奖颁发以来，获奖组织和个人通过参加“质量开放日”“质量小故事”等质量交流活动，认真履行向社会公开和推广先进经验和方法的义务，充分发挥榜样带头作用，为推动行业质量提升作出了积极贡献。

5.2.4　嘉定：加强激励、深化培育

嘉定，是拥有 800 年建县史的文化名城，作为上海的西北门户、长三角的重要节点城区，区域面积 464 平方千米，常住人口近 160 万人。嘉定按照高质量发展的根本要求，着力强化创新驱动和产业能级提升，全力打造世界级汽车产业中心核心承载区，全面推进新兴产业发展。同时，围绕上海科创中心重要承载区和“创新活力充沛、融合发展充分、人文魅力充足”的现代化新型城市建设，积极构筑城市核心竞争力新优势。

（1）设奖历程

2016 年 7 月 6 日，嘉定区人民政府正式颁布了《上海市嘉定区政府质量奖管理办法（试行）》（嘉府发〔2016〕38 号），标志着嘉定区最高质量荣誉的嘉定区政府质量奖正式设立。2018 年 2 月 22 日，修订发布了《上海市嘉定区政府质量奖管理办法》（嘉府规〔2018〕1 号），重点对奖项数量、奖励金额进行调整。通过实施政府质量奖励制度，进一步在全区弘扬追求卓越的价值理念，有效引导全区各类组织加强质量管理，在区域内和行业内树立有效标杆。截至 2020 年，嘉定区政府质量奖共开展了四届评选，共评选出获奖组织 36 家、获奖个人 5 名。

（2）措施与成效

1）严格评审，加强激励

一直以来，嘉定区高度重视质量工作，以上海市政府质量奖评选为契机，结合区域产业特色，在各行各业大力推行卓越绩效管理模式，广泛开展质量提升、质量攻关等行动，推动区域经济快速增长、产业结构不断优化。

评审机制严谨公正。2016 年《上海市嘉定区政府质量奖管理办法（试行）》发文后，嘉定区立即成立了由 7 个相关职能部门组成的区政府质量奖评审委员会，分管区领导担任主任。资格审查、资料评审、现场评审、综合评价等各环节都得到了各成员单位的配合和支持，最后由评审委员会办公室上报区政府，整个过程公开透明、群策群力、专业有序。

激励机制不断加码。嘉定区政府质量奖管理办法不断优化，奖项和奖励金额也不断调整，奖励经费从第一届 150 万元，上升到第二届 225 万元、第三届 245 万元。此外，嘉定还制订质量提升系列工作方案，出台了促进质量提升、品牌发展、知识产权创造运用保护、氢燃料电池汽车产业发展等一系列实施方案和扶持政策。2020 年，不仅对质量提升、品牌建设专项资金项目进行调整，增加了知识产权等方面的奖励措施，还在全市率先推出区级重点产品质量攻关奖励政策，加大了区级质量专项政策扶持力度，鼓励各类组织质量提升。

2）深入调研、深化教育

完善培育企业信息管理。借助区、镇二级管理网络建立嘉定区质量奖培育企业档案，2020 年组织对 1 000 家规模以上企业开展质量管理状况调查和分析。要求企业填报调查表，除企业基本信息外，还登记企业发展优势、企业自主创新和核心技术情况以及企业存在的问题，并形成分析报告。全面了解全区企业情况，有针对性地指导企业开展政府质量奖创建与申报工作。

实施申报企业实地调研。每年对有意向申报政府质量奖的企业，开展针对性的调研走访。通过企业负责人权威介绍及资料、现场审核，验证确认企业申报资格及改进方向。根据调研得到的意识不强、信心不足、质量发展存在短视行为等问题，提出针对性的措施，并在调研后加以实施引导。

深化梯队培育机制。根据调研成果，有针对性地分层次宣传和引导企业导入卓越绩效管理模式，按企业管理现状、导入意愿、发展前景等分类开展质量管理、质量提升培训。如 2020 年 8 月，组织开展了质量品牌政策宣贯活动（汽车智能制造产业企业专场），在嘉定汽车行业营造追求卓越的氛围。

经过多年培育，越来越多的组织追求卓越，市、区两级政府质量奖的设立，使大众已经内化于心、外化于形的质量观念有了被肯定被认可的渠道，申报政府质量奖的组织数逐年增多，除传统的制造业外，还有教育、医疗等多部门引入了卓越绩效管理模式，旅游、养老、公共文化、环保等各类生产生活性服务也通过开展建立标准体系逐步向卓越绩效管理的要求靠近，工作质量和水平不断提升。

3）加大宣传，搭建平台

嘉定区积极向辖区企业灌输卓越绩效理念，传递先进的管理方法，鼓励企业不断完善、改进，积极参与申报上海市政府质量奖、区长质量奖，帮助企业牢固树立重质量、重品牌的意识。

耐心指导企业申报。确保拟申报的企业掌握申报流程、申报要求和具体时间节点。对政府质量奖申请过程中存在问题的企业，全方位地开展原因查找与分析，联合企业商量对策，解决问题并加以改进，提升企业综合竞争力，努力达到《卓越绩效评价准则》的要求。

加强全区质量提升宣贯。充分发挥各种途径宣传质量的重要性，通过培训、调研、走访等，向企业宣传政府质量奖的战略意义、评选政策、质量意识等内容；每年印发《嘉定区政府质量奖获奖汇编》，宣扬政府质量奖获奖企业的优势和先进经验，扩大获奖企业的知名度和影响力。定期举办首席质量官、“质量开放日”“现场教学”“市民进企业”、卓越绩效管理等各类质量培训和宣传活动。自开展质量提升行动以来，总参与人数达 5 万人次以上。

搭建企业服务交流平台。从服务角度开展政府质量奖工作，强化服务意识，提升服务企业的能力。牵头主办长三角质量与品牌建设论坛、新能源汽车（氢燃料电池）行业质量提升推进会等活动，搭建检验检测平台、咨询服务平台、沟通交流平台。

5.3　聚焦重点，标杆示范

各区高举质量强区大旗，瞄准目标，精准发力，服务创新双轮驱动，卓越质量实践百花齐放，注重含金量，硕果累累。围绕功能定位，聚焦重点产业、重点行业、重点领域，培育和打造质量标杆，助推区域经济高质量发展。

5.3.1　浦东：聚焦硬核产业

浦东新区位于上海市黄浦江东岸，全区面积 1 210 平方千米。2020 年是浦东开发开放 30 周年。三十年来，浦东坚持敢闯敢试、先行先试，在一片农田上建成一座功能集聚、要素齐全、设施先进的现代化新城，2019 年地区生产总值达到 12 734 亿元，人均生产总值（GDP）3.32 万美元，以全国 1/8 000 的面积创造了 1/80 的 GDP、1/15 的货物进出口总额，成为我国改革开放的重要标志和上海现代化建设的缩影。

（1）设奖历程

2012 年，浦东新区设立区长质量奖。2013 年至今共评选了 8 家单位获得区长质量奖、12 家单位获得区长质量奖提名奖、4 家单位获得区质量金奖、6 家单位获得区质量创新奖，在全区树立起质量标杆，营造出浓厚的质量氛围。为适应质量发展新形势新要求，2017 年 12 月，浦东新区人民政府印发新的《浦东新区政府质量奖管理办法》（浦府规〔2017〕1 号），新出台的《浦东新区政府质量奖管理办法》，在办法名称、奖项设置、评定周期、奖励额度等方面都有了重大调整。浦东新区政府质量奖每两年开展一次评选，奖项设置依次分为三级：最高是浦东新区区长质量奖，每次不超过 2 个；第二档是浦东新区质量金奖，每次不超过 4 个；第三档是浦东新区质量创新奖，每次不超过 6 个。获奖单位由区政府进行表彰奖励，对获得区长质量奖、质量金奖、质量创新奖的单位分别给予 100 万元、50 万元和 30 万元奖金，奖励力度居全市最大。

（2）措施与成效

1）聚焦“创新”，为产业发展增添“质量硬核”

目前，浦东新区“中国芯”“创新药”“蓝天梦”“未来车”“数据港”“智能造”六大“硬核”产业已呈现聚集发展态势。浦东新区通过培育和打造区级政府质量奖、上海市政府质量奖、中国质量奖等三级质量标杆梯队，鼓励企业在质量模式、质量管理方法上积极创新，为企业发展注入新动能，助推形成更高质量的产业集群。浦东新区政府质量奖获奖企业中，既有“中国芯”“创新药”“蓝天梦”等“硬核产业”的领军单位，也有制造业、服务业的龙头企业，还有民营经济和中小企业的先进代表。这些获奖企业实践管理创新，追求卓越绩效，不仅自身创造了巨大价值，也为经济社会转型升级、高质量发展提供了新动能、打造了新硬核。

2）聚焦“重点”，为区域高质量发展培育“新生力量”

浦东新区在上海乃至全国的特殊战略地位，决定了浦东新区更应着眼未来、扬长避短，着力培育具有未来竞争力的产业。质量发展的重心要聚焦在上海“五个中心”核心功能区的建设，要聚焦在发展现代服务业、先进制造业、文化创意产业、现代农业以及自主创新和高新技术产业化等社会发展需求和重点产业上面。因此，浦东质量奖培育发展重点在几个方面：聚焦于高新技术产业。以张江高科技园区创建“全国知名品牌示范区”为契机，重点培育生物医药、信息服务、集成电路、软件技术、新型材料等领域的优秀企业，努力形成高新技术产业品牌集群。大力发展先进制造业。以金桥出口加工区等为主，重点培育汽车及其配件、化工、能源、电气等领域的优秀企业。优先培育现代服务业。以陆家嘴金融贸易区、外高桥“区港一体化”和空港综合保税区等为主，积极推动物流、金融和航运服务联动发展，重点培育现代物流、贸易、汽车零售等现代服务业的优秀企业。着力孵化现代都市农业。农产品的政府质量奖培育，以孙桥现代农业园区为基础，形成一到二个农业龙头企业和产品，在提供放心安全优势农副产品的基础上，大力培育技术含量高的现代农业产品，特别是高附加值的农作物。加强培育会展旅游业。利用和延伸后世博效应，发挥其对会展旅游业和功能布局的促进作用，重点培育会展、餐饮、旅游、娱乐休闲等配套服务领域的优秀企业。

3）聚焦“标杆”，为卓越质量实践激发“质量动力”

“立足本土”，积极推动浦东本土企业做大做强。配合产业结构的调整和产业能级的提升，充分发挥名牌的市场激励效应，促进优势产业的规模化发展，引导传统企业做大做强。如以上海振华重工（集团）股份有限公司、上海外高桥造船有限公司为代表的一批企业，立足本土不断做强做大，引领了浦东新区质量水平的良好发展。“蓄水养鱼”，努力培育一批高新技术特色的“种子选手”。以“聚焦张江”战略为契机，加快区域创新体系建设，努力培育一批高新技术的名牌产品作为“种子选手”。譬如，以微创医疗器械（上海）有限公司为代表的医疗器械、生物制药类企业，以上海宝信软件股份有限公司为代表的信息服务与软件技术类企业都已经在园区内形成一定的集聚规模，并在国内外具有较高的品牌知名度。“借鸡生蛋”，实现从引进到创造的飞跃。充分利用跨国公司地区总部集聚浦东的有利条件，结合原有的资本技术、产品生产、管理和市场等优势，努力打造浦东的世界级质量标杆，实现从引进到创造的飞跃。如上汽通用汽车有限公司借助上汽集团和通用汽车的合资优势，打造了具有竞争力的产品；上海海立电器有限公司打造了自主空调压缩机品牌“海立 HIGHLY”，走出了一条科技创新的高质量发展新路。

5.3.2 闵行：唱响高端装备制造业

闵行区位于上海市地理版图的正中心，既是上海连通长三角乃至全球的门户之区，也是上海先进制造业的集聚区、国际贸易的承载区、上海南部科创中心的核心区。产业基础雄厚，是中国现代工业的发祥地之一，区域综合经济实力稳居全市前列。围绕上海南部科创中心建设，聚焦高端装备、人工智能、新一代信息技术产业、生物医药等一批重点行业，不断提升经济发展能级，以助推区域经济高质量发展。

（1）设奖历程

2015 年 12 月，闵行区发布《上海市闵行区区长质量奖管理办法》（闵府发〔2015〕32 号），正式设立“区长质量奖”，分为组织奖和个人奖。2018 年为增加参评企业积极性，闵行区增加了获奖数量和奖项设置，设立组织和个人的金奖和银奖。2019 年，为进一步增加中小企业特别是民营企业参加评奖的积极性，在全市首创创新单项组织奖，以表彰在标准、研发、服务、管理和商标品牌五个方面有突出成效和创新成果的组织。2019 年 12 月，在总结了 4 年评选工作经验基础上，汇总以上各奖项，修订发布了《上海市闵行区政府质量奖管理办法》（闵府规发〔2019〕7 号）。截至 2020 年 12 月，闵行区共有 12 家组织、10 位个人获得区长质量奖，10 家组织获得创新单项组织奖。

（2）措施与成效

1）加强政策扶持，激发质量品牌建设的“驱动力”

为了推进行业内质量标杆导入卓越绩效管理模式，闵行区加强质量提升政策扶持，制定了《关于加快推进企业质量发展能力建设的政策意见》，对质量管理、品牌建设、标准计量和体系认证进行奖励，有效激发了各类组织和个人提升质量、打造品牌的源动力。对 2018、2019 年度区长质量奖获奖组织和个人奖励合计 376 万元，对 2018 年度上海品牌获证的 9 家企业合计奖励 260 万元。为调动中小民营企业参评政府质量奖的积极性，2019 年年底修订发布了《上海市闵行区政府质量奖管理办法》，在全市首创了以标准、研发、服务、管理、商标品牌等五个单项为奖项类别的创新单项组织奖，首次评审即吸引了区内 47 家企业申报了 55 个项目，数量远高于往年，其中民营企业占 76%，最终 10 家组织获奖，挖掘培育了一批品牌形象较好、质量管理突出的企业。

2）强化平台搭建，铸就质量品牌培育的“压舱石”

闵行区把质量提升工作重点向企业推进，先后策划举办了一系列质量教育、论坛等活动，强化企业质量意识，提升企业质量素养。实施以“卓越绩效提升营”和“首席质量官孵化营”的“双营工程”为依托的质量提升驱动模式，累计培育“首席质量官”227 人，为推动企业导入先进质量管理理念与方法，提升企业质量竞争力，发挥重要作用。举办“卓越绩效推广师”“卓越绩效自评师”等专题培训，帮助企业开阔质量工作视野、提升质量人才水平。开展“面对面”咨询服务，“一对一”精准帮扶，引导企业积极创造条件申报各级政府质量奖，提高质量品牌孵化培育的针对性。开展“质量提升与品牌发展”主题论坛、“质量沙盘　导师沙龙”活动、联手阿基米德打造首档电台类质量宣传教育系列节目，为企业、市民学习交流搭建平台。组织政府质量奖获奖企业、“上海品牌”获证企业交流先进质量管理方法，分享企业成功经验。建立了全市首个针对中小企业的“闵行区中小企业质量与品牌服务者联盟”，为中小企业群体搭建提升质量和品牌的全方位服务平台。

3）发挥龙头效应，形成质量品牌提升的“加速器”

2020年，在加快构建国际国内双循环相互促进新格局的背景下，闵行区结合产业发展特点，积极探索开展高端装备制造业质量提升工作，明确了以高端装备制造业龙头标杆为引领，带动产业链中小企业质量共同提升的工作目标。引导联盟内龙头企业积极发挥技术和人才优势，提炼总结优秀管理方法和理念，推广和分享运用卓越绩效等先进质量管理技术和方法。以联盟内各级政府质量奖获奖企业为标杆，向辖区内中小企业提供卓越绩效实践基地，培育质量人才。鼓励辖区内中小企业学习联盟内标杆企业的质量管理方式方法，推动产业链和区域内中小企业试行首席质量官制度，强化质量在企业各级、各部门的决定性作用。通过“QC小组成果展示”“质量人沙龙”等一系列活动为产业链内企业开展质量比对、质量改进、派驻专业质量人员一对一定向指导，有效提高中小企业的质量管理水平。

在各级政府、行业主管部门、区内协会和企业的积极推动和参与下，闵行区质量工作稳步发展。至2020年，全区已有3家组织、1名个人获中国质量奖提名奖，5家组织、3名个人获上海市市长质量奖；19家（次）组织、2名个人获上海市质量金奖。面对新时代质量工作的新要求，闵行区将进一步发挥质量发展的规范化、标准化作用，推动质量工作更好支撑服务闵行“四大品牌”一流承载区建设，将质量提升向“南上海高新智造带”渗透，不断增强闵行的吸引力、创造力、竞争力。

5.3.3 黄浦：瞄准金融服务业

黄浦区位于上海的中心城区核心区，是上海唯一一个全域中央活动区（CAZ）。近年来，随着黄浦区质量强区、质量提升工作的逐步深入，区域四大质量竞争力不断增强，金融服务、专业服务、商贸流通等产业发展势头强劲。各类组织拥有的历史文化积淀、群体影响力、质量竞争力形成了黄浦区独特又经典的质量内涵。

（1）设奖历程

2015年，黄浦区人民政府制订《黄浦区区长质量奖管理办法（试行）》（黄府规〔2015〕1号），正式设立黄浦区区长质量奖。2017年，结合首届区长质量奖培育、评审、颁奖等组织工作的实际，修订完善《黄浦区区长质量奖管理办法》（黄府规〔2017〕1号），增加了对获得上海市政府质量奖、中国质量奖组织的奖励。2001—2019年，黄浦区已先后培育出2个中国质量奖提名奖获奖组织、1名市长质量奖获奖个人、10个市质量金奖获奖组织和10名市质量金奖获奖个人。截至2020年12月，共6家组织获区长质量奖组织奖，8家组织获区长质量奖入围奖，4名个人获区长质量奖个人奖，1名个人获区长质量奖个人奖入围奖。

（2）主要举措

1）完善机制建设，在制度设计和落地实施上谋新路

2015年9月，黄浦区正式设立区长质量奖。开启以政府制度创新、带动组织管理创新的拓路尝试。其特点：一是将非企事业单位法人组织纳入考评范围，鼓励各类组织参加质量建设，更大范围推广卓越绩效等先进的质量管理方法；二是将服务业作为评审的重点，引领区域服务经济能级跃迁，让黄浦区区长质量奖更加满足区域需求。

2017 年，黄浦区结合实际，进一步优化区质量奖管理办法，增加对获得中国质量奖、上海市政府质量奖组织的奖励，完善了国家、市政府、区政府三级政府质量奖递进奖励的政策结构，进一步拓展各级质量奖励政策实施的效果。

2）选准突破领域，在提升引领和增强辐射上育新机

黄浦地处城市中心、人口密度高，社会管理和公共服务等民生需求非常突出。黄浦区积极推进上海交通大学医学院附属瑞金医院卢湾分院在全市率先开展医疗卫生机构卓越绩效试点，全面推进《医疗保健类卓越绩效评价准则》的应用。通过近两年的努力，上海交通大学医学院附属瑞金医院卢湾分院于 2012 年圆满通过《〈医疗保健类卓越绩效评价准则〉应用试点研究》项目验收，成为全市第一家贯彻实施卓越绩效管理模式的医疗卫生机构。2013 年，院长胡翊群获上海市质量金奖个人奖，是公共服务和社会管理领域第一位获此奖项的个人。

作为上海国际金融中心“一城一带”的核心承载区，黄浦 10 年深耕“外滩金融集聚带”。2016 年首届区长质量奖评审启动以来，率先在金融行业导入卓越绩效管理模式，培育上海清算所成为首届区长质量奖获奖组织，同时持续推进该组织提升卓越绩效模式运行的成熟度，鼓励其参与上海市质量金奖、上海市市长质量奖的评审。2020 年，成功培育上海清算所申报上海市市长质量奖，成为金融行业第一家参与市长质量奖的组织。

3）聚焦区域特点，在整体提升和特色凸显上增后劲

政府质量奖另一层深远的意义，在于搭建一个共同展示与竞技的平台，推动越来越多的组织向标杆学习。黄浦区是服务经济大区，服务经济比重超过 95%，十三五期间，以金融服务、专业服务、商贸流通、休闲旅游、文化创意、航运物流等产业为主的现代服务业占比超过 70%。此外，黄浦区品牌企业集聚、基础雄厚，其中老字号企业更是占据了上海市老字号品牌的“半壁江山”。在历届政府质量奖评审阶段，区奖评审委积极搭建开放式平台，发挥质量工作领导小组议事协调机构的作用，推动内资、合资、外资多种经济类型，老字号品牌、新兴品牌等不同发展阶段的优秀组织，积极参与评选。

在培育过程中，特别注重对重点产业中优质组织的辅导，引导其在自身经营取得成绩的基础上，整合固化出成熟的经验做法，不断提高实施卓越绩效的成熟度，努力构建“一个标杆带动一批组织，一批组织带动一个产业”的良性成长格局。

（3）取得成效

1）标杆企业覆盖了黄浦区主要产业，让卓越促进经济升级

历届区长质量奖中，有传承了一个半世纪，代表“经典”韵味的中华老字号上海老凤祥有限公司、上海三枪（集团）有限公司、上海古今内衣集团有限公司，有第一家获得政府质量奖的金融服务机构银行间市场清算所股份有限公司，有被钱伯斯评为专业领先律所的专业服务业企业，有旅游行业全国十大特色酒店，还有文化旅游的新地标等，获奖组织的成功经验也为日后黄浦区面向全市甚至更大范围输出黄浦模式、引领产业发展，奠定了坚实的基础。

2）卓越绩效成果向公共服务领域拓展，让卓越提升生活品质

上海交通大学医学院附属瑞金医院卢湾分院在开展卓越绩效试点过程中，提高绩效管理水平的同时，也体验到卓越绩效模式的诸多优势：一是成本投入的可控性；二是组织方法的兼容性；三是管理措施的可行性；四是效能提升的持续性；五是核心价值观的引领性。继胡翊群院长获评市质量金奖后，黄浦区又先后培育上海交通大学医学院附属瑞金医院（血液科）获评中国质量奖提名奖，上海交通大学医学院附属瑞金医院（内分泌科）获评上海市质量金奖，卓越绩效模式在医疗机构不断复制、推广。

3）获奖组织经济成长性保持良好态势，让卓越激发品牌活力

在推广卓越绩效模式过程中，黄浦区更加精准地把握标准尺寸、把握质量管理内涵，让评奖过程为参评者切脉问诊，助力获奖组织持续保持“领先性、创新性、高成长性”。以上海老凤祥有限公司为例，自2016年获得区长质量奖以来，该公司销售收入不断攀升，增量达到150亿元，品牌价值和品牌质量不断提升，行业示范带动作用持续增强。此外，卓越的管理也增强了组织对人才的吸引力。邦信阳中建中汇律师事务所自获评区长质量奖以来，专业人员数量不断增加，已由2017年的193人，增长至2020年的240人，增长率达24.4%。

5.3.4 青浦：推进现代服务业

青浦地处苏浙沪交界处，毗邻上海虹桥交通枢纽，位于长三角经济圈的中心地带，是典型的江南水乡，历史悠久，文化底蕴深厚，生态环境优美，旅游资源丰富。2019年，长三角生态绿色一体化发展示范区由国务院批复成立，青浦作为示范区的腹地核心，有着卓越的地理优势，强大的科技和产业优势。青浦围绕“绿色青浦　质量成就”的城市质量精神，紧扣“高质量”和“一体化”两大关键，聚焦“质量强区”建设，聚力区域质量提升行动，努力朝着成为全国经济发展强劲活跃的增长极、高质量发展的样板区，现代化的引领区和区域一体化发展的示范区，改革开放的新高地目标不断奋进。

（1）设奖历程

2016年9月29日，《上海市青浦区区长质量奖管理办法》（青府办发〔2016〕109号）发布。2019年12月，对原有的管理办法进行修订完善，增设质量金奖和质量创新奖的同时，调整评审年限、增加获奖名额和奖励幅度，以评审促提高，激励更多组织和个人实践卓越绩效管理模式。截至2020年12月，青浦区共有2家单位荣获上海市质量金奖组织奖，2名个人荣获上海市质量金奖个人奖。完成两届区长质量奖的评审，其中2家单位和2名质量工作者荣获区长质量奖，2家单位荣获区长质量奖提名奖。

（2）措施与成效

1）强落实，积极发挥质量政策的激励导向作用

根据企业需求进行分层别类，因地制宜地设定质量品牌培育模式。加大对市政府质量奖、“上海品牌”认证、区长质量奖等品牌宣贯力度，引导各层级质量标杆企业强化品牌意识，传播先进的质量管理经验。积极实施品牌激励政策。两届区长质量奖企业及个人共计发放奖金 120 万元。

2）深融合，借助区级质量平台完善部门联动机制

在区长质量奖的评选中横向沟通联系，增强委办局对质量品牌创建的关注度，积极推动委办局开展标杆企业推荐活动。同时以各街镇经济发展办公室、市场监督管理所为抓手，整合区域优质企业资源，开展意向申报排摸，发动辖区内优质企业参加区长质量奖的申报工作。通过委办局推荐、街镇意向申报、培训会、动员会、微信公众号推送等各种途径和形式，积极营造质量品牌创建氛围。至今已对 240 家企业开展了宣贯标准培训。

3）广宣传，丰富载体形式拓展质量品牌传播途径

注重正面激励，充分利用好重大活动、重要节点，广泛开展集中的质量品牌宣传活动（包括制作质量品牌读本和展板、形成区长质量奖经验汇编材料、编辑获奖企业事迹微信推文等形式），增强企业品牌意识，努力营造“政府重视质量、企业追求质量”的良好社会氛围。制作微信推文推广《区长质量奖》解读、质量标杆企业的优秀事迹，通过《品牌政策图形动画（MG）小视频》《绿色青浦　质量成就》等短视频进行广泛质量品牌宣传。

4）促提升，强化质量标杆的示范效应，营造比学赶超良好氛围

注重扩大区长质量奖获奖组织和个人影响力和示范效应，通过质量开放日、质量观摩、经验分享会等形式积极传播在产品、工程、服务、人居环境四大质量领域的各类先进组织和个人优秀事迹，通过标杆示范引领，激励广大企业开展质量管理创新，促进企业转型升级。同时要求各企业和个人对标获奖组织和个人，深入思考和补足自身的质量发展短板。2020 年共开展跨区域质量学习交流 5 次，参与企业 180 余家。每年为企业定向组织开展质量诊断服务 3 次 ~4 次，助力企业持续改进质量。

5）显成效，为实体经济提质增效注入新动能

助力企业实现可持续发展。通过实施区长质量奖励制度，引导广大企业以实施卓越绩效管理标准为手段，践行全面经营质量管理理念方法，推动企业实现质量变革走可持续发展之路。2017 年，上海熊猫机械（集团）有限公司导入并实施卓越绩效管理模式后，2018 年成功获评第一届青浦区区长质量奖组织奖。公司长期致力于落实 GB/T 19580《卓越绩效评价准则》要求，围绕零缺陷质量目标，努力推动“过程方法系统”“基于风险思维系统”“知识数据系统”“绩效评价系统”的有效衔接。在质量创新方面，实现了突破性革命，智慧水务系列产品在质量持续改进后，错漏检率、产品一次不合格率、报废率、节能效率和管网漏损等技术指标均得到了有效改善。

推动特色产业实现质量提升。物流是青浦首个千亿级产业。青浦将物流行业作为质量品牌创建的重要领域。通过区长质量奖申报引导区域物流企业积极导入卓越绩效管理模式，实现管理方式的创新和服务能力的提升。圆通速递有限公司董事长喻会蛟获得首个区长质量奖个人奖。在他的带领下，圆通速递有限公司不断开展卓越绩效管理实践活动，建立科学、完整的快递服务标准体系，通过了快递服务首个国家级标准化试点项目。在圆通速递有限公司的示范引领下，追求卓越绩效管理理念逐步成为物流头部企业发展共识，中通快递股份有限公司、申通快递有限公司纷纷导入该模式，开展政府质量奖申报活动。先进质量管理模式的推广促进了行业快速发展，2020 年全区快递业务收入 1 121.6 亿元，同比增长 10.7%，占全市比重 78.53%，占全国比重 12.75%。

在践行社会责任中展示良好形象。区长质量奖获奖单位充分发挥自身经营特色和行业优势，带头勇挑重担，在践行社会责任中展示良好形象。新冠肺炎疫情发生以来，青浦区区长质量奖获奖企业挺身而出主动参与疫情防控，捐款捐物，倾力相助。国家会展中心（上海）有限责任公司响应国家号召主动减免商办企业租金和物业管理费。上海康恒环境股份有限公司协助政府处理了 3 吨医疗垃圾。上海熊猫机械（集团）有限公司、上海沪工焊接集团股份有限公司捐赠 70 万元现金用于支援新冠肺炎防控工作。圆通速递有限公司利用国内陆运网络往湖北疫情防控一线免费运送口罩、防护服、护目镜、消毒液等各类救援物资 240 多吨，同时利用海内外网络多渠道采购救援物资捐赠给国内多地医疗机构和相关单位，其中在上海捐赠的医用口罩等救援物资超过 30 万件。区长质量奖获奖企业用行动诠释着自己的责任担当，展示了良好的社会形象。

5.4　强化培育，重在效应

各区在不断完善政府质量奖励制度的同时，也在以 PDCA 循环管理方式不断闭环区级政府质量奖全工作链，把握持续改进、追求卓越的精髓要义，确保政府质量奖的含金量。既注重前端培育和孵化，建立“蓄水池”，储备“后备力量”，提高评奖进口来源质量，更注重后端评估、推荐、展示，设计提升路径，描绘发展蓝图，不断摸索各富特点的卓越质量实践模式，成为品牌战略和区域经济高质量发展中的一道亮丽的风景线。2009 年以来，各区培育了 12 000 余家企业、孵化了 1 100 余家企业导入卓越绩效管理模式。

5.4.1　奉贤：赋予卓越质量全生命

奉贤区位于上海南部，北枕黄浦江，南望杭州湾，属于长江三角洲冲积平原的东南端，总面积 720.44 平方千米。作为上海市中小民营企业的集聚区，奉贤注册登记的民营经济体超过了 45 万家，新注册市场主体数量连续 5 年位于全市前列。根据《上海市城市总体规划（2017—2035 年）》，到 2035 年，奉贤将基本建成富有人性化、人文化、人情味的百万以上人口的独立综合节点城市，推动东方美谷、未来空间千亿级产业集群建设，创建国家生态园林城区，建设南上海文化产业集聚区，大力发展美丽健康、智能网联汽车、新材料等优势主导产业，推进产业链集群化、高端化发展。

（1）设奖历程

2009 年 7 月 16 日，上海市质量技术监督局与奉贤区人民政府签订首个区局合作框架协议，明确在奉贤区设立上海市首个区长质量奖。自此，奉贤区把政府质量奖评选作为推进质量强区战略、打响质量提升行动的重要抓手，树立并宣传质量典范。2014 年，奉贤区在全市率先建立并深耕“双数年孵化 + 单数年评奖”的政府质量奖工作机制，完善了“政府出资、部门出力、机构出人、企业出效”的卓越绩效管理和 5S 现场管理“双孵化”机制，助力企业提升管理理念，改善经营绩效。2018 年，出台《奉贤区促进质量发展专项奖励办法》，对质量发展全要素进行扶持奖励。《上海市奉贤区区长质量奖管理办法》历经四次修订，在全市首创设立“区长质量奖首席质量官奖”，创新建立人大监督机制和企业现场观摩机制。截至 2020 年 12 月，奉贤区区长质量奖已开展八届评审，共评选出获奖组织 23 家和获奖个人 2 名。6 家组织和 2 位个人先后获得上海市质量金奖荣誉。

（2）主要措施

奉贤区以“选、培、树、领、聚”为政府质量奖工作“五字诀”，充分发挥政府质量奖励导向作用，引导和激励本区各行业导入和实施卓越绩效管理模式，增强全区总体质量水平和核心竞争力，助力经济社会高质量发展。

1）念好“选”字诀，注重挖掘政策潜力

注重挖掘和选育“好苗子”。搭建公益培训、质量沙龙、质量大讲堂、跨界考察交流活动等形式多样的质量提升平台，按照好中选优的原则甄选企业的名单。发动四大质量相关委办局、街镇、区属公司、商会等单位共同挖掘高成长性、有潜力的企业和非营利性组织，共同建设市、区两级政府质量奖培育库，共同选育政府质量奖的申报对象。推进质量教育进党校，将理论宣贯与现场教学相结合，将标杆政府质量奖获奖企业列入“区委党校质量提升课程现场教学点”名单，以企业家现身说法的形式，推动各级领导干部走进政府质量奖、认识政府质量奖、了解政府质量奖。

2）念好“培”字诀，注重建立效果导向

以“双数年孵化 + 单数年评奖”为主线，分步实施“孵化—培育—申报”的“三个一批”质量提升全过程工作路径。孵化一批，精选专业、敬业、精业的质量管理资深专家团队，提供全方位的质量管理咨询和指导。组织入孵企业到上海市质量标杆企业学习交流。培育一批，深入开展入孵企业调研走访活动，与企业“一把手”面对面沟通交流，指导企业积极申报政府质量奖，引导企业将卓越绩效管理模式作为提升自身经营管理成熟度的有效抓手。申报一批，在“双数年孵化”的基础上，优质入孵企业在享受到政府买单的孵化红利后，申报政府质量奖成为水到渠成的自觉自发行为，探索构建“孵评并重”的政府质量奖工作机制。

3）念好“树”字诀，注重完善激励机制

先后四次修订《上海市奉贤区区长质量奖管理办法》，不断加大质量激励政策的力度。完善区长质量奖评审工作机制，在评审环节中创新增设“中小企业现场观摩机制”“区人大代表现场监督机制”和“申报组织最高管理者陈述答辩机制”，确保区长质量奖评审公开公正，引导中小企业重视管理提升、勇于显山露水。创新融入“企业首席质量官”要素，在全市率先设立“区长质量奖首席质量官奖”，组织类申报条件中增加“建立企业首席质量官制度”，并在全市率先研究制定首席质量官奖评审细则。注重发挥评审专家的重要作用，精心组建高水平的评审专家组，专家组成员在评审过程中重视“授企以渔”，通过高水准指导，为申报组织和个人提升质量管理水平指明了前行方向。

4）念好“领”字诀，注重强化标杆引领

注重并发挥“企业家”作用，组织开展各类专题交流、宣讲培训、经验分享等活动，开设多期“贤商质量大讲堂”，由质量标杆典型引路，凭借干货满满的宣讲和深接地气的指导，触动更多企业“一把手”带头领学，推动更多企业了解、学习和运用先进的质量管理方法和工具。编制并推广《认识政府质量奖　推进卓越绩效管理模式》和《快乐5S，你我来展示》等培训教材，印制并发放《上海市奉贤区区长质量奖管理办法》，组织政府质量奖获奖企业质量开放日活动，开展质量品牌故事演讲大赛优秀作品互联网巡展活动，鼓励获奖组织分享成功质量管理经验，推动更多的优质组织和个人建立以质量提升为关键词的核心竞争力。

5）念好“聚”字诀，注重推进质量共治

充分汇聚并发挥政府、专家、企业、商会等各界的力量，共同做好政府质量奖的“大文章”。出台区镇两级政府质量奖扶持政策，区级政策《奉贤区促进质量发展专项奖励办法》涵盖了商标品牌建设、质量提升（政府质量奖、质量攻关、质量人才培育等）、质量技术基础（标准计量、检验检测、认证认可）等质量工作的诸多方面，各镇级单位同步响应，相继出台镇级质量发展专项资金管理办法，共同搭建助推中小企业实现高质量发展的“成长阶梯”。成立管理提升专家服务中心，组建市级质量提升专家团、区级质量发展智囊团、区级企业家质量导师团、卓越绩效及5S现场管理孵化团、区级区长质量奖评审专家团5支专家队伍，开展卓越绩效管理模式的培育孵化、鼓励企业申报各级质量奖项，为奉贤区区长质量奖的孵化和评审提供强有力的技术支撑。成立奉贤区质量提升商会联盟和服务联盟，发挥商会和第三方质量服务机构的积极作用，打通了推动中小企业落实质量提升主体责任的“最佳滴灌渠道”。

（3）取得成效

根据奉贤区区长质量奖后评估调研结果显示，获奖组织卓越意识持续增强、经营能力持续提升、管理绩效持续提高，对于卓越绩效管理模式推进过程中的政府作用，认可度很高。卓越质量实践推行多年来，推动全区形成“崇尚质量、追求在卓越”的浓厚氛围，有力助推区域经济转型升级。

1）让卓越质量实践成为标准

为推动学校教育和卓越绩效深入结合，助推教育领域提质增效，奉贤区出台全市首个中小学校运用卓越绩效管理模式区级标准《中小学校卓越绩效评价应用指南》，指导中小学校在卓越绩效管理模式方面的学习与实践，上海市奉贤中学等3所学校获得奉贤区最高质量荣誉——区长质量奖。组织上海和黄药业有限公司等5家区长质量奖获奖企业参与编制全市首个质量管理团体标准《突发公共卫生事件下的中小企业质量管理补充要求》，引导质量标杆企业为履行社会责任先行示范，助力企业复工复产。

2）让质量人才能力持续提升

在双数年的先进质量管理方法政府公益孵化项目中，精心培养入孵企业的质量管理人才，已为2 500多家中小企业的5 000多名中高管开展质量提升公益培训，并组织标杆经验分享会167场次、参观交流活动378次。目前已有271名企业中高管获得卓越绩效管理模式自评师资格，60名中小企业职工获得5S现场管理指导师资格。截至目前，奉贤区已输送区内19名优秀企业中高管成长为上海市政府质量奖评审员，4名成为上海市首批质量宣讲团成员，10名成为区级企业家质量导师团成员，有效形成企业质量人才成长的“奉贤现象”。

3）让质量效益助力区域升级

多年卓越质量的工作实践，激发了各类市场主体活力，尤其是以“四个助力”凸显出质量效益带动经济效益的不断提升。助力东方美谷成为全球美丽健康产业亮丽名片，东方美谷品牌价值超110亿元；助力质量强镇凭借强劲的质量效益，带动地方主要经济指标领跑全区；助力培育一批如上海天阳钢管有限公司、上海德驱驰电气有限公司等细分市场领域的“隐形冠军”；助力生物医药产业在此次疫情期间发挥重要作用，质量奖获奖组织上海凯宝药业股份有限公司的“痰热清”中药制剂被国家列为新冠肺炎诊疗方案推荐用药，孵化企业上海美迪科包装材料有限公司生产出全市首批医用灭菌防护服。

奉贤区区长质量奖获奖组织主营业务收入2019年较2017年平均增幅为14.9%，奉贤区区长质量奖获奖组织充分利用合理化建议激发员工参与质量改进活动的积极性，合理化建议总数2019年较2017年平均增幅达28.4%，获奖组织的技术革新数、QC成果数量也同样逐年稳步提升，以质量改进推动降本增效，提高质量竞争力。奉贤区区长质量奖获奖组织对政府培训效果高度认可，96%企业认为导入卓越绩效是为了组织的发展。

5.4.2　松江：打造质量标准新高地

松江是上海西面门户，享有“上海之根”美誉，是上海全球科创中心重要承载区，长三角G60科创走廊策源地。松江秉持新发展理念，以高质量建设“科创、人文、生态”现代化新松江为目标，全力推进长三角G60科创走廊建设、国家新型城镇化综合试点、人文松江和全域旅游发展。经过不懈努力，G60科创走廊上升为长三角一体化国家战略重要平台。

（1）设奖历程

2012 年，松江区在全市各区中率先实施“质量强区”战略，争创“全国质量强市示范城市”。同年，松江区设立区长质量奖，启动区级质量奖评选工作。2016 年 2 月，松江区被授予“全国质量强市示范城市”称号。为进一步发挥政府质量奖在助推松江区深入实施质量强区战略，全面建设全国质量强市示范城市中的作用，2016 年松江区将区长质量奖全面升级为政府质量奖，分级设立区长质量奖、质量金奖和质量创新奖。在奖项数量上，松江区政府质量奖每年获奖组织和个人最多可达 17 个，政府质量奖辐射影响范围在全市各区政府质量奖中处于领先地位。经过八届政府质量奖的评选，松江区共有 60 家组织、14 位个人获奖。

（2）措施与成效

1）不断加强政府质量奖政策扶持力度。自 2012 年设立区长质量奖以来，松江区根据实施情况，坚持不断修订相关政策，直到 2016 年全面升级为松江区政府质量奖，在此过程中，相关政策细节更加清晰，政策精准度持续提升。通过出台《松江区政府质量奖管理办法》(沪松府〔2017〕52 号)，进一步明确设奖目的、增加奖项种类、完善评价标准。同时大幅提升对获奖组织和个人的表彰奖励，2018 年 11 月，松江区印发《松江区关于加快 G60 科创走廊产业发展的若干政策规定》(沪松府规〔2018〕10 号)，对获得国家级或市级质量奖的组织均给予资助。

2）坚持优化政府质量奖评审过程。在历届政府质量奖评审过程中，松江区始终秉持“公平、公正、公开”的原则，坚持不断完善评审程序。2018 年起，松江区在资料评审、现场查验的基础上，新增现场答辩环节，通过组织自我陈述、专家现场提问的方式，给予参评组织及个人更多机会展示其在质量管理上的特点与成效。同时为进一步促进长三角区域质量协同发展，在近几年的政府质量奖评审中，松江区还坚持邀请江苏、浙江、安徽等外省市专家共同参与评审工作，学习借鉴各地政府质量奖评审的优秀经验做法。

3）持续完善企业梯队培育机制。贯彻落实区委区政府关于“先开体检表，多开整改书，少开处罚单”的指示精神，全面开展企业“大体检”专项行动，紧扣消除隐患、深耕服务和质量提升三条主线，对全区 1 120 家重点企业开展全覆盖调研、全方位“体检”，为企业“把脉问诊”，在完善合规审查的基础上，帮助质量管理薄弱的企业健全管理制度，为具有良好质量管理基础的企业导入卓越绩效等先进质量管理方法，逐步完善全区企业质量管理梯队培育机制。积极落实企业首席质量官制度，共组织 80 余人次参与相关培训。

4）充分发挥政府质量奖标杆引领作用。将政府质量奖颁奖仪式作为全区质量大会固定议程，由区长亲自表彰各级政府质量奖获奖组织及个人。通过编制《松江区政府质量奖集锦》、标杆企业现场开放等形式，借助《松江报》、“上海松江”等多种媒体平台，广泛宣传质量标杆组织和个人的成功做法和先进经验，更好地发挥政府质量奖的标杆示范引领作用，激励带动更多组织和个人追求卓越。以长三角 G60 科创走廊为平台，通过苏浙皖赣沪“质量月”期间先进质量管理方法宣传、G60 科创走廊九城市质量标准论坛等形式，加强区域质量标杆组织分享交流，共同推动区域内企业质量协同发展。

5）科学开展政府质量奖政策成效评估。为评估松江区政府质量奖政策实施成效，提高政策供给质量和精准施策水平，更好发挥区政府质量奖引领区域高质量发展的作用。松江区连续 4 年委托第三方机构，以历届区政府质量奖获奖单位为对象，对区政府质量奖政策实施成效进行量化评价和综合评估，在总结政策实施成效的基础上，提出优化建议，持续推动松江区政府质量奖政策持续完善。

6）推广先进质量管理成效显著。松江区通过实施政府质量奖，促使卓越绩效等先进质量管理方法在全区各类组织中得到广泛传播，推动各类参评组织在企业管理、企业发展、企业经营和质量管理上都取得明显进步，在提升区域四大质量水平、促进产业转型升级、推动品牌建设、提升企业竞争力等方面起到了积极作用。2016 年以来共有柯马（上海）工程有限公司等 34 家各类先进制造业企业获评区政府质量奖，充分发挥了政府质量奖助推产业发展的作用。在历届获奖单位中，目前上市企业已达 9 家，且大部分企业均为获奖后才成功上市，政府质量奖对企业发展的助推作用尤其显著。以上海保隆汽车科技股份有限公司为例，其在 2012 年起对标政府质量奖评审要求，通过持续导入卓越绩效模式，建立了保隆特色的精益生产体系和流程管理体系，形成了有序、高效、精细化的企业运营与管理模式，逐步提升了质量管理水平，先后获得了 2016 年度区政府质量奖质量创新奖以及第八届区政府质量奖质量金奖。企业实际效益也有了显著提升，2017 年 5 月在上海证券交易所成功上市，2019 年企业营业收入增长 44.09%，跻身“2020 上海制造业企业 100 强”。

获奖企业在打造自有品牌上也取得了明显成效。以上海来伊份股份有限公司、中饮巴比食品股份有限公司等日用消费品企业为例，区政府质量奖在促进企业质量管理日趋成熟的基础上，使得企业在品牌创新、品牌融合和品牌布局等方面快速发展，品牌辐射半径不断拓宽，顾客满意程度不断提升，“来伊份”“巴比”均成为具有广泛知名度的零食与中式面点品牌。目前松江区共有 5 家企业获得上海市质量金奖，3 家单位获得“上海品牌”认证。

5.4.3 宝山：涵盖四大质量领域

宝山区位于长江和黄浦江的交汇处，是上海乃至中国近现代工业的发祥地之一，见证了中国钢铁工业从无到有、从弱到强的发展。在“两个一百年”奋斗目标的历史交汇期，宝山又被赋予了新的使命，作为上海“南北转型”部署的重要一极，打造成为上海科创中心主阵地。在上海 2035 城市总规划中，已明确宝山区属于上海市主城片区，是全市为数不多的可以全产业链布局的城区，将重点发展邮轮经济、人工智能及新一代信息技术、机器人及智能制造、生物医药、新材料等产业。

（1）设奖历程

2015 年 4 月 23 日，《上海市宝山区区长质量奖管理办法》（宝府办〔2015〕30 号）发布，标志着宝山区政府正式设立区长质量奖，成为宝山质量领域最高荣誉。宝山区区长质量奖，涵盖产品、工程、服务、人居四大领域，是区域质量工作的重要抓手，在激励各类组织创新管理、追求卓越，推动区域整体质量提升、加快升级发展等方面发挥了重要作用。2018 年 3 月 27 日，宝山区印发《上海市宝山区政府质量奖管理办法》（宝府规〔2018〕2 号），对区长质量奖管理办法进行了修订，升级为宝山区政府质量奖，并把卓越绩效管理模式公益孵化纳入管理办法中固化下来。截至 2020 年 12 月，宝山区政府质量奖已开展三届评选，共评选出获奖组织 19 家、获奖个人 9 名。

（2）措施与成效

1）发力“四个环节”，深耕细作夯实工作基础。宝山从设立区级政府质量奖项伊始，注重夯实基础，大胆开拓创新，力争打造具有宝山特色的政府质量奖。

严格工作标准。区政府主要领导亲自关心并指示要求设立宝山区区长质量奖。设立了由 9 个相关职能部门组成的区政府质量奖评审委员会，各成员单位协同配合、群策群力。评选方案、评审程序、评审结果、推荐名单等均要经评审委员会审议通过，并上报区政府常务会议讨论。

完善奖励制度。党的十九大以来，为适应质量发展的新形势，宝山区修订了区长质量奖管理办法，升级为《上海市宝山区政府质量奖管理办法》，确立了“以区长质量奖、区长质量奖提名奖、质量创新奖三级奖项组成，区长质量奖为最高质量荣誉”的区政府质量奖励制度，每届评审数量从 8 个增加到 11 个，奖励经费从 134 万元增加为 210 万元。

优化评审程序。相关组织推荐或个人自荐，并经宝山区政府质量奖评审委员会办公室（以下简称区评审办）资格审查，选聘专家组成评审专家库，每届根据申报情况遴选专业贴合度、熟悉度较高的评审专家成立评审组，制定评审员行为规范，确保评审的公正性、权威性。

加强循环管理。经过三届政府质量奖评选和一届卓越绩效管理模式公益孵化后，区评审办开展了政府质量奖政策实施效果评估，通过成效调查、现场访谈调研等方式，定性与定量相结合，客观分析评价政府质量奖的作用，产生的经济、社会、管理效益，了解政府在推动政府质量奖过程中存在的问题，用 PDCA 循环管理法推进区政府质量奖的闭环管理。

2）打通“三条路径”，开拓创新推动质量实践。宝山区以区政府质量奖评选活动为载体，抓好优秀企业和质量人才的培育和引领示范效应，为企业发展、人才上升搭建平台、提供通道，不断推进质量强区建设。

为企业质量发展提供“升级路径”。各街镇（园区）建立优秀企业的梯队培育库，每年向区层面推荐和输送优秀组织参加质量管理小组、卓越绩效管理公益孵化等质量提升活动。每年修订《宝山区先进制造业发展专项资金使用管理办法》，加强对标准、品牌、认证等方面的扶持，通过政策引导，为不同发展阶段的组织提供上升渠道，逐步形成标准化示范试点—区级标准制定—“上海品牌”认证—区政府质量奖—市政府质量奖的质量提升路线。

为企业质量工作者提供“成才路径”。质量靠人才创造，质量人才的培养关系质量提升的基础和动力。除了企业内部平台，在区级层面，宝山通过质量管理小组成果展示、质量攻关扶持、卓越绩效管理公益孵化、政府质量奖评选等系列活动为一线质量人才搭建了发展的平台。至 2020 年 12 月，宝山举办了两届 QC 小组成果展示大赛，已有 16 个质量管理小组百余名小组成员获奖，83 名卓越绩效管理模式公益孵化组织学员获得卓越绩效自评师证书，67 名企业中高管首席质量官任职培训合格，7 名质量人才纳入市级政府质量奖评审员队伍，2 名区政府质量奖获奖个人纳入区级政府质量奖评审专家库和区质量讲师团。

为企业质量标杆经验“走出去”提供“展示路径”。连续 3 年举办区政府质量奖获奖单位“质量开放日”活动、“质量幸福红包”活动等交流、观摩活动，来自各行各业的企业质量工作者、市民、学生、人大政协代表等 1000 余名人员参加。先后通过编印《质量与品牌——宝山自主品牌荟集》、举办“宝山品牌故事征文活动”、编播《他们靠什么获得区长质量奖》专题系列报道等媒体手段，展示宣传推广质量标杆的先进质量管理经验，百姓的质量获得感、幸福感更加强烈，全民质量意识和质量素养不断提升。

3）凸显“三种效应”，推强选优引领转型发展。宝山区积极打造区长质量奖平台，充分发挥其树立质量典型、宣传质量文化、展示质量工作等作用。目前，这一平台在激励质量提升、助推高质量发展方面凸显了“三大效应”。

聚焦“区域转型”，发挥“导向效应”。围绕创新驱动发展、经济转型升级的目标，重点挖掘和培育“品牌形象突出、服务平台完备、质量水平一流”的现代企业和产业集群。在获奖组织中，有创新运行方法、完善运行机制，引领我国邮轮港口行业发展的上海吴淞口国际邮轮港发展有限公司，创新建立“互联网 + 传统钢贸等大宗商品信息与电子商务公共服务示范平台”的上海钢联电子商务股份有限公司，以“以人为本，服务游客，绿色发展，造福社会”为核心理念的上海宝山顾村公园管理有限公司等。在获奖个人中，既有领导企业“跨界转型升级、整合开拓创新”的中式邮轮开拓者，也有在高端装备制造领域强化产品零缺陷的技术领军人才。

聚焦“质量提升”，形成“带动效应”。为了引导各方从关注“参与评奖”的结果变为重视“追求卓越”的过程，宝山区将政府质量奖向前延伸到了优质企业的培育，将卓越绩效管理模式公益孵化纳入政府质量奖管理办法，建立了一年评审一年孵化的培育机制。截至 2020 年 12 月，已开展两届卓越绩效管理模式公益孵化，先后为智能制造、现代服务、建筑工程、环境工程、医疗卫生等领域的 42 家入孵组织进行现场诊断 42 场次、开展专题授课 41 场次，现场指导 100 余次，总结入孵组织在经营、管理过程中的主要优势 110 余条，重点帮扶入孵组织查找出经营绩效、现场管理等方面的关键问题点 300 余处，形成诊断报告42份。卓越绩效管理模式公益孵化深受企业好评，被企业一把手称为质量界的工商管理学（MBA）课程。

聚焦“经济发展”，释放“领军效应”。区政府质量奖的实施不仅树立了质量标杆，引领各行各业高质量发展，也给获奖组织本身带来了较大的经济效益和社会效益，据后评估统计显示，组织获奖后：①经济效益增幅显著。19家获奖组织2018年主营业务收入较上一年总量增幅18.1%，高于全区生产总值增长率（5.1%）。地方税收贡献突出，2016—2018年纳税总额约占全区工业税收总收入的9%、10.9%和14.3%。②获奖组织经营能力、管理成熟度大幅提升。如福然德股份有限公司、上海海隆石油钻具有限公司等均实现了逆势增长，员工满意度逐年提高，人才队伍稳定，注重技术创新，绝大多数获奖组织在研发投入上均超过销售额的5%。③履行社会责任方面表现突出。如在抗击疫情过程中，上海吴淞口国际邮轮港发展有限公司第一时间启动相关应急预案和处置流程，加强源头管理，以最高工作标准筑牢防疫堤坝，实现“零输出、零输入、零感染”。

5.4.4 金山：搭建展示提升平台

金山区地处杭州湾畔，位于沪、航、甬及舟山群岛经济区域中心，是上海市的西南门户。依托上海最大的石化基地，金山区工业制造业发展成为经济支柱，并按照“一业特强，多业发展”的模式大力发展生态种源农业，培育打造文化旅游品牌。近年来，在落实打响“两区一堡”的战略定位下，金山区秉持“质量如金，诚信如山”质量精神，加快传统产业转型升级，探索乡村振兴改革，提升城市发展能级，着力推动实现更高质量、更有效率的发展。

（1）设奖历程

2011年9月，金山区制定发布《金山区区长质量奖管理办法》（金府〔2011〕16号），标志着金山区区长质量奖正式设立并成为金山区质量领域的最高荣誉。2017年1月，对原有办法进行了修订完善，从评奖周期、申报条件、奖励名额、奖励措施等方面作出优化调整。截至2020年12月，金山区已连续完成七届区长质量奖评审活动，累计产生9个获奖组织、16个提名组织以及8名获奖个人。

（2）主要措施

1）制度为先，完善标杆培育打造机制。建立了“政府出资、部门出力、机构出人、企业出效”的卓越绩效管理机制，以区长质量奖评审工作为中心，制定培育计划、形成培育发展梯次，着力打造一批质量品牌标杆。2017年新修订的《金山区区长质量奖管理办法》（金府规发〔2017〕1号），不仅加大了对获奖组织的激励力度，也从时间上保证了卓越绩效孵化工作的深入开展，更加突出了区长质量奖评审工作孵化培育+示范引领的双效集成作用。

2）人才为本，升级质量发展关键要素。重视质量人才对企业质量保证和质量提升的积极作用，注重开展面向各阶层质量人员的培训培养。通过组织学习培训、加强交流研讨、加大质量宣传等方式推进质量工作者素质提升工程，积极推广应用先进质量管理方法，加速提升全区企业质量管理和质量工作能力水平。组织开展首席质量官培训，鼓励参与质量人才座谈交流活动，推荐申报政府质量奖评审员、质量宣讲团等专项培养计划，不断充实区级质量人才专家库；每年举办金山区质量提升系列培训活动，邀请专家讲师专场授课，组织参观标杆企业质量工作场所，学习交流质量工作经验。

3）发展为要，优化质量提升工作环境。普及质量品牌发展奖励政策，鼓励企业导入卓越绩效模式，提升质量管理水平，创建自主品牌建设。建立全市首个质量品牌开放平台，上海汉钟精机股份有限公司、上海沙涓时装科技有限公司等 12 家质量标杆企业纳入质量开放示范单位，宣传推广先进质量管理模式。结合企业发展需求导向，深入打造企业质量发展交流平台，发挥标杆企业示范引领作用，推动开展标准化、管理体系、认证认可等质量提升活动，深化上下游企业资源共享、技术推广，提升产业链质量发展能级。持续开展质量主题宣传活动、质量启动仪式、区长质量奖颁奖仪式、质量白皮书发布活动等，卓越绩效实践经验被《中国质量报》、《新民晚报》、《金山报》、金山电视台等各类主流媒体详细报道。

4）品牌为魂，擦亮金山“金”字招牌。大力开展“中国品牌日”宣传活动，加强对本土品牌宣传推广，在各类媒体平台上突出宣传品牌建设成就突出的企业和企业家，树立品牌发展先进典型。宣传推介质量标杆卓越绩效管理模式，助力各类组织申报上海市政府质量奖等荣誉。积极推广优秀品牌建设案例，扩大宣传上海红双喜股份有限公司、上海东方雨虹防水技术有限责任公司等创建“上海品牌”经验，鼓励企业对标“上海品牌”认证开展质量提升行动，推动更多企业争创“上海品牌”。不断挖掘新品牌，提升老品牌，讲好金山质量品牌故事，助力质量品牌企业走出金山，8 个质量品牌故事获得市级以上荣誉，其中马利画材品牌故事获第八届全国品牌故事大赛二等奖。

（3）取得成效

1）培育打造了一批质量标杆。金山区已连续开展七届区长质量奖评审活动，发放区级奖励资金 650 万元，有力激发了本区企业管理创新、追求卓越。在获奖组织中，有始创于 1939 年拥有“生物育种技术”“现代化酿造技术”“发酵食品安全评估能力”“生物功能性物质研究”等行业领先核心技术的“海派”黄酒开创者上海石库门酿酒有限公司；有连续三届申报区长质量奖，持续升级贯彻实施卓越绩效模式的“质量和服务诚信”企业上海起帆电缆股份有限公司；还有创新商业模式，搭建开放式产业互联网园区链，助力中小微物流企业成长的第四方物流企业创新发展实践者上海新跃物流企业管理有限公司等。在获奖个人中，既有注重探索企业转型创新之路，领导企业实现质量跨越的优秀企业家，也有致力于救死扶伤、践行“守望健康”使命的医疗领军人物。在此基础上，推荐选送区级质量标杆参加市政府质量奖评选，有 2 家企业、3 名个人获得上海市质量金奖。

2）培养成就了一批质量人才。结合卓越绩效孵化工作，组织企业中高层质量人员“进区长质量奖获奖企业、学卓越绩效评价准则”，通过专家讲师专题授课、质量人才互动交流，标杆组织现场演说等方式，《卓越绩效评价准则》优越性得以充分展示，企业质量管理人员对先进质量管理方式方法的学习兴趣和学习主动性不断加强，更多企业开始导入实施卓越绩效模式，先后有108名企业质量管理者获得卓越绩效管理自评师培训合格证书，9名企业高层获得首席质量官任职培训证书，8名标杆组织质量人才申报参加市政府质量奖评审员，另有1名质量人才纳入评审员专家，2名企业高管纳入首批上海市质量宣讲团成员。

3）搭建完善了一个提升平台。以卓越绩效实践为基础，广泛吸纳各级质量标杆，组建形成了一个以龙头企业为中心的质量提升创新实践平台。通过汇聚产业集聚区内的国家实验室、企业技术中心等资源，共同开展质量月沙龙、质量开放日等活动，深化质量技术交流。标杆企业带头开展质量提升示范行动，如上海汉钟精机股份有限公司开展品管圈跨区域交流、起帆电缆推行质量信息化管理系统，德福伦共享技术创新和产品标准深化形成上下游企业联盟等实践活动，有力推动了企业群跨界交流、资源共享、团标制定和人才培养。标杆企业质量提升经验不断辐射区域内中小企业，市级专精特新企业和上海市企业技术中心数量逐年增加，中小企业质量发展能级快速提升。疫情期间，质量标杆企业勇作表率，责任担当，积极投身疫情防控和应急保障工作，树立了标杆企业良好社会形象。

4）推广延伸了一套卓越模式。每年围绕全国质量月、中国品牌日等节点开展的质量主题活动载体多样、内容丰富。上海起帆电缆股份有限公司、上海沙涓时装科技有限公司等走进电台“1051会客厅”，普及传播卓越绩效理念，倡导和推广先进质量管理理念；30家次标杆企业举办“质量开放日”活动，用自身卓越绩效实践经验来引导更多企业导入卓越绩效模式；报社、电台及“两微一端一抖”新媒体平台集结合力讲好金山质量品牌故事，“金奖背后的质量品牌故事”等卓越绩效经验被各级媒体广泛转载报道。通过持续的质量宣传、质量教育和质量提升活动，“质量如金，诚信如山”的区域质量精神不断深入人心，卓越绩效理念的知晓率和影响力有了大幅度提升，全区卓越绩效模式知晓率达到70%。

实践证明，各区政府通过区级政府质量奖的建立和实施，推动了更多的组织关注全面质量管理水平的提升和市场竞争力的提高，从而促进当地社会经济发展，提升区域整体竞争力水平。未来，上海市各区要继续找准时代坐标、发展坐标、使命坐标，不断完善优化区级政府质量奖励机制，坚持不懈开展卓越绩效推广运用，为提升城市核心竞争力和人民幸福生活品质不断努力，奋力开启质量强区新征程。

6　上海市政府质量奖评审感悟

上海市政府质量奖评审工作聚焦公正，立足创新，从评审的多维度全方位探索建立“评审员、观察员、参评方”三位一体的评审架构。二十年间，先后选聘了500多位来自各行各业的上海市政府质量奖评审员，邀请了72人（次）人大代表、政协委员和新闻媒体人员担任观察员，评选出190家（次）政府质量奖获奖组织，102位优秀个人，承载了引导各行各业追求卓越绩效、推动高质量发展的重任。评审的过程既是选拔质量标杆的过程，又是传播推广先进质量管理理念、方法的过程，更是推动企业经营管理质量提升的过程。本章选取部分评审员、观察员、参评企业在评审过程中的感悟体会与大家分享。

6.1 评审员体验

上海市政府质量奖评审工作自评审之初即引入专业评审员评审制度。二十年来，先后有500多位政府质量奖评审员参与了政府质量奖评审工作。他们在评审过程中，以“敬业的情怀、专业的知识、优良的素养”，为确保上海市政府质量奖评审工作权威、公证、科学、高效发挥了重要作用。本节选取部分评审员的评审感悟在此分享。

6.1.1 评审体会

（1）追求卓越永远在路上㉒

21世纪是质量的世纪。世纪之交，在中国加入世界贸易组织（WTO）的同时，卓越绩效模式在中国起步。二十年时光转瞬即逝，跨入高质量发展时代，对标一流、提升经营质量、可持续发展成为中国企业的核心追求。

本人2000年到质量部门，从事质量管理策划与推进工作，开启与卓越绩效模式的不解之缘。可以说，从事质量工作二十年，也是卓越绩效模式学习理解和实践应用的二十年。

第一个十年，创奖，与企业共同成长

作为中国最早践行卓越绩效模式的企业之一，上海海立电器有限公司（以下简称海立）2001年导入卓越绩效模式，获首届上海市质量金奖，又于2004年、2007年获奖，2009年获得上海市市长质量奖。

海立追求卓越的旅程并非一帆风顺。在首届（2001年）全国质量奖和首届（2008年）上海市市长质量奖未能获奖。时任董事长沈建芳认为“实践卓越绩效模式对于海立是追求卓越的需求，更是生存的需要”，最大的体会是：通过历年的“创”奖，使愿景目标与战略清晰，使组织团队统一思想、坚定步伐，追求卓越是海立永远的动力。一把手的重视和引领、各级业务领导的持续创新和系统思考、全员的参与和激情，推动了海立的可持续发展。

政府质量奖核心价值在“创”。持续创奖推动海立三次大的管理实践和能力飞跃。2001年，书面明确企业的使命、愿景和价值观，开启自主品牌和企业社会责任建设。2005年，实施流程重组和六西格玛，建立从使命、愿景、价值观、战略目标、战略措施、流程到关键绩效指标（KPI）为一体的经营管理系统，建立管理路线图。2008年，深化创新机制建设，开启“自动化+信息化”的智能制造。在实践基础上总结提炼形成的“基于六西格玛的流程重组、基于资本和技术主导权的自主品牌建设、以可持续发展为导向的社会责任体系、自主创新动力机制、双创+改进与创新体系、智能+海立质量卓越（HQE）”等一批国家级管理成果。

㉒ 本节内容由沈海军撰写。沈海军，从事质量管理工作二十多年，2008年开始参与上海市政府质量奖评审。

这十年的创奖，通过企业特色管理方法的提炼、新方法新模式的探索、成功经验的沟通分享，本人对卓越绩效模式的理念、方法和价值的理解和认识不断深化，实现与企业的共同成长。

第二个十年，评奖，达己并达人

本人 2008 年开始参加上海市政府质量奖评审工作。多年评审经历，深深感受到政府质量奖活动重在促进全社会质量提升，发挥标杆引领示范作用。

服务评奖工作大局。一方面配合做好评奖过程的持续优化，比如条款的横向评审机制、导入外地评审员等，见证评奖组织工作日益科学、规范、严谨。另一方面积极参与评奖范围扩展，从制造业、服务业到个人、医疗机构、金融机构等，见证“质量是上海的生命”和“追求卓越”的上海城市精神。这十年的评奖，与数十家企业交流互动，通过各行各业个性化最佳实践的体验、普遍性成功因素的感悟、差异化建设性意见的碰撞，本人对创新性和可持续性在组织发展中的作用的认识愈加深刻。实践证明，越是改革创新发展的活跃领域和企业，越是以开放心态学习和吸纳各种标准，包括《卓越绩效评价准则》，成效也越显著。

推荐获奖组织。卓越绩效模式是一个非符合性标准，每个组织又是独特的，行业特定要求和规范各有特点，管理方法各有侧重，始终坚持为组织创造价值的理念。在评审全过程思考基于竞争环境和面向未来什么是组织挑战性和洞察力的问题，什么反馈对组织帮助最大。提炼能力和推敲报告书写，有助于组织更清晰地了解自己的成功因素，并能明确成为其他组织可学习、能借鉴的“优势”“改进机会”能够驱动改进与创新的方向和重点，有助于组织绩效方面更上一层楼。

能与政府质量奖同行二十年，有时机、有努力、有运气。印象比较深的，有通宵达旦地编写自评报告，有编写 GB/T 19580《卓越绩效评价准则》“过程管理”章节的解读，有参与编辑《追求卓越——上海市政府质量奖经验交流集（2007—2010 年）》，有参与上海市地方标准《上海市政府质量奖个人评价准则》的起草和医疗机构导入卓越绩效模式的试点。非常感谢第一代政府质量奖评审专家传帮带。有的前辈已离我们远去，他们的求真和奉献精神仍在，持续改进、追求卓越的接力棒从未停止传递。

（2）学习与分享先进管理实践㉓

自 2010 年第一次参加上海市政府质量奖评审，本人迄今已连续参与政府质量奖项目工作十一年了。过程中，见证了政府质量奖及其评价标准受到上海市各行各业、不同类型组织及其管理者的越来越多的关注和应用实践。政府质量奖项目的推进，对于引导和激励上海市各行各业的组织提升质量管理、追求卓越绩效，发挥了积极的作用，取得了良好的成效。

㉓ 本节内容由李明撰写。李明，2010 年起担任上海市政府质量奖评审员，先后参加了 30 多家组织和个人的评审，其中，担任现场评审组长的组织超过 15 家。

从评审中所接触的组织层面看，上海市参与政府质量奖的组织从一开始主要以大中型制造业和传统服务业为主，已延伸到目前包括现代服务业、医疗和教育机构、小企业和公益性组织在内的更广泛的行业和组织类别。各类组织对卓越绩效管理模式和评价准则的理解持续加深，以追求卓越为导向的管理理念和方法不断深入组织的文化、战略与运营活动中，管理成熟度的整体水平得到了显著提升。

从评审员层面看，政府质量奖评审员队伍也在实现新老交替、不断壮大，评审员背景和层次更加多元化，体现在来自不同行业、不同领域的管理者和专业人员的加入。伴随着评审员培训和知识更新更加常态化、规范化，评审员对卓越绩效管理理念和方法的了解和掌握程度不断提升。评审过程中，通过评审员与受评组织的交流、互动，以及提供的评价报告，给组织带来的价值也在不断增加。

从个人角度看，能够长期持续参与政府质量奖项目工作，深感荣幸和获益良多。十余年来，我有幸参与了数十家上海市各行各业的优秀申奖组织的评审工作，包括上海市第一批医疗机构和小企业的申报评审，过程中，学到不少，也丰富了自己对不同行业和组织的了解与认识；通过政府质量奖项目组织的政府质量奖评价标准培训，我有机会与新老评审员和各类组织的众多管理者分享、交流，也时有启发，获益不少。此外，我也有幸参与了政府质量奖针对医疗机构和小企业评价准则的地方标准的起草工作，参与了个人奖评奖标准制修订和政府质量奖管理办法的修订相关工作。上述这些，都给我的研究工作不同程度地带来了新的信息、新的认识和新的收获。与此同时，也在上海市各行各业的组织中传播和推广卓越绩效管理理念和方法，在推进政府质量奖项目方面发挥了一些个人的作用，也深怀感恩之心和自豪之情。

上海市政府质量奖项目已经历了二十年发展历程，所走过的历程值得认真回顾，所取得的成果更值得庆贺。展望未来，希望政府质量奖项目如同其所倡导的追求卓越的管理理念那样，持续完善和提升，尤其是在政府质量奖评价准则的更新、创奖组织成功经验的分享、实施卓越管理组织的培育，以及政府质量奖项目价值提升方面，进一步探索、创新，为上海市更多行业和各类组织传播与时俱进的先进管理理念和方法，提供更多更好的服务。祝愿上海市政府质量奖项目未来持续发展并取得更大的成就。

（3）质同道合，共创卓越[24]

回顾与 GB/T 19850《卓越绩效评价准则》相伴一路走来的点滴，政府质量奖在申城生根发芽二十年，我与“卓越”相伴十八年，每一次的评审，都是一次持续学习、自我提升的机会。从最初在公司导入卓越绩效管理模式、申报政府质量奖为起点，到有幸成为政府质量奖评审员队伍中的一员，投身到这项非常有意义的工作中去，政府质量奖给我最深刻的体会是“学无止境、常学常新”。本人从过去、现在和将来三个维度来谈谈参与的

㉔ 本节内容由徐颖芳撰写。徐颖芳，专注质量管理领域二十多年，2012 年起成为政府质量奖专家库成员，参与了近 70 家组织与个人的政府质量奖评审活动。

一些体会和感悟。

1）回顾过去篇：变

① 参评企业的变化。作为2002年起接触政府质量奖的质量人，最初创奖的企业，很多都是聚焦在跨国企业、世界500强企业、央企、国企等，那时感觉只有知名度高、体量大的公司，创奖的成功率才大。随着评审的进程，越来越多地接触到了不同行业的优秀企业，包括从服务业、医疗行业、物业管理行业、文化产业等涌现出的一批卓越组织，特别是许多优秀的民营企业，都给我留下了深刻的印象，甚至渐渐摸索出了一些卓越企业画像，比如：共性方面的技术引领、追求创新，可以获得政府质量奖的企业，在技术上必然是追求极致的杰出代表；当然也有一些个性化的企业特质，如央企的组织文化血脉传承、民企的顾客保有和市场拓展。让我深深的感叹，作为一名质量人，随着"高质量发展"国家战略的推进，当下正是最好的质量时代，政府质量奖正是充分体现了政府的引领和驱动作用，进一步激发和助推了社会层面的高质量发展。

② 评审员队伍的变化。与政府质量奖同行的这些年，我有幸接触过很多专家，这些资深质量人都给我留下深刻的印象，他们对标准的理解、对评审结果的点评、对评审团队的榜样示范作用，直至现在也是我的标杆。希望我们评审工作的开展，对企业而言也是一次增值服务的提供，能将我们掌握的知识、学到的技能、关于卓越绩效管理方面的总结和心得，与企业展开专业维度的交流。这么多年过去，我仍清晰地记得第一次参加政府质量奖评审时组长的传帮带。同时，也会继续发扬这个优良传统，毫无保留地进行传帮带，用行动来诠释和体现评审员队伍"卓越文化"的传承。

2）盘点当下篇：多

①"老面孔"申报组织多。近年来，政府质量奖申报组织中除了获得市长质量奖、质量金奖的卓越组织外，让我印象深刻的是涌现出不少第2次、第3次申报的企业。企业对于"卓越"的执着，让我深刻体会到了肩上的重任和使命感。2020年我评审的一家质量金奖申报组织是第三次申报的企业。纵观企业3年的变化，从资料评审到现场评审，每一次都让我有种新的体会和认知，这正契合了《卓越绩效评价准则》中持续改进追求卓越的理念，也是政府质量奖引领作用的最佳体现。

②"新面孔"评审员多。近年来，随着上海市政府质量奖知名度和影响力的持续提升，从资料评审到现场评审，每年申报的组织和个人、行业覆盖面都在持续增加，评审员队伍也在不断发展壮大，来自各行业的质量人都汇聚在政府质量奖评审员的平台上，一方面我们非常高兴能有机会通过评审活动进行相互学习、跨界交流，但另一方面，也考验着我们的评审组织和策划、评审能力提升（新专家新身份、老专家新身份、老专家老身份）。通常在现场评审前，评审员需要对参评企业的自评报告、资料评审报告、行业排名情况、社会责任报告等进行了解，初步制定评审思路、问卷、现场评审框架，这既是对政府质量奖负责、对评审工作负责、也是对企业基本的尊重，确保现场评审时和企业基本保持同频，双方在基础信息对等的情况下开展交流。

3）展望未来篇：升

① 搭建平台，助推企业竞争力提升。新时期“质量强国”战略引领下，政府质量奖的作用除了扩大影响力和受众面之外，在有效推动全社会质量管理水平的全面提高、助推企业核心竞争力提升方面，建议进一步加大管理的带动作用，对于在创奖过程中涌现出来的创新管理模式，通过搭建公众交流平台等方式，开展最佳实践或成功案例的分享，在不同纬度进行推广和宣传。

② 勤练内功，持续提升个人能力。成长需要积累，希望将政府质量奖评选过程中学习到的知识和自身管理经验与实践相结合，在评审过程中不仅可以交流企业实际做法与标准的差异，更能从管理的纬度，结合企业实际情况，探讨管理提升的方向、模式和方法工具、应用程度，真正帮助企业“从优秀到卓越”!

2021 年是十四五规划和 2035 远景目标的开局之年，结合时代特点，期待上海市政府质量奖继续发挥“质量强国”战略的落实实施和引领作用，立足黄浦江畔，运用国际化视野续写“卓越绩效管理模式”的新篇章。

6.1.2　评审经验

（1）做好政府质量奖之考虑㉕

设立政府质量奖的初衷，是树立标杆，传播、推广卓越企业的成功实践和先进经验，不断提升和增强企业、行业和地区的质量竞争力。当前，如何更好地发挥政府质量奖评审的效果，确保可持续性，是摆在我们质量工作者面前的重要任务。评审人员需要深入了解、解剖分享：

——参评企业所在行业、地域的特点和发展情况，核心能力体现在哪些方面，普遍的共性问题是什么，参评企业是否具有行业和区域的代表性?

——参评企业与竞争对手及其标杆的绩效指标进行测量、分析、比较和评价，在行业、地区中的地位和影响力如何?

——参评企业成长发展过程，发展优势和劣势，其优势能否代表行业和地区发展的方向?质量改进的成果在行业、区域是否具有可推广性和示范价值?

——参评企业未来发展的预测和风险评估，能否体现行业未来的发展方向，是否具有前瞻性?

如果参评企业在行业、区域的代表性、影响力、示范性和前瞻性等方面表现突出，则进一步对其进行横向比较，筛选并确定进入现场评审的企业名单。对进入现场评审的企业，制定评审方案及详细现场评审实施计划。

借鉴国内外质量奖评审工作的成功经验，结合我在政府质量奖评审过程中的实际经

㉕　本节内容由邓绩撰写。邓绩，从事质量管理工作四十年，曾参与国家标准《卓越绩效评价准则》的编写，组织《卓越绩效评价准则导读》的撰写，多次参加上海、江苏、浙江等省市质量奖评审以及中国质量奖评审。

历，需要加强评审工作的周密准备，做好顶层设计。建议抓好以下几个环节：

1）加强评审前评审专家的培训研讨。参照波多里奇奖和欧洲质量奖等评审方式，组织召开评审专家研讨会，就评审的原则、尺度、流程、规则等统一认识，形成相应的评审工作指导书，并组织所有的评审专家学习。每年都对评审过程和方式作出变革和创新，保持政府质量奖的生命力。

2）加强现场评审前对被评审组织的研究。评审分组确定后，要求评审组认真研读自评报告及专家评审意见，进行详细、充分讨论。加强对参评组织的分析，具体分析组织的行业特点、行业地位、优劣势等，对现场评审的重点和方式进行策划，形成《评审方案》。

3）现场评审以先进性评价为主。在前期准备充分的基础上，现场评审不需要按照标准进行逐条评审，重点是发现组织的特色和亮点，提出可复制、可示范的经验，要为组织提出改进的方向和建议，考察组织如何对专家提出的问题进行整改。

4）进一步加大卓越绩效管理模式和各类先进质量管理方法和工具的培训、推广、宣传和交流的力度；组织对获奖企业进行专题报道，开展线上线下的交流学习活动，推广获奖组织的先进质量管理方法和工具、管理模式，并在此过程中提升社会各界对政府质量奖的认可度，在全社会营造关注质量、追求质量和崇尚质量的良好氛围。

（2）现场评审实践之我见㉖

本人根据多年的评审实践经历，在学习、归纳同行经验的基础上，对现场评审方法做了一些总结，通过对数百家申报组织和个人的评审实践，体会到“基于质量实践的全要素评审，基于管理方法的全过程评审，基于经营结果的全绩效评审，基于未来发展的全环节评审”的要义，归纳了“评审前、中、后”的一些评审方法，如下：

1）聚焦评审关键点，做足评审前的充分准备

评审前了解和熟悉被评组织和个人所处内外环境的相关信息，包括政策、经济、社会、竞争、行业等环境，以及组织战略、资源、技术、产品、标准和管理等关键点，是确保评审质量的基本前提。

关键点之一：熟悉标准，把握基准，确保准确性。标准是开展评审的依据，也是成熟度评价的基准。每次评审前，宜重温《卓越绩效评价准则》，以及了解相关行业和企业标准，力求把标准与被评对象的专业管理相融合，避免造成评价的不系统、不适当、不准确。如对战略管理的评价，只关注有没有制定战略，不关注战略制定与战略部署的一体性，不注重战略实施与结果的因果性等，会使评价失之偏颇。只有熟悉评价标准，才能把握公正评价的尺度，确保科学评价的准确和质量。

关键点之二：熟悉资料，把握要点，确保全面性。熟悉被评组织和个人的相关资料，

㉖ 本节内容由杨灯海撰写。杨灯海，从事质量管理工作三十多年，参与上海市、区以及浙江省质量奖评审工作十余年，参加了数百家组织和个人的评审工作。

才能全面、客观地把握其经营管理的质量脉络，恰如其分地予以科学的评价。熟悉其内外部环境资料，有助于准确理解他们在战略、文化、市场、组织、技术和经营等方面的选择，有利于全盘审视他们应对内外环境变化，顺势而为的举措，提高评审的高度。熟悉其行业定位资料，厘清他们所处的发展阶段和位置，有助于看清发展的持续性和稳定性，以及在经营管理等各方面的管理差异，帮助判断企业的发展趋势、发展质量，以及管理成熟度，确保评审的宽度和深度。

关键点之三：熟悉对象，把握特点，确保准确性。熟悉被评对象的个性特点，做到既要兼顾共性，又要关注个性，实现共性与个性的融合评价，确保评价的准确。一是熟悉把握被评组织所有制的性质。判断其竞争定位、商业模式、运营机制等的差异，在评价侧重上应有所区别。如国有、民营、合资和公众企业等。二是把握被评组织的行业类别。判断其价值取向、经济效益和社会效益的导向、组织治理等的不同。在战略、资源、过程、绩效管理等的评价上有较大的区别，如公共服务类、竞争类、功能性企业。三是把握被评组织的市场主体层次。判断其体制架构的特点，以及经营管理的权限，如集团公司、子（分）公司等对于评价至关重要。对于被评个人，要把握被评对象在组织结构中的层级和职责，作用发挥的影响力，推动组织发展的绩效等，从而明确评审需要把握的要点。

2）围绕评审标准，做细评审中的尽职评价

要通过面谈、查阅文件、抽查记录、召开座谈会等调查验证方法，在“核查资料、澄清事项、验证史实、共同评审”的基础上，形成被评组织和个人的评价报告，这是做好评审工作的基础。

核查资料。主要核查申报组织和个人提供的自评报告和相关数据等资料。对关系到企业经营管理主线的资料要系统地核查，如如何形成质量文化的引领力？如何实现上接战略下联绩效的质量管理？如何塑造基于适新应变的持续创新力和核心优势等。对关系到质量管理体系和模式的资料要拓展核查，尤其是有创新、有特色、有效的方法体系。对关系到有疑问、有特点、有关键数据的资料要重点核查，注意规避评审局限性的风险。

澄清事项。申报资料中不确定或不清楚的事项要逐项澄清。如研发课题刚立项，就把可行性作为结果描述；战略目标刚实施，就将预测作为绩效展示；有的仅仅引用了一些概念，就描述成创新的管理体系和模式。凡此类事项都要进行澄清，以免发生评审中的以偏概全和谋虚逐妄。

验证史实。主要验证申报材料中信息和数据的准确程度。如对一些专利、核心技术、奖项、认证体系，以及现场查到、听到、看到的相关信息和数据都要进行验证，以确保资料与实际的一致性。

共同评审。主要体现在评审过程中评与被评之间的相互交流。评审员通过评审，传播有关评价标准、质量工具和管理方法体系的知识，提高被评对象运用标准的意识和能力，而不是靠背诵成段的标准，抛出新鲜的名词来证实。被评对象在评审中会展示更多的专业管理知识，经营管理经验和成果，增加评审员对各行业质量管理的知识，提高跨行业评审的能力。此外评审员之间通过协同评审，促进相互协调、相互支撑、相互分享，提高评审的大局观、原则性。

系统评审。评审工作是运用“过程和结果”的成熟度评审方法，对“领导、战略、顾客与市场、资源、过程管理、测量分析与改进、结果”的要素进行评价的系统工程，以实现采标的系统性、评价的系统性、结果的系统性，避免评价的碎片化和片面性。

评审提炼。评审除了要推荐拟获奖组织和个人之外，重点任务就是针对被评组织和个人的卓越质量管理经验、成果的实践，梳理、总结并提炼出既符合评价标准要求，又真实反映被评对象现状；既总结组织和个人的成效和优势，又是基于事实的质量管理方法理论，给予借鉴和启发。要避免评审报告仅是材料的复制、素材的堆积，防止无中生有的拔高，以及提炼不够，难以复制和推广。如此真正体现成熟度评价的魅力和价值。

评审提问。在评审现场的沟通交流中，掌握提问技巧，对了解企业真实情况，争取被评对象的积极支持，获得良好的评审效果事半功倍。常见的提问方式有几种，启发式提问，是循循善诱，抽丝剥茧，挖掘深层次有高度的问题，规避简单的收集符合性证据的做法。建议式提问，本着改进的初衷提出问题，以启示被问者的创造性思维。肯定式的提问，对被评对象的优势和方法予以认可，为进一步提炼做好铺垫。请教式提问，以提问的方式表达学习和求教的渴望，听取对问题的阐述，帮助正确地评价。

3）紧扣评审原则，做透评审后的综合评价

坚持评审“公开、公平、公正”的原则，做透做好评审后的综合评价，是实行公正科学评审的关键。

优势项的确定。优势项是企业竞争优势或最佳实践与结果，是系统方法的总结归纳和提炼，对被评对象的当前和未来成功至关重要，对其他组织具有潜在价值。要善于判断真优势还是假优势。有的资料写的比做的好，有的做得比写得好，这就需要与企业一起共同甄别优势，正确选择优势。要善于判断大优势和小优势。要从综合优势还是单项优势上去区别，来体现组织和个人质量管理的成熟度。要善于判断老优势还是新优势。有的自评报告总结的都是以前的做法和经验，没有持续地提升和创新；有的以前优势不明显，但后发优势突出；有的原来管理基础很扎实、体系很完善、优势很清晰，到了新的发展阶段，又有较大的发展和创新，评价就要彰显能持续促进质量发展的真优势、新优势和综合优势。

改进建议项的确定。改进建议项是促进组织和个人改进制约发展的瓶颈和不足，引导持续改进，追求卓越发展的建言。宜在被评对象的成熟度梯次上、未关注的质量管理缺陷上、改进与创新的关键事项上去识别和提改进建议。改进建议项宜“就事说理”不是“就事论事”，要有利于改进落地，不是泛泛而谈。评审员和被评对象对提出的改进建议项务必形成共识。

评审报告的撰写。评审报告是现场评审质量的综合体现。在评审报告内容上，应包括理念、方法（体系、模式）的先进性，结果的卓越性，改进的建议。应从“过程——方法、结果——水平”方面进行归纳提炼，防止照搬照抄，以一概全，主观臆测。不要以评审员自己行业的做法去要求和描述被评审组织和个人。在评审报告框架上。要主线明确、导向清晰、核心突出，形散神不散。优势项与改进建议项不冲突。在逻辑关系上，要注意推理的合理性、归纳的准确性、语法的顺理性。在文字修饰上，要将关键成功因素和改进建议要素，提炼成客观、清晰、简洁、语法完整的句子，体现行业特点和语言的生动。报告的标题与内容要呼应。评审报告不作符合性的裁决，避免使用“好”“坏”“有效的”“无效的”及“应该”“不应该”之类的措辞。

评审后的总结。认真总结评审工作的成功与不足，是持续改进和提升评审质量的基本要求。从评审过程去总结：看有没有放低姿态，做到与被评对象的充分沟通和共同评审，有没有把握好评与被评的节奏，有没有提炼形成先进的理念和方法体系，形成的评审报告对被评组织和个人有没有启示、帮助和提高，能不能推广和分享。从评审的结果去总结：通过评审是否提高了被评对象对参评政府质量奖重要性的认识，是否能掌握和运用“过程和结果”的成熟度评价方法，是否激发了持续导入和实践卓越绩效管理模式的积极性，形成了用卓越的管理模式保障组织全面经营管理质量的共识。

（3）卓越绩效标准学习实践之体会[27]

转眼间，个人在质量领域的职业生涯已经超过25年了，自2010年首次参加上海市政府质量奖评审工作，在政府质量奖评审领域也已经10年有余了，期间不断地学习、实践，再实践、再学习，希望能通过对标准的理解为企业实践卓越绩效模式贡献一点个人力量。以下为个人在质量领域学习和实践的历程，是个人的一点体会，也希望能够为企业推行卓越绩效模式提供一点帮助。

1）“质量工具和质量技术”阶段

最初在质量管理领域进行学习、实践，侧重于质量管理工具和质量统计技术方面的知识积累，先后学习了QC老七种工具、新七种工具，5S现场管理，统计过程控制（SPC），实验设计（DOE），可靠性、标准化、计量、全面质量管理、统计学等内容，一直关注通过质量工具和质量技术进行质量改进，解决企业中产品的质量问题，希望能通过质量工具来分析问题、解决问题，提高企业的经济效益，但在学习和实践的过程中逐渐发现，更多的问题不是通过简单的或者复杂的工具能够解决的，问题总是不断地出现，企业处于问题的救火局面。质量工具、质量技术无法有效应用，无法取得预期效果。问题的更多根源是来自于管理，而不仅仅是产品本身，包括管理者和管理活动本身，所以关注的重点逐步向质量管理转移。

2）“质量管理”阶段

质量管理中最常提到的是ISO 9001和全面质量管理（TQM），个人学习ISO 9001质量管理体系标准，当时的最大体会是如果企业确实按照这个标准的要求来进行管理，一定

㉗ 本节内容由康军撰写。康军，从事质量相关工作26年，自2010年起参加上海市政府质量奖评审，参与过数十家参评企业的评审，长期致力于质量管理和卓越绩效的教育、培训、评审工作。

能给企业带来益处。但工作中逐渐发现，更多的企业是对证书本身感兴趣，在管理体系的落地实施方面，由于人的原因、管理的原因等众多因素，出现“两张皮”的情况，企业没有理解质量管理体系标准中所提及的管理原则，没有体现出管理的系统性。

在全面质量管理（TQM）方面，尽管在理念上强调全面，但内容上更多的是“三全一多样”（全员的质量管理、全过程的质量管理、全企业的质量管理和多方法的质量管理），在实践过程中基本没有做到“全面”。很多企业还是处于通过检验来控制质量的阶段。没有运用一些质量工具来进行过程监控，并实施有效的预防。全面质量管理缺少有效的实施落地。

个人除了学习 ISO 9001 和全面质量管理的知识外，还在思考和探讨其中的管理问题，如质量意识包括哪些内容？如何提高员工的质量意识？管理者应该如何理解 ISO 9001，该标准中的“过程”管理与公司的规章制度是什么关系？全面质量管理中的 QC 小组活动，包括六西格玛改进等活动应该怎样有效开展等？这个阶段对管理的理解，是从质量的角度去看管理。

3）“卓越绩效”阶段

2010 年开始全面学习卓越绩效标准，使我对质量的管理有了新的认识：从质量管理到关注管理的质量，尽管字面上还有“质量”二字，但在内容上已经是完全的管理了，是系统的管理理论和管理实践的浓缩和总结，已经完全跳出了企业中的质量管理概念，进入了管理的层面——整个企业系统的管理；尤其该标准是以美国的波多里奇奖为蓝本，其背景是美国企业甚至是国际企业的成功经验，放到中国的背景下，如何有效地理解和应用是一个新的课题。本人针对企业在管理实践中所涉及的战略管理、绩效管理、人力资源管理、过程管理、测量分析改进等理论和方法进行细化学习。在整个标准的学习过程中，有如下体会：

① 管理创造效益。国内改革开放以来，企业注重技术和设备的引进，因为这些能够直接为企业创造效益，但随着时间的推移，企业规模变大、人员增加、产品多样化和市场复杂化了，企业的管理难度增加了，过去那种依靠市场增长带动企业增长的模式难以为继了，这时就需要管理的规范性了，而《卓越绩效评价准则》是一个不错的选择。

② 从定性到可测量。国内的企业习惯于定性分析，在定量和可测量方面，无论是 ISO 9001，还是卓越绩效标准，都强调企业管理的可测量，通过对可测量（如转化成定量）信息的收集和分析帮助企业进行决策，包括企业在产品、技术、管理等方面的改进和创新，都可以通过运用一些统计技术和定量分析工具来帮助企业抓住问题的关键，关注重点，提高效率，取得预期结果。

③ 战略很重要。通过战略规划，企业从被动的市场响应到主动的规划，可以帮助企业主动应对市场和外部变化，帮助企业走得更远、更长久。标准本身就强调基于战略的思考，强调公司的总体战略，在战略下的绩效管理、资源配置、过程管理等，突出企业的整体，追求企业整体最优，通过计划、资源、过程的共同作用帮助企业应对变化，实现企业

的持续发展。战略管理的思路同样也适用于个人学习。

④ 系统管理思维。卓越绩效的核心理念之一是系统管理，企业作为一个整体要从系统上考虑，局部最优不是最优，对企业的可持续发展未必有利，而基于公司整体的系统思考则旨在打造企业各个模块的协调发展，实现企业的可持续性。相应地在对卓越绩效相关知识的学习上，除了对每个专题的相关知识进行学习和实践外，还要把各个模块的知识进行融合，从企业整体和系统的层面进行思考，分析判断企业所使用的管理工具、管理模式的适用性、可行性和效果，从系统的角度思考企业的优势以及可改进的建议，为企业的可持续发展提供专业的分析和帮助。

总之，卓越绩效标准的实施，对于企业，就是要追求可持续发展，需要通过不断地学习进行持续改进。而对于个人，则通过持续的学习，能更准确地判断企业的优势和改进空间，为企业的可持续发展总结经验、提供建议，帮助企业实现进一步的成长和提升。

（4） 卓越绩效评审能力提升之我见[28]

上海市政府质量奖是上海市人民政府设立的最高质量荣誉奖，旨在推进组织和个人实施和追求卓越绩效管理，本人有幸已连续 5 年作为评审专家参加了上海市政府质量奖的评审工作。5 年的评审经历不长也不短，收获不少、感想也颇多。

1） 如何做一个合格的评审员

作为评审员一是要具有良好的道德观，廉洁自律、遵纪守法，能认真、公正、诚实地对待每一次评审；只有尽职尽责、恪尽职守，一丝不苟、精益求精，才能对得起肩负之责、手中之权、专家之名。二是应具备良好的专业技能，而且要不断接受新理念、新知识、新技能、新信息，与时俱进，提高业务素质、提升修养；申报上海市政府质量奖的组织和个人都是优秀的参评者，作为评审员更应深入、全面、系统地理解《卓越绩效评价准则》，并熟练掌握其七个方面的内在逻辑关系，对评价要素的成熟度作出准确的判断。三是评审员要具有比较丰富的社会体验和较强的学习能力，以理解企业运营的内外部环境，并通过完善自身知识结构提高评审能力成熟度；针对不同的组织应了解企业的基本运行情况，了解高层领导在企业发展中的所思所想，了解企业的卓越绩效管理模式，并从企业经营管理、质量管理、质量控制的角度了解企业追求卓越的方法，关注企业的产品质量、过程质量、经营质量和发展质量。四是评审工作需要具备团队协作精神，每个评审员都有具体的分工、都需要相互之间的协作；特别是进入现场评审阶段，在短短一天或二天的评审时间里，如此高强度的工作必须要有良好的分工、协作、团结的氛围才能保质保量地加以完成。五是评审员应具备良好的语言表达、总结提炼、深层次挖掘等能力，因为现场评审是在大量的交流、座谈、查证等工作基础上形成评审报告等，而资料评审过程中更是需要在申报材料中找出申报者的优势和不足、形成评审报告。

㉘ 本节内容由贺鸿珠撰写。贺鸿珠，2001 年获国家注册质量工程师；2016 年起参与上海市政府质量奖评审，此外也参加一些其他省市质量奖评审工作。历年来参加了 40 余家组织和个人质量奖评审工作。

2）评审过程中常见的问题

在多年的参评工作中也发现了一些评审过程中存在的共性、常见的问题。一是少数被评审者存在对《卓越绩效评价准则》系统理解的问题，在战略制定时缺乏采用科学的方法进行数据和信息的有效分析，影响绩效指标体系的完整性、精细化和先导性；缺乏建立涵盖各层级以及所有部门、过程的关键绩效指标体系测量、分析和评价系统，难以有效应用相关的数据和信息监测日常运作及组织的整体绩效，以支持组织的决策、并推动改进和创新。二是少数被评审者的申报材料写得比较完美，但进入现场评审阶段发现对应条款缺乏实证材料；也有申报材料未根据实际情况进行申报，管理性质的文件与其相支持性的文件没有形成必要的衔接，文件的操作性在具体到企业实际时，出现理论脱离实际的现象；不但给评审带来困扰，更重要的是无法提升被评审者的管理水平和效益创造。三是少数被评审者在评审过程中避重就轻，好的一面尽力展示，而不足的一面则尽力掩盖，隐瞒企业经营管理、产品质量等方面的问题。四是少数被评审者未能找准行业标杆、竞争对手，还有一些被评审者由于商业机密的原因较难查询到行业标杆、竞争对手的相关比对数据和绩效水平，难以开展比对分析。

3）切实提高现场评审水平

一是加强学习。目前上海市政府质量奖项的评审根据被评审对象不同而采用相对应的标准。作为被评审者导入企业卓越绩效管理模式的同时，要落实到各层级、乃至基层的每一位员工，并影响到供应商、顾客；作为评审员更应加强标准、质量管理方法、管理工具的学习，提高对评价条款和评分准则的把握深度。评审员不但是卓越绩效的审核者和评价者，还应是卓越绩效工作的推广者。

二是认真准备。现场评审前无论是被评审者还是评审员都要认真做好前期准备工作；作为评审员要查看相关申报材料，事先准备重点澄清、验证、核查的内容，带着问题进入现场；评审过程应高度投入、思路清晰，并掌控好节奏。

三是摆正位置。评审员要以平和的心态进入企业，评审过程是诊断过程，通过听、查、看、核等方式，与企业进行面对面的沟通交流，获取组织准确全面的信息，对照标准要求，归纳总结企业的优势，更关键的是识别出企业真正的改进空间。

四是掌握方法。从实现企业愿景、使命、价值观、战略目标等角度，从方法、展开、学习、整合四个要素评价过程的成熟度，并从相应的结果印证其过程的有效性；可以预先让企业准备需要提供的佐证材料，边听取汇报边提问题，由浅入深，不断深入了解企业的实际运营状况，营造良好的沟通氛围。

五是沟通配合。加强评审员之间的沟通，内部沟通会时，要充分表述评审中所掌握的信息，对有些条款的初步判断，同时，也要认真听取其他评审专家的汇报内容，对存在的疑问进行充分沟通交流；要有良好的应变能力、协作配合能力、表达能力、总结归纳能力，还要增强法制意识。

推行卓越绩效管理模式是企业走向卓越成功的有益之路。参与上海市政府质量奖项的评审，对评审专家来说也是一个学习、提高的过程，每次参加评审后都会感觉到自己的进步和提升。

6.1.3 评审感悟

(1) 在评审中体现价值[29]

一晃眼，担任市政府质量奖评审员已经5年了。对我而言，担任评审员是一“跨行”学习与再学习的过程，也是一次见证和感受卓越管理的过程，跨行并非易事。回顾5年来的参评工作，体会良多。

虚心学习，从零开始。如何在一个新的领域耕耘，唯一正确的做法就是一切“从零开始”，从最基础的做起，多研究文本，多参加评审实践，在工作的过程中积累和提升。在我的评审经历中，得到了许多评审员的言传身教和热情支持，让我充分感受到团队协作的氛围和同志互助的暖意，少走了不少弯路，并被逐步推到“第一线”。

全情投入，把握机会。如何缩短适应期，尽快进入成熟期，成为一名合格的评审员，不断提升自身的专业能力是基础，但排在第一位的是态度。“要么不干，要干就要干好它”，这是我的工作信条，也是参评过程中对自身的要求。以现场评审为例，参评前要认真做好准备工作，仔细阅读组织申报材料，把握资料评审报告要点，进行初步概括和重点设问，做到心中有数。参评中要全神贯注、倾情投入，既要服从组长安排做好份内事，更要积极主动承担协同任务。一个团队一起工作总会有主次、轻重之分，千万不要将多干活看作是吃亏，换一个角度看这是锻炼和提高的好机会！评审过程中最吃重的工作是评审报告的撰写，不仅是整个现场评审的终极成果，也是评审组能力水平的最好体现。一个合格的评审员应该增强“写”的意识和能力，通过写作提高评审工作的广度和深度，掌握过程的重点和技巧，增强提炼的准度和精度。如果说我在参评过程中有什么经验，敢写、多写、善写是成长成熟的一条“捷径”。

实事求是，严守分寸。从字义看，评审指的是评议和审查，进而得到核定结果。评审就好比为申报对象“画像”，评审过程是观察观摩，评审报告是落笔成像；要做到画得“像”，具有真实感，就要多听、多问、多看、多查，这是评审的基本要求和基本方法，评审员有其风格和特点，但评审的要义必须坚持和维护。要做到公平公正、真实可信，一定要坚持实事求是，讲究和把握工作的“分寸”，总结优势有实践基础，提出建议有事实依据。现场评审中我要求自己必须避免三种倾向。一是避免个人喜好的干扰，不因名企名人而“无限拔高”，不为参评企业或个人默默无名而“一棍子打死”，少一点主观主义，辩证地看待优势和弱项，科学地作出总结和评价。二是避免把评审现场当作辅导课堂，评审中免不了会做些指导、点拨和交流，但不能搞“一言堂”式的开讲，淡化了“评”和

---

[29] 本节内容由徐正初撰写。徐正初，2016年起担任上海市政府质量奖评审员，先后参加了近30家组织和个人的资料评审及现场评审。

"审"的氛围。三是避免将提炼概括当作"创作"，评审报告是立足于申报对象工作实际和管理特色基础上的总结和提升，不是拍脑袋、想当然地编撰和任意拔高。在申报对象面前，我告诫自己作为评审员要用好手中权利，体现思想境界，展示良好形象。

老来自喜跨行红。五年来的评审实践，拓宽了我的视野，丰富了我的生活，也再一次让我感受到了人生新体验。有人说评审员工作太辛苦，而我感受到的却是充实、愉悦和价值。

（2）让政府质量奖评审价值最大化[30]

2020 年是特殊的、难忘的一年，也是上海市政府质量奖设立的第 20 个年头。本人作为一个长期工作在制造业的质量老兵，有幸参与了上海市政府质量奖二十载的一半历程，见证了政府质量奖制度的细化与升级、行业范围的拓展与多元、政府组织及评审专家团队的才华与学识、申报组织的优秀和追求卓越的劲头与热情。政府质量奖的设立、评审、培训、学习、分享及其激励制度促使了上海各行各业整体管理水平和产品质量的不断提高。作为政府质量奖评审员，承担了政府质量奖工作的一项重要任务，就是对申报组织进行资料和现场的评审并出具综合评价意见。如何让评审过程不断增值，让评审工作的价值最大化，是每个评审员都会思考并力争做到的。

评审过程包括资料评审和现场评审两个过程。现场评审过程就是在申报组织的工作场所通过与申报组织的管理层和员工、顾客及供应商代表的交流沟通，审阅、查看、核实相关信息和数据，挖掘组织的管理优势，发现组织的改进之处，最后出具综合评审报告。这个过程也是申报组织管理层和员工唯一一次大范围、近距离、全方位和全过程展示组织在卓越绩效管理方面的过程和成果，也是评审员团队作为政府质量奖的代表，向申报组织做全面的评价和对卓越绩效管理模式的宣贯和促进。

由于申报政府质量奖的组织都是优秀的组织，有的是行业龙头，有的获荣誉颇多，有的经营业绩斐然。这些组织在参与政府质量奖评价过程中也往往希望能从中获得更多的价值，政府质量奖现场评审的增值过程包括评审员将自我学习的知识和优秀实践及案例向申报组织进行分享，为申报组织挖掘管理优势同时也指出其达到卓越需改进的方向，向申报组织包括其顾客和供应商代表进行政府质量奖的推广宣贯。因此评审员要让评审过程增值，就是要善于观察、善于总结，不断改进评审方法，同时要在思维方式、知识体系、评审方法、职业素养等方面不断提升，成为名副其实的专家。

1）思维方式——评审员应不断拓宽自己的思维和视野，不受自己所在的行业、所做的工作及其实践经验所局限，用接纳、理解和学习的方式来评审各类申报组织的经营业务和管理活动。

2）知识体系——评审员要不断学习、持续更新自己的知识体系，对申报组织要有充分的了解且学习必要的知识。都说 GB/T 19580《卓越绩效评价准则》是一个迷你的 MBA

---

[30] 本节内容由李春宛撰写。李春宛，从事企业管理包括质量管理工作三十余年，参与政府质量奖近十年，参加了六七十家组织和个人的质量奖评审工作。

管理学内容，评审员也应该力争做到技术和管理知识的多面化。

3）评审方法——将“听、看、查、问、记、审、评、说、教、学”相结合，既对评审组织的管理成熟度、管理优势及改进之处进行恰当的评价，也要为申报组织如何提升管理成熟度作出适当的引导。

4）职业素养——评审员在整个评审过程要体现优秀的职业素养，既要公平、公正、客观评价，也要在整个过程做到“五心——耐心、专心、虚心、细心、精心”。耐心查看评审各种资料和信息；专心倾听申报组织的讲解和说明；虚心参与评审全过程，不以评审专家身份自傲；细心观察现场反馈且不遗漏重要信息；精心确保评审质量，对每一个环节、每一个建议、每一个评价和每一个条款和报告都做到精益求精。

多年的评审经历使我获益匪浅且感受颇多。最令人高兴的就是每次评审时听到申报组织对评审小组和评审员的积极反馈和评价。例如有的申报组织说，经过政府质量奖现场评审过程，才意识到参与评审的过程比能否获奖的结果更有价值，对组织管理水平提升更有帮助。有的申报组织说，评审专家的知识和经验尤其是其他组织优秀案例分享让他们看到追求卓越的方向和方法。有的申报组织在评审前觉得自己已经是行业龙头，通过评审过程学习了如何通过行业内甚至跨行业的对标管理来进一步提高管理成熟度。有的申报组织甚至说两天的评审过程及收获的知识、信息和管理案例比以前花数十万请国际知名的管理咨询公司更有价值，因为政府质量奖的评审过程和建议更贴近组织的实际经营、更接地气和更实用。正是申报组织的积极反馈和评审工作的价值让我更加热爱这个工作，投身其中乐此不疲。希望今后继续为政府质量奖工作出一份力，为上海的质量工作献一些计，见证上海政府质量奖发展历程的一个又一个十年！

（3）传播质量方法、引导质量提升[31]

上海市政府质量奖设立至今已有二十年，相对来说，我这名 2017 年上岗的评审员，算是评审队伍里“年轻”的一员。四年时间，我参与了 21 家组织和个人的资料和现场评审。在资深评审员的指导下，从一名“小白”逐渐成长为一名具备一定专业能力的评审员，希望此经验分享对年轻的评审员有一定的帮助。

1）不断学习标准是评审基础

一位资深评审老师说过：“评审的关键是对管理理论和管理技术熟悉掌握和运用，评审员为什么能够评审不同行业、规模、业态和专业的组织和个人，因为唯有管理是共通的。”本人深以为然。从作为企业的推进者参与政府质量奖申报，对《卓越绩效评价准则》凭着个人的理解开展企业自评；到现场评审时接受评审专家的质询，加深了对标准的理解；再到作为评审员，用同样的标准应对不同行业时的评价，一步步加深了我对《卓越绩效评价准则》的理解和转化运用。从刚刚参与评审时候的忐忑，到能够独立承担

---

[31] 本节内容由景明艳撰写。景明艳，从事企业质量管理工作十余年，2017 年起担任上海市政府质量奖评审员，参与了市、区二级 20 余家组织和个人的质量评审工作。

一个小组评审的自信，都是建立在对《卓越绩效评价准则》的深入理解和运用上。战略是如何基于领导作用制定？战略与市场、资源、过程管理、测量分析与改进之间的关系如何层层分解落实？战略目标同过程的设计、结果之间的关系？这些都是系统而有关联的，作为评审员，我们主要的作用之一，就是推动被评组织对这一科学的标准深入理解和转化运用，用系统科学的方法推动组织改进，从而推动上海整体质量水平的提升。

2）深入了解被评组织是基本要求

了解被评组织的社会评价与地位、以及组织所属行业的特点对有效评审很重要。每次评审时，评审组长都对被评组织相关的竞争对手和标杆、核心的技术方法掌握很清楚，有些信息甚至比被评组织更熟悉，在领导层沟通时，就能给领导层提出很具体的问题和改进建议。评审员在评审前，通过网络查阅、相关行业资料检索等，了解该组织所在的行业、其在行业中的地位，如在行业的综合排名、在某一细分领域的排名等。同时，对组织所属行业有一定的了解，如果是制造业，它的核心产品是什么？产品实现的主要工艺流程？当下该行业最先进的技术和方法是什么？对该组织来说它的核心技术方法是什么？与其他专业相比，它的不同之处在哪里？这个行业现在的标杆组织是谁等。去了解被评组织所属行业的一些核心信息，这对评价组织、评估该组织在行业中的地位、组织所使用方法的先进卓越性，都有很大的作用。

3）有效沟通是现场评审关键

现场评审中要关注评审时间节奏、逻辑清晰。前期的准备工作要充分，最重要的是对组织自评报告和组织概述认真研读、深入理解，提前做好评审准备表。另外，要把握住评审主次关系，重点核实和确认的是组织的管理优势和亮点，以及改进方向。注意评审过程中与组织的沟通方式和态度，评审是去发掘组织的优势和亮点，同时帮组织发现其需要改进的方向，要以合作开发的态度对待，不要咄咄逼人，要注意引导被评审组织。

作为政府质量奖的评审员，能够深刻体会到这些年政府对推动组织质量提升所作出的努力，近年来上海越来越多的组织在政府质量奖的推动下，利用《卓越绩效评价准则》的系统管理方法开展管理提升。而作为评审员，我们更应清楚我们代表着上海市政府推动企业质量提升，我们的一言一行代表的是政府对上海市质量管理的推动方向，我们身上肩负着使命和责任！评审的目的之一是将《卓越绩效评价准则》的思路和方法灌输给组织，引导组织用《卓越绩效评价准则》的方法，增强组织的战略执行力，改善产品和服务质量，帮助组织进行管理的改进和创新，持续提高组织的整体绩效和管理能力，推动组织获得长期成功。

6.2　观察员感想

上海市政府质量奖设立观察员制度是一个制度创新。多年来，担任观察员的人大代表、政协委员以及新闻媒体工作者等人员，以高度的责任心，参与对政府质量奖评审工作的监督，维护政府质量奖评审的公平公正，确保政府质量奖评审过程的公开透明。本节选取部分观察员的感想进行分享。

6.2.1 始于制度创新、贵在持续创新[32]

我是上海市人大代表，连续5年受邀担任上海市市场监督管理局行风监督员，2019年和2020年以“观察员”身份全程参与3次市长质量奖企业评审，对我而言是极好的学习机会，也认真履行了观察员的职责。

（1）观察员对政府质量奖的感想

1）城市管理者策划布局政府质量奖意义深远

上海是国际大都市，在科技创新、品牌建设、城市精细化管理、社会优质服务方面处于国际先进水平，部分处于国际领先水平。城市之间的竞争要素多元，其中追求品质的理念、融于全过程的质量控制、优质的产品与服务，是城市可持续发展的基石，是实现高质量发展的基石，上海地区不断涌现的获政府质量奖的优秀团队，像一颗颗璀璨的明珠，彰显了城市品质，提升了城市品牌影响力，进而提升城市的核心竞争力！实地观察上海市政府质量奖评审工作让我深刻感悟当年策划布局政府质量奖的智慧与重要性，深刻感悟政府质量奖与时俱进的魅力，这是制度创新的丰硕成果。

2）政府质量奖获得者，行业引领作用成效显著

上海市设立政府质量奖已有许多年，覆盖许多行业和领域，从新时代高质量发展、高品质生活的目标看，政府质量奖被授予者多是行业领军企业，他们秉承追求卓越目标、贯彻可持续发展理念，在引领行业科技进步、城市品牌推广、保障城市安全、保障高品质生活方面发挥了积极的作用。他们远景目标清晰、组织构架合理、人才体系和标准体系完善、产品具有竞争力、社会效益与经济效益显著，政府质量奖的综合示范作用、引领作用成效显著。

（2）观察员对评审过程的感想

1）评审过程规范、严谨

每次评审，市审定办工作人员都亲临现场，宣布评审纪律，对评审提出具体要求，履行全过程指导与督察的职责。评审组都事先制定详细计划，评审内容严格按要求进行，包括对申报团队的远景目标、组织构架、质量管控体系、品牌效应、行业影响力、可持续发展能力的综合评价；对试验基地（实验室）、产品流程、产品与服务性能的全覆盖检查；客户评价及企业员工满意度也是重要指标。

2）申报团队认真准备、精益求精

上海市政府质量奖是上海市质量工作领域的最高荣誉，入围最终评审的申报团队都格外认真，详实的申报材料、精心准备的演示文稿、充满自信的表达，让我深刻感受到他们

---

[32] 本节内容由许丽萍撰写。许丽萍，上海市第十二届至十五届人大代表，从2019年起作为观察员参与上海市政府质量奖现场评审工作。

追求卓越的情怀、勇于拼搏的坚韧、热爱企业和关爱员工的温暖。他们有的是第一次申报，有的是第二次申报，不把获取上海市政府质量奖作为唯一目标，而是将申报过程作为全员统一思想、整体进取、提升品质的过程；授予政府质量奖的那天，也是新征程的开始，品质管理融入团队文化，是政府质量奖持续发光的基因。

3）评审团队富有经验，体现良好的职业素养与情怀

评审团队来自不同单位，但配合默契；他们大多经历过政府质量奖的申报、建设与维护，拥有丰富的实战经验；持续评审过程中提问与互动很多，这样可以充分了解情况，便于判断；每份资料的确认是一个细致工作；总之是通过对申报团队“全身体检”，挖掘亮点、发现不足。评审时间多则两天，少则一天，评审过程对专家脑力与体力消耗很大（午餐后专家一般都不休息、评审两天时，晚上也整理资料）。他们秉承“严格把关、公正公平”原则，以自己的专业知识、丰富经验、职业情怀，守护着政府质量奖的品牌。每当评审完毕，组长宣读评审评语时，客观的评价、精准的表达、智慧的建议，让我有份感动！这是令我敬佩的优秀专家团队，向他们致敬！

上海市政府质量奖从设立至今，已有二十年。这项工作始于制度创新、贵在持续创新、喜在硕果累累，值得点赞！

在当前“创新取胜、品质取胜、诚信取胜”的大背景下，在新业态新产品不断涌现的时代，期待以上海市政府质量奖评选为新契机，多倾听社会各方（特别是智库）的意见与建议，以进一步激发城市创新活力，发挥获奖组织的示范引领作用，推动质量管理水平整体提升；以营造良好营商环境，助力优秀组织向高质量发展，为上海新一轮腾飞发挥重要作用。

6.2.2　严守评审纪律、严保评审质量[33]

我很荣幸被组织安排作为一名上海市政府质量奖评审工作观察员，一年来我接触了市审定办的同志们以及多位评审专家，让我学到了许多宝贵的知识，获得了许多真诚的友谊。在观察评审过程中，我感受到同志们都有一个共识，一定要把每件评审都做到准确甚至是精致。我在这样一个充满工作激情和活力的团队里，被感动，被激励，同时也很享受。下面我谈几点心得：

一是质量工作存在于所有的行业，哪怕是政府工作同样也存在质量如何的问题，所有工作都离不开管理，鉴定管理好坏就是看质量！对管理认知的高度，意味着社会进步的程度；对质量要求的精度，意味着对管理精细化的深度。我们常说对城市的管理要像绣花那样一针一线的精准细腻。在市委市府的领导下，在市场监督管理局领导的具体指挥下，市政府质量奖评审工作就像一双灵巧的手，为上海精细化管理建设，一针一线绣出一朵又一

㉝ 本节内容由郭翔撰写。郭翔，上海市政协第九届、十届委员，第十一届、十二届委员常委，从 2019 年起作为观察员参与上海市政府质量奖现场评审工作。

朵精美的城市花朵，打造美好城市，离不开站在背后为上海发展作出巨大贡献的无名英雄，评审工作就是这样默默无闻的英雄！毛主席有首赞美梅花的诗，我记得后半部分是这样写的“……俏也不争春，只把春来报，待到山花烂漫时，她在丛中笑。”评审工作就像那美丽的梅花，俏，但不去争春，不去争功名，帮助一家又一家企业进步，当这些企业都绽放出美丽的花朵时，默默地退到后面，没有光环，没有掌声，沉没在人群中，“她在丛中笑”，祝福企业发展，祝福社会进步！

二是评审企业是否能获奖，看整个评审过程是否公开、公平、公正，市审定办对评审有着一套严格的管理程序和纪律监督机制，从收到企业书面申请开始，要先对企业进行书面评审，在企业书面申请材料经评审符合要求后，市审定办组织评审组进入企业进行现场评审打分，再进行一次又一次讨论或者论证，反反复复，每一环节都靠制度和机制来确保评审的公正、公平！正因为有这样一套严谨细致的监管机制，使那些没有被评上的企业心服口服，纷纷表示的确是自己做得还不够好，下次要改进再来。市审定办为帮助落榜企业，组织获奖企业进行经验分享，希望有更多的企业在管理质量上进步，再进步。一个企业管理质量进步了，往往会影响和带动一批企业，尤其是一条产业链上的上下游企业，一个又一个企业进步了，则整条产业链的企业就进步了，一条又一条产业链企业进步了，则整片产业群企业会进步，这就促进整个社会提升和发展，企业强大了，社会进步了，那么我们的国家必强大！社会质量管理的提升，是长期的过程，一直在爬山的路上，这需要全社会共同认识，需要以实际行动来支持和参与质量提升工作。新年已开始，新的冲锋号正在吹响，城市管理工作永远离不开质量，追求质量永远在路上！

6.2.3 加强质量管理、追求卓越绩效㉞

上海市人民政府设立政府质量奖，其目的在于引导和激励上海市各企事业单位和个人加强质量管理，追求卓越绩效，提高质量水平和竞争能力。对于获得此奖项的单位或个人来说，不仅仅拥有着极大的荣誉，更是各行业的旗帜和风向标。许多单位或个人因此努力争创上游，坚持以创新为灵魂，以质量管控为立足之本，使上海逐年形成了注重质量管理、追求卓越绩效的良好氛围。

作为连续两年（2019 年、2020 年）参加近 15 次政府质量奖评审的观察员而言，让我看到了评审工作组织方为此作出的极大努力和高度的责任性，各位专家为每次评审而付出的辛劳和敬业精神以及参评方积极准备各类申报材料的认真态度。

政府质量奖评审是一项十分严谨的工作，环环相扣来不得半点马虎，每次评审之所以能够取得成功，与组织方事先积极协调、深入沟通，严把申报材料关以及搭配专家组参评人员等细致入微的工作密不可分，彰显了评审组织方极强的协调能力和对此项工作的重视

㉞ 本节内容由沈耀宏撰写。沈耀宏，上海市市场监管系统党风政风行风民主评议第三监督组组长，从 2019 年起作为观察员参与上海市政府质量奖现场评审工作。

态度。就拿每次评审活动来说，组织方都会先后多次给每一位参评人员发送会议通知予以确认，并将纪律要求一并附上，确保了评审按时有序开展。为了保证现场评审公正公平，组织方负责人到会宣布评审纪律已形成了常规动作。在短短两个月时间内，面对数十场的现场评审工作，组织方负责人几乎天天马不停蹄地穿梭于各个评审现场，他们付出的辛劳和流下的汗水，使得政府质量奖的绚丽花朵绽放得更加纯洁无瑕。由于评审管理机制严谨细致和组织方投入的大量精力，确保了评审工作正常开展，为此也赢得了专家组和被评方的高度肯定。

评审工作能否正常开展，关键在于组织方、专家组、参评方三者高度配合和密切协作，缺一不可。就参评方而言，各自都有着端正的参评态度和用心投入准备，递交的各类材料皆完整而充实，遇到专家提问都能及时作出相应解释，对专家提出的建设性意见都能做好认真记录，显示出对专家组成员的尊重和敬意。每次评审虽然在形式上显得十分严肃认真，但整个过程却让人觉得非常和谐而默契。正如有的企业所言，即使没有评上，能有这样机会得到众多专家悉心指点和用心扶助，花去的精力和时间也非常值得。

评审专家组能在评审过程中，以独特的视角、敏锐的鉴别力发现问题，有的参评单位的申报材料和专家现场查勘、沟通了解到情况存在一定差异，或许是参评单位并不认为是亮点而未显示在材料之中。遇到类似情况时，我们的专家能主动挖掘被评方的亮点和长处，并在评审综合报告中展现了参评单位具备的真正实力和风貌。许多参评单位认为，参加政府质量奖评审，是一次很好的学习机会，也让企业找到了一条提升企业管理的捷径之道。有的企业领导表示，如此不走过程的评审，让企业受益匪浅，专家组免费给予的指导和点化，使企业今后发展有了更明确的目标。此外，评审工作是一项高强度的体力和脑力劳动，评审之前，各位专家要利用自己时间仔细阅审大量参评材料，现场评审要在一天或最多两天时间之内核实书面各类数据、挖掘亮点、现场勘察、分门别类座谈，晚上各自回家又要利用休息时间整理出相关材料发给组长，最终汇成综合评审意见文稿。紧张而高强度的工作，消耗了各位专家的极大精力和体力，他们的用心付出和对评审工作的责任性，让所有参评方感动不已。在他们身上不仅闪烁着坚毅光芒和奉献精神，还让人看到了专家们为提升上海总体质量水平，推动质量强国所作出的积极努力。

“百尺竿头，不进则退”。政府质量奖的评审工作，离不开具有一定专业水平的专家参与。因此，如何吸纳培养有专长、有经验、乐于奉献的高素质专家加入到评审组，应当成为政府质量奖评选工作不可或缺的组织机制。愿这支高水平的专家队伍得到适当扩充，以确保为登上参评政府质量奖“竞技台”的企业和个人作出令人信服的评定。

6.3 参评者感悟

在上海市政府质量奖二十年的发展过程中，有上千家组织和个人来申报，有上百家组织和个人获奖，在事前准备申报、事中参与评审及事后宣传推广质量经验的过程中，他们收获良多，也感慨良多。本节选取一些获奖组织和个人的感悟与大家分享。

6.3.1　获奖组织感悟

上海市市长质量奖是超越通常意义的质量奖，不仅仅关心产品质量，更着重关心管理体系的建设和改进，不仅关注企业的经营绩效，也强调企业的社会责任。参与评奖是对宝钢的一次全方位审视，对宝钢而言，是一个十分宝贵的学习过程。

——宝山钢铁股份有限公司宝钢分公司

（2008 年度上海市市长质量奖获奖组织）

公司自 2001 年导入卓越绩效模式，积极参与政府质量奖相关活动。通过历年的创奖，使公司清晰战略、愿景目标，使组织团队统一思想、坚定步伐，企业的竞争能力、盈利能力和创新能力不断提高。实施卓越绩效，是追求卓越的需要，更是生存的需要！

——上海日立电器有限公司

（2009 年度上海市市长质量奖获奖组织）

自 2004 年以来，东湖物业就形成了实施“卓越绩效模式”的共识，并把创奖过程作为持续改进各项工作、提升管理服务水平的永恒主题，用“卓越绩效模式”凝聚人心、鼓舞人心，为业主提供更多、更快、更高价值的服务体验。

——上海东湖物业管理公司

（2009 年度上海市质量金奖获奖组织）

通过卓越绩效模式的推进，我们阿波罗人也尝到了先进的管理方式给企业带来的可喜成果，企业的经济效益得到明显增长，管理效率和水平得到明显提高。

——上海阿波罗机械制造有限公司

（2009 年度上海市质量金奖获奖组织）

上海市市长质量奖申报、评审的整个过程，是建科院对卓越组织建设的梳理和归纳的过程，也是对卓越绩效管理模式的一次学习、宣传和检查的过程。在这一过程中，建科院变革了观念，再造了流程，健全了体制，完善了机制，大大提升了企业的整体绩效水平，为建科院的持续发展奠定了更加坚实的基础。

——上海市建筑科学研究院（集团）有限公司

（2010 年度上海市市长质量奖获奖组织）

争创上海市质量金奖的目的不仅仅在于获奖，而在于通过这样的一种评价模式来找出不足之处，并在后续的工作中不断地提高质量、追求卓越。评奖的过程就是学习提高的过程。卓越是无止境的，公司将不断学习，不断改进，永远追求卓越，持续提高竞争能力。

——上海丰科生物科技股份有限公司

（2010 年度上海市质量金奖获奖组织）

宝信软件以创建上海市质量金奖、上海市市长质量奖为契机，全面导入卓越绩效管理模式，在价值观和企业文化、战略制订和部署、顾客与市场、资源、过程管理、测量/分析与改进等领域进行了系统的策划和推进，通过持续创新工作方法和工作思路，持续追求卓越的过程，取得了企业经营的优异业绩，实现了从优秀到卓越的跨越。

——上海宝信软件股份有限公司

（2013 年度上海市市长质量奖获奖组织）

公司追求卓越绩效的理念，已经被润物细无声地融合于公司的各个过程、各个岗位和每位员工，它是公司所有运行体系、过程的灵魂，也是公司最终的目标导向，是沃尔沃建筑设备的动力之源，推动沃尔沃的车轮滚滚向前，奔向下一个高峰。

——沃尔沃建筑设备（中国）有限公司

（2013 年度上海市质量金奖获奖组织）

公司秉承“让都市环境更美好”的企业愿景，践行世博理念，释放世博会园区环境运营的品牌辐射效应，导入卓越绩效管理，不断提高公司创新能力和市场竞争力，持续提升环境运营的管理水平与能级，追求社会效益、环境效益、经济效益三者的共赢。

——上海环境实业有限公司

（2013 年度上海市质量金奖获奖组织）

药品行业是特殊的行业，关系到百姓生命健康。雷允上视质量为企业生命线，恪守“依法经营、质量第一、以人为本、全程管理、追求卓越”的质量方针，不断完善提高企业质量管理水平。

——上海雷允上药业西区有限公司

（2013 年度上海市质量金奖获奖组织）

上海三菱致力于质量经营的探索和实践，积极实施卓越绩效管理模式，坚持以战略为引领，以顾客为中心，以卓越绩效评价标准为企业管理大纲，追求卓越的质量经营，使公司在行业中保持领先地位。

——上海三菱电梯有限公司

（2014 年度上海市市长质量奖获奖组织）

海尼药业坚持“高质惠民、创新为民”的核心价值观，建立完善的质量管理体系并有效贯彻运行“卓越绩效”管理模式，并将始终秉承“求索进取，护佑众生”的企业使命，为医药行业建设、卫生教育事业和社会经济发展作出卓越贡献！

——扬子江药业集团上海海尼药业有限公司

（2014 年度上海市质量金奖获奖组织）

质量，是国际竞争力的基石。唯有敢于担当，才能不断追求卓越、开拓创新，铸就更高的质量，上海国际机场股份有限公司在参与国际枢纽竞争时才有足够的底气和实力。

——上海国际机场股份有限公司

（2015 年度上海市市长质量奖获奖组织）

上海地铁坚持“通向都市新生活”的质量管理模式，践行“建地铁就是建城市”理念，紧扣“高质量”和“高品质”两个关键，网络规模和覆盖密度、运营安全、服务质量、社会效益等主要绩效指标处于行业领先地位，到 2035 年成为卓越的全球城市轨道交通企业。

——上海申通地铁集团有限公司

（2015 年度上海市质量金奖获奖组织）

“被授予市长质量奖，不仅是一份荣誉，更是一份催人奋进的动力！”上海发电机厂将紧跟国家发展要求，秉承让用户满意和为社会带来光明和动力的使命，在产品上继续创造新的第一，在管理上深入推进围绕智能制造的转型升级，最终实现成为世界一流，具有持续发展能力与国际竞争能力的发电机制造企业的伟大目标。

——上海电气电站设备有限公司上海发电机厂

（2016 年度上海市市长质量奖获奖组织）

在市场经济的激烈竞争中，中建东孚秉承“中国建筑，质量重于泰山”的质量观，始终坚持以最优质的服务赢得顾客、赢得市场。通过实施卓越绩效管理模式，深入推行以“4M”——精品、精细、精益、精神为核心的管理模式，企业质量管理水平得到了飞速提升。

——上海中建东孚投资发展有限公司

（2016 年度上海市质量金奖获奖组织）

我们时刻谨记企业作为能源建设龙头所肩负的重任，积极贯彻国家可持续发展的新能源发展战略，确定战略方向并制定高质量发展目标，主动探究客户利益焦点，并将需求转化为至臻完美的技术方案，着力打造灵活高效的学习型组织，以持续创新赢得品牌声誉，让每一名员工都意识到“我们能够做得更好”是公司的行动理念和产品服务质量的灵魂，更是我们不断为国家和客户提供卓越服务的根本保证！

——上海电力设计院有限公司

（2017 年度上海市市长质量奖获奖组织）

质量提升已经成为企业发展的内在动力和主攻方向。公司始终将质量作为企业发展的核心战略，在使命、愿景和价值观中充分体现出质量元素，进一步完善建立强有力的组织和制度机制，保证质量发展战略的有效实施。进一步强调设计、采购和施工模式（EPC）总包的技术策划，对重要区域、重要顾客、重大专业和大型工程做到强制性实施前期策划。以设计质量审查、设计回访、质量征询等多种方式，进一步强化设计质量监控、及时掌握质量状况、持续改善质量水平，实施卓越绩效管理，提高产品服务质量。

——上海市政工程设计研究总院（集团）有限公司

（2017 年度上海市质量金奖获奖组织）

公司坚持高标准、高要求、高质量发展，在业务产品研发、风险控制管理、技术系统开发测试、市场客户精准服务等多方面，严格开展过程识别设计和实施改进，努力建设成为专业、规范、具有全球影响力的金融市场“风险管家”，全力支持上海国际金融中心建设！

——银行间市场清算所股份有限公司

（2017 年度上海市质量金奖获奖组织）

质量是一个企业实现可持续发展的核心，也是一个企业发展的最有力推动。让质量深入企业管理、深入人心，通过培育工匠精神，让质量意识植入企业发展的每一道环节，从而让传统文化及技艺得到传承延续的同时不断蜕变升级，适应时代发展需求。实现中国服装品牌转型，让中国品牌、中国制造走向世界是一场硬仗，而质量是强化品牌的基石，我们坚持用创新、科技为质量添砖加瓦，通过质量文化强力打造中国品牌形象，为培育百年品牌而不懈努力奋斗。

——上海蔓楼兰企业发展有限公司

（2017 年度上海市质量金奖获奖组织）

如果说 20 世纪是追求效率的世纪，那么 21 世纪就是追求质量的世纪，医院的医疗质量更是责任重于泰山。上海儿童医学中心将以获得上海市质量金奖为起点，深化质量文化与质量价值观建设，秉持“一切为了孩子”的办院宗旨，以及“坚持以人为本、坚持质量为先、坚持改革创新、坚持文化引领”的四大工作方略，对标新时代背景下卓越绩效管理，再出发、再前行，着力打造最具品质的儿科、最有温度的医院、最富贡献的国家儿童医学中心。

——上海儿童医学中心

（2017 年度上海市质量金奖获奖组织）

坚持“创新突破求发展、品牌领先争第一”的质量方针，崇尚“今天的质量”就是“明天的市场”，深感到“品牌（引领）、技术（根本）、标准（基础）、创新（原动力）”是质量发展的核心。坚持“敢想、敢做、敢突破”的企业精神，立志振兴民族百年品牌，秉承“质量管理无捷径”的理念，用精心打造优质产品、诚信塑造特色服务去满足消费者的需求，不断扩大市场份额，提升推进品牌发展战略的续航能力，引领百年老字号的“老凤祥”在“质量强国”的复兴之路上争先奋进！

——上海老凤祥有限公司

（2017 年度上海市质量金奖获奖组织）

加强医院的质量管理是全面提高医疗水平和管理效能的前提，是关系到满足社会和患者需求的根本途径。中山医院内镜中心将继续坚持以患者为中心，以信息化为依托的全方位、全时段、全员参与的医疗质量管理模式，通过规范化、专业化、精细化的管理，促进医疗质量的持续改进，为患者提供优质、安全、便利的医疗服务，这就是我们永不磨灭的初心。

——复旦大学附属中山医院（内镜中心）

（2017 年度上海市质量金奖获奖组织）

医疗质量是医院生存的基础，立足的根本，发展的命脉。面对经济新常态、质量新格局、改革新挑战、发展新机遇。作为长海医院专科团队，我们将按照“质量、创新、转型、融合”的战略谋划，不断激发新活力，增强新动力，发展新优势，持续打造以技术、标准、品牌、质量和服务为核心的专科优势和技术品牌，传承质量精神，推广质量模式，在引领行业质量改进、质量创新、质量发展、质量提升等方面发挥积极的、更好的作用，为建设质量强国和健康中国作出应有的贡献。

——上海长海医院（泌尿外科）

（2017 年度上海市质量金奖获奖组织）

医疗质量是医疗卫生之魂，质量管理创新是永恒的主旋律。推拿疗法从远古走来，新时代赋予其变革创新发展的新要求，岳阳医院推拿团队责无旁贷，始终在不懈努力。时光流转，风雨兼程，我们一直走在推拿疗法的最前沿。此次获得上海市质量金奖对于古老的推拿学科具有里程碑式影响，踏上了这个台阶，对于学科进一步发展意义深远。“手到病除，质量为魂”精神，将成为团队坚持走中国推拿疗法创新之路的永恒动力。

——上海中医药大学附属岳阳中西医结合医院（特色推拿）

（2017 年度上海市质量金奖获奖组织）

安全是核电的生命线，质量是核电安全的基石。上海核工院秉承“核安全至高无上”的原则，以卓越绩效管理模式为框架，深度融合研发设计和信息技术，创建可视化、数字化的质量管控工具，实现量化透明的精益管理，着力培育“人人都是一道防线”的核安全文化。我们将以获得上海市市长质量奖为契机，恪守“万无一失，一失万无”的质量理念，以顾客需求为牵引，以技术创新为驱动，打造清洁能源品牌，助力上海科创中心，建设“美丽中国”。

——上海核工程研究设计院有限公司

（2018 年度上海市市长质量奖获奖组织）

进入新时代，上海城市发展对电力供给服务提出更高要求，国网上海电力将以本次荣获上海市质量金奖为契机，进一步深化卓越绩效模式运用，加快建设“三型两网、世界一流”城市能源互联网企业，为上海“卓越全球城市”建设做出新的更大的贡献！

——国网上海市电力公司

（2018 年度上海市质量金奖获奖组织）

时刻铭记“股份交易中心、资源集聚中心、上市孵化中心、金融创新中心”的公司定位，坚持“干部深入一线，全员服务客户”的业务模式，牢固树立“客户至上、服务一流”的经营理念。严把审核大关、严保挂牌质量、严肃监督管理、重视融资交易、提升服务水准，通过质量管理打造中小微企业孵化家园，努力实现“缓解中小微企业融资难、促进实体经济发展”的奋斗目标，为上海市国际金融中心建设、科技创新中心建设、中国多层次资本市场体系建设贡献力量。

——上海股权托管交易中心股份有限公司

（2018 年度上海市质量金奖获奖组织）

上海交响乐团作为国有文艺院团，始终坚持通过建设自身品牌助力打响上海文化品牌、提升中国文化软实力。我们清楚地认识到，文化质量的打造，要着眼当下，更要持续耕耘；厚积薄发、一鸣惊人，将文化品牌的质量建设融入上海的城市血脉是我们的使命。

——上海交响乐团

（2018 年度上海市质量金奖获奖组织）

神经系统疾病的特殊性和高风险注定神经外科是最精细的手术科室。华山医院神经外科始终坚持以医疗服务质量为科室的生命线，坚持对标世界最高标准、最好水平，坚持以病人为中心，聚焦“三临”——来自临床、研究临床、服务临床，体现“三敢”——敢为人先、敢闯禁区、敢于领跑，持续改进医疗质量管理模式，为患者提供优质医疗服务，形成国内领先、世界一流的“华山神外”卓越品牌；将以上海市质量金奖为新起点，永葆初心，继续勇攀高峰，砥砺前行！

——复旦大学附属华山医院（神经外科）

（2018 年度上海市质量金奖获奖组织）

秉承“精准诊断，质量先行”的宗旨，以开展专科病理为导向、以实施精益化流程为抓手、以完善的制度为保障的质量管理模式，让每一份病理报告都能做到准确和及时，使每一位患者都能从中受益，是复旦大学附属肿瘤医院病理科几代病理人孜孜不倦的追求。

——复旦大学附属肿瘤医院（病理科）

（2018 年度上海市质量金奖获奖组织）

上海站传承发扬注重质量、追求卓越的基因，在从传统到现代、从低速到高速、从追赶到引领的发展过程中，始终坚持以质量为核心，把提供高品质服务、实现高质量发展作为奋斗目标，紧紧抓住创新、标准、品牌、绩效等关键要素，牢牢把握质量基础、质量提供、质量保障等关键环节，持续细化落实质量提升行动各项措施，推动车站加快建成一流的现代化客运枢纽车站，努力成为卓越的超大型客运枢纽运营典范。

——中国铁路上海局集团有限公司上海站

（2018 年度上海市质量金奖获奖组织）

获得上海市市长质量奖，对于上海汽轮机厂是荣誉，更是鞭策，是光荣，更是责任。上汽人将以此为全新起点，继续弘扬“一丝不苟、精益求精”的质量文化，不断追求卓越，以技术创新推动质量创新，以质量创新提升企业发展，以企业发展带动行业进步，加快提高企业质量管理水平，为上海制造、上海品牌作出新贡献。

——上海电气电站设备有限公司上海汽轮机厂

（2019 年度上海市市长质量奖获奖组织）

七一一所将以获奖为契机，深入贯彻船舶集团新时期高质量发展战略，坚守兴装报国初心，深入推进卓越模式，创新驱动，全面提升综合管理水平，在实现全所高质量发展的同时，为带动配套产业链进步贡献力量。

——中国船舶重工集团公司第七一一研究所

（2019 年度上海市质量金奖获奖组织）

质量管理是企业发展的立足之本。集团坚持持续改进，围绕确定的愿景和使命，完善各项体制机制，推进持续健康发展。集团将以获得质量金奖为起点，继续积极响应国家政策，努力打造全过程咨询发展方向，拓展设计产业链上下游相关多样化领域并进的业务结构转型，深化创新驱动发展战略，构建以企业为策源地、产学研深度融合的技术创新体系，为顾客提供优质的一体化服务，为加快上海科创中心建设贡献力量。

——同济大学建筑设计研究院（集团）有限公司

（2019 年度上海市质量金奖获奖组织）

市北高新将以荣获上海市质量金奖为契机进一步深化卓越绩效管理体系建设，秉承“铸就团队、打造精品、追求卓越”的治理理念，坚持打造“中国大数据产业之都”和“中国创新型产业社区”，力争各项工作实现新跨越，努力成为上海全球科创中心的数据核，以及长三角世界级城市群的数据港。

——上海市北高新（集团）有限公司

（2019 年度上海市质量金奖获奖组织）

计量是质量的基础。过去，我们参与了上海质量生命的形成。今天，上海计量测试成为了上海品质的同行者。未来，我们将继续前行，精准见证新时代的高质量发展。

——上海市计量测试技术研究院

（2019 年度上海市质量金奖获奖组织）

“精准”是瑞金内分泌人的核心追求。“精准的实验室检测、精准的术前诊断、精准的诊疗方案”，瑞金内分泌就是这样在不断提高质量标准中持续进步。精准检测是内分泌代谢病诊断、鉴别诊断、治疗和随访的基础，是向患者提供精准诊疗的基石。“三个精准”是瑞金内分泌人“广博慈爱，追求卓越”的真实体现。

——上海交通大学医学院附属瑞金医院（内分泌代谢科）

（2019 年度上海市质量金奖获奖组织）

6. 3. 2　获奖个人感悟

质量工作不仅是企业正常经营的前提，更是公司未来发展的压舱石。外三推动梳理以科技创新为导向追求卓越的质量观，始终坚持引进—消化—吸收—创新—超越的质量工作过程。我们相信通过技术创新和追求卓越，煤电甚至可以超越燃气发电，变得更清洁、更环保，与环境更友好。

——冯伟忠（时任上海外高桥第三发电有限责任公司总经理）

（2011 年度上海市市长质量奖获奖个人）

企业要长足地进步，必须以质量为本、不断追求卓越，走“高质量、高附加值、高效益”的精品之路，方能以智取胜。应该倡导将产品质量与服务质量紧密结合，双轮驱动，从市场预测、产品设计、生产制造、售后服务等全过程实行全面质量管理，以素质促质量、以质量促市场、以市场促规模、以规模促效益、以效益促发展。

——金建华（时任上海培罗蒙西服公司总经理、党委书记）

（2012 年度上海市质量金奖获奖个人）

质量追求永无止境，质量提升任重道远。坚守质量，是对企业家精神的考验砥砺，是对卓越绩效模式的不懈推进，是对工匠精神的孜孜以求，是对细节决定成败的毫不妥协，是对管理创新的经年累月，是对企业社会责任的郑重承诺，是对百年天阳梦想的矢志不渝！

——何建忠（时任上海天阳钢管有限公司董事长）

（2015 年度上海市质量金奖获奖个人）

质量是企业生存和发展的基础，也是中国制造走向世界的法宝。要时刻保持技术的先进性，对标国际一流，采用建立一流的质量标准，开展精益生产，推动智能制造，保证产品质量的先进性；要持续完善质量管理体系，提升全员质量意识，提升管理品质，夯实质量基础；要确保产品“设计、采购、生产、制造、发运、售后”全生命周期的“不欠债离岸”。在新时代，我们更要时刻怀揣一颗向上向善的心，勇于进取，精益求精，胸怀理想，追求卓越，用质量打造民族品牌，建设中国名片。

——黄庆丰［时任上海振华重工（集团）股份有限公司总裁、党委副书记］

（2017 年度上海市市长质量奖获奖个人）

人类 80% 的信息获取来自视觉，视觉障碍是继肿瘤、心血管疾病之后的第三大类严重影响人们生存质量的疾患。作为医生，我们要以为患者恢复光明为己任，以全面质量管理为指引，积极应用质量工具方法，创新医疗技术，优化管理流程，加强“医－护－患”沟通，形成即时反馈模式，持续提升眼病防治的质量与效率，满足患者的就医需求。可以说，为追求人类的光明，防盲治盲的质量管控永远在路上。

——卢奕（时任复旦大学附属眼耳鼻喉科医院眼科研究院院长）

（2017 年度上海市质量金奖获奖个人）

质量是企业的生命线，是企业赖以生存的根本。对质量的追求，没有一步登天的捷径，而是要有持之以恒、紧咬不放的坚韧精神。质量不仅仅体现在产品上，更要有先进高效的管理质量、经营质量、服务质量、文化质量等全方位体系为企业发展保驾护航；同时，质量意识的培养必须全员协作，上至企业高层，下至基层员工，唯有这样，才能打造出我们自己的国际化民族品牌。

——华建刚［时任上海爱谱华顿电子科技（集团）有限公司总裁］
（2017 年度上海市质量金奖获奖个人）

医院是救死扶伤的场所，“质量、安全、效率”是我们医院工作的基石，“保障病人安全、持续质量改进”是对医院管理者的基本要求。我将以这次获奖为新的起点，秉承“一切为了孩子”的宗旨，以卓越的质量意识、创新意识、服务意识和社会责任意识，打造科学化、规范化、精细化的现代医院管理体系，努力发挥国家儿童医学中心的示范引领作用，为推动我国医疗保健事业的发展贡献力量。

——黄国英（时任复旦大学附属儿科医院院长）
（2018 年度上海市市长质量奖获奖个人）

质量就是医学检验的生命线，我将怀揣“铸造中国检验高峰的梦想”，践行“以病人为中心的中山精神”，为实现建设国内一流、国际先进的医学检验专科，不断创新、拼搏和奋进。

——潘柏申（时任复旦大学附属中山医院检验科主任）
（2018 年度上海市市长质量奖获奖个人）

质量是品牌的基础，现代化都市农业的核心是质量而不是产量。作为一名农产品的生产者，我将始终坚持“质量第一，以质取胜”的理念，从每一个生产环节做起，确保葡萄全生命周期的质量管控，打造精品葡萄品牌。

——单传伦（时任上海马陆葡萄公园有限公司执行董事）
（2018 年度上海市质量金奖获奖个人）

参评上海市质量金奖个人奖的过程，是在卓越绩效管理体系的指导下，自我梳理、自我总结、自我完善的过程；是实现创新驱动，提升质量管理能力的过程；是引入前沿理念，激发我们更多思考和发展的过程。无论过去、现在还是未来，我将秉承“质量是上汽大众的生命”这一理念，不忘初心、拥抱变革，对卓越质量与品质的追求永不止步！

——李秀峻（时任上汽大众汽车有限公司质量保证执行总监）
（2018 年度上海市质量金奖获奖个人）

无论是临床业务还是医院管理，质量都是基础和生命。我将以上海市质量金奖作为新的起点，在医疗专业方面创新开拓，精益求精；在医院管理方面敢为人先，科学高效；始终以质量为前提，以病人为中心，时刻牢记医者使命，不忘初心砥砺前行，做一名勤恳、踏实的医务工作者，全心全意为患者服务。

——徐文东（时任上海市静安区中心医院院长）

（2018 年度上海市质量金奖获奖个人）

泰山不拒细壤，故能成其高；江海不择细流，故能就其深。追求完美品质，要求从无数小事做起，做好细节，也就是把住质量。作为一名历史建筑修缮的保护者，我一定尽我所能唤起这个浮躁社会缺失的匠人精神，通过项目挖掘培养好身边的青年同志，为历史建筑修缮事业后继有人做出自己应有的贡献，并尽最大能力让这门传统技艺一直传承下去。

——吴公保（时任上海静安建筑装饰实业股份有限公司事业部经理）

（2018 年度上海市质量金奖获奖个人）

我是一名平凡的一线技术工人，学技术是我的本分，我理解的质量不仅仅是通常意义的质量，它承载着民族品牌的传承与创新。技术创新是“英雄”持续发展的重要保证。依托“英雄”八十七年的辉煌历史，我带领笔尖组的全体成员，恪守上海制造 + 严谨的工匠精神，不断努力、创新精雕细琢保障笔尖品质。

——刘根敏（时任上海英雄金笔厂有限公司小组组长）

（2018 年度上海市质量金奖获奖个人）

以航天“三大精神”（传统精神、“两弹一星”精神和载人航天精神）为指引，以实现航天报国为初心、建设航天强国为使命，以建成“具有专业优势的研究所、世界一流的卫星总装、集成、测试与试验（AIT）中心”为愿景，以精细的管理、专业的态度、有效的沟通为方法，努力实现高质量保证成功、高效率完成任务、高效益推动航天强国和国防建设。

——姜健（时任上海卫星装备研究所所长）

（2019 年度上海市市长质量奖获奖个人）

荣誉既是肯定，也是鞭策。工程师、匠心是我的血脉基因。高品质发展、高质量标准是我们三凯人的使命所在。不忘初心，方得始终。卓越只有努力，没有终点。我们将继续秉承科技创新、管理创新、模式创新、客户至上、人才发展、社会担当这六大制胜法宝，坚定走高质量发展之路，为上海城市发展作出更大的贡献。

——曹一峰（时任上海三凯工程咨询有限公司总经理）

（2019 年度上海市质量金奖获奖个人）

让世界知道精品的中国制造、打造国际性的羊绒品牌是我余生的追求和梦想！心无旁骛地聚焦纺织领域，用 29 年的经验和执着凝聚成具有中国传统文化精神的羊绒品牌，走向世界。复原中华传统技艺，融合现代设计理念，是我今后仍然孜孜不倦追求的方向。

——郭秀玲（时任上海沙涓时装科技有限公司总经理兼技术总监）

（2019 年度上海市质量金奖获奖个人）

7 上海市政府质量奖获奖情况

2001—2020 年，计 190 家（次）组织、102 位个人获得上海市政府质量奖。他们是上海各行各业的优秀代表，是上海高质量发展的标兵。在改革开放的时代大背景下，把握时代脉搏，大胆探索，勇于实践，把质量理念融入组织的方方面面，聚焦产品和服务质量提升，管理创新和技术创新双轮驱动，持续取得新突破、创造新经验，对各行各业高质量发展充分发挥引领示范带动作用。本章简要介绍上海市政府质量奖历年获奖组织及个人情况，供大家了解上海市政府质量奖获奖概况。

7.1 市长质量奖[35]

上海市市长质量奖为上海市最高质量荣誉，主要授予质量管理水平卓越、自主创新能力显著、品牌知名度高、经济效益和社会效益处于上海市和全国同行业内领先地位的组织，和质量工作成绩显著、对促进上海市经济社会发展作出突出贡献的个人。上海市市长质量奖评选从2008年开始，至2020年获得上海市市长质量奖的组织共有19家，个人共有14位。本节简要介绍其获奖情况。

7.1.1 历年获奖组织

历年获得上海市市长质量奖的组织主要来自汽车、电气、交通、航天、钢铁、建筑、设计、金融等上海市主要制造业、服务业及公共领域。他们多是本行业本领域乃至全国的质量标杆，对行业发展、上海市经济社会发展作出积极贡献。

(1) 宝山钢铁股份有限公司宝钢分公司[36]

(2008年度上海市市长质量奖)

成立于2005年，2009年撤销分公司回归宝钢股份直管，是宝钢股份最大的钢铁制造单元，以冷轧板、热镀锌、电镀锌、宽厚板、无缝钢管等高附加值产品为主，坚持精品战略，重视持续改进，不断强化自主创新，促进科技发展，形成了行之有效的质量管理模式，创立了富有特色的企业文化，积极履行社会责任，在十几年的发展中不断追求卓越，取得了良好的绩效。

(2) 上海日立电器有限公司[37]

(2009年度上海市市长质量奖)

成立于1993年，2017年更名为上海海立电器有限公司，是以中方管理为主的大型合资企业。经过17年的艰苦创业、自主创新、追求卓越，已成为国内第一、全球第三的空调压缩机研发、制造、销售企业。在发展过程中，公司不断强化战略执行，加强全面质量管理，积极履行社会责任，不仅取得了骄人的业绩，成功创立了“海立”民族品牌，还推进了国有控股合资企业高质量发展。

(3) 上海市建筑科学研究院（集团）有限公司[38]

(2010年度上海市市长质量奖)

成立于1958年，前身为上海市建筑科学研究院，2001年更名为上海市建筑科学研究院有限公司，2006年成为上海市建筑科学研究院（集团）有限公司，是为城市建设、管

[35] 本节各组织的简介为获奖当年情况及质量管理经验，多次申报获奖企业采用最近获奖年份。

[36] 曾获2001年度上海市质量金奖。

[37] 曾获2001年度、2004年度、2007年度上海市质量金奖。

[38] 曾获2004年度、2007年度上海市质量金奖。

理及运营提供技术服务和系统服务的服务类企业，主要从事建筑技术研发、咨询、评估、检验、监理、设计等业务。公司将“创新”和“技术”两大要素作为企业创造价值的着力点，形成了强大技术创新和技术集成能力，致力于以科技创新服务低碳经济和节约型社会的发展，在推动建筑节能、资源综合利用、建筑公共安全等方面作出重要贡献。

（4）上海锅炉厂有限公司㊴

（2010 年度上海市市长质量奖）

成立于 1953 年，是国内外知名的大型电站锅炉设备设计制造企业，国内市场份额稳居前列，并成功拓展了国际市场。公司几十年如一日重视技术创新，掌握了国际先进国内领先的核心技术，先后设计制造出中国第一台 600MW 超临界锅炉、中国第一台 1 000MW 超超临界塔式锅炉，其中 1000MW 超超临界塔式锅炉，以高效、低碳、低氮排放等先进技术成为上海重大工程建设的标志性示范项目。

（5）上海大众汽车股份有限公司㊵

（2011 年度上海市市长质量奖）

成立于 1985 年，是中德合资轿车生产企业，已成为中国市场保有量最大的现代化轿车生产基地，形成了立足长三角，走向全国的生产布局，建立了比肩国际，亚洲一流，国内先进的技术中心。公司将卓越产品质量的理念，融入质量保证体系的各项核心业务流程之中，构建了一系列具有创新意义的基于产品质量、市场评价的全过程产品闭环防控体系。

（6）上海卫星工程研究所㊶

（2012 年度上海市市长质量奖）

成立于 1969 年，是我国空间技术研究及卫星研制生产的主力军之一，是我国气象卫星的摇篮，隶属于中国航天科技集团第八研究院。主要开展卫星体系论证、任务策划和应用研究，承担卫星总体设计、综合测试、在轨管理等任务，以及部分分系统和地面测试设备的研制任务。该所全面实施航天精细化质量管理要求，不断强化“设计是源头、落实是关键、能力是根本”的质量理念，持续践行“不接受、不研制、不传递、不隐瞒有缺陷产品”的“四不”质量观，创造了“从 2005 年至今，平均每年成功发射并投入运行一颗新型号首发星”的骄人业绩。

（7）上海市第七建筑有限公司㊷

（2012 年度上海市市长质量奖）

成立于 1964 年，2012 年更名为上海建工七建集团有限公司，是上海建工集团股份有限公司全资子公司，施工总承包特级企业，主要承担各类大型工业与民用建筑、市政、装

㊴ 曾获 2007 年度上海市质量金奖。

㊵ 曾获 2004 年度、2007 年度上海市质量金奖。

㊶ 曾获 2005 年度、2008 年度上海市质量金奖。

㊷ 曾获 2001 年度、2004 年度、2007 年度上海市质量金奖。

饰、公路等工程施工建设。公司拥有市级企业技术中心，形成大型公共建筑施工技术、建筑改造施工技术、磁浮工程施工技术等三大核心技术，先后承建世博中心、虹桥枢纽、迪士尼、浦东机场、磁悬浮、国家会展中心等重大工程，获数十项国家优质工程等奖项。公司推行质量链管理，围绕全国化市场和总承包业务发展建立了“精干、集约、高效”的总部“大部制”管理体制，推进工程公司能力建设和区域属地化经营。

（8）上海通用汽车有限公司[43]

（2013 年度上海市市长质量奖）

成立于 1997 年，2015 年 7 月更名为上汽通用汽车有限公司。自成立以来，一直以客户为中心、市场为导向，充分运用先进质量管理工具打造智慧精益的制造体系，积极推进客户体验服务创新，锻造具有国际竞争力的产品自主研发能力，在节能减排、整车安全和架构集成等方面形成国内领先的技术优势。作为中国汽车工业的领军企业之一，上汽通用汽车有限公司旗下拥有别克、雪佛兰、凯迪拉克三大品牌，二十多个系列的产品阵容，全面覆盖各细分市场，为消费者带来个性鲜明的品牌体验和体贴细腻的服务。

（9）上海宝信软件股份有限公司[44]

（2013 年度上海市市长质量奖）

成立于 1994 年，秉承“信息技术（IT）服务，提升信息价值”的经营理念，依托商业模式创新，全面提供云计算、数据中心（IDC）、大数据、无人化、工业机器人、物联网、车联网等相关产品和服务，产品与服务覆盖钢铁、交通、服务外包、采掘、有色、石化、装备制造、资源、金融、公共服务、水利水务、医药等多个行业，在推动信息化与工业化深度融合、支撑中国制造企业发展方式转变、提升城市智能化水平等方面作出积极贡献，成为中国领先的工业软件行业应用解决方案和服务提供商。

（10）上海三菱电梯有限公司[45]

（2014 年度上海市市长质量奖）

成立于 1987 年，专业从事电梯、自动扶梯和自动人行道的研发、制造、销售、安装、保养、修理和改造等业务。上海三菱电梯有限公司在中国房地产开发企业 500 强首选供应商（电梯类）评选中获得行业最高的首选率，至 2020 年连续 11 年蝉联第一。公司坚持动态引进和自主创新并重，使电梯技术始终保持国内领先，国际先进水平。加大自主创新的力度，完成了 8m/s 电梯的自主开发，使公司在高速电梯的开发上实现了实质性的跨越。至 2020 年自主开发产品占销售总量的 70% 以上。公司在资源计划（ERP）、客户管理体系（CRM）等信息化系统支持下，充分应用三维设计、仿真分析、计算机辅助制造等各类设计工具，采用物联网、移动互联网、大数据分析、智能化等技术手段，提高了企

[43] 曾获 2003 年度、2006 年度、2009 年度上海市质量金奖。

[44] 曾获 2006 年度上海市质量金奖。

[45] 曾获 2001 年度、2006 年度上海市质量金奖。

业的整体管理水平和管控质量。曾获第二届中国质量奖提名奖。

（11）延锋汽车饰件系统有限公司[46]

（2014 年度上海市市长质量奖）

成立于 1994 年，集成全球资源优势、拓展全球市场，从区域化经营逐步转向国际化发展，在同步开发、系统设计、模块集成和节能环保设计等方面处于国内领先地位，主要产品市场份额在国内同业中排名第一，2013 年中国机械 500 强排名第 30 名，是国内较具规模的汽车零部件企业。

（12）上海国际机场股份有限公司[47]

（2015 年度上海市市长质量奖）

成立于 1997 年，是国内第一家大型机场上市公司，负责上海浦东国际机场的运营管理，从事航空运输地面服务及其他相关业务。上海浦东国际机场于 1999 年建成通航，占地面积 50 平方千米，目前拥有 4 条跑道、2 座航站楼、1 座全球最大单体卫星厅，是上海航空枢纽战略目标实现的核心载体。2019 年旅客吞吐量 7 615. 35 万人次，全球排名第 9 位、国内排名第 2 位；货邮吞吐量 363. 42 万吨，全球排名第 3 位、国内排名第 1 位。以“安全正常，顾客满意”为质量方针，经过二十余年的精心耕耘，公司在质量、创新、品牌等方面形成了特色的质量管理模式和方法，在安全、运行、服务、经营等方面均取得了行业领先的卓越成效。

（13）上海电气电站设备有限公司上海发电机厂[48]

（2016 年度上海市市长质量奖）

成立于 1995 年，主要从事火电、核电、燃机领域大型发电机成套产品的研发、制造和服务，拥有固定资产近 13 亿元，具备年产量 3 500 万千瓦和制造 1 800 兆瓦四极核电发电机的能力，已将 97 台机组出口至 19 个国家，是全球发电设备大型供应商。企业坚持“质量至上、顾客为本、价值为纲、持续改进”的质量方针，并以“全面实现预防性质量管理、打造行业绝对领先的可靠性水平”为质量核心竞争力定位，在产品实现全过程中实施预防性质量管控、推行“三全”质量改进模式[49]。近三年，质量废损持续下降，下降率超 60%，重发多发问题逐渐减少，下降率达 56%。企业持续践行精益制造、智能制造的理念，将质量融入与生产相关的计划、工艺、资源、成本、安全等管理领域，持续提升质量管理水平和高端装备制造能力，同时大力推动从传统能源向高效清洁能源和新能源转型、从生产型制造向服务型制造转型、从提供设备为主向提供全面解决方案转型，服务产品占比快速增长到 15%。

㊻ 曾获 2002 年度、2011 年度上海市质量金奖。

㊼ 曾获 2003 年度上海市质量金奖。

㊽ 曾获 2012 年度上海市质量金奖。

㊾ “三全”质量改进模式即“全方位改进、全问题追溯、全过程视角”的多层次、多方位、全覆盖的“技术 + 管理”双闭环的创新性质量改进模式。

（14）上海电力设计院有限公司[50]

（2017 年度上海市市长质量奖）

成立于 2001 年，是中国电力建设集团有限公司控股子公司，主要从事电网、新能源、综合能源规划，各电压等级输变电工程和新能源工程的咨询、设计和总承包业务。公司凭借“特、优、强”的技术、服务、品牌优势，为客户提供绿色、安全、高效能源的全过程价值创造，具有特大型都市电网规划、超高压输变电及新能源工程领域多项“第一”记录：设计了世界上第一个大型风光储输联合发电系统，国内规模最大的电网侧储能项目甘肃瓜州电网侧储能示范 EPC 总包项目，首座与商用楼结合的 500kV 特大型地下变电站，亚洲最大与单体建筑一体化的太阳能光伏发电站，国内第一座城市地下变电站，第一条长距离深入特大型都市市中心城区的 500kV 地下电缆线路等。主编国家标准和行业标准 60 余项，获全国及省部级奖 80 多项。成为国内城市电网和新能源建设领域的创新者和引领者。

（15）上海汽车集团股份有限公司乘用车分公司[51]

（2018 年度上海市市长质量奖）

成立于 2007 年，是上海汽车集团股份有限公司全资子公司，承担上海汽车集团股份有限公司自主品牌乘用车产品的研发、制造和销售。公司建立了完善的研发技术创新体系和“精益、柔性、敏捷、智能”的制造体系，打造炼品味、正品行、塑品牌、精品质“四品”平台，拥有上海、南京和英国三个技术研发中心，以及上海临港、泰国罗勇等五个制造基地，拥有荣威、MG、R 汽车三大品牌，以及“蓝芯”、“绿芯”、智能互联“三擎”科技，形成涵盖中高级车、中级车、大众普及型车及跑车等领域的产品矩阵。

（16）上海核工程研究设计院有限公司[52]

（2018 年度上海市市长质量奖）

成立于 1970 年，原上海核工程研究设计院，于 2017 年更名为上海核工程研究设计院有限公司，是以核电工程研究设计为主的高新技术企业，是我国引进消化吸收第三代先进核电技术 AP1000 并实施再创新的技术主体。承担国内第一座商用核电站研发设计、第一座出口核电站研发设计、第一个重水反应堆工程技术支持服务和项目建设管理，建立面向全球共享的三代核电装备供应链体系，基本实现关键设备自主化设计和国产化制造。公司坚持“万无一失，一失万无”的质量理念，建立核安全、特种设备、知识产权等“多标一体”的整合型管理体系，分层分类培养和基于学科的培训机制及“岗位－能力－绩效联动”的薪酬体系，形成具有核电行业特色的“大平台、微应用、组件化”的大信息化平台体系，将精益管理可视化管理思想应用于设计全过程，开发可视化、数字化的设计质

---

[50] 曾获 2014 年度上海市质量金奖。

[51] 曾获 2013 年上海市质量金奖。

[52] 曾获 2014 年度上海市质量金奖。

量管理平台，创建并获评上海市中小学质量教育基地、全国核科普教育基地。

（17）上海电气电站设备有限公司上海汽轮机厂[53]

（2019 年度上海市市长质量奖）

成立于 1946 年，中国第一台 6 000 kW 汽轮机诞生地，被誉为中国汽轮机的摇篮，创造了 20 项“中国第一”。曾获我国第一张 ISO 9001 质量体系认证证书。产品遍布全国及世界多国，市场占有率国内第一，产量近三年保持全球第一。具备国内领先、国际一流的透平产品研发、制造和服务能力，技术上保持与国际先进水平同步，拥有世界最高水平的长叶片、大型焊接转子等自主核心技术。公司以“五个中心”[54]为导向，传承“一丝不苟、精益求精”“万众一心、爬坡登峰”“追求卓越、永做一流”“海纳百川、从一做起”的“一”文化，确立并践行“能动全球工业，智创美好生活”使命。加强全面质量管理，形成全员懂质量、重质量、好质量的质量文化基因。

（18）光明乳业股份有限公司

（2020 年度上海市市长质量奖）

业务渊源始于 1911 年，已有一百余年历史，是国内首先提出并实施冷链保鲜的乳企，创造了 28 项行业第一；是国内乳品行业唯一集牧草种植、奶牛养殖、乳制品研发及生产加工、冷链物流配送、终端销售等一、二、三全产业链于一体的大型国际化乳品企业。公司在中国乳品行业位列三甲，鲜奶市场份额排名全国第一。公司以“服务国民健康”为己任，传承“追求零缺陷的极致管理和消费者体验”的质量文化，确定并践行“创新生活，共享健康”的使命，拥有行业内唯一一家国家级乳业生物技术重点实验室，首家导入世界级制造（WCM）系统，融合创立了覆盖一、二、三全产业链质量管理模式即“EQMS 卓越质量管理体系”，通过目标、预防、监测、评估、内控、改善六大系统，实现全方位、全过程、全要素综合质量管理，“改善无止境”业已成为全员的行为准则。

（19）银行间市场清算所股份有限公司[55]

（2020 年度上海市市长质量奖）

成立于 2009 年，是经人民银行批准、由人民银行主管的我国金融市场系统重要性基础设施，是我国银行间市场唯一一家专业化集中清算机构，我国三大债券登记托管结算机构之一。从无到有建立我国场外金融市场统一、专业的中央对手清算服务体系，覆盖债券、利率衍生品、外汇和汇率衍生品、信用衍生品、大宗商品现货及衍生品市场 5 大市场，债券发行登记托管结算服务覆盖金融债、非金融企业信用债、货币市场工具、凭证类信用衍生品。多项产品实现我国金融市场新突破，服务国家绿色发展、脱贫攻坚、长三角

---

[53] 曾获 2004 年度、2007 年度上海市质量金奖。

[54] “五个中心”即以追求卓越为中心；以过程管控为中心；以精益求精为中心；以顾客满意为中心；以提升全员质量意识为中心。

[55] 曾获 2017 年度上海市质量金奖。

一体化和长江经济带发展、上海自贸区发展等。多项业务实现全国乃至全球首创，拓展了人民币作为国际货币的使用领域。建立标准化、全流程、闭环式业务管理体系，将PDCA、过程方法等质量管理工具应用于产品开发各阶段，从源头上防范风险。推动在上海外滩正式发布首个清算行业国际标准《CCP12 量化披露实务标准》，2020 年入选首批“上海标准”。

7.1.2 历年获奖个人

历年获得上海市市长质量奖的个人中，有组织的最高领导、质量部门的负责人、也有基层一线的工匠，他们多是本行业本领域的佼佼者，质量意识和创新能力强，积极推广应用先进质量管理理念和方法，在质量管理或实践中形成卓有成效的工作方法和经验，对提高组织、行业或上海市质量水平和经营绩效等作出突出贡献。

（1）范秉勋

（2008 年度上海市市长质量奖）

时任上海三菱电梯有限公司董事长。领导公司以战略为引领，以顾客为中心，以《卓越绩效评价准则》为管理标准，坚持动态技术引进和自主技术创新并举，为企业提供持续发展的动力；坚持以质量为核心、信息化为平台，推进企业管理整体优化，提升企业综合竞争力；坚持探索，努力构建“超越自我，从零开始”的具有特色的企业文化，带领公司始终走在电梯行业的前列。

（2）刘瑞旗

（2009 年度上海市市长质量奖）

时任恒源祥（集团）有限公司董事长。领导企业实施多次转型，创造性地实施品牌经营战略，打造了以毛纺织品为主，生产针织、服装和家纺用品等四大类系列产品的超大型纺织服装集团，成为中国品牌经营的领军人物，同时也是中国慈善事业的热心参与者。

（3）冯伟忠

（2011 年度上海市市长质量奖）

时任上海外高桥第三发电有限责任公司总经理。从事电力工作 42 年，致力于火电节能减排理论研究及技术创新实践，在超临界火电技术领域取得一系列重大突破，树立了火电能效的世界标杆，为上海节能减排和生态文明建设作出了杰出贡献。

（4）李斌

（2013 年度上海市市长质量奖）

时任上海电气液压气动有限公司工段长。长期在一线从事质量工作，具有丰富的质量管理和质量工作实践经验。主持的质量攻关项目获中国机械工业技术一等奖，改变了我国长期在基础液压元件方面的落后局面。曾获首届中国质量奖个人提名奖，并代表获奖个人在中国质量奖颁奖大会作获奖发言，代表了上海产业工人的质量形象。

（5）黄克斯

（2014 年度上海市市长质量奖）

时任中国建筑第八工程局有限公司董事长、党委书记。具有丰富的质量、技术、生产和管理工作的实践经验，在领导企业推进质量和转型升级、传承发扬企业文化、履行社会责任、关注员工和重视顾客等方面取得突出成绩，带领企业推进创新和提升绩效，促进企业实现资源聚合社会化、精细管理信息化、企业文化品牌化和工程质量精品化。

（6）贺荣明

（2015 年度上海市市长质量奖）

时任上海微电子装备有限公司总经理。肩负着自主研发中国高端光刻设备和带动我国精密光学、精密机械等科技领域实现巨大跨越的重任，潜心科技报国，埋头艰苦创业，带领企业始终坚持卓越的质量理念，以“高素质、高科技、高品质、高效率”为核心，强化技术引领及质量保障，攻坚克难、持续改进，在技术创新、管理创新、产品创新和赶超世界先进水平等方面作出了重要贡献，实现企业跨越式发展。

（7）谢吉华

（2016 年度上海市市长质量奖）

时任上海杨浦科技创业中心有限公司总经理。作为贯彻标准、整合资源、构建质量管理模式的实践者，在企业发展过程中，坚持发挥卓越绩效标准对质量提升的引领作用，建立健全管理体系、创新先进质量管理模式，组织编制及修订一批实践应用中的关键性服务标准，推动成立国家技术转移东部中心，改制上海技术交易所，将园区运营管理面积扩展到百万平方米，资产总值增至 50 亿元，成为上海市资产规模最大、服务功能最完善的科技企业孵化器。上海杨浦科技创业中心有限公司曾获中国质量奖提名奖。

（8）陶海龙

（2016 年度上海市市长质量奖）

时任上海汽车集团股份有限公司乘用车分公司副总经理。作为从一个普通工程师成长为质量、制造等领域独当一面的领军人才，牢记“打造中国人自己的汽车领导品牌”历史使命，积极投身于打响自主品牌的宏伟事业，以对卓越质量的执着追求，带领乘用车制造、质保团队在自主品牌荣威和 MG 产品质量提升和精益生产体系建设方面作出了突出贡献。

（9）黄庆丰

（2017 年度上海市市长质量奖）

时任上海振华重工（集团）股份有限公司总裁、党委副书记。从对接国际标准做起，逐步开启振华重工持续建立内控体系的征程，并与时俱进，将质量提升到战略层面进行谋划和布局，不断丰富和完善质量管理理念和方法。为出口型企业和装备制造型企业就地解决问题、全过程精细管理、以及全生命周期服务延伸提供了具有振华特色、同时又可供复制推行的管理模式，带领上海振华重工（集团）股份有限公司获得第一届中国质量奖提名和第二届中国质量奖。

（10）黄国英

（2018 年度上海市市长质量奖）

时任复旦大学附属儿科医院院长。积极实施“标准化、专科化、信息化、国际化”发展策略，持续深化儿科医院管理内涵建设，大力推进儿童医疗卫生服务改革和分级诊疗，通过“三个平移”和“四个统一”[56]，推动区域儿科医疗建设协同发展，为上海及全国提供了成功经验和参照模板，并在新生儿先天性心脏病筛查方案和筛查－干预体系的研究与推广应用领域取得了突出成绩。

（11）潘柏申

（2018 年度上海市市长质量奖）

时任复旦大学附属中山医院检验科主任。在国内率先组织推广检测一致性工作，推动业界改进检测质量。带领科室实施检验质量全面管理与持续改进，在检测质量、报告速度、医患满意度和创新突破上取得突出成绩，复旦大学附属中山医院检验科获得首批“国家临床重点检验专科”建设单位称号、位列《中国医院专科声誉排行榜》前五。

（12）姜健

（2019 年度上海市市长质量奖）

时任上海卫星装备研究所所长。不断追求管理创新、产品突破，带领研究所建立完善适应市场化运行的经营体制，创建以风险管控为核心的产品保证模式，形成传统主业与新兴产业并肩发展的发展格局。带领研究所连续 20 年卫星不带问题出厂、发射成功率 100%。2016 年成功发射的风云四号卫星和 2018 年成功发射的高分五号卫星，达到世界领先水平。

（13）肖臻

（2020 年度上海市市长质量奖）

时任上海中医药大学附属龙华医院院长。始终坚持中医为主的办院方向，将提升医疗服务质量和患者满意度放在首位，不断完善医院质量管理体系，加快医院信息化建设步伐，创新人才培养机制，探索中医现代化管理模式，全面提升医院医、教、研、管水平，努力建设成为世界一流的中医院，并带领医院取得全国首批中医诊疗模式创新试点单位、全球首家通过国际医疗卫生机构认证联合委员会（JCI）认证的中医医院等诸多佳绩。

（14）张文宏

（2020 年度上海市市长质量奖）

时任复旦大学附属华山医院感染科主任，兼党支部书记。积极培育科室“质量、责任、服务、品牌、创新、精准”的卓越团队意识，构建具有“华山感染”特色的质量管

---

[56] “三个平移”指管理平移、技术平移、品牌平移；“四个统一”指统一医疗安全和质量要求、统一医疗服务模式、统一学科发展规划、统一信息化共享系统。

理模式，在感染性疾病临床诊治及机制研究方面取得了突出的成就，带领复旦大学附属华山医院感染科连续 10 年位居《中国医院专科声誉排行榜》第一。在抗击新冠肺炎期间，担任上海市临床救治专家组组长，带领国内感染病学科在世界感染病舞台上发出了“中国声音”。

7.2　质量金奖

上海市质量金奖主要授予质量管理水平优秀、自主创新能力强、品牌知名度较高、经济效益和社会效益处于上海市同行业内领先地位的组织或在质量管理、品牌建设等方面取得突出创新成果的组织和质量工作成绩优秀、对推动相关行业发展作出重要贡献的个人。上海市质量金奖组织的评选从 2001 年开始，至 2020 年年底获得上海市质量金奖的组织共有 171 家（次）；上海市质量金奖个人的评选从 2002 年开始，至 2020 年年底获得上海市质量金奖的个人为 88 位。本节列举部分上海市质量金奖的获奖组织和获奖个人，简要介绍获奖情况。

7.2.1　历年获奖组织

上海市政府质量奖获奖组织主要来自汽车、电气、船舶、航天、生物医药、集成电路、农产品生产、加工、医疗服务、物业管理、人才服务、商业贸易等各行业的优秀组织。他们质量管理工作具有特色，质量工作成绩显著，持续改进效果强，其经营业绩或社会贡献均位于行业前列。

（1）大众交通（集团）股份有限公司营运分公司

（2001 年度上海市质量金奖）

成立于 1988 年，主要从事出租汽车营运服务，拥有车辆逾 6200 辆。对标国际一流水平，完善硬件设施。以“温馨服务”为载体，强化标准的宣贯和执行，以“满意度指数”为抓手，组织开展劳动竞赛、行业学习观摩。以人文关怀为保障，为员工解决实际问题，激发员工为乘客提供优质服务的动力。潜心打造“一流的车况车貌、一流的队伍素质、一流的调度服务、一流的收费系统”和安全、便捷、周到、舒适的出租汽车服务，为上海全面提升城市综合竞争能力作出贡献。

（2）上海烟草（集团）公司

（2001 年度、2004 年度、2007 年度上海市质量金奖）

成立于 1993 年，是全国烟草行业第一家对产供销、内外贸、人财实行集中统一领导和管理的省市级烟草公司。公司确立“一丝不苟”质量方针，建立五年规划、三年滚动计划、年度目标有机结合的战略对标和战略分解体系，推进标杆管理。完善内部顾客制造链为传递模式的精细化生产作业方式，提高参数化控制、信息化管理、数字化决策水平。搭建质量改进、QC 活动、六西格玛项目等管理创新活动平台，实施项目制、课题制攻关。探索形成标准化与科技项目、信息化项目、合规性管理、管理体系建设“四个协同”工作机制，实现企业制度与企业标准的一体化管理。形成在资金、品牌、采购、销售的“四个统一”管理。探索“电子商务、现代物流、工商协同、集约经营”网建新模式。

（3）上海丝绸集团股份有限公司

（2001 年度、2004 年度、2007 年度上海市质量金奖）

成立于 1997 年，原名为上海丝绸（集团）有限公司，2003 年更名为上海丝绸集团股份有限公司，是集设计、开发、采购、生产、销售为一体的服装出口企业，主营纺织品和服装的进出口贸易，1999 年起成为全国最大的服装出口企业，2001 年通过 ISO 9000 质量管理体系认证，拥有国家级实验室、市级企业技术中心，具有从面料设计开发到印染整理、染化料测试、服装设计的一整套服务功能。坚持“以质取胜”的经营方针，通过严格跟单和对加工厂的管理保证出口商品的质量。公司打造的自主品牌“LILY”，在多个国家和地区注册，每年设计 300～500 余款服装投放市场，国内直营、加盟店 120 多家，在欧洲、中东、澳大利亚都有销售，“LILY”商标被评为上海市著名商标。2006 年出口创汇 6.02 亿美元，名列全国服装出口企业第一位。

（4）上海柴油机股份有限公司

（2002 年度、2005 年度上海市质量金奖）

始建于 1947 年，是一家从事发动机、零部件以及发电机组研发、制造的国家大型高新技术企业，拥有国家认定技术中心和博士后工作站、行业知名的自动化生产线和乘用车标准的质量管理体系。公司以平台化、标准化、智能网联化和新能源化“新四化”的战略理念，引领产品、技术、管理创新，通过“走出去，领进来”的双向联合，整体提升质量管理水平，顺应时代发展需求。

（5）上海冠生园食品有限公司

（2003 年度、2006 年度上海市质量金奖）

成立于 1997 年，中华老字号企业。在目前我国生产糖果的国有企业中，在生产规模、市场占有率、生产技术、自主开发能力等方面均位居前列。在“品争冠、业求生、人兴园”的企业精神引领下，坚持以顾客需求为导向，以“做强做大冠生园”抓手，建立起完善的企业管理制度和质量管理制度，加强生产过程管理和现场管理，提高产品质量，通过质量赢得市场。“大白兔”奶糖远销世界四十多个国家和地区。

（6）上海移动通信有限责任公司

（2003 年度、2006 年度上海市质量金奖）

成立于 1999 年，于 2000 年更名为上海移动通信有限责任公司，于 2006 年更名为中国移动通信集团上海有限公司，主要从事移动电话业务经营、互联网业务接入、信息技术开发及服务提供等。公司坚持“质量为先、客户为本”理念，致力为客户提供“10 分满意”的信息通信服务，全力打造精品网络，拓展热线、厅店、网站、掌厅、微厅等多元服务渠道，深入落实提速降费，依托新技术引入、新应用打造积极助力企业和区域发展，以有保障的业务及服务质量夯实发展根基，赢得客户信赖，成为本地通信业主力军。公司持续贯彻卓越绩效管理模式，构建具有企业特色的运营管理体系，深入开展 QC 小组、信得过班组等群众性质量提升活动，推进优秀成果、方法及经验传播应用，形成良好的质量文化氛围，助力企业实现有效益的可持续发展。

（7）上海交大昂立股份有限公司

（2004 年度上海市质量金奖）

成立于 1997 年。主要从事益生菌类食品原料和健康产品的研发生产，并拓展至医养健康产业的运营和管理。公司以大健康战略为核心，坚持“追求卓越，为健康每一天”的核心价值观，倾力打造高素质的管理层、以学科带头人为核心的高水平科研队伍，微生态类等技术处于国内领先，产品达到国际先进水平。

（8）上海港复兴船务有限公司

（2004 年度、2007 年度上海市质量金奖）

成立于 1989 年，原名为上海港复兴船务公司，2017 年更名为上海港复兴船务有限公司，是上海国际港务（集团）股份有限公司全资子公司，主营船舶拖带、修造等业务，拥有国际先进的技术设备，是全国大型港口船舶服务企业。弘扬具有企业特色的螺旋桨精神，建立健全质量、职业健康安全和船舶安全管理体系，建立视觉识别（VI）和理念识别（MI）系统，推进精益管理和对标管理，实施港外拖带项目和船舶建造项目“双评估”，自主开发软件对财务指标和成本指标进行可视化分析，监控单船管理和制造成本，开发并运行港口船舶拖带生产安全监控智能综合管理系统，强化“网格分块、措施到岗、责任到人”安全网络化管控，强化服务作业环节，提升服务质量安全水平。

（9）上海市电力公司市区供电公司

（2005 年度、2008 年度上海市质量金奖）

成立于 1991 年，是国网上海市电力公司下属分公司，2010 年经体制改革后成立国网上海市电力公司市区供电公司，承担上海中心城区 119 平方千米，140 万客户的供用电服务。公司建立国内领先的电网技术和运行管理系统，配电网线路电缆化率居国内第一，自动化水平、开关无油化率和供电可靠率国内一流，电网主要指标向国际一流水平迈进。推行“精益生产”，建立全方位的绩效持续改进体系，不断提高用电受理、装表接电、收费、报修等供电服务质量，构筑适应上海中心城区经济社会发展的安全可靠电网，服务水平在上海公用事业行业中连续四年名列第一，为上海电力在全市社会公众满意度测评中名列前茅做出贡献。

（10）上海新世界股份有限公司

（2006 年度上海市质量金奖）

成立于 1988 年，前身是 1915 年开业的“新世界游乐场”，是中华老字号企业。公司主营百货零售和批发，涵盖餐饮、娱乐、文化、运动、体验等多种经营项目。公司积极倡导“质量第一、顾客至上”的质量品牌管理理念，建起一整套标准化、系统化、程序化的，具有自我完善机制的管理体系。从服务品牌转型升级的实际出发，加大、挖深、整合、升级原有各个板块的质量品牌管理系统，运用信息化和大数据技术，从供应商、服务链、销售链、市场链等方面进行数据整理和导入，通过“智慧商城”平台构建新维度的质量品牌管理系统，实现企业运营的全过程管控和全流程测评，为进一步打响公司品牌夯实了基础。连续25年排名全国单体百货销售前十强。

（11）上海市第一建筑有限公司

（2007年度上海市质量金奖）

成立于1953年，是上海建工集团股份有限公司的全资子公司，是具有房屋建筑工程施工总承包特级资质的建筑企业。1996年获得上海建筑企业首个ISO 9002质量管理体系认证。建立“两级经营、两级管理”（开拓型和发展型）经营管理体系。完善项目管理的总承包管理体系、管理流程和管理标准，形成117个企业标准和规章制度。掌握“高、大、深、难”建筑施工核心技术，形成“精诚、精细、精心、精品”的“四精”品牌，承建环球金融中心大厦、金茂大厦、东方明珠广播电视塔、杨浦大桥、东海大桥、浦东国际机场等一批“超高层、大体量、深基坑”的上海城市建设标志性建筑，引领中国建筑高度之最。曾获国家科技进步一等奖，获国家优质工程等奖项30多项。连续10年进入上海建筑企业综合实力前三名。

（12）恒源祥（集团）有限公司

（2007年度上海市质量金奖）

成立于2001年，是以经营品牌为主的现代服务业企业。前身是始创于1927年的老字号绒线商店。1989年将“恒源祥”注册为主商标，产品涵盖手编绒线、毛针织、服饰和家用纺织品等拥有国家级企业技术中心。1991年起实施品牌战略和科技创新战略，定位企业经营品牌。积极开展企业加盟模式的研究和实践，在加盟体系中贯彻共同的经营理念和行为准则，持续推进体系、过程、产品和服务的改进。推动品牌经营与社会责任履行有机结合。2007年，品牌评估价值90亿元，进入中国消费品100强。

（13）上海铁路局

（2007年度上海市质量金奖）

成立于1949年，现更名为中国铁路上海局集团有限公司，是超特大型、纪律严明、管理严格的国有企业，对国家、社会做出巨大贡献。“人民铁路为人民”“打造精品局”的意识深入人心。运营精密高效的路网，有一支极强执行力的员工队伍。建立严格的考评体系和教育培训体系，具有鲜明的行业特色。持续推动管理和技术的创新和改进。经营业绩达到全路领先水平。

（14）宝山钢铁股份有限公司化工分公司

（2007年度上海市质量金奖）

成立于2005年，现更名为宝武炭材料科技有限公司。在集团“诚信、创新、协同、共享”价值观的引导下，结合实际选择苯加氢装置作为试点，围绕“数字化”“智能化”

"一体化"三个维度，通过三维建模技术建立苯加氢数字可视化平台，整合设备、工艺信息，提升检维修效率；通过先进控制技术打造苯加氢无人化生产线，实现全流程智能控制；通过完善生产制造管理系统，使生产、销售、物流管理一体化运作，实现产品全生命周期管理。

（15）上海电气集团上海电机厂有限公司

（2008 年度上海市质量金奖）

成立于 1949 年，是上海电气集团下属企业，我国最大的大中型电机专业制造企业，产品包括大中型交流电机、直流电机、风力发电机、汽轮发电机等，广泛用于火电、核电、风电、石化、冶金、水利、市政、矿山、水泥等行业。主导产品处于行业领先地位，创造许多"中国第一"的大型产品，规模及效益名列国内同行第一。产品远销 38 个国家和地区。弘扬积极走向市场的"扁担电机"精神。设立集"市场开发、产品销售、货款回笼、售后服务"于一体的驻外办事处，形成涵盖我国主要工业基地的营销网络。采用先进的研发工具，打造核心技术，提高产品的安全可靠性。

（16）上海太太乐食品有限公司

（2009 年度上海市质量金奖）

成立于 1988 年，主要生产固态复合风味调味料和液态增鲜调味料两大类产品。公司管理模式上，建立集团、工厂和车间三级质量监控网络，实行"三权分立"制度，实现产品点、线、面的全覆盖，持续改善质量管理。构建供应链管理机制，从供应商质量评估到合规性监控，从供应商培训到跟踪评估再到供应商审核，严格建立源头控制机制。强调"以预防为主，全员参与"的质量理念，建立快速反应机制，建设安全实验室。在过去 32 年的生产经营中，无重大生产和食品安全事故，各项质量指标稳步提升。

（17）上海造币有限公司

（2009 年度上海市质量金奖）

始创于 1920 年，隶属中国印钞造币总公司的国家造币企业。在完成国家货币发行任务同时，为广大钱币爱好者提供设计精美、质量优异的贵金属纪念产品。拥有市级企业技术中心、国家认可的理化实验室，在行业处于技术主导地位，采用在线检测、自动检测、机器视觉检测等，提高产品质量控制能力。"以人为本，精细定位"，提供职业资格、专业技术职称和管理职务等多个员工发展通道。每年召开科技大会、QC 成果发布会，组织科技沙龙、技师讲坛和科技论坛，建立科技人员导师制，近三年 7 项成果达到国际先进水平，在世界硬币大赛上多次获奖。

（18）上海阿波罗机械制造有限公司

（2009 年度上海市质量金奖）

成立于 2001 年，是一家专业化、集约化的核电站核级泵及重要非核级泵系统及核电后处理设备的核电全产业链设备供应与服务商。公司大力推行"卓越绩效管理模式"，从领导、战略、顾客与市场、以人为本、过程管理、测量分析与知识管理及经营结果七个方面重新构建了企业的系统框架，企业整体管理水平显著提高，核心竞争力大幅提升，公司加强科技创新，着力提升产品竞争优势，多年来成功研发10余项核电站关键设备，打破外国企业长期垄断局面。

（19）上海纳铁福传动轴有限公司

（2009年度上海市质量金奖）

成立于1988年，2013年更名为上海纳铁福传动系统有限公司，国内汽车零部件最早的一批中外合资企业之一，主要生产汽车传动系统总成产品及零件。具备原始研发功能的技术中心、一流的工程技术开发团队和完整的试验验证体系，技术能力达到行业先进水平，建立企业自主的具有国际先进水平的产品标准体系，建立同步开发、生产制造、技术支持为一体的全过程服务模式，实施“零缺陷”质量管理模式。推行精益管理，推进“生产卓越、业务流程卓越、员工卓越和业务卓越”活动，覆盖整个运营层面，建立全球项目管理模式，中外方合作，全球同步开发和资源共享。市场占有率在国内市场领先。

（20）上海金力泰化工股份有限公司

（2010年度上海市质量金奖）

成立于1993年，是中高端工业涂料的自主品牌领军企业和上市公司。主要从事汽车、农用机械、工程机械和轻工、家电等金属件和塑料件的防护与装饰，产品技术达到国际先进水平。拥有市级企业技术中心，形成“全矩阵产品+整套涂装解决方案”，参与编制国家标准和行业标准近60项。建立“管理体系构架屋”，整合ISO 16949、OHSAS 18001、ISO 14000等管理体系和14项管理工具，推行丰田精益生产方式（TPS）。采用KPI指标体系，与推进标杆管理、绩效考核结合，汽车涂料产销量位居国内前列、自主品牌第一。

（21）上海德律风物业有限公司

（2010年度上海市质量金奖）

成立于1996年，2015年更名为上海德律风置业有限公司。公司遵循“做精物业管理、做强设施管理、做大资产管理”的“3Z”发展思路，拥有园区、房屋、设施、餐饮、养老等五大品牌，是专业为综合办公楼、商务楼、信息园区、通信局房等提供常规物业管理，集物业经营、物业管理、物业服务三大专业业务板块为一体的企业，现有近千个物业管理点，是上海市优质物业服务商。公司是中国物业管理协会理事单位、上海物业管理行业协会副会长单位，通过“QEO管理体系”三合一认证和企业社会责任体系认证。

（22）上海丰科生物科技股份有限公司

（2010年度上海市质量金奖）

成立于2001年，在中国首创了真姬菇食用菌工厂化栽培的新模式，填补了中国在食用菌工厂化培植领域的空白，实现了该领域从0到1的突破。公司分别在上海、青岛、秦皇岛、成都（广东、美国筹备中）建设六大智能化生产基地。公司坚持走自主创新之路，先后成立了院士专家工作站、博士后试验站，通过了上海市级企业技术中心、高新企业技术中心认定。公司申请专利 238 项，拥有核心发明专利 54 件，综合科技创新能力处于国内外企业领先地位。让全球消费者家庭每周吃到两朵美味、营养、安全的蟹味菇、白玉菇、舞茸菇、鹿茸菇等鲜菇道产品，是丰科人的使命。

（23）上海亚明灯泡厂有限公司

（2011 年度上海市质量金奖）

始创于 1923 年，是新中国第一家股份制上市公司上海飞乐音响股份有限公司的全资子公司，中国第一家民族照明企业，也是中国第一只白炽灯泡的制造商，集照明产品研发设计、生产制造、市场销售于一体。拥有国家级照明技术中心、中国合格评定国家认可委员会（CNAS）认可实验室，掌握气体放电灯核心技术与核心制造能力，通过实践卓越绩效，导入运用产品路线图，不断加强技术创新，积极参与国家标准和行业标准的制修订工作，持续改进产品质量，提升公司核心竞争力，引领国内通用照明产业，处于传统照明产品全供应链的领导地位。

（24）上海林内有限公司

（2011 年度上海市质量金奖）

成立于 1993 年，主要从事燃气热水器、燃气灶、壁挂炉、吸油烟机等厨卫产品的研发生产。秉承林内近百年的技术底蕴和精益求精、苛求品质的工匠精神、“质量就是我们的生命”的原点思想，依托先进的设备、工艺和研发能力，通过质量、环境及职业健康安全管理体系认证。公司高度重视各类质量改善活动并给予充足的人力、物力、财力支持，应用新技术、新材料、新工艺、新设备来改进产品研发设计，完善售后电话接听系统和客户数据库，实施服务人员技能等级考核，组织全国服务技能比赛，2009 年起每年均有课题获上海市及全国 QC 奖项。

（25）上海第一机床厂有限公司

（2011 年度上海市质量金奖）

成立于 2004 年，是新中国最早的一批核电装备制造企业之一，是一家专业制造核电站核岛主设备——堆内构件和控制棒驱动机构的全核企业，创造 20 项核电设备领域的“世界第一”和“中国第一”。针对核岛主设备产品的特点和数十年以来积累的制造经验，建立起了一套适合核岛主设备制造的可复制推广的质量管控模式。通过在质量管理方面不断开拓创新和持续提升积累，在业界树立了良好的核电品牌形象。

（26）中国建筑第八工程局有限公司

（2012 年度上海市质量金奖）

成立于 1952 年，主要从事房屋建筑、公路、铁路、市政公用、港口与航道、水利水电各类别工程的咨询、设计、施工、总承包和项目管理。承建的机场航站楼、会展博览、体育场馆、医疗卫生、卫星发射中心等项目市场占有率位居国内第一，并以卓越的项目管理能力和国际领先的技术创建了一系列精品工程。公司在全面实施卓越绩效管理的过程中，围绕企业发展战略和人力资源规划，聚焦队伍建设，通过文化塑造、制度规范、纪律锤炼，努力打造一支具有“一流职业素养、一流业务技能、一流工作作风、一流岗位业绩”的“铁军”团队，在创造投资、建造、运营等一系列佳绩的同时，实现企业和员工的共同发展。

（27）上海上实物业管理有限公司

（2012 年度上海市质量金奖）

成立于 1997 年，是上海实业发展股份有限公司控股子公司，主要从事中高档及以上的住宅、办公、商业和公众物业的物业管理服务。先后建立质量、环境、职业健康安全管理体系，是第一批服务标准化示范试点单位，并着力于专业课题的研讨，将成果加以推广运用此外还参与物业行业相关地方标准和团体标准的制定。贯彻“一心、二效、三节”[57]的理念，持续参加全国现场管理星级评价，多个物业获五星级现场称号。1999 年，率先提出“居委会 + 业委会 + 物业”三位一体工作法，探索党建引领“三位一体”物业管理模式以构建物业共同体，每年开展第三方满意度测评，持续改进和提供服务质量，是上海市第一批企业社会责任认证的试点企业。

（28）联合汽车电子有限公司

（2012 年度上海市质量金奖）

成立于 1995 年，是中联汽车电子有限公司和德国罗伯特·博世有限公司在中国的合资企业，主要从事汽油发动机管理系统、变速箱控制系统、车身电子、混合动力和电力驱动控制系统的开发、生产和销售，公司建立了贯穿于整个产品生命周期的质量管理体系，对开发质量、供应商质量、过程质量、售后质量等方面进行严格的管控。通过技术先行、质量前置，已成为汽车电子发展的领跑者。

（29）上海陆家嘴物业管理有限公司

（2012 年度上海市质量金奖）

成立于 1992 年，首批获得国家物业管理行业一级资质企业证书，是中国物业管理协会常务理事单位，上海物业管理行业协会副会长单位。作为房地产产业链物业（运维）管理综合服务供应商，拥有一支经验丰富的物业管理专业队伍，深谙各类物业管理经验，为客户提供房屋建筑及设备设施运维管理、客户维系等优质服务产品。公司聚焦客户需求，提供差异化、定制化、标准化的物业服务，积极参与上海地方服务标准、行业服务标准的制定，持续改进服务质量水平，不断提升客户满意度。

（30）上海杨浦科技创业中心有限公司

（2012 年度上海市质量金奖）

成立于 1997 年，是全国在高新区和高校周边建立的第一家科技企业孵化器，致力于科技创新事业，帮助创业者实现创业梦想，为科技企业的生存、发展助力。通过体制机制

---

[57] “一心、二效、三节”理念出处为 GB/T 29590—2013《企业现场管理准则》，一心即以客户为中心，二效即提升效率和效能，三节即节省时间、优化节拍和节约资源。

改革，以完全企业化的经营方式，开辟了公益与效益相结合的孵化器可持续发展之路，创立的“植入质量因子的孵化全链条杨浦模式”，被誉为中国孵化器五大模式之一，开创了行业质量管理模式先河，围绕技术要素市场化配置和功能型平台体系建设，推进上海技术交易所和国家技术转移东部中心科技成果转移转化体系建设，开启传统孵化器蜕变发展新篇章。

（31）上海电气电站设备有限公司电站辅机厂

（2013 年度上海市质量金奖）

成立于 1980 年，隶属上海电气集团，是国内规模最大、品种最多、市场覆盖率最高的电站辅机专业设计制造公司，建立 ISO 9001、压力容器、美国机械工程师协会（ASME）、民用核承压设备、军品等五大质量保证体系，自主开发的世界最高等级的超超临界辅机，技术水平达到国际水平，市场居于领先地位，国内首台日产 1.2 万吨的大型海水淡化装置获 2012 年国家能源科技进步一等奖。每年开展全员质量意识的集中教育及分专业条线的质量培训，实施总装集成生产模式，推进生产流程化、区域专业化、工位固定化、产品清洁化“四化”生产，推进质量成本考核，成本管理贯穿产品报价、合同签订、成本预算、目标成本制定、分析和评审、合同执行全过程，企业提质降本增效成绩显著。

（32）上海雷允上药业西区有限公司

（2013 年度上海市质量金奖）

“雷允上”品牌始创于康熙元年。上海雷允上药业西区有限公司是静安区国有控股开开集团旗下的中华老字号企业，主营业务中西药品、中药饮片、医疗器械、参茸补品、美容保健等健康医疗产品与服务。公司在探索实践“老字号”传承、创新与发展过程中，秉承“质量奠基，诚信为本”的信念，通过定战略、塑品牌、调结构、促增长，逐步转型成为集研发、诊疗、服务、经营为一体，医药、医疗、医养相融合的大健康服务产业链。

（33）永大电梯设备（中国）有限公司

（2013 年度上海市质量金奖）

成立于 1993 年，是台湾永大机电工业股份有限公司投资设立的专业性电梯生产、销售、安装及维修保养企业，市场销量稳居行业前列。坚持“永远为您多想一点”的服务宗旨，形成倡导安全和服务的企业文化，实行制造、安装双重品质保障体系，树立产品安全品牌形象。是国家高新技术企业，拥有市级企业技术中心，主持或参与制定国家标准和地方标准 50 余项。部分主动安全、高效节能技术处于国内首创或行业领先地位。

（34）沃尔沃建筑设备（中国）有限公司

（2013 年度上海市质量金奖）

成立于 2002 年，是隶属于沃尔沃集团建筑设备事业部的外商独资企业。以生产并销售中大型履带式挖掘机为主。公司持续优化改进过程，导入和实施精益改善周管理模式，通过对已有生产线进行改造，发动全员参与，持续改进生产过程中的浪费，大幅度提高生产线的柔性化水平，以满足不断变化的市场需求。通过长期致力于推进卓越绩效管理模式以及通过沃尔沃生产系统（VPS），公司的各项关键绩效指标逐年提升，涵盖安全、质量、交付、成本、环保和人员能力，在沃尔沃建筑设备全球13家工厂中处于领先位置，并且在质量、生产效率等领域成为国内工程机械制造行业的标杆。

（35）正泰电气股份有限公司

（2013年度上海市质量金奖）

成立于2004年，是正泰集团公司控股子公司，主要从事输配电产品的设计、制造和安装，产品销往111个国家和地区。贯彻“宁可少做亿元产值，不让一件不合格产品出厂”的产品质量根本法则，实行产品与质量安全“一票否决制”，建立两级“第一责任人”制度、层级质量考核体系和质量抽查制度。拥有市级企业技术中心，建立以承担基础技术、系统技术研发为主的技术中心和以市场为导向的新产品研发事业部相结合的二级技术创新体系，加强产学研合作，整体技术水平达到了国内先进水平，在价值创造过程中形成96项管理标准19个考核指标，主持或参与制定国家标准和地方标准20多项，位列上海民营制造企业100强。

（36）上海紫泰物业管理有限公司

（2013年度上海市质量金奖）

成立于1999年，主要从事商务楼、高档别墅、高等院校、大型厂区等物业管理。作为紫竹国家级高新区的铂金服务供应商，坚持“满意+惊喜”的服务理念，通过ISO三体系认证、加入金钥匙联盟、争创星级现场、开展QC活动、服务现场全面覆盖5S标准，在服务质量提升上不断开拓进取。践行精细、精确和精益“三精管理”理念，创新“4项常规服务+1项特色服务+X项延伸服务”的服务模式，逐步实现技术管理替代人工管理，为客户提供“精品、高科、五星”的服务。

（37）上海环境实业有限公司

（2013年度上海市质量金奖）

成立于2007年，2019年更名为上海城投环境（集团）有限公司，是上海市唯一一家集固废水陆联运、末端综合处置、水域保洁保障、资源回收利用、有害固废处置于一体，携手临港新片区、辐射长三角一体化示范区的环境保障类国有骨干企业。围绕“面向生态、立足环卫、拓展环保”的工作思路，积极采用卓越绩效模式加强综合管理，全面提升企业管理能力和水平，以安全生产标准化管理为规范，通过“三合一”（质量管理体系认证、环境管理体系认证和职业健康与安全管理体系认证），不断提升企业整体质量水平，提升企业质量竞争力，成为全国行业中的标杆。

（38）中智上海经济技术合作公司

（2013年度上海市质量金奖）

成立于1993年，2018年更名为中智上海经济技术合作有限公司，是中智集团全国性人力资源服务网络战略布局中重要战略成员，发挥着重要的先锋作用。公司在秉承中智集团使命、愿景和文化的基础上，建立了“诚信、尊重、公正、专业”的价值观。制定了经济、顾客、技术、流程、人力资源和社会责任六个维度的计划与目标，建立了七个维度的关键绩效指标体系，通过完成从单一外包服务产品向外包、咨询、网络平台多元综合服务产品发展，从主要为外企提供单一人事外包服务转变为向外企、央企、中小企业提供全方位人力资源服务发展，从线下服务模式向线上线下立体服务模式转变的行动，实现了技术领先、规模领先、品牌领先三大战略目标。

（39）伽蓝（集团）股份有限公司

（2014 年度上海市质量金奖）

成立于 2001 年，民营企业，是一家集研发、生产、销售、服务于一体的高科技美妆企业。公司通过精准过程控制，深入推进质量体系建设，建立风险识别、风险分析、风险评价、风险控制的产品风险管理体系，强化风险管理，提升对产品质量保证、生产过程质量风险控制及持续改进、安全质量风险管理的能力。将创新贯穿于研发、制造、零售、客服、运营、企业形象等各个方面，为消费者提供“五感六觉”一流品质的产品与服务，实现企业的跨跃式发展。2020 年上海民营百强企业排名第 58 位。

（40）扬子江药业集团上海海尼药业有限公司

（2014 年度上海市质量金奖）

创建于 2001 年，是集研发、生产、经营于一体的综合性医药企业。公司通过严控质量，保持产品领先水平，规范流程，推行设备全生命周期管理，推进数字工程，提升生产运行绩效，创新构建基于黄金圈法则的药品质量风险管控模式，将传统质量管理转向事前的风险预控。2017 年在上海民营制造业企业百强榜列 17 位。

（41）上海市质量监督检验技术研究院

（2014 年度上海市质量金奖）

成立于 2005 年，是非营利性公益科研类政府实验室，拥有日用消费品、电光源等 9 个国家产品质量监督检验中心、3 个行业产品质量检测中心和 9 个市级产品质量检验站。实施“科技兴检、人才强检”战略，以“成为具有专业品质、职业精神、广受尊敬的国际知名质检机构”为目标，制定“数据准确、服务优良、管理规范、绩效卓越”的质量方针，建立产品质量安全信息分析与追溯服务平台，开展产品质量安全风险监测。通过信息化建设，不断完善管理流程、提高检测管理效率。已成为集质量检验、产品和体系认证、标准化服务、计量校准、培训、咨询为一体的最具有综合竞争力的院所之一。

（42）上海三思电子工程有限公司

（2014 年度上海市质量金奖）

成立于 1993 年，是一家以发光二极管（LED）显示、LED 照明和系统集成解决方案为主的 LED 科技型企业，产品已成功应用到美国纽约时代广场、港珠澳大桥、上海进博会等众多国内外大型标志性工程上。公司细分顾客管理，实现售前服务前置化，建立产品链质量系统，不断提升顾客满意度，以保障顾客利益为聚焦点，落实全员质量管理职责，加强施工过程质量控制，产品质量保持较高水平。

（43）上海日用－友捷汽车电气有限公司

（2014 年度上海市质量金奖）

成立于 1998 年，是上海机电股份和香港德昌电机集团共同控股的中外合资企业，主营汽车用散热器风扇。践行“产品是立身之本，质量是效益之源”的质量经营理念，狠抓可靠性设计技术，建立可靠性战略、可靠性管理体系、可靠性技术和方法的三位一体的高可靠性驱动质量管理模式，走出一条“引进、学习、消化、二次创新同步开发”的技术创新发展之路，研发生产产品在结构、节能环保、总成控制等方面处于业内领先，编制首个汽车散热器风扇行业标准《汽车散热器电动风扇技术条件》。实现“产品专业化，顾客多元化”目标，产品进入国内主流汽车厂（OEM），市场占有率居行业第一。被中华人民共和国工业和信息化部认定为可靠性标杆企业。

（44）上海海博出租汽车有限公司

（2014 年度上海市质量金奖）

成立于 1998 年，隶属于光明食品集团旗下海博投资公司，主要从事出租汽车营运服务。16 年专注于出租汽车营运业务，连续 3 年坚持兼并、整合资源，综合排名居上海市行业前三。从“融入公司服务理念、提高服务技能、促进绩效提高”三个方面加强培训，建立一支职业化驾驶员队伍。形成对驾驶员仪表、仪容达标的长效管理机制，采用“部门联席会议”形式，建立快速响应机制，并带动计价器、软件开发商、银行等合作者快速反应，全面提升服务质量。

（45）上海蓝盟网络技术有限公司

（2015 年度上海市质量金奖）

成立于 2006 年，为中小企业提供安全、云计算及基础架构的产品、服务和解决方案。公司采用制度流程化、流程标准化、管理自动化、数据可视化的“四化”管理方法。建立以把客户需求和技术创新作为企业发展的驱动力，实施机制创新、标准引领、测量分析和持续改进作为基石的“双驱动、四基石”模式，支撑售前过程、服务过程、售后过程三个关键过程服务质量的不断提升。

（46）大众汽车租赁有限公司

（2015 年度上海市质量金奖）

成立于 1993 年，是国内最早的一批专业从事汽车租赁服务的公司之一。公司提炼出“大众租车零烦恼”的质量方针，形成了一整套质量管理体系和实践方法，建立了自上而下的指标体系和工作系统，逐步形成“亲情式、管家式、导游式、导购式、会务式、会展式”六大服务特色。通过构建市场营销中心，实现“线上线下、分散集中、全员营销”的新模式。将每个班组的安全行车与服务质量纳入质量链管理，使每项服务都有标准和细节的要求。行业排名在上海租赁业中排名第三，在全国位列前十。

（47）上海中信信息发展股份有限公司

（2015 年度上海市质量金奖）

成立于 1997 年，现更名为上海信联信息发展股份有限公司，主要从事档案管理、政法政务、食品追溯等行业的信息化系统开发与服务。公司秉承“诚信为先、以人为本、同舟共济、追求卓越”的核心价值观，以选择（select），排序（sort），筛选（screening），确定（target marketing），定位（position）“SSSTP 服务分析法”为客户提供专业化运维服务。制定产品服务质量管理制度，对实现总体质量目标、环境目标、经营目标、管理目标和阶段性质量、环境、经营、管理目标和指标进行定期的评审，推动产品服务质量的持续改进。

（48）上海复展智能科技股份有限公司

（2015 年度上海市质量金奖）

成立于 2006 年，是一家从事 LED 户外照明灯具智能控制系统的研发、销售以及服务的高新技术企业，是上海市“专精特新”企业。公司以创新为立身之本，构建精简高效协调的组织系统，通过导入卓越绩效模式持续改进质量，实现员工能力和组织绩效从量变到质变的跨越，创新产品 LED 路灯智慧照明控制系统已经在全国多地上线应用，2020 年完成销售收入比 2015 年获奖时增长 300%，成为提质增效升级的作业标兵。

（49）上海东方雨虹防水技术有限责任公司

（2015 年度上海市质量金奖）

成立于 2007 年，母公司 2008 年在深交所上市，是集生产制造、科研研发、工程设计和施工、技术咨询服务于一体的综合防水服务提供商，生产规模、技术力量国内领先。确立包括专利情报战略、专利获得战略、专利实施战略、专利维护战略和企业商业秘密战略等在内的知识产权战略。拥有国家级企业技术中心。成立应用技术研究中心，配套建成应用技术培训中心，成为施工、销售、管理人员和代理商的“职业加油站”，有效保证施工质量。以责任为先，争做绿色企业；以人为本，打造精英人才体系；以质量为纲，打造行业金字招牌；以“三化”（网络化、信息化、分散化）为标准，打造优质防水工程；以客户为中心，提供专业系统服务。建立公司、部门、员工三层绩效管理体系，将总体战略目标层层分解并结合各岗位年度重点工作进行考核，建立运营体系、讲师体系及课程体系的三维立体培养体系，不断创新培养模式，有效实现知识共享和传承。

（50）上海建科检验有限公司

（2015 年度上海市质量金奖）

成立于 2007 年，是上海市建筑科学研究院（集团）有限公司全资子公司、上海地区建设工程领域内规模最大的第三方检测机构，专业从事建设领域为主的质量检测、检查评估、产品验货、技术咨询等合格评定技术服务。公司恪守“追求卓越、勇于担当、坚持公正、建立信任”的工作原则，以雄厚的检测技术、过硬的服务质量、赢得客户和市场的信任。先进的检测设备和专业化的技术团队，聚焦建筑建材质量评价技术等领域加强科技创新研究，促进科技成果转化，先后承担 T/310101002－C003—2016、GB 36246 和 T/SHHJ000003—2018 的编制工作。

（51）上海汉钟精机股份有限公司

（2015 年度上海市质量金奖）

成立于 1998 年，2007 年 8 月在深圳 A 股上市，是上海市第一家台商投资上市企业，专门从事螺杆式压缩机相应技术的研究开发、生产销售及售后服务的企业。公司以高精度设备保证产品高质量，运用 APQP 工具从产品设计阶段进行质量管理，持续进行质量改进与技术创新，不断提升产品质量水平与企业核心竞争力。

（52）大金空调（上海）有限公司

（2015 年度上海市质量金奖）

成立于 1995 年，由大金工业株式会社、上海轻工业对外经济技术合作有限公司、大金（中国）投资有限公司投资建立的中外合资企业，主要从事天花板嵌入式空调、多联机（VRV）空调系统商用及家用空调的设计、研发和制造，填补了中国市场技术空白。通过持续开展 PDS[58] 改善，运用 6S、QC、安全等质量方法手段，保证整个系统处于高质量的运行状态，实现产品高质量、可信赖。获得上海市质量金奖后，又获得上海市绿色工厂示范企业（2019 年）、中国环境标志优秀企业（2019 年）、中国质量认证中心（CQC）绿色产品认证首批获证企业（2019 年）等荣誉称号。

（53）上汽大通汽车有限公司

（2016 年度上海市质量金奖）

成立于 2011 年，为上海汽车集团股份有限公司全资子公司。产品包括“MAXUS”品牌和“上汽跃进”品牌的各类车辆。面对市场竞争率先将 C2B 大规模个性化智能定制模式引入汽车行业，成为第一家实施 C2B 战略部署的车企，为消费者打造定制化的产品和服务。在持续改进，追求卓越的理念指引下，通过过程的精细化管理，打造卓越的产品和服务，依托“创新，无所不在”指导纲领，从业务链、平台渠道、创新者、理念文化、支持管理等五方面构建创新体系，实现了“大通速度”，成为多个细分市场销量第一的中国品牌。

（54）上海赛科利汽车模具技术应用有限公司

（2016 年度上海市质量金奖）

成立于 2004 年，隶属于上海汽车集团股份有限公司所属的华域汽车系统股份有限公司，为中外合资企业。公司致力于大型汽车覆盖件冲压模具的研发和制造。企业始终坚持“我心制造”的全面质量管理理念，形成“尚优”文化体系，以领先的技术与装备，以一体化管理模式和基于单件流的模具项目管理、研发、制造，不断推进模具自主研发能力建设，不断突破高端模具技术，赶超国际先进水平，实现以模带冲的升级转型。

---

[58] PDS 即 Production of Daikin System，是大金空调推行的少量多品种混合生产的生产方式。

（55）上海航天设备制造总厂

（2016 年度上海市质量金奖）

公司前身为创办于 1921 年的新民机器厂，2017 年更名为上海航天设备制造总厂有限公司。是我国唯一集运载火箭、空间飞行器和战术武器地面系统产品制造、总装测试和发射场服务于一体的国有综合型航天骨干企业。公司明确“1 +2 +3 +4 +5”的战略举措[59]，不断做强做优做大军品产业，持续发展航天技术应用产业。传承航天精神，实施航天产品零缺陷质量管理，出色完成了航天型号产品生产、总装和发射任务，为我国航天事业作出了突出的贡献。上海航天设备制造总厂对接机构总装组获得第三届中国质量奖提名奖。

（56）上海中建东孚投资发展有限公司

（2016 年度上海市质量金奖）

成立于 2008 年，是中国建筑第八工程局有限公司全资子公司，专业从事房地产投资开发、物业服务和新型城镇化建设，拥有房地产开发和物业服务双壹级资质。建立“4M”精品、精细、精益、精神全面质量管理体系，节能、节地、节水、节材和环境保护“四节一环保”生态管理体系，沟通真心、服务贴心、管理精心、工作尽心、投诉耐心、合作诚心的“六心”服务。推进绿色投资、绿色设计、绿色施工、绿色运营的全产业链“全绿”管理，实施“全面创优、全面创绿、全面装修”三全品质战略，坚持“过程规范，成就精品”的原则，加强技术创新和精细化过程管理筑造精品工程，形成“同心同德，同向同行”为核心的“同行文化”，打造融“产业导入、开发建设、城市运营”于一体的全产业链生态圈，2015 年销售额突破 200 亿，全国房地产开发企业综合实力排名第 38 位。

（57）上海信业智能科技股份有限公司

（2016 年度上海市质量金奖）

成立于 1998 年，致力于建筑智能化和建筑节能技术的研发和推广，融合建筑智能化、节能技术与智慧城市建设，拥有多项行业领先技术和产品，参与世博中心、虹桥机场、浦东市民中心等多个重大项目，是建筑智能化工程行业的上海龙头企业。公司建立建筑全生命周期管理平台，通过“售前优化设计、售中保证品质、售后服务保障”，加强对项目实施过程的管理和控制，采用远程、托管、本地、咨询等运维服务模式，为客户提供交钥匙工程，降低保修成本，以高品质的产品和服务赢得市场信赖。

（58）上海老凤祥有限公司

（2017 年度上海市质量金奖）

“老凤祥银楼”始创于 1848 年，2006 年被商务部首批认定“中华老字号”，是我国贵金属珠宝首饰行业领军企业，有 3 000 多个国内销售网点，在美国、加拿大、澳大利亚及

---

[59] “1 +2 +3 +4 +5”的战略举措指 1 个主轴、2 个业务、3 个手段、4 个核心、5 个平台。

中国香港开设12家银楼，2016年销售额343.46亿元。“金银细工制作”和“金银首饰镶嵌技艺”列入国家级非物质文化遗产保护名录。依托非遗技艺和银楼特色的百年传承，从机制、产品、技术、营销、创新等方面，以“名牌、名品、名师、名店”为引领，推进品牌向“时尚化、个性化、国际化”升级。强化创意设计、精益制造、精准服务、精细管理，深入挖掘品牌内涵，每年开发新品比率25%以上。创新研发一体化扣链机等设备，突破黄金珠宝行业手工加工的传统，有效提升生产效率、加工精度和产品质量的控制水平，多次入选“中国500最具价值品牌”。

（59）上海市政工程设计研究总院（集团）有限公司

（2017年度上海市质量金奖）

成立于1954年，主要从事规划、工程设计和咨询、工程建设总承包及项目全过程服务，覆盖基础设施建设行业各领域，综合实力位居国内同行前列。增强自主创新能力，在海绵城市规划与建设关键技术、城市综合管廊工程技术等方面研究水平和研究能力处于国内领先和国际先进水平，在大型现代桥梁、综合交通枢纽等6大领域，形成22项达到国际先进水平的核心技术成果，拥有专利1300余项，编制国家标准和行业规范标准40余项，公司坚持为客户提供高品质、零距离、全过程、全方位服务，通过组织技术力量对项目提供技术服务和系统服务，建立内部设计质量审查机制，发挥设计质量审查以点带面的管控作用，打造全专业、全产业链的全方位服务能力，为顾客提供综合性、一站式解决方案。

（60）上海蔓楼兰企业发展有限公司

（2017年度上海市质量金奖）

成立于1997年，是集研发、生产、销售于一体的新中式轻奢品牌服装制造商。以“成为上海名片，争做中国旗袍第一品牌，打造国际知名中式服装品牌”为企业使命，践行“科技、创新、环保”的价值观，把“择一事，终一生”的工匠精神融入到传承和弘扬海派优秀穿着文化之中。推行三维人体扫描结合手工测量，以数据精准体现高质量产品，依托信息技术，升级传统管理模式，对数据采集、设计、生产、仓储、销售、售后服务等全过程进行产品全生命周期智能化管理，为顾客提供个性化服务。每年保持8%左右的研发投入力度，新产品市场占有率接近40%。

（61）上海儿童医学中心

（2017年度上海市质量金奖）

成立于1998年，是由上海市人民政府与世界健康基金会合作共建的一所集医教研于一体的三级甲等儿童专科医院，2017年获批建设国家儿童医学中心。以“一切为了孩子”为宗旨，在国内最先开展“儿童患者的舒缓疗护”和“以家庭为中心的儿童照护”，以医－护－患合作为核心，多学科合作和家庭支持为重点重构儿科优质护理模式。构建3Q[60]全

[60] 3Q即质量保证（QA）、质量控制（QC）、质量改进（QI）。

面质量管理体系，质量、技术、人文并重。作为首家采用医疗质量与安全国际先进标准 JCI 的儿童专科医院，自 2009 年连续三次通过 JCI 国际论证。儿科心血管、血液肿瘤等专业全国第一、世界一流，制定多项临床路径及指南，引领学科发展方向。在国内公立机构中首家通过医护职工防癌抗癌“黄金标准”国际认证。设立 20 多个慈善救助专项基金，救助超过 5 000 名贫困患儿。

（62）复旦大学附属中山医院（内镜中心）

（2017 年度上海市质量金奖）

1992 年内镜中心成为独立专科，每年完成消化内镜诊疗工作 10 万余例，规模和水平位居国际前列，组织或参与多项国际临床多中心研究，建立标本库，形成一系列科研创新成果。秉承“双线管理、两点支撑”质量管理模式，强化“医疗质量 - 护理质量 - 医技质量 - 后勤质量”的横线管理和“院前 - 院内 - 院后的”纵线管理，以精准高效的技术体系和精湛务实的人才队伍为支撑点，提高医疗服务品质。

（63）上海中医药大学附属岳阳中西医结合医院（特色推拿）

（2017 年度上海市质量金奖）

是我国推拿学科的发源地，历经“丁氏推拿”等流派 5 代传承，是中国推拿疗法的引领者和技术标准先行者。年专科门诊服务量超过 12 万人次，位列全国推拿专科前茅。坚持“手到病除、质量为魂”的理念，在传统推拿的实践基础上率先提出以中医经络学说为核心理论的多学科融合推拿学科体系，提出全程评估、精巧手法的专病单元管理法，建立专病单元和标准手法相融合的中国推拿诊疗模式，首创无创性颈部经筋活性测试模式、脊柱微调手法体系等。建立推拿专科传承与创新特色建设为核心的管理模式，通过运用“品管圈”“戴明环”等有效举措，促进由数量规模型向质量效益型转变，获国家科技奖与上海市科技进步奖等 20 余项奖项。

（64）上海电力股份有限公司

（2018 年度上海市质量金奖）

成立于 1998 年，是上海主要的电力能源企业之一。主要提供电、热、水、冷等多种能源产品。公司充分运用精益管理、平衡计分卡、价值管理、关键绩效管理、流程再造、质量信得过班组等多种质量管理方法工具，形成大量精益管理成果，有效提升企业管理和经营质量。运用“互联网 +”技术，打造 PRO［绩效管理(EPM) + 资源计划(ERP) + 运营管理(EOM)］信息系统一体化平台，使各管理体系有机融合，形成“以绩效导向分配资源、以资源计划驱动业务和以运营优化实现战略”的质量管理模式。成功实现从传统火力发电企业向“清洁高效绿色低碳企业、价值创造能力更强上市公司、综合智慧能源供应商和服务商、跨国经营企业”的转型。

（65）上海微创医疗器械（集团）有限公司

（2018 年度上海市质量金奖）

成立于 1998 年，核心业务是生产全医疗解决方案的公司，覆盖脑血管与神经干预科学心、血管及结构性心脏病等领域。公司建立“创新反应炉”技术创新体系，助力创新战略落地；以“产品全面风险运营”模式，实施全生命周期中的风险管理系统方法，实现从设计开发、生产制造、上市后管理等的全方位、全覆盖风险管理。公司打破进口医疗器械对国内血管介入类产品的垄断地位，并保持行业领先地位。

（66）中国建材国际工程集团有限公司

（2018 年度上海市质量金奖）

成立于 2000 年，是由国家级设计院所蚌埠玻璃工业设计研究院改制而成，是集研究开发、工程设计、工程承包、加工制造、产品生产为一体，以新玻璃、新能源、新型房屋、智慧农业的工程技术服务及装备制造技术为主导的科技型集团企业。拥有市级企业技术中心、上海市光电玻璃装备工程技术研究中心，超薄玻璃、高铝及高转化率太阳能膜组等产品，处于世界领先地位。建立推动改进与创新绩效测量系统，开展工程项目全生命周期智慧管理，综合利用互联网、云计算、大数据等技术手段，搭建管控一体化信息平台，优化完善设计管理系统、EPC 工程项目管理系统、供应链管理系统、人力资源管理系统及经营管理、科技管理、综合管理模块，实现公司业务的一体化管理和集约化集中管控。

（67）上海股权托管交易中心股份有限公司

（2018 年度上海市质量金奖）

设立于 2010 年，是上海市人民政府批准设立的上海市唯一合法的区域性股权市场运营机构，主要服务于初创期和成长期的中小微企业，为其提供改制挂牌、股份转让、非公开发行、价值挖掘、展示宣传等一站式全方位综合金融服务。现已形成科技创新板（N 板）、股份转让系统（E 板）、展示系统（Q 板）、债转股转股资产交易平台、股权托管系统、债券系统等六大业务板块，服务企业总数过万家。公司在管理中对挂牌展示企业的审核标准建立了严谨的制度体系，优化操作指引，打造服务中小企业的平台，服务企业、中介机构更好地完成企业的合规性整改。建立了可视化的流程系统，清晰过程管理，大幅提升客户体验。

（68）上海交响乐团

（2018 年度上海市质量金奖）

成立于 1879 年，前身为上海公共乐队，曾有“远东第一乐团”的美誉。三个世纪以来，上海交响乐团引领交响乐在中国发展的每个重要历史阶段，是中国首个跨入职业化运营轨道、运作高质量年度音乐季的乐团。坚持用好三个“台柱”，实现音乐人才汇聚、艺术水平卓越，为不同消费群体提供个性化、高水准、高质量的文化精品。实施“团厅合一”发展，成立参考国际先进艺术机构运作模式的上海交响乐团理事会，在人才引进、资金募集、管理规划等方面比照国际知名交响乐团运营管理模式进行机制创新，探索出一条规范化、标准化、可借鉴、可推广的院团管理模式。打造演出品牌、教育公益品牌和赛事品牌等三大类知名品牌，以良好的社会形象助力打响“上海文化”品牌。

（69）中国铁路上海局集团有限公司上海站

（2018 年度上海市质量金奖）

成立于 1950 年，2017 年更名为中国铁路上海局集团有限公司上海站，是中国铁路总公司上海局集团公司下属的特大型铁路客运枢纽站，管辖上海站、上海南站、上海虹桥站 3 个大型客运站、3 个城际站和 4 个技术作业场，日均到发旅客接近 60 万人，高铁开行数量、旅客发送量居全国客运车站第一。坚持“一切为了旅客满意”的核心价值观，弘扬“和衷、担当、奉献、卓越”的车站精神，践行“用心服务，崇尚细节”的服务理念，通过精准化设计，标准化管理，智能化运营，人性化服务，创新大型客运枢纽车站管理模式，打造“心尚”服务品牌，旅客满意度位居全路系统第一。

（70）复旦大学附属华山医院（神经外科）

（2018 年度上海市质量金奖）

复旦大学附属华山医院神经外科是教育部国家重点学科、卫生部重点建设学科、国家临床重点学科。建立具有专业特色的“聚精汇神、经纬济世”质量管理模式，实现疾病管理从大专科到多学科融合诊疗、服务模式从区域医联体到中心网络化、学科发展从外科技术创新到致胜脑科学的“三个创新”，年手术量 1. 7 万台，位居全国第一，其中 50% 以上病例系疑难杂症。在 2017 年上海市重中之重临床医学中心评比中排名第一，曾获国家科技进步二等奖。

（71）复旦大学附属肿瘤医院（病理科）

（2018 年度上海市质量金奖）

集国家重点学科、卫生部临床重点学科、上海市医学领先专业和上海市卫生重点学科于一身。以“基于病理流程，以病理质量控制为核心”质量管理模式和国内一流的病理检测诊断技术资源，成为全国肿瘤病理最大的会诊中心，会诊病例近 4 万例/年。连续 10 年获得《中国医院专科声誉排行榜》病理科综合排行榜第一名（2009—2019 年）。

（72）上海三枪（集团）有限公司

（2019 年度上海市质量金奖）

三枪品牌创立于 1937 年，公司成立于 1994 年。公司坚持“品牌设计营销”一体化，在国内外竞争激烈中采取“品牌 + 设计 + 渠道”黄金铁三角多种营销模式，持续不断提升技术自主研发能力，引领行业发展，持续提升管理信息化智能化，推动质量管理提质增效。公司掌控着由 5 000 多个营销网点组成的庞大内销网络，被摩根斯坦利评估为“中国内衣市场最完善的营销渠道”。连续 24 年雄踞全国针织内衣市场占有率第一。

（73）同济大学建筑设计研究院（集团）有限公司

（2019 年度上海市质量金奖）

成立于 1958 年，是目前国内设计门类最全、设计资质最多、设计能力最强的咨询设计单位，曾参与设计完成上海中心、上海自然博物馆（新馆）、上交音乐厅、虹口 SOHO、K11 香港新世界大厦、北川地震纪念馆、云南大剧院等全国各地众多地标性建筑项目。公司以提升技术创新能力为抓手，保持行业领先地位，以技术人才培育为重点，实施全方位人力资源管理，以顾客需求为导向，倡导“全员客户服务”理念，不断完善和创新市场服务体系，以加大信息化建设为支撑，建成管理一体化、服务一体化、数据一体化的信息化 IT 架构，提升整体管理水平和运营效率。

（74）上海市北高新（集团）有限公司

（2019 年度上海市质量金奖）

成立于 1992 年，是上海市静安区国资委履行出资责任的国有独资企业，主要围绕市北高新技术服务业园区的发展，行使土地储备、规划建设、投资促进、企业服务、园区综合管理等职能。公司重点实施 8 大创新行动和 19 项主要任务。强化单位土地的绩效，以“3 + 2 + X”模式推动载体招商。投资管理采取“基金 + 基地的新模式，改进投资管理范围、程序、决策过程，细化投资项目从接洽立项、尽职调查、商务谈判、集体决策、项目管理、项目退出到档案管理等七个环节的全过程管理。目前已经成为上海老工业基地整体产业结构置换升级和功能转型的先导示范区。园区亩产指标在上海市各类园区中居于领先地位，成为上海市区级园区的卓越标杆。

（75）上海熊猫机械（集团）有限公司

（2019 年度上海市质量金奖）

成立于 2000 年，是一家设计、生产、销售二次供水设备、大型集成供水设备的高新技术企业。公司以“行业领军、科技创新、品质卓越、品牌导向、智能环保”五大支柱战略思想为指导，全方位夯实基础管理，借助创新驱动实现产品的升级换代，实施管理创新，构建标准化、流程化、高效化的企业信息化系统。以行业领先的理念为用户提供“智慧水务方案”等超前技术服务，让用户体验信息化、数字化服务带来的便捷。连续 9 年建筑用泵销量位居全国第一。

（76）上海市计量测试技术研究院

（2019 年度上海市质量金奖）

成立于 1996 年，是我国最早建立的一批计量检定专业机构之一，是大区级的“华东国家计量测试中心”和国家级的“中国上海测试中心”。坚持“筑百业之基，溯量值之源”的使命，通过实验室基础设施建设、固定资产全过程管理和量值溯源管理为主要内容的保障体系，建设“一流装备、一流设施、一流实验室”。以全过程信息化体系整合调度各类资源，通过构建和完善差异化、“互联网 + 计量”“一站式”和多专业协调的贵宾（VIP）专属等服务体系，赢得了顾客和市场。目前，上海市计量测试技术研究院的综合实力在全国计量检测机构中名列前茅，并在国际同行中获得了一定的话语权，品牌影响逐步走向国际。

（77）中国船舶重工集团公司第七一一研究所

（2019 年度上海市质量金奖）

成立于 1963 年，隶属于中国船舶重工集团，是中国最具实力的国家级舰船动力研发机构。拥有柴油机及气体发动机、热气机及特种动力系统、动力系统解决方案及相关产品等七大战略业务，核心技术与产品国内领先、国际先进。凝练以军工文化为特色的企业文化，建立高效科技创新体系和协同研发模式，以及支撑七大战略业务的技术体系。强化 GJB 845、GJB 9001、GJB 5000 等 8 个体系的融合与协同，在巩固两级质量管理模式的基础上，推进基于“12357”质量提升工程的“四精”质量管理模式，扎实推进质量问题“双五归零”。曾获 2 项国家科技进步特等奖。

（78）卡斯马汽车系统（上海）有限公司

（2019 年度上海市质量金奖）

成立于 2005 年，是世界 500 强企业麦格纳（2018 年全球汽车零部件企业百强榜排名第三）全资子公司，也是连续获得福特全球质量奖唯一中间供应商。融入中国“和”思维，形成融合包容的企业文化。通过文化、人员、技术、设备供应商、运营等本土化，配套中高端车型，建立标准、规范，带动国内产业链发展和品质提升，助推中国汽车产业升级。将导入麦格纳工厂体系的先进制造质量经验对供应商进行培训，带动 29 家国内供应商同时开展技术和质量改进项，推进销售、计划、采购、生产、标签条码、物流、财务等全流程一体化和信息系统建设，实现零部件二维码追溯。

（79）上海汽车集团财务有限责任公司

（2019 年度上海市质量金奖）

成立于 1994 年，是上海汽车集团所属的非银行金融机构，是以金融科技创新赋能先进制造业发展的典范。引入“全员目标管理、全员质量管理、全员效率管理”理念，建设全新的绩效管理体系，通过快速响应、自主研发、精准施策、个性定制，业务规模、人均效率、发展速度和资产质量均位列汽车金融行业第一。建立完善风险管理体系，强化风险管理培训，将全员质量管理理念和风险管理文化传播到每位员工。

（80）上海市血液中心

（2019 年度上海市质量金奖）

成立于 1955 年，集血液采集、制备、检测、供应、科研及教学于一体的，上海市市区内唯一的采供血服务机构，承担着为全市 130 余家医疗单位提供临床用血和保障安全用血的重任。每年向临床供应各类血液及血液成分制品 90 余万单位（200mL/单位），临床血液成分输注率为 99% 以上，达到国际先进水平。2006 年起建成全市唯一的血液管理信息系统，使全市血液管理机构、采供血机构实时联网，实现“互联网 + 用血服务”。采用 ISBT128 条码国际编码标准，献血者识别码 100 年不重复。全市医院互联互通，实现血液全过程质量监控，血液管理信息系统回顾性确认。

（81）上海交通大学医学院附属瑞金医院（内分泌代谢科）

（2019 年度上海市质量金奖）

是全国内分泌代谢疑难疾病诊治中心。科室经过多年积累形成近 900 个标准作业流程（SOP），在此基础上首创“MMC”项目——“国家标准化代谢管理中心”。围绕“一个中心，一站服务，一个标准”的核心理念，构筑内分泌科系统化的质量管理体系。利用物联网 + 互联网技术，把先进的诊疗设备与物联网技术整合为线上线下一体化的整体解决方案，为患者提供一站式全程服务，实现对病人的全方位诊疗和健康管理，改善医疗资源及医护配置问题，让全国各地的患者都可以享受到源自中国排名第一内分泌学科的慢病管理模式的服务。全国已有 1 000 余家医院加入 MMC 的行列，覆盖全国 30 个省、自治区和直辖市，服务患者总数近 22 万人。

（82）上海市第六人民医院（骨科）

（2020 年度上海市质量金奖）

于 1957 年建科，是世界显微外科发源地、“中国手”的摇篮。核定床位 466 张，设 8 个亚专业、12 个病区，是集创伤急救、诊治康复、科普培训及创新转化为一体的国内一流骨科中心，中国医院最佳专科及中国医院科技量值排名均居全国前二（2019 年）。上海市第六人民医院骨科对标国际标杆，创建“筋骨兼修”的先进医疗服务模式，打造“伤筋动骨六为先”的卓越骨科品牌，深耕厚积“敢为人先、甘于奉献”的医脉文化，构建生态式人才培养体系，推动学科可持续发展。

（83）复旦大学附属中山医院（感染诊疗与防控中心）

（2020 年度上海市质量金奖）

中山医院是 1986 年全国第一批 16 所系统开展医院感染管理工作的医疗机构之一，2004 年建立感染性疾病科，2015 年开设病房，现改建成立感染诊疗与防控中心，已跻身国内细菌和真菌感染诊治的八强，疑难感染病的诊疗能力及诊疗效率处于国内领先水平。建立“协作推动、纵向到底、横向到边”的管理机制和“科学循证、精准防控、人人参与”的防控体系，独创感染病科、感染管理科、临床微生物实验室三位一体的管理模式，将感染性疾病的“诊治防”有机结合，打造与国际接轨的感染学科复合型人才队伍，实现人才梯队、科技创新、疑难诊疗的三轨并行发展，引领上海市、长三角乃至全国的感染控制学术发展。创建国内最大的医院感染控制交流平台——上海国际医院感染控制论坛，连续 16 年组织全国学术交流会议。是上海防疫抗疫的骨干团队，从检测、诊治、防控、科研创新、公众宣教等全流程参与新冠肺炎防治工作，参与制定新冠肺炎的上海标准及上海方案，主编专著 21 部，牵头制定 5 个指南、专家共识和技术规范。

（84）上海空间电源研究所

（2020 年度上海市质量金奖）

成立于 1990 年，隶属于中国航天科技集团有限公司第八研究院，主要承担载人航天工程、探月工程、北斗导航等应用卫星和运载火箭、武器装备电源系统及其关键单机产品的研究、设计、制造和试验任务。坚守与传承航天文化，积淀凝聚“源创”核心文化。拥有空间电源技术国家重点实验室、空间电源技术国家国际科技合作基地、国家创新人才示范基地等 12 个国家和省部级创新平台，五大特色文化成为空间电源创新之源，掌握创新性、颠覆性空间电源原创技。管理创新促进体制机制改革，加速航天特色军民融合，实现军民两用技术成果转化。以“六融合”指引战略制定，引领电源行业安全稳健可持续发展。获得国家和省部级科技成果 93 项。

（85）上海联影医疗科技股份有限公司

（2020 年度上海市质量金奖）

成立于 2011 年，致力于为全球客户提供高性能医学影像、放疗产品、生命科学仪器及医疗数字化、智能化解决方案。总部位于上海，同时在美国、马来西亚、阿联酋、波兰等地设立区域总部及研发中心。公司以“成为世界级医疗创新引领者”为愿景，以“创造不同，为健康大同”为使命，通过与全球高校、医院、研究机构及产业合作伙伴深度协同，持续提升全球高端医疗设备及服务可及性，为客户创造更多价值。截至目前，上海联影医疗科技股份有限公司已组建一支世界级人才团队，向市场推出掌握完全自主知识产权的 60 款产品，包括 Total - body PET - CT（2 米 PET - CT）、“时空一体”超清正电子发射断层扫描及磁共振成像系统（TOF PET/MR）、3. 0T 探索 MR、640 层 CT、一体化医用直线加速器系统（CT - linac）等一批世界首创和中国首创产品，并已获得遍及全球 35 个国家的 6500 多家医疗机构客户的广泛认可，其中包括国内 710 多家顶尖三甲医院，以及美国华盛顿大学医学院、加利福尼亚大学戴维斯分校、日本藤田保健卫生大学医院、日本综合南东北医院等全球顶尖临床及科研机构。2020 年，上海联影医疗科技股份有限公司的 X 射线计算机体层摄影设备（CT）、磁共振成像系统（MR）、正电子发射及 X 射线计算机断层成像扫描系统（PET - CT）、移动数字化医用 X 射线摄影系统（DR）、中高端 DR 在国内增量市场均位列第一。

（86）上药控股有限公司

（2020 年度上海市质量金奖）

前身是成立于 1952 年的中国医药公司上海分公司，2017 年更为现名。是 2020 年世界医药分销企业营销规模第 7 位上药集团的核心企业。作为一家以药品分销为核心的全国性现代医药供应链服务企业，经营网络遍布上海市及其他 16 个省、直辖市，推行“新分销新零售”模式，分销网络覆盖全国 30 000 多家的医疗机构终端。坚持“服务为荣”核心理念，经营药品两万余种，基本实现中华人民共和国工业和信息化部前 100 强制药企业业务全覆盖。开创医药产品医院院内物流服务（SPD）新模式，开展“互联网 +”药品供应保障服务、创新药全生命周期服务等，强化质量管理改进和过程质量监控能力提升，确保医药产品流通服务过程中的质量与安全。

（87）上海清美绿色食品（集团）有限公司

（2020 年度上海市质量金奖）

成立于 1998 年，是集食品研发、现代农业、食品加工、冷链物流、食品分销为一体，具备完整鲜食全产业链的综合食品集团，是国家农业产业化重点龙头企业和全国豆制品行业领军企业，生产加工豆制品、面制品、蔬果、肉禽、粮食加工品、肉制品、方便食品等 11 大类产品，上海市场豆制品占有率超六成。建立战略管理体系，已向“城市生鲜食品综合服务商”成功转型，打造豆制品专卖、面点早餐连锁、鲜食社区店、乐食魔都食堂、新鲜到家线上买菜五大商业模式，建立健全产品研发设计、生产工艺及专利管理制度，产品主要技术指标达到国内先进水平。确定“四归零”[61] 量管理目标，推行“七个一”[62] 质量安全管理模式，形成清美特色的质量管理体系，做到每批产品可追溯，生产加工有管控，物流运输有保障，应急情况有预案，打响“上海制造”品牌。

(88) 上海市杨浦区社会福利院

(2020 年度上海市质量金奖)

成立于 1988 年，首批上海市三级养老服务机构之一，主要收养对象为统一需求评估四级及以上的高龄老人，是上海市中心城区最大的综合型公办养老服务机构，是国内外行业交流、参观学习的重要窗口。积极开展养老综合服务标准化试点工作，建立具有自身特色的服务系列标准。设计“数字”养老服务内容和标准，被纳入典型案例汇编和地方标准。创立“6 +1”质量管理模式[63]，推出机构养老、日间照料、社区养老、互联网养老和社工培训指导相结合的综合服务，聚焦防跌倒、防压疮、防坠床等为指向的“六防”要素，完善精诚、精细、精准等为要求的“五精”服务方法体系。吸纳住养老人代表直接参与管理工作，积极打造“银发”系列品牌，开展多个活动小组，其中“名画扮演”得到社会和媒体的广泛关注。构建院内“五级”培训体系。打造“星级”员工队伍，提升养老服务整体质量水平。

(89) 赛诺菲（中国）投资有限公司上海分公司

(2020 年度上海市质量金奖)

成立于 1982 年。赛诺菲集团是法国第一大药企、全球第七大药企，为首批进入中国的跨国医药企业之一。公司作为赛诺菲集团中国总部，引进 40 余种高质量的创新药物和疫苗，处方药每年惠及近 1 000 万慢性病患者及数百位罕见病患者。多元化业务覆盖制药、人用疫苗和消费者保健，将产品和服务延伸至县域，扶持县域胸痛中心建设。建立“全球一个标准”的全生命周期药品质量和风险管理体系，执行业内领先的国际先进药物警戒系统，参编 10 多项国家药典标准和团体标准，与行业协会共同倡议发起“中国药品质量万里行”活动，持续开展年度“质量周”等质量文化培育活动，连续 4 年获“杰出佳雇主”称号。

7.2.2 历年获奖个人

上海市质量金奖获奖个人均在上海市从事质量或质量相关工作 5 年以上，他们具有较

---

[61] “四归零”指食品安全事故零发生、食品质量零投诉、生产安全零工伤、环境卫生零差错。

[62] “七个一”即七个一质量安全管理模式，指一个愿景、一个定位、一条路线、一套机制、一个目标、一个指南、一批项目。

[63] “6 +1”质量管理模式中，6 是指“五加 + 五精 + 六防 + 银发文化 + 分院管理 + 三化队伍”，1 是指标准化体系。

强的质量创新和改进意识，在质量管理或实践中形成独特的工作方法、经验或成果，对形成组织质量文化、提高行业质量水平和绩效、推动上海市产业工艺和技能改进等作出重要贡献。

（1）金裕龙

（2002 年度上海市质量金奖）

时任上海开天建设（集团）有限公司总经理。他提出“建筑以质量为生命”“今天的质量就是明天的市场”理念，制定 10 项质量管理制度推进公司高质量发展。在他的带领下，公司以“精心策划，规范施工，诚信服务，创新发展”为质量方针，连续多年位列在沪建筑施工企业年度综合考评前列，曾荣获质量管理金屋奖、上海市文明单位、市“白玉兰”工程奖等多项荣誉称号。

（2）薛峥

（2002 年度上海市质量金奖）

时任上海移动通信有限责任公司网络优化中心总经理。始终坚持网络质量是通信企业生命线的理念，作为上海移动通信与网络安全保障的中坚力量，始终肩负责任和担当，广泛学习外省市同行的先进技术和宝贵经验，不断完善上海移动通信保障的组织工作和技术手段，精心组织缜密筹划，带领团队实现第三届进博会通信与网络安全保障“三零”[64] 目标，为在线观展、视讯直播和演示类业务提供高质量技术保障。

（3）徐家平

（2003 年度上海市质量金奖）

时任上海新世界股份有限公司总经理。抓机遇，以改革调整出新，做大“新世界”；出新招，以创新营销出奇，做活“新世界”；勇坚守，以诚信经营制胜，做强“新世界”。率先推行了 6SIGMA 管理，用工业化的标准来提高商业化的管理；创建质量管理“个十百千万”（一封公开信，建立和完善进货管理的十项制度，建立百人质量检查队伍，千家供货商联名签约不售假，确保十万种商品无假货）的诚信体系建设。使上海新世界股份有限公司成为引领上海商业改革浪潮的排头兵。

（4）顾明强

（2004 年度上海市质量金奖）

时任上海南汇汇绿蛋品有限公司总经理。始终把诚信和质量放在企业经营的首位，将诚信和质量作为企业发展的源头，打造消费者信赖的优质产品。带领企业按产业化要求进行专业化分工，科学化饲养，通过分级管理，把好质量关，完善服务，把好市场关，以优质的诚信服务，一步一个脚印地真抓实干、创新拓展，以孜孜不倦的追求精神，在小鸡蛋上做大文章，诚信经营，真心服务，作出更大的市场。

---

[64] “三零”即零重大网络事故、零重大安全事件、零重大客户投诉。

（5）林凯文

（2005 年度上海市质量金奖）

时任上海凯泉泵业（集团）有限公司总裁。以技术创新推动企业的发展和做大品牌，在营销管理中导入了具有典型特色的直销模式，把营销工作从源头的信息抓起，通过国内、国外多项质量体系认证，建立了水泵行业国家级测试中心，并积极参与水泵行业标准的制定工作。他将经营目标逐步分解到每一个员工，提升企业凝聚力，成为行业领先。

（6）陈荣林

（2006 年度上海市质量金奖）

时任上海电器股份有限公司人民电器厂厂长。大力推进实施品牌战略，以质量树品牌，建立质量长效管理机制，在创新中不断完善管理理论和方法，带领全厂员工奋力拼搏，使“上海人民电器”走上了高质量发展轨道，连续荣膺中国低压电器行业十大最具影响力品牌、中国低压电器行业最佳用户满意产品等。

（7）刘刚

（2007 年度上海市质量金奖）

时任上海化工研究院检测中心主任。在中国化工产品质量安全检测和标准化方面大胆开拓、勇于创新，坚持以战略为引领，以质量为核心，以卓越绩效管理模式为管理大纲，提出“动态质量管理”理论，狠抓质量的动态性、持续性和有效性，持续推进。实施中心整体优化，有效应对日益激烈的市场竞争，在行业中处于领先地位。

（8）张锡淼

（2007 年度上海市质量金奖）

时任上海连成（集团）有限公司董事长。近三十年的生产制造企业管理经验和质量管理领先思路，奠定集团“质量领先，绿色制造”的发展新策略，在企业管理中持续对产品的内外质量进行客观的分析评价，不断改进质量管理模式和办法，推行多途径、多样化、网络化的质量管理方式，实现质量体系的创新，以产品综合质量的提高，增强公司市场竞争力。

（9）周文

（2008 年度上海市质量金奖）

时任上海普利特复合材料股份有限公司董事长兼总经理。始终对标“全球化优秀新材料公司”，勇担“聚焦材料科技，创新绿色未来”的历史使命，主导建立公司质量管理体系，建立企业质量管理持续改进机制，完善高效可控的供应管理体系，以高质量打响自主品牌，提升企业核心竞争力，实现业绩较大幅度增长。

（10）黄建英

（2009 年度上海市质量金奖）

时任上海汽车乘用车公司临港整车厂厂长。力行树立“质量为生命，用户为中心”的理念，导入国际先进质量管理办法，强化车辆制造全生命，周期质量管理，以质量优势争创品牌活力，打造出中国优秀的汽车制造基地，为中国汽车自主品牌竖起了标杆。

（11）陆金琪

（2010 年度上海市质量金奖）

时任上海阿波罗机械制造有限公司董事长。以求实、敬业和创新精神勤奋耕耘，积极引进国外高端技术，吸纳行业专业人才，强化自主创新，致力于研发核电高端产品，走国产化道路，坚守“每个人都是一道安全质量屏障”为核心价值观，践行全员质量保证理念，以质量保证安全，带领公司已经发展成为一家专业化、集约化的核电站核级泵及重要非核级泵系统以及核电后处理设备的核电全产业链设备供应与服务商。

（12）杨春保

（2011 年度上海市质量金奖）

时任上海汽车变速器有限公司总经理。带领企业坚持“五大中心”管理模式（即产品发展中心、市场拓展中心、质量管理中心、费用中心及人力资源中心），坚持“国有性质、市场化运作”经营理念，坚持“以我为主、联合开发”产品研发模式，坚持体制创新、技术创新和管理创新，使上海汽车变速器有限公司从一个上汽集团内配套企业发展为全球化、零级化、中性化的汽车变速器专业设计制造企业，企业竞争能力迅速提升。

（13）萧伟锋

（2012 年度上海市质量金奖）

时任上海工具厂有限公司总经理。坚持以开放的胸怀、合作分享的精神、全球化的眼光，打造上工品牌工具产业链；坚持既定的发展战略，提高员工质量意识，创建质量文化，完善体系建设，夯实管理基础，严格过程控制，保证产品质量，推动技术创新，提升产品能级水平，聚焦顾客需求，提升服务质量，优化资源配置，提高企业运行质量，推动企业的可持续发展。

（14）胡翊群

（2013 年度上海市质量金奖）

时任上海交通大学医学院附属瑞金医院卢湾分院院长。积极改革创新，率先在医疗卫生行业（卢湾分院）实践卓越绩效管理模式，改革绩效管理和激励机制，推进建设公共医疗服务平台。践行“患者最安全医院”理念，将医疗安全上升到患者安全，带领上海交通大学医学院附属瑞金医院卢湾分院不断改进医疗质量、提高运行绩效、加强学科建设、提高重点专科和特色专科水平，使患者满意率和社会效益获得提升，病历质量评定名列全市同级医院前列。

（15）章稼新

（2013 年度上海市质量金奖）

时任中国上海进出口玩具检测中心质量负责人。推动组织建立、优化质量管理体系，创新质量管理方法、机制和平台，致力于组织的质量保障和检测能力提升。建立以质量目标、质量管理体系、绩效考核为构架的三维质量管理体系，中心在 2012 年度强制性认证产品报告核查中获得全国第一名，成为首批中国合格评定国家认可委员会（CNAS）认可的“测量审核指定机构”，获得国内唯一的能效测量审核资质。

（16）孙善福

（2014 年度上海市质量金奖）

时任中国商用飞机有限责任公司 ARJ 21—700 新支线飞机项目总质量师。长期从事飞机制造的质量管理工作，坚持追求卓越质量理念，创新质量管理体系，关注顾客需求，在 ARJ 21—700 新支线飞机项目的开发研制试飞全过程中推进质量管理全覆盖，精益求精打造精品工程，为我国第一次完全自主设计并制造的支线客机的成功研制作出突出贡献。

（17）何建忠

（2015 年度上海市质量金奖）

时任上海天阳钢管有限公司董事长、党支部书记。推动公司严格按照卓越绩效管理模式评价准则，不断改进创新，带领公司研发团队成功研发出具有划时代意义的、国内外首创的碳钢/不锈钢聚合无缝钢管，首创绿色香型钢管。

（18）李勇

（2015 年度上海市质量金奖）

时任上海微创医疗器械（集团）有限公司品质资深总监兼管理者代表。结合 ISO 13485 和多国法规要求建立适应全球化的质量管理体系。带领团队践行“产品全面风险运营”管理模式、“技术创新和产业化融合”管理模式、医疗器械注册人“九宫格”交互管理模式、克劳斯比“质量管理成熟度”评价模型等理论和方法，取得出色的质量管理绩效。

（19）张国勤

（2015 年度上海市质量金奖）

时任上海联业农业科技有限公司董事长。提出“引领中国绿色有机农业，建设节能环保生态家园”的核心理念，将质量视为生命线，企业生存的根本命脉，制定“土壤地力提升”和“水肥一体化”两条战略，坚持绿色发展，不断追求卓越，将企业打造成一家坚持现代农业可持续发展的综合性企业，为实现农业节能减排和环境保护作出了贡献。

（20）张鹏举

（2016 年度上海市质量金奖）

时任美钻能源科技（上海）有限公司总经理。提出并建立了“质量树”全过程质量控制模式，可追溯到系统、所有设备、所有部件、所有不可再分零件的所有过程文件、所有质量记录，真正做到了产品全过程、全周期管理，用锲而不舍的精神，孜孜以求铸就中国制造的品牌。

（21）卢奕

（2017 年度上海市质量金奖）

时任复旦大学附属眼耳鼻喉科医院眼科研究院院长，眼科主任及白内障学科主任。以为患者恢复光明为己任，献身眼科医学事业 30 年，带领科室在医疗科研教学工作中积极应用 PDCA 质量管理方法，优化管理流程，建立“医护患”沟通及反馈机制，持续提升眼病防治质量与效率，提高患者就医满意度。

（22）华建刚

（2017 年度上海市质量金奖）

时任上海爱谱华顿电子科技（集团）有限公司总裁。坚持“产品品质”是企业生命，是品牌赖以生存的立业之本，大力推进产品质量追溯建设，重点落实品控步骤，在企业内形成了全过程、全方位、全员性的质量管控和多方法的“三全一多”的质量管理机制。

（23）单传伦

（2018 年度上海市质量金奖）

时任上海马陆葡萄公园有限公司执行董事。坚持“质量优先，质量取胜”的理念，推进葡萄全生命周期的质量管控，逐步形成了“传伦葡萄有机栽培”标准模式，为引导上海马陆葡萄公园有限公司走质量效益型道路作出重要贡献。

（24）李秀峻

（2018 年度上海市质量金奖）

时任上汽大众汽车有限公司质量保证执行总监。长期工作在质量管理领域最前线，坚持“质量关乎全局”的理念，构建“三化”（体系化、标准化、数字化）质量管理模型，加强全面质量管理，创新升级绩效跟踪机制。大力弘扬工匠精神、劳模精神，造就了一直有理想有信念、懂技术会创新、敢担当讲奉献的“王牌团队”。

（25）徐文东

（2018 年度上海市质量金奖）

时任复旦大学附属华山医院副院长、上海市静安区中心医院院长。探索推动“华山医院 - 静安”医疗联合体工作模式，使病人在区属医院和社区卫生服务中心也能享受到便捷、优质的医疗服务，率领医院创建三级医院、复旦大学附属医院、全国文明单位和上海市首批区域性医疗中心，同时获得国家卫生健康委员会医政医管局及健康报社“进一步改善医疗服务行动计划”典型案例、上海市改善医疗服务行动“医疗服务品牌”等称号。

（26）吴公保

（2018 年度上海市质量金奖）

时任上海静安建筑装饰实业股份有限公司事业部经理。始终坚持“质量第一”理念，大力弘扬工匠精神，致力于对文物建筑和优秀历史建筑的修缮、修复、改造，形成了独特的修缮施工“拆、洗、修、补、整”五字方针，主导解决了中共二大会址修缮、地铁 12 号线南京西路站保留建筑拆解与复建等工程中的技术难题。

（27）刘根敏

（2018 年度上海市质量金奖）

时任上海英雄金笔厂有限公司小组组长。几十年如一日坚守在英雄金笔制笔岗位，摸索形成了一套从设备维修、模具调整、模具修理到产品出产的独特工作方法，研制世博“中国红”14K 金笔、APEC 官方专用高档金笔、G20 专用笔等产品的金笔尖，有力提升了“上海制造”的美誉度，是上海制笔行业一线技工的质量标杆。

（28）华克勤

（2019 年度上海市质量金奖）

时任复旦大学附属妇产科医院党委书记。坚持“以医疗质量为竞争力”的理念。在技术上追求卓越，不断革新；在质量上精益求精，安全为先；在管理上奖惩并举，融合创新。在高难度的临床实践中锤炼出了一批业务精湛的骨干，确保“建设具有一定国际影响力的妇产科医疗服务中心和科研教学基地”的新百年战略目标全面落地。牵头制定了 14 个妇科单病种质量控制标准规范化手册，全面建立上海市妇科质量控制三级管理网络，实现全市妇科标准化管理。牵头组建泛长三角地区妇产科医院/妇幼保健院协作网，推广适宜技术，实现优质医疗资源的辐射输出，提高区域妇幼保健水平。

（29）曹一峰

（2019 年度上海市质量金奖）

时任上海三凯工程咨询有限公司总经理。创新管理建立机制，从“简单、单一的经营模式裂变为覆盖监理、咨询全链业务的综合多元化的经营模式”，带领公司成为监理行业的一流企业，在地下空间和深基坑技术方面处于行业领先。重视科技创新，持续加大科技创新投入，以创新推动服务质量提升，力行“做精品工程，树三凯品牌”。

（30）郭秀玲

（2019 年度上海市质量金奖）

时任上海沙涓时装科技有限公司总经理兼技术总监。从基层工人做起，学习纺织工艺和技术，在“织可穿 Knit & Wear”软件开发技术领域独树一帜，成为该技术全球前 5 的技术专家，从以劳动密集型的产业结构向创意设计驱动下的国际高端品牌建设转变，以中国传统文化为基石进行独特的设计与创新，带领品牌从零开始，一次次打破常规的颠覆式创新，带领企业从低端制造业走向国际品牌。

（31）章毅

（2019 年度上海市质量金奖）

中国干细胞集团创始人，时任中国干细胞集团上海生物科技有限公司董事长。坚持以公益为基础，服务于公众，造福于人类，是国内干细胞库事业的主要开拓者，首创“存捐互利”的管理模式，实现公益事业和可持续发展的相互促进。带领公司成为全球唯一一家华人患者配型成功率达 100% 的干细胞库，已与全国 117 家三甲医院联合完成造血干细胞移植超过 5 300 例，位居全国第一，患者移植后 5 年存活率为 60. 1% ，属于国际先进水平。为我国健康服务产业的发展作出了重要贡献。

（32）顾立军

（2019 年度上海市质量金奖）

时任上海海淞环境卫生服务有限公司经理。是上海市第十四届、十五届人大代表。坚持规范质量和标准化管理思维，创新提出门责垃圾清运五步法、小区垃圾箱房专人专管六步法、大件垃圾资源利用七步法、建筑垃圾改点为箱八步法，生活垃圾全程分类九步法等作业规范，率先承担垃圾分类试点工作，其首创的装潢垃圾“改点为箱”的收运新模式，获得上海市职工先进操作创新奖等奖项。

（33）曹文洁

（2020 年度上海市质量金奖）

时任上海新通联包装股份有限公司董事长。以村办木器厂起步，历经 20 多年的市场磨练，将原来仅有三十多人的木器厂发展成为集设计、研发、制造、服务为一体的上千人的综合性包装集团公司。秉持“创新突破，敢为人先”的创新精神，以顾客需求为导向，在行业内率先推动以纸代木、纸木结合包装和“供应链整合包装服务”模式，创新“一站式包装服务”，成为引领行业发展的新标杆。

（34）杜诚

（2020 年度上海市质量金奖）

时任上海申迪园林投资建设有限公司总经理。提出成为“国内知名的城市景观营造商和服务商、生态旅游度假开发商和运营商”的企业愿景，带头践行“负责任、重信誉、好合作、守纪律、比贡献”的核心价值观，通过科技创新和提升质量，积极赢得客户和市场的信任，承担上海迪士尼项目、世博文化公园等一系列上海市重大工程建设，为上海的经济建设和旅游事业作出了突出贡献。

（35）蒋陈忠

（2020 年度上海市质量金奖）

时任国网上海市电力公司金山供电公司项目管理中心主任。践行卓越绩效模式，秉承国家电网有限公司文化战略，弘扬专业精神、工匠精神，不断提升自身的卓越意识与职业素质，带领中心打造高标准钻石型配电网，助推国网上海市电力公司高质量发展，为上海建设全球卓越城市而努力奋斗。他时刻谨记“人民电业为人民”企业宗旨，创新建立“321”项目管理机制[65]和“ESS”三重服务模式[66]，勇做新时代电网建设排兵。他深入抗疫一线，带领团队高质量完成上海市公共卫生临床中心应急救治临时医疗用房电力配套工程建设任务，创造上海战“疫”电速度。

---

[65] “321”项目管理机制：3 指从项目前期、项目施工、项目竣工三个方面全流程参与；2 指从管理和专业技术角度对项目进行双向管理；1 指项目建设过程中充分利用基建管控系统这一管理平台。

[66] “ESS”三重服务模式即 Essential 基础、Satisfaction 满意、Surprise 惊喜，在满足顾客基础需求、实现顾客满意的同时，进一步超越顾客需求和期望，创造惊喜体验。

(36) 邱莉娜

(2020 年度上海市质量金奖)

时任中国电信股份有限公司上海崇明电信局销售组织现场管理，中国电信客户服务一级专家。长期从事电信营业厅的一线服务工作，坚持追求“百分百满意”的卓越服务理念。她凭借过硬的学习能力和精湛的专业水平，实现了从崇明局、上海公司级到中国电信集团级、通信行业级客户服务专家的飞跃，带领工作室不断把服务经验转化为有价值的成果输出，主导编写《营业服务手册》等教材，在中国电信集团系统广泛应用，获得了全国二十多个省市电信公司的好评。她先后荣获上海市劳动模范、市技能人才培养突出贡献奖、市五一劳动奖章、市技术能手、上海工匠、全国巾帼建功标兵、全国劳动模范等荣誉。

8　上海市政府质量奖绩效评估

上海市政府质量奖励制度实施二十年来，对激励引导各行各业企业持续改进、追求卓越及推动行业质量提升乃至上海经济社会高质量发展发挥了积极作用。为科学评估上海市政府质量奖励制度实施成效，上海市组织开展了《上海市政府质量奖绩效评估》研究，本章选取部分研究内容进行介绍。

8.1 评估背景

上海市自2001年启动政府质量奖评审工作以来至今已二十年，二十年间评选出一大批各行各业的组织与个人，这些获奖组织是否显著提高了质量管理水平和核心竞争力，是否更好地发挥了标杆引领作用？政府质量奖是否对上海市追求卓越质量氛围的形成、城市竞争力的提升发挥了引导和助推作用？为全面了解上海市政府质量奖励制度实施情况，并对上海市政府质量奖实施以来对组织管理和经营绩效、区域经济和社会发展产生的影响、带来的促进、改善和提升情况进行科学、量化的评估，以进一步提升政府质量奖励制度的效率和效益，更加科学地发挥政府质量奖励制度的激励、引导作用，2020年市审定办委托上海质量管理科学研究院开展了上海市政府质量奖绩效评估研究[67]。

8.1.1 评估内容

本次研究，以2001—2019年期间获得“上海市质量金奖”和“上海市市长质量奖”的131家组织为主要调查分析研究对象。通过对这些获奖组织的追踪调查，全面、系统、客观分析政府质量奖的作用和影响，从经济效益和社会效益两个方面评估其实际效益。研究主要包括并不限于以下内容：

（1）组织在获得上海市政府质量奖后，对组织业务运作和经营业绩等是否产生实质性促进作用？

（2）获奖组织的经营业绩与行业平均水平相比，是否有明显提升？获奖组织是否起到了行业标杆的作用？

（3）获奖组织如果有显著提升，政府质量奖在其经营绩效提升中的贡献有多少？能否予以量化测评分析？

（4）上海市政府每年在政府质量奖方面进行投入，取得了什么样的收益？能否予以量化测评分析？

（5）上海市政府质量奖工作还存在哪些问题和亟待改进的地方？下一步推动此项工作不断深入的对策措施有哪些？

8.1.2 评估方法

本次研究，调查采用发放问卷、电话回访、座谈会等形式进行，共计发放问卷131份，回收问卷87份，问卷回收率66.41%。剔除评分数据填写不完整的问卷3份，问卷有效率为96.55%。样本组织涵盖了各类制造业、科学研究和技术服务业、交通运输、仓储和邮政业等多个行业门类。

---

[67] 本节内容摘自上海质量管理科学研究院2020年承担的《上海市政府质量奖绩效评估研究报告》。

此外，采取统计分析、对比分析、显著性分析等技术手段，对上海市政府质量奖的作用与贡献进行定性定量分析和测算。技术路线见图 8 - 1。

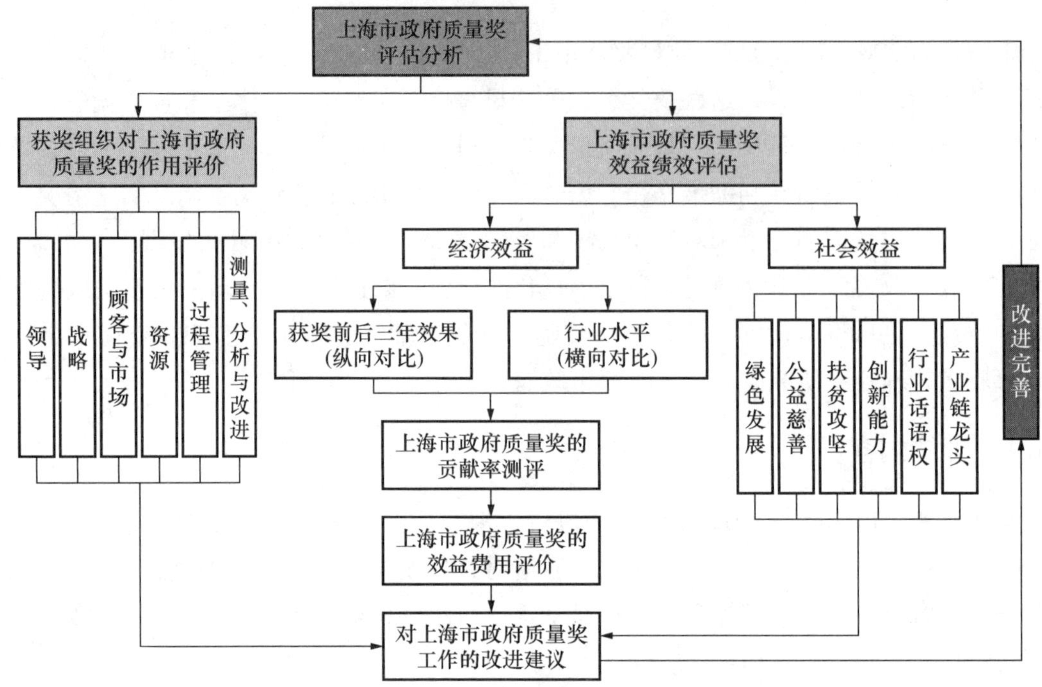

图 8 - 1　上海市政府质量奖评估分析技术路线

在问卷设计方面，对获奖组织在行业、规模、所有制等方面进行差异性评估；并在充分研究国内外有关企业增加值影响因素及贡献率相关文献的基础上，结合《卓越绩效评价准则实施指南》，设计《上海市导入卓越绩效模式的作用与贡献调查问卷》，收集获奖组织的经营状况等真实数据。通过建立上海市政府质量奖绩效评估模型（见图 8 - 2），采用定性与定量相结合的方式，对政府质量奖绩效进行综合评价。

在定性分析方面，通过问卷了解获奖组织对导入卓越绩效模式作用的评价，包括领导、战略、顾客与市场、资源、过程管理、测量分析改进等卓越绩效评价的六个方面对组织改进经营管理所带来的促进、改善和提升效果。

在定量分析方面，从经营水平、财税贡献能力、质量管理水平、标准化水平、技术创新能力和社会责任能力等方面，对获奖组织的质量管理能力和核心竞争力在获奖前后的变化情况进行量化评估。通过获奖组织自身在获奖前三年和后三年的纵向对比以及与同行业平均水平的横向对比，描述组织的绩效变化情况，从而多视角、全方位、分层面地剖析上海市政府质量奖对组织经营绩效、区域经济增长和社会发展的贡献，包括对代表性行业的细分分析和典型组织的案例分析。

政府质量奖绩效突出体现在经济效益方面，通过考察组织获奖前后生产经营绩效指标（包括财务绩效、管理绩效和质量绩效等）的变化情况，量化评估获奖组织的经济效益。

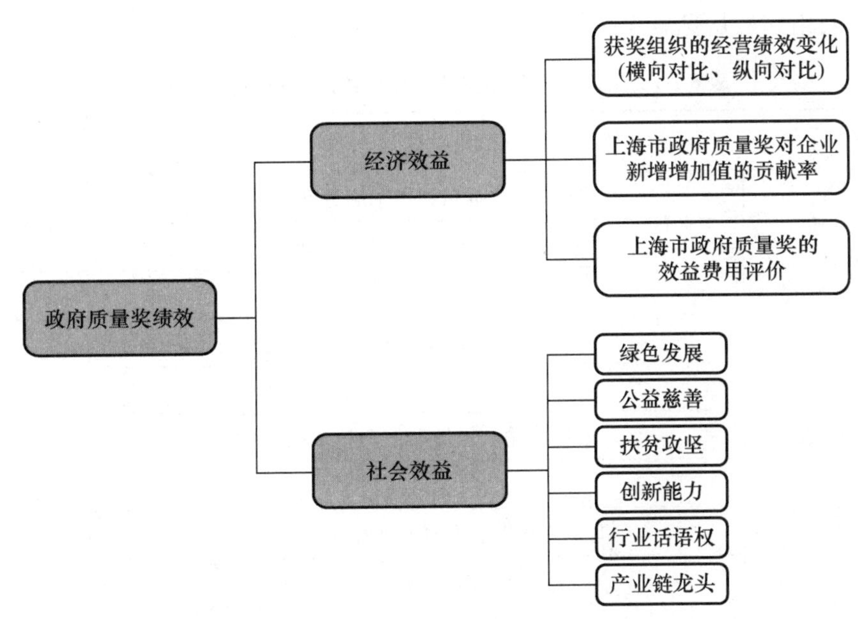

图 8－2　上海市政府质量奖绩效评估模型

在此基础上，运用精度辅助平均分析法（Precision Assisted Average）测算出政府质量奖对获奖企业新增增加值的贡献率，进一步测算上海市政府质量奖的效益费用比（Benefit－Cost Ratio）。作为政府主导项目，政府质量奖也同样重视其社会效益，因此，本研究还对政府质量奖的社会效益进行了评估，包括政府质量奖在增加经济财政收入、提高居民生活水平、改善环境等社会福利方面取得的综合收益。根据效益费用评价模型，对上海市政府质量奖的效益费用比进行测算。

8.2　统计分析

为研究上海市政府质量奖获奖组织的基本现状，课题组对自 2001 年以来荣获上海市政府质量奖的 131 家组织进行了统计分析。因其中有若干组织在不同年份分别荣获了不同级别的政府质量奖，在具体统计分析时以获奖级别就高不就低、获奖时间就近不就远的原则进行处理。基于此，课题组对上海市政府质量奖的获奖组织的所属区域、所属行业类别、企业规模、所有制性质以及后续在争创更高级别的国家质量奖情况等方面进行了梳理，得出上海市政府质量奖获奖组织基本情况。

8.2.1　行业类型分布

上海市政府质量奖获奖组织来自全市各行各业，不同行业门类的组织都有机会获奖。课题组根据 GB/T 4754—2017《国民经济行业分类》，对 131 家获奖组织进行了行业门类划分和统计，获奖组织共涉及 27 个行业，覆盖上海国民经济主要行业类型。获奖组织行业类型分布及组织数量见表 8－1。

表 8－1 上海市政府质量奖获奖组织所属行业类型分布

所属行业		企业数量
服务业（65 家）	科学研究和技术服务业	19
	交通运输、仓储和邮政业	10
	卫生	8
	房地产业	7
	批发和零售业	6
	信息传输、软件和信息技术服务业	5
	金融业	3
	电力、热力、燃气及水生产和供应业	3
	租赁和商务服务业	2
	文化、体育和娱乐业	1
	住宿和餐饮业	1
制造业（58 家）	电气机械和器材制造业	10
	汽车制造业	9
	通用设备制造业	8
	专用设备制造业	5
	医药制造业	4
	纺织服装、服饰业	4
	计算机、通信和其他电子设备制造业	3
	食品制造业	3
	船舶制造业	2
	石油、煤炭及其他燃料加工业	2
	金属制品业	2
	化学原料和化学制品制造业	2
	航空航天制造业	2
	黑色金属冶炼和压延加工业	1
	烟草制品业	1
建筑业（8 家）	—	8

131 家获奖组织中，服务业 65 家，制造业 58 家，分别占比 49.62% 和 44.27%，其中：（1）科学研究和技术服务业组织的获奖数较多，共 19 家，占比 14.50%；此外，近年来卫生类组织获奖数有所增加，共 8 家，占比 6.11%，表明近年来随着上海科创中心

建设和城市建设，科研及医疗服务水平提升；（2）金融业、文化、体育和娱乐业以及住宿和餐饮业等部分服务业领域的组织获奖比例较低，与上海服务业整体地位和今后发展的方向不匹配，后续需进一步围绕产业升级方向，加大对服务业以及其他非赢利组织学习掌握先进质量管理方法的推进力度，提升行业质量水平，争创政府质量奖。

8.2.2　企业规模分布

对于企业规模，世界各国没有统一的标准。可按从业人员、营业收入、资产总额等指标划分。本研究根据企业员工人数，将企业规模划分为三个等级：大型企业、中型企业和小型企业。调查显示，131 家获得上海市政府质量奖的组织中，大型企业 98 家，占比 74.81%；中型企业 27 家，占比 20.61%；小型企业 6 家，占比 4.58%。上海市政府质量奖获奖组织规模分布见图 8－3。

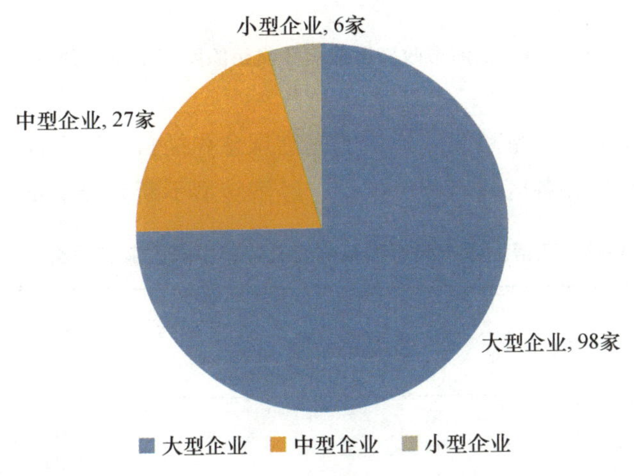

图 8－3　上海市政府质量奖获奖组织规模分布

8.2.3　企业所有制分布

依据企业登记注册的企业所有制，对 131 家获得上海市政府质量奖的组织进行统计分析。调查显示，私营企业获奖数最多，有 69 家，占比 53%；国有企业有 45 家，占比 34%；中外合资企业有 5 家，占比 4%；港澳台资企业有 5 家，占比 4%；外资企业有 1 家，占比 1%；其他类型企业有 6 家，占比为 4%。上海市政府质量奖获奖组织所有制类型分布见图 8－4。

8.2.4　获评中国质量奖情况

在 131 家获得上海市政府质量奖的组织中，有 21 家组织累计获得了 22 次中国质量奖及其提名奖。其中，有 10 家组织是在获得上海市政府质量奖之后，通过进一步努力获得了中国质量奖荣誉（见表 8－2），占比上海市政府质量奖组织的 7.63%。这表明上海市

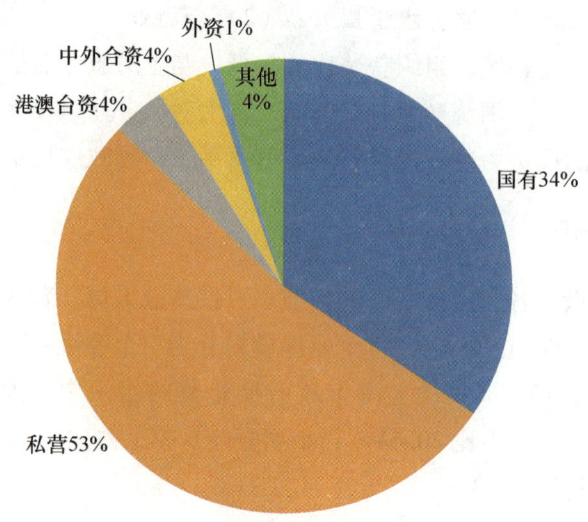

图8－4　上海市政府质量奖获奖组织所有制类型分布

政府质量奖在帮助企业导入卓越绩效模式的先进理念和经营方法方面确有显著成效，这也与近年来行业主管部门和各区政府积极推动、经济转型不断升级密不可分。

表8－2　获得上海市政府质量奖后又荣获中国质量奖的组织名单

参加中国质量奖获奖情况	组 织 名 称	参加上海市政府质量奖获奖情况
第一届中国质量奖提名奖	上海锅炉厂有限公司	2010年上海市市长质量奖 2007年上海市质量金奖
	上海核工程研究设计院	2018年上海市市长质量奖 2014年上海市质量金奖
	上海新世界股份有限公司	2006年上海市质量金奖
第二届中国质量奖提名奖	上海电气核电设备有限公司	2014年上海市质量金奖
	上海三菱电梯有限公司	2014年上海市市长质量奖 2006年上海市质量金奖
	中国建筑第八工程局有限公司	2012年上海市质量金奖
	上海杨浦科技创业中心有限公司	2012年上海市质量金奖
	中智上海经济技术合作公司	2013年上海市质量金奖
第三届中国质量奖提名奖	上海长海医院（泌尿外科）	2017年上海市质量金奖
	上海航天设备制造总厂	2016年上海市质量金奖

8.2.5 对政府质量奖的作用评价

（1）“战略”和“顾客与市场”是提升较显著的方面

卓越绩效评价包含六个方面，分别为领导、战略、顾客与市场、资源、过程管理和测量、分析与改进。调查发现，被调查组织认为“战略”和“顾客与市场”是政府质量奖对组织管理促进较显著的两方面，各占到样本总量的23.81%和22.62%（见图8－5）。“战略”是指组织在一定时期的全局的、长远的发展方向、目标和政策以及资源调配作出的决策和管理。此外，通过政府质量奖的申报，企业在战略制定和部署方面得到了改进，因为战略部分是企业能够独立进行改进提升的方面。而“顾客与市场”则是要求组织对顾客的需求和期望有一定的了解，将顾客信息用于过程及改进，测量和确定顾客的满意程度。

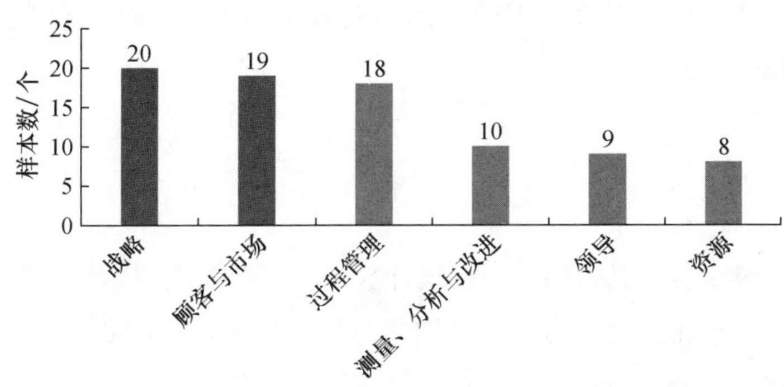

图8－5　样本组织企业管理促进作用较显著的方面

（2）“过程管理”和“测量、分析与改进”是亟待加强的方面

调查发现，上海市政府质量奖对企业管理的促进作用中，卓越绩效模式的“过程管理”和“测量、分析与改进”仍是企业普遍亟待加强的两大方面。有23家组织认为过程管理需要继续加强，占比27.38%，而另外21家组织认为测量、分析与改进是亟待加强的方面，占比25%。见图8－6。

可以看出，“过程管理”和“顾客与市场”是企业看重的两方面，也是企业十分迫切需要通过创政府质量奖获得提升的方面，在评审报告中需要对这两方面着重提出改进建议和总结提炼管理经验，帮助参评企业和全行业企业共同提升质量水平。相比之下，“测量、分析与改进”需要政府和专业机构外部支持，比如在国家质量技术基础设施、公共服务平台以及专业技术服务等方面给予多角度全方位的支撑。

（3）借助卓越绩效模式加速组织管理体系的整合

根据电话回访，被访企业普遍认为卓越绩效模式是一套系统的管理工具，涵盖了企业管理的方方面面。通过导入该模式，有助于帮助企业整合质量、环境、职业健康安全等专业管理体系，有助于满足不同客户的需求，最终形成企业特有的综合管理体系，为顾客和

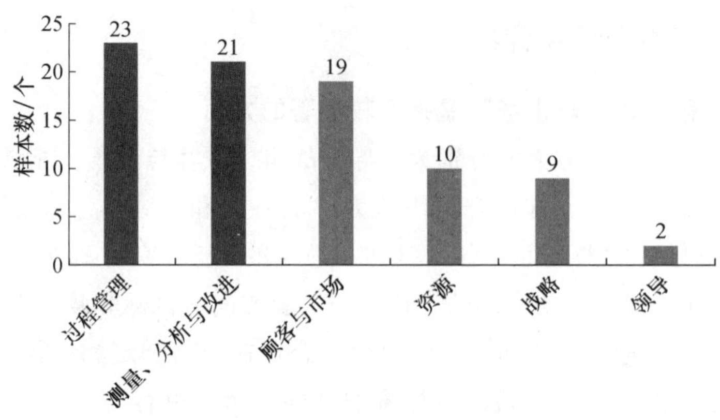

图 8－6　样本组织企业管理促进作用亟待加强的方面

其他相关方不断创造价值，提高组织的整体绩效和能力，促进组织和个人得到进步和发展，并使组织持续获得成功。

8.3　经济效益

本节基于获奖组织各项经营绩效指标统计数据，对获奖组织的经营绩效变化情况进行多角度和全面客观的对比分析。为保证抽样样本具有代表性，课题组选取了 38 家代表性企业作为样本企业进行分析和讨论，其目的是确保问卷调研结果具有可信度的同时，减少获奖企业对于绩效评估的时间成本。评估结果显示：上海市政府质量奖作为政府引导企业导入卓越绩效模式的手段，有效提高了企业的经营管理水平，为企业发展起到了至关重要的促进作用。

8.3.1　对企业经营绩效的影响

（1）企业增加值显著增长

企业增加值反映了企业在经济活动中所创造的价值，是生产活动的最终成果。具体包括生产税净额、营业利润、劳动者报酬和固定资产折旧四方面。图 8－7 是 38 家样本企业在获奖前三年和后三年，企业年均增加值的变化情况。从图中可以看出，样本企业的年均增加值在获奖后有非常明显的提升。其中，38 家样本企业获奖前三年的平均增加值为 104 514 万元/年，获奖后三年的平均增加值已提升至 169 937 万元/年，同比增长了 62.60%。经采用 Wilcoxon 符号秩检验法，对新增增加值的 P 值结果为 0.000，表明企业在获奖前后的年均增加值增长显著。

（2）全员劳动生产率逐年提升

全员劳动生产率，是指反映一个地区所有从业者在一定时期内创造的劳动成果与其相适应的劳动消耗量的比值，衡量劳动力要素的投入产出效率。组织的全员劳动生产率变化

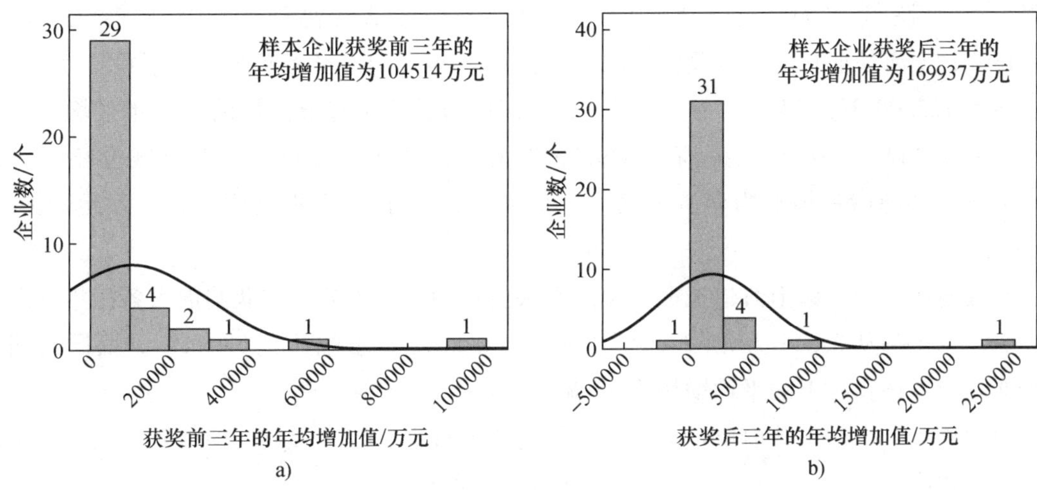

图 8－7　样本企业在获奖前三年和后三年的年均增加值变化情况

也能侧面反映出组织发展的变化趋势，是考核组织经济活动的重要指标，也是组织生产技术水平、经营管理水平、职工技术熟练程度和劳动积极性的综合表现。

图 8－8 是四家获奖组织在获奖前三年和后三年全员劳动生产率变化情况。四家获奖组织分别来自汽车制造业、信息传输、软件和信息技术服务业、科学研究和技术服务业，以及水利、环境和公共设施管理业。从调查结果可以看出，四家组织的全员劳动生产率逐年提升，呈现出稳步增长的态势且在获奖后第一年的变化更为突出。其中，上汽大通汽车

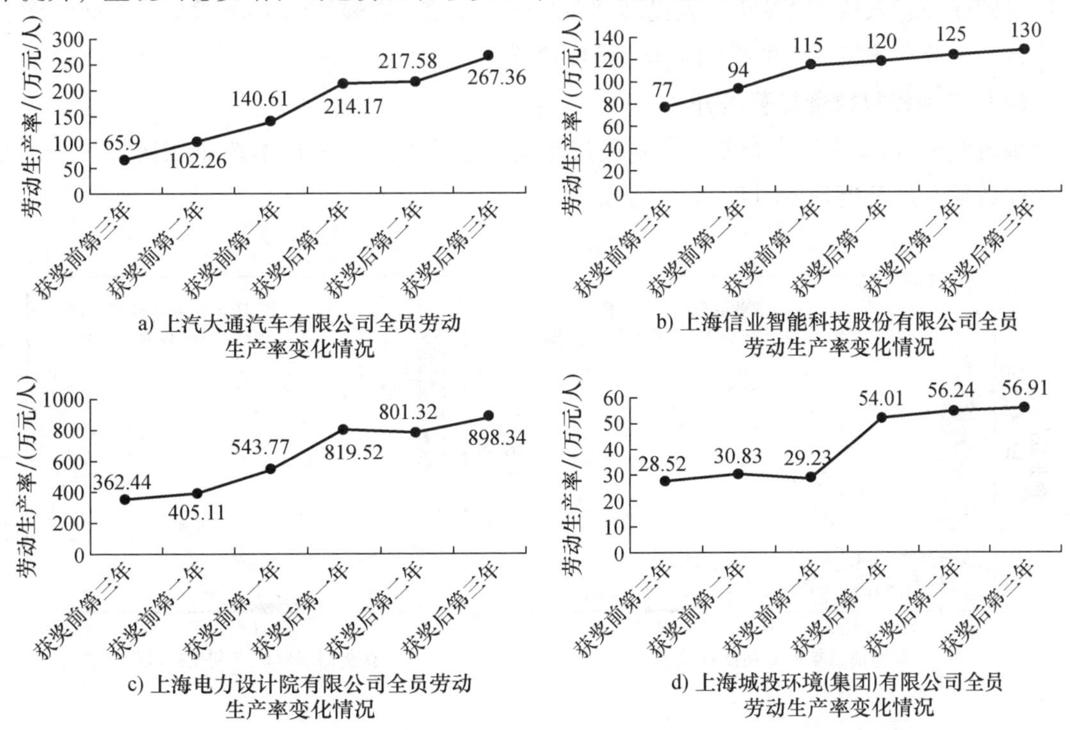

图 8－8　获奖组织在获奖前三年和后三年全员劳动生产率变化情况

有限公司前后三年平均全员劳动生产率从 102. 92 万元/人提高到 233. 04 万元/人，增幅 126. 43%；上海信业智能科技股份有限公司前后三年平均全员劳动生产率从 95. 33 万元/人提高到 125. 00 万元/人，增幅 31. 12%；上海电力设计院有限公司前后三年平均全员劳动生产率从 437. 11 万元/人提高到 839. 73 万元/人，增幅 92. 11%；上海城投环境（集团）有限公司前后三年平均全员劳动生产率从 29. 53 万元/人提高到 55. 72 万元/人，增幅 88. 69%。

在建筑业方面，以上海建工七建集团有限公司为例，该公司在获奖前后各三年的平均全员劳动生产率从 35. 51 万元/人提高到 47. 28 万元/人，增幅达到 33. 15%，而同时期建筑行业企业在该指标上的平均增幅为 25. 86%。

由此可见，上海市政府质量奖对于组织的生产管理有较大影响，促使其全员劳动生产率有较大幅度的提升。

（3）主营业务收入增加

主营业务收入是指企业从事本行业生产经营活动所取得的营业收入。此次调研分别选取了制造业和服务业的两个获奖企业案例来分析政府质量奖在该指标上的作用。

在制造业方面，以上海日用－友捷汽车电气有限公司为例，该公司在获奖前三年和后三年的平均主营业务收入从 107 680 万元提高到 165 047 万元，增幅达到 53. 28%，而同时期制造业行业企业在该指标上的平均增幅为 25. 86%。

在服务业方面，以上海市电力设计院有限公司为例，该公司在获奖前三年和后三年的平均主营业务收入从 112 449 万元提高到 266 082 万元，增幅达到 136. 62%，而同时期服务业行业企业在该指标上的平均增幅为 31. 43%。

（4）专利授权数量显著提升

调研发现有 52 家样本企业与专利授权相关。总体看，这些样本企业在获奖前后，专利授权数量有显著提升见图 8－9。

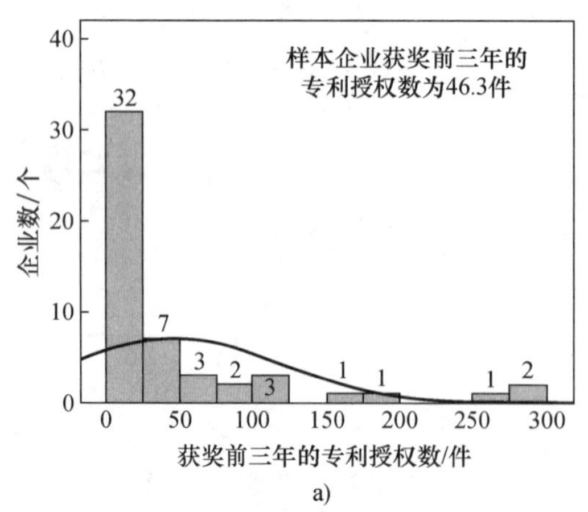

a)

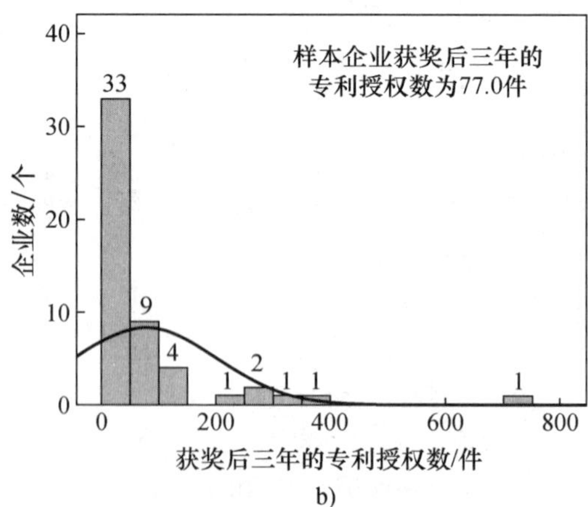

b)

图 8－9　样本企业在获奖前三年和后三年的专利授权数变化情况

从图 8－9 中可以看出，样本企业的专利授权数量有非常明显的增加，平均专利授权数从 46.3 件提升至 77.0 件，同比增长了 66.31%。所有样本企业的专利授权数都有所提升，年平均专利授权数超过 100 件的企业从 8 家增加至 10 家，体现出上海市获奖企业整体的创新技术实力处于上升态势。其中，宝山钢铁股份有限公司在获奖后三年平均专利授权数达到了 702 件，与获得上海市政府质量奖之前相比增长了 143%。

8.3.2 对行业标杆的影响

政府质量奖的创建过程为企业带来财务绩效、管理绩效和质量绩效等各项指标的提升，总体说来，获奖企业的各项指标普遍超过了行业的平均水平，发挥了行业质量标杆作用，有效促进了行业质量提升、推动了区域经济发展。

（1）获奖企业股市指数

股市表现通常可以采用上证指数、深证成指、沪深 300 指数、上证 50 指数来反映整体股市的情况。课题组通过研究获上海市政府质量奖企业整体的股市表现，分析获奖企业经营绩效与整体企业之间的差距。

虽然现有的衡量股市表现的指标都是基于较大样本数量，但是小样本在构建股市指数上依然是可信的，如上证指数 1990 年只有 8 只股票作为样本，世界上历史最悠久的股票指数道琼斯指数只利用 30 只工业股票进行运算。因此，参考上证综指的计算规则构建政府质量奖股市指数来反映获奖企业股市表现，计算获得政府质量奖的上市企业的股票指数，即政府质量奖获奖企业股市指数。

在上海市政府质量奖获奖企业中，共有 25 家企业上市。为避免政府质量奖股指计算的歧义，对数据进行处理如下：1）为避免人民币汇率等换算，仅考虑在中国上市的企业；2）为保证数据具有可比性与获得完整的数据，将 2009 年 1 月 1 日设定为政府质量奖股指的基期，不考虑 2009 年以后上市的企业。因此共计 10 家获奖企业，具体名单见表 8－3。

表 8－3 上海市政府质量奖上市企业名单

获奖年度	行政区	公 司 名 称	股票代码
2002	静安	上海开开实业股份有限公司	600272
2005	杨浦	上海柴油机股份有限公司	600841
2006	黄浦	上海新世界股份有限公司	600628
2008	宝山	宝山钢铁股份有限公司	600019
2012	浦东	上海建工七建集团有限公司	600170

续表

获奖年度	行政区	公　司　名　称	股票代码
2014	徐汇	延锋汽车饰件系统有限公司	600741
2015	浦东	上海国际机场股份有限公司	600009
2018	黄浦	上海电力股份有限公司	600021
2018	浦东	上海汽车集团股份有限公司乘用车分公司	600104
2019	静安	上海市北高新（集团）有限公司	600604

为研究政府引导性的作用结果以及获奖企业的标杆效应，研究利用政府质量奖股指与上证指数、上证 50 指数进行对比分析。如图 8 – 10 所示，政府质量奖股指一直领先于上证指数，相对于大盘在 2015 年后发生了显著变化，获上海市政府质量奖的企业其股市表现愈加强势。这初步说明获得政府质量奖的企业在股市中的表现越来越好，其政府引导性成果初现，同时说明获得上海市政府质量奖的企业具有标杆效应。

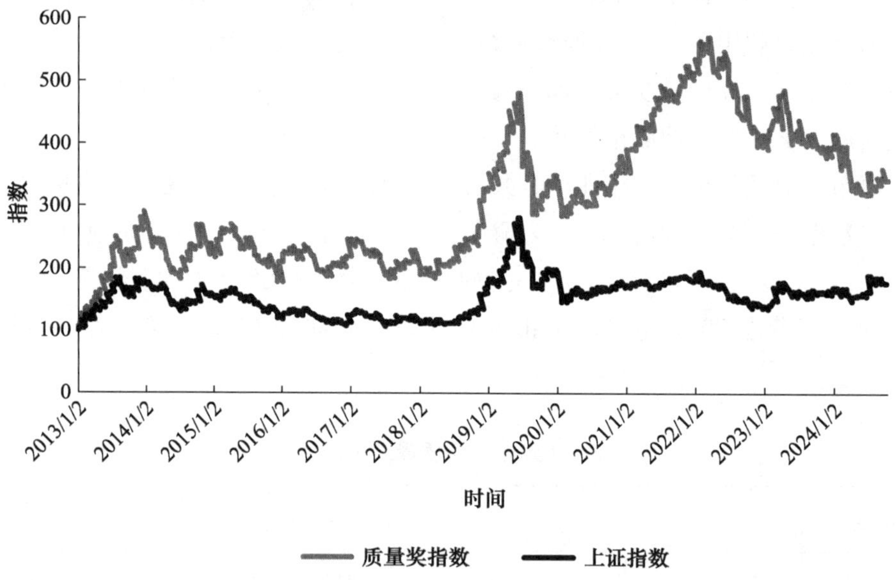

图 8 – 10　上海市政府质量奖获奖企业股指与上证指数对比

（2）产业链龙头地位得到提升

表 8 – 4 是 13 家获奖企业在各项经营指标上的总体排名情况，可以看出，上海市政府质量奖获奖企业普遍成为行业内的龙头企业，这必然会对行业产业链起到标杆引领和带动效应。

表 8－4 获奖企业经营绩效在所属行业的总体情况[68]

公司名称	企业情况
宝山钢铁股份有限公司	市场占有率第一
恒源祥（集团）有限公司	市场占有率第一
上海老凤祥有限公司	主营业务收入第一
上海纳铁福传动系统有限公司	市场占有率和顾客满意度第一
沃尔沃建筑设备（中国）有限公司	市场占有率第七；顾客满意度第一
上海国际机场股份有限公司	顾客满意度全球第四
上海华虹宏力半导体制造有限公司	市场占有率第二
上海微创医疗器械（集团）有限公司	市场占有率第一
上海市计量测试技术研究院	主营业务收入第一；利润总额第一；全员劳动生产率第一
上海蔓楼兰企业发展有限公司	纳税总额第一；市场占有率第一；顾客满意度第一

（3）标准编制数显著提升

调查显示，获奖企业普遍具有较高的标准制定积极性，以增强企业的影响力。在获得上海市政府质量奖后，样本企业对于标准的投入和支持进一步加大。总体来看，与标准制定相关的 42 家样本企业在获奖前后，牵头或参与制定的标准数有显著提升，见图 8－11。

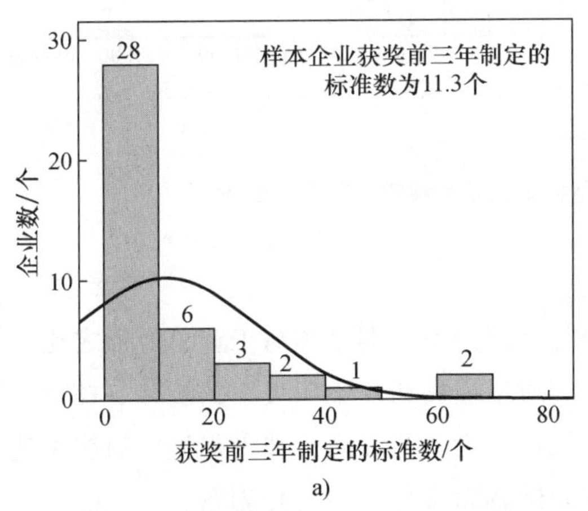

a)

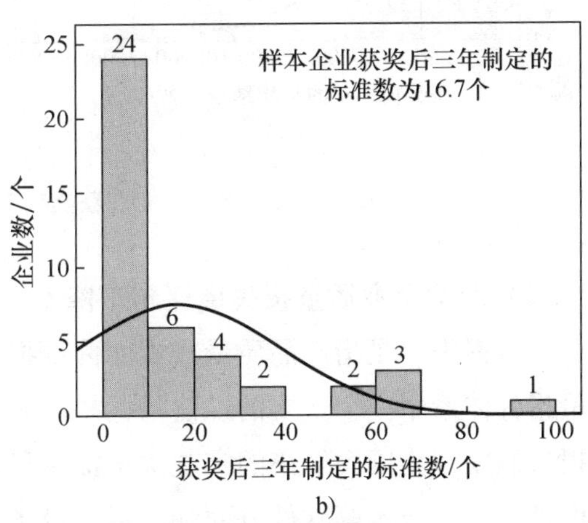

b)

图 8－11 样本企业在获奖前三年和后三年的标准数变化情况

从图 8－11 中可以看出，样本企业的标准数有非常明显的增加，参与制定的标准数从

[68] 表 8－4 获奖企业经营绩效在所属行业的总体情况中的企业情况为 2019 年度数据。

年均 11.3 个提升至年均 16.7 个，同比增长 47.79%。此外，所有样本企业制定的标准数都有所提升，年均标准数超过 20 件的企业从 8 家增加至 12 家，体现出样本企业整体的影响力处于上升态势。

8.3.3　对宏观指标的影响

（1）获奖组织纳税总额逐年增加

税收作为国家调控经济的重要杠杆之一，企业纳税总额的增加也侧面反映出我国经济持续向好的态势。据调查，38 家获奖组织中大多数纳税总额有一定的增幅，且企业负责人均表示政府质量奖的贡献很大，反映出政府质量奖对企业的经济有一定的促进作用。

从图 8－12 中可看出，样本企业的纳税总额有非常明显的提升，企业平均纳税总额从 23 056 万元提升至 35 142 万元，增加了 52.42%。进一步利用 Wilcoxon 符号秩检验法来验证政府质量奖是否对样本企业的纳税总额有显著影响。经过计算，样本企业纳税总额的 P 值结果为 0.003，可以认为上海市政府质量奖对企业的纳税总额有显著性影响。

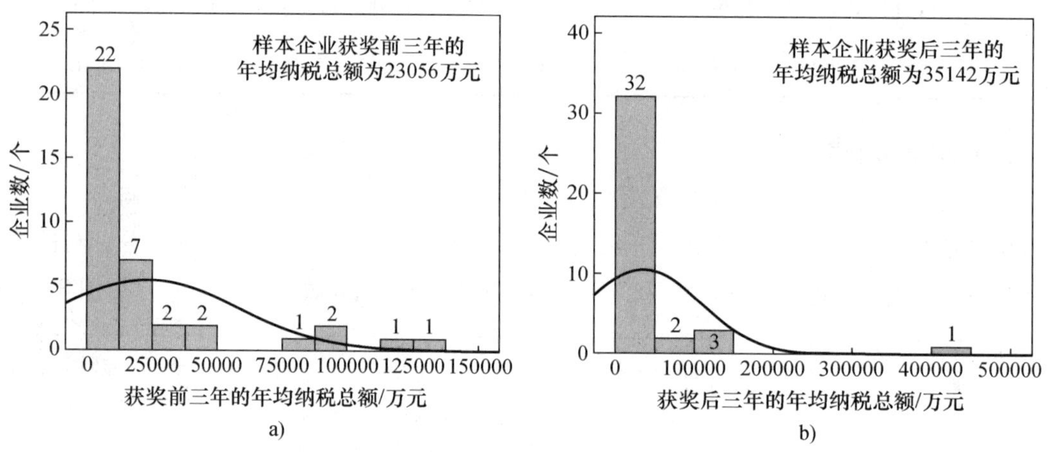

图 8－12　样本企业在获奖前三年和后三年的纳税总额变化情况

（2）获奖企业质量损失率逐年下降

质量损失率是指产品质量成本的内部损失与外部损失成本之和与工业总产值之比，是质量指标体系中一个重要的经济指标。国家实施质量损失和质量损失率的统计、核算、报表报告制度，为国民经济的宏观决策提供科学依据。为降低废品、减少损失，组织工艺要在设计、工艺技术等软件方面和材料、设备等硬件方面进行协调配套创新。

课题组从制造业获奖组织中针对性选取了 15 家代表组织，观察其质量损失率的变化情况，以此分析上海市政府质量奖对制造业获奖组织在生产管理方面的促进作用。图 8－13 为其中 3 家获奖制造业企业的质量损失率变化情况。从图中可以看出，获奖前三年和后三年质量损失率总体趋于下降。

结合问卷数据，对 15 家制造业企业质量损失率下降情况进行测算，在获奖前后，获

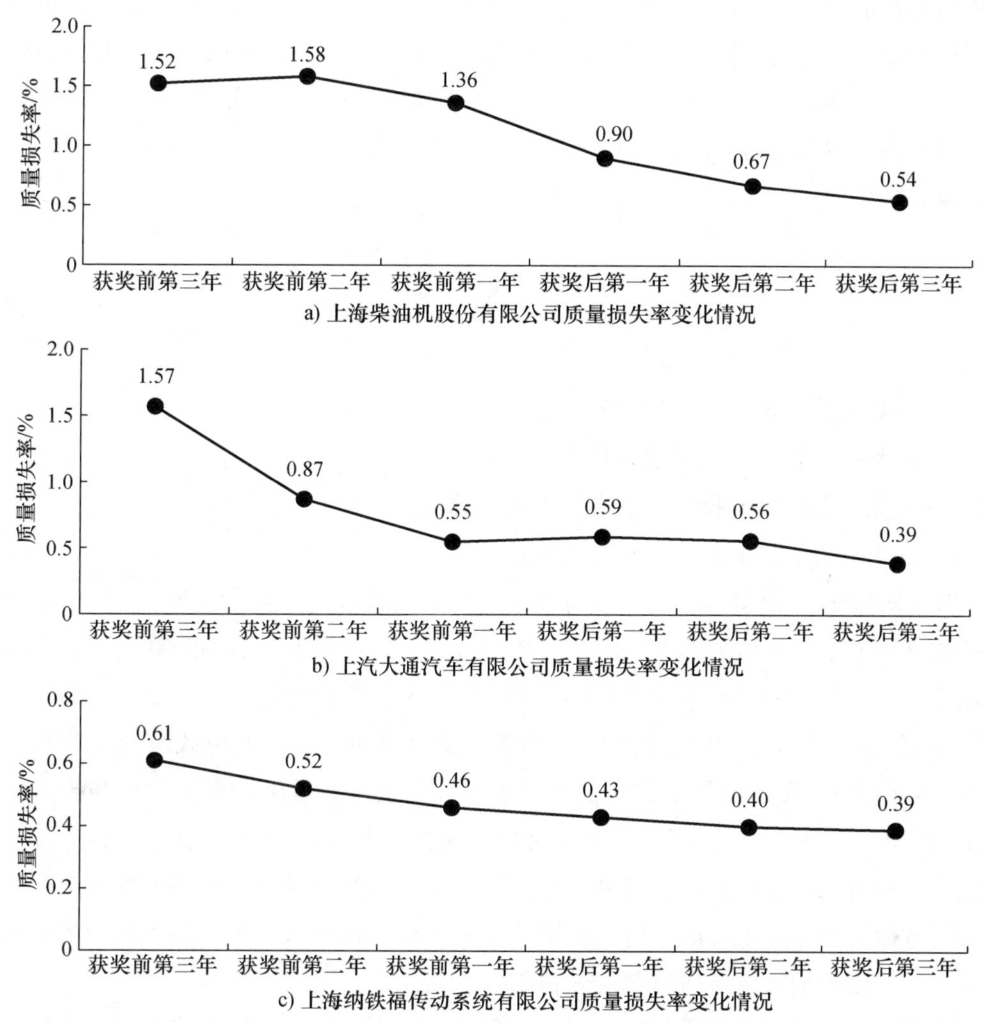

图 8－13　部分制造业获奖组织获奖前后质量损失率变化情况

奖企业质量损失率平均下降了 0.28%。质量损失率的下降可以为企业减少不必要的损失，可以认为这是企业所能获得的潜在利润。将下降的幅度乘以获奖企业主营业务收入可估算，通过创政府质量奖导入卓越绩效管理模式可以为这些获奖企业平均节省 1 542.02 万元的成本。

8.3.4　政府质量奖效益费用比分析

为了全面识别上海市政府质量奖为民生福祉所作的贡献，课题组根据效益费用评价模型，对上海市政府质量奖的效益费用比进行了测算。

效益费用分析作为一种经济决策方法，常常被运用于政府部门的计划决策之中，以寻求在投资决策上如何以最小的成本获得最大的收益，常用于评估需要量化社会效益的公共事业项目的价值，相当于政府质量奖工作的投入产出分析。课题组以政府对上海市政府质量奖工作中投入的宣传成本、培训成本、组织评审和奖励获奖企业的经费总和作为政府投入成本（Cost），以获奖企业年纳税总额中政府质量奖贡献的部分作为政府质量奖效益（Benefit），测算得到上海市政府质量奖的效益费用比 R_{BC}。

计算公式如下：

$$R_{BC} = \frac{\varphi_t \times \sum_{i=1}^{38} \Delta B_i}{\sum_{i=1}^{38} C_i}$$

式中：

R_{BC}——政府质量奖效益费用比；

φ_t——政府质量奖对纳税总额的贡献率；

ΔB_i——第 i 家获奖企业的年平均新增纳税总额；

C_i——第 i 家获奖企业的政府投入成本。

2001—2019 年，上海市政府对政府质量奖的平均投入成本约为 779 万元/年，由此可以计算政府为每家获奖组织投入费用约为 70 万元/年。根据上一节的测算结果，上海市政府质量奖对纳税总额的贡献率为 5.84%。以 38 家样本企业数据测算，每家获奖企业的年平均新增纳税总额约为 12 086 万元/年，代入公式计算可得，上海市政府质量奖的效益费用比 R_{BC} 为 10.08。作为世界三大质量奖的美国波多里奇质量奖，经济效益与投入成本的比例估计是 18.2∶1[69]。一方面，波多里奇质量奖推出至今已有三十余年，而上海市政府质量奖至今只有二十年，管理和评审机制仍有完善空间，影响到其对经济效益贡献的发挥；另一方面，近年来上海市政府质量奖获奖企业中学校和医院等非赢利组织的比例开始增加，一定程度拉低了政府质量奖的效益与投入费用比。

由此可见，上海市政府质量奖的投入，创造了巨大的价值，国家能够有更多的资金用于保障和改善民生，实现税收“取之于民、用之于民、造福于民”。因此，该定量结果进一步表明，上海市政府质量奖的设立和实施推动了企业质量提升，助力企业降本增效，进而产生了良好的经济效益和社会效益。

8.4　社会效益

作为政府主导项目，政府质量奖也同样重视其社会效益。绿色发展、公益慈善、精准扶贫是中国企业社会责任的新趋势。上海市政府质量奖对于获奖组织的促进作用不仅仅展现在组织本身的经济效益上，在环保、公益、扶贫等社会责任方面也表现突出，对于区域发展有很好的带动作用，为社会创造出更大的贡献。

---

[69] 《波德里奇国家质量项目经济评价——提交给美国国家标准与技术研究院项目办公室的最终报告》。

8.4.1 绿色发展

金山银山，不如绿水青山。环境问题是中国21世纪面临的严峻挑战，保护环境是保证经济长期稳定增长和实现可持续发展的基本国家利益。环境问题解决得好坏关系到中国的国家安全、国际形象、广大人民群众的根本利益，以及全面小康社会的实现。

本次调研中，样本企业高度认同上海市政府质量奖对企业的环保理念提升有巨大的促进作用。以宝山钢铁股份有限公司为例（图8－14），在获得上海市政府质量奖前后，废弃物排放量实现了显著下降。该公司在获得政府质量奖前一年中，二氧化硫排放量和废液化学需氧量（COD）分别为18 704吨和335.2吨；而这两项指标在获奖后第一年内下降到了13 252吨和289.6吨，分别同比下降29.15%和13.60%。

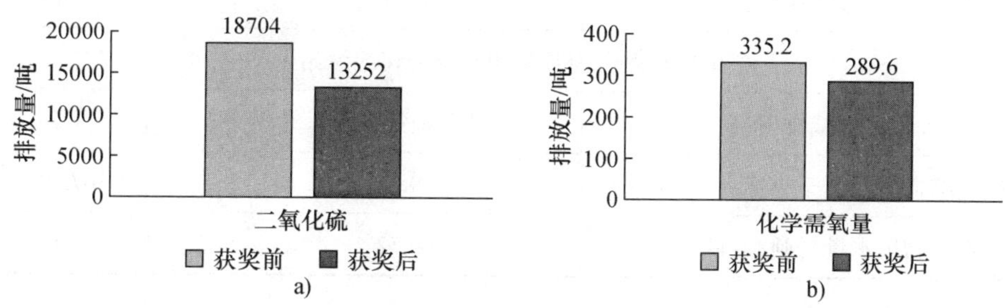

图8－14 宝山钢铁股份有限公司废弃物排放量获奖前后对比

表8－5还选取了部分样本企业获奖前后环保和节能减排指标变化情况。调查结果也间接反映了上海市政府质量奖能够在一定程度上促进企业更加注重环保，秉承绿色发展的经营理念。

表8－5 部分样本企业获奖前后环保和节能减排指标变化情况

上海电力股份有限公司		
环保和节能减排项目	获奖前第一年	获奖后第一年
供电煤耗/(克/千瓦时)	283.42	281.68
供热煤耗/(千克/吉焦)	36.08	36.26
上海汽车集团股份有限公司乘用车分公司		
环保和节能减排项目	获奖前第一年	获奖后第一年
万元产值能耗/(吨标准煤/万元)	0.025	0.024
延锋汽车饰件系统有限公司		
环保和节能减排项目	获奖前第一年	获奖后第一年
节能量/(吨标准煤)	1215	1431

续表

上海申通地铁集团有限公司		
环保和节能减排项目	获奖前第一年	获奖后第一年
网络综合能耗/(度/标准千车千米)	4 724	3 787
上海核工程研究设计院有限公司		
环保和节能减排项目	获奖前第一年	获奖后第一年
用水量/(吨/人)	43.3	22.38
电力/(千瓦时/人)	6 276.6	3 265.18
废水排放量/(吨/人)	39.0	20.14
中国铁路上海局集团有限公司上海站		
环保和节能减排项目	获奖前第一年	获奖后第一年
单位工作量综合能耗/(千克标准煤/千辆)	379.50	367.78
单位工作量新鲜水量/(吨/万辆千米)	74.52	70.17

上海电气电站设备有限公司上海汽轮机厂（以下简称上汽厂）于2019 年获得上海市市长质量奖，2004 年和 2007 年两次获得上海市质量金奖。上汽厂始终坚持绿色发展理念，工厂每年将低碳制造、节能减排列入工厂生产议事日程，并不断推向新的高度。2019 年，上汽厂环保投资费用达350 多万元。多年来，各项环保节能工作有条不紊开展，在集团公司中起到表率作用，荣获总公司安全环保先进单位等荣誉称号。

2019 年上汽厂综合能耗为 9 042.19 吨标准煤，同比下降 8.31%，万元产值能耗 0.015 27 吨标准煤，同比下降 12.34%，在国内同行处于领先水平。见表 8－6。

表 8－6 上汽厂能源消耗指标变化情况

年份	综合能耗/吨标准煤	万元产值能耗/吨标准煤
2017 年	10 085.93	0.018 37
2018 年	9 861.79	0.017 42
2019 年	9 042.19	0.015 27

在水资源节约与利用方面，2019 年开始工厂对所有用水部门执行了用水量 KPI 指标考核，促使用水部门自觉加强用水管理，合理、节约用水。今年完成了用水量最大的 4 台水表智能改造，并接入能源管理系统数据平台，对用水状况进行实时监测，以便及时发现异常用水情况，及时采取措施，减少浪费，持续提高水资源的利用率。工厂投入 90 多万

元用于自来水管网改造，进一步降低了自来水管网泄漏。2019 年全厂用水量同比下降了 38.89%，上汽厂 2013—2019 年用水情况见图 8－15。

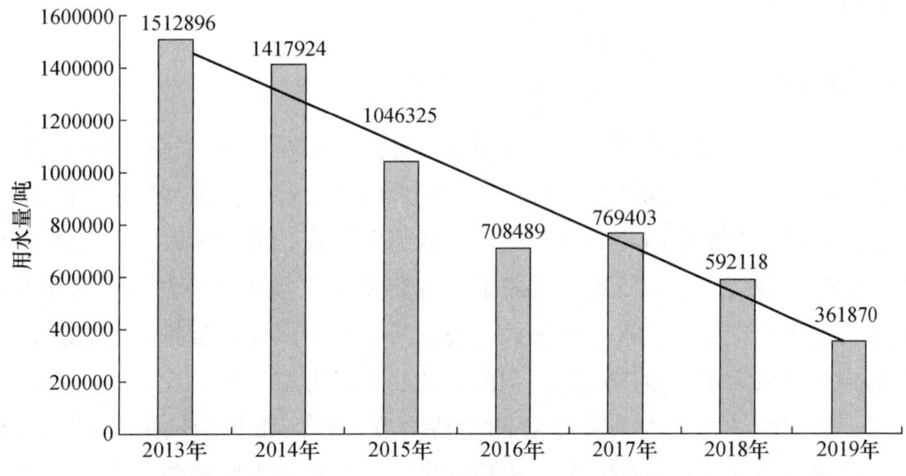

图 8－15　上汽厂 2013—2019 年用水情况

在电力资源节约与利用方面，通过多年的节能改造，工厂用能结构日益清洁环保，2019 年电的消耗占总耗能比例已达 96.8%，完全符合清洁生产要求。为了逐步减少和最小化间接的温室气体排放，进一步挖掘工厂节电潜力，2019 年将中央空调的用电考核扩展到八个区域，全厂用电同比 2018 年下降了 26.1%，节电 88.8 万千瓦时，见图 8－16。

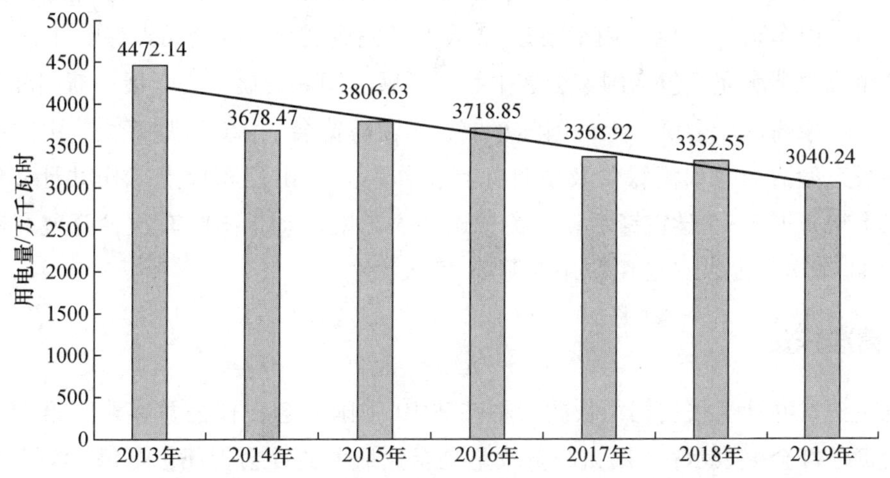

图 8－16　上汽厂 2013—2019 年用电情况

在天然气资源节约与利用方面，2019 年上半年上汽厂对主要用于工厂中心食堂和生活区浴室的生活锅炉进行了节能环保改造，淘汰了 2 台用能效率低、排放超标的 4T 燃气蒸汽锅炉，分别用 2 台节能高效的热水锅炉和 2 台小型燃气蒸汽发生炉替代并实行就地供能，大幅降低了能源消耗和氮氧化物排放。经计量和测算，与改造前相比，天然气用量下降79.8%，年节约天然气35万立方米，加上节水和节电，综合用能成本下降81.3%，年节约能源费用147万元。氮氧化物排放浓度从130mg/m^{3}下降到38mg/m^3，排放浓度下降71%，排放总量下降80%以上。

8.4.2 公益慈善

公益已经成为企业重要的理念和组成部分。对企业来说，参与公益事业不仅可以扩大社会影响力，提高企业形象和社会效益，还能扩大经济效益，并最终与企业的盈利性目的相一致。公益活动的对象和内容非常广泛，包括慈善捐款、义务献血、志愿活动等。

在对获奖企业进行问卷调研中，课题组发现获奖企业普遍对公益事业有极高的重视，且在获奖后公益事业支持力度进一步加大，公益活动类型多样，服务效果显著。例如，国网上海市电力公司致力于公益事业，强调树立公共利益为第一位的观念。在获得上海市政府质量奖后，公司继续加大对公益事业的支持力度，社区帮扶活动服务对象达到6 287人，人数比获奖前增加了近一倍；公司也积极号召员工投身志愿服务活动，获奖后第一年累计组织参与志愿活动571次，服务对象达到24 640人，与获奖前相比增长了30%左右。

上海海博出租汽车有限公司始终把“服务市民、奉献社会”作为企业应当履行的义务和责任，积极投入公益事业，帮助困难群体，为政府分担责任，为社会奉献爱心。上海海博出租汽车有限公司坚持每年第一个工作日开展“爱心一日捐”活动，为西部儿童捐书，为受灾地区积极捐衣捐被捐款等，哪里有爱的活动，哪里就有上海海博出租汽车有限公司的参与。2019年“3·5学雷锋”送病人出院活动用车350车次，完成高考送考47余车次。公司劳模车队“三免”用车服务62人次，完成展会、峰会站点保障任务55 569余车次。全年公司圆满完成包括国家会展中心医药展、国家会展中心车展、新国际博览中心的华交会、陆家嘴论坛会议、上海国际车展、东盟博览会、G20青岛峰会、中国海军节等各类国家级大型活动的车辆保供及节日保点工作，完成出租车保点工作共计2 000多差次，第二十年开展3·5学雷锋活动，免费送病人出院活动近100车次，开展高考免费送考活动近34车次，提供“三免”用车服务75人次。

8.4.3 精准扶贫

国务院扶贫办社会扶贫司司长曲天军在2019中国社会责任公益盛典暨第十二届中国企业社会责任峰会上表示：“助力脱贫攻坚是企业最大的社会责任，是每一个企业家应有的境界和担当。”近年来，在市政府的推动、企业参与、社会各界的努力下，上海企业的社会责任获得了良好发展。投身精准扶贫是企业在履行社会责任方面的一个重要举措。

课题组经过调研发现，样本企业对于扶贫工作高度重视。对口扶贫、困难员工帮扶等项目是企业精准扶贫的重要方式。中国建材国际工程集团有限公司2018年帮扶支出75.64万元，而在2019年该项支出达到了284.85万元，同比增加了209.21万元。上汽大通汽车有限公司坚持帮助贫困地区脱贫，为贫困地区捐赠校车、帮助贫困家庭、开展社区爱心活动等，2016 年共计支出 125 万元；在获得政府质量奖后，该公司进一步加大帮扶力度，2017 年共计支出达到了 790 万元，同比增长了 665 万元。企业帮扶支出的大幅度增加也体现出了获奖企业的责任担当，为上海市企业树立了良好的楷模。

上海三枪（集团）有限公司为帮助老区人民脱贫致富，公司积极响应国家战略和上海市委市政府号召，积极参与精准扶贫工作。在山东蒙阴，通过产业扶贫拉动当地针织业发展，参与捐学援建项目，合计捐赠 100 万元用于三枪希望学校的建设。在贵州习水，上海三枪（集团）有限公司给习水县桑木镇土河小学捐赠自有品牌校服，给一万名贫困村民捐赠市场价值 100 万元的三枪内衣；在蒙阴县联城中学、蒙阴县三枪希望学校进行对口扶贫，真正体现“爱国第一”企业文化，把产业扶贫和渠道下沉进行精准对接，在这样的背景下，上海三枪（集团）有限公司与学校签订了新的捐助协议，上海三枪（集团）有限公司将拿出品牌宣传车在临沂市实现销售收入的 5%，捐赠给蒙阴县三枪希望学校。同时，对云南楚雄的扶贫工作也作出具体举措，在年底公司员工福利发放时采购当地的土特产作为大礼包发放给员工，为精准扶贫作出了积极的贡献，全体员工也奉献了爱心，同时也接受了生动的爱国主义教育。

经研究表明：上海市政府质量奖在经济效益和社会效益方面取得了良好的收益，为推动上海市经济发展起到了积极的影响。企业在获奖后成为标杆，为其他企业起到了很好的引领示范作用，在促进区域经济的发展、提升区域竞争力方面发挥了积极的作用。后续还要进一步加强评奖后的管理及推广示范。

9 上海市政府质量奖获奖案例

自2001年启动政府质量奖评审以来，上海市政府质量奖获奖组织共有190家（次），个人共有102位，基本覆盖上海市经济社会发展主要行业，他们既有共同的全面质量观、优秀的质量文化，又有鲜明的行业特色、企业质量重点。本章选取历年上海市政府质量奖获奖组织及个人中制造业、服务业和公共产品及服务三方面的部分代表，分享他们的卓越质量实践经验。

9.1 制造业

在2001—2020年上海市政府质量奖历年获奖组织和个人中，制造业获奖组织103家（次）、获奖个人64位，分别占获奖总数的54%和63%。本节聚焦电子信息、生命健康、汽车、先进装备、先进材料、消费品等上海市六大重点产业，选取部分制造业获奖组织和个人案例，以呈现二十年间上海制造业持续改进、追求卓越、不断推动产业质量提升的典型经验。

9.1.1 电子信息

电子信息产业是国家战略性新兴产业发展的重点方向，也是上海市大力发展的重要产业。电子信息产业通过将工业化与信息化深度融合，通过信息技术与衣食住行广泛联结，实现智能制造、智能交通、智能生活以及智慧照明、智能园区、智慧城市等智能化成果，促进生产效率的提升，提高人民生活幸福指数。本节选取上海宝信软件股份有限公司、上海微电子装备有限公司等两个案例作分享。

上海宝信软件股份有限公司

——不断改善过程管控　持续提升管理成熟度

上海宝信软件股份有限公司（以下简称宝信软件）系中国宝武集团实际控制、宝钢股份控股的上市软件企业，总部位于上海自由贸易试验区。公司产品与服务遍及钢铁、交通、医药、有色、化工、装备制造、金融、公共服务等多个行业。员工5 200余人。宝信软件是国家认定企业技术中心、国家技术创新示范企业，被中华人民共和国工业和信息化部评为第一批智能制造系统解决方案供应商。获2006年度上海市质量金奖，获2013年度上海市市长质量奖。

（1）管理优势

1）强化质量理念、构建质量文化

顶层设计把握方向。按照中国宝武战略部署，以技术创新和服务质量提升品牌生命力，以市场拓展、产业整合和资本运作扩大品牌效应，以品牌优势强化产业影响力，以兼并、收购、合作等方式整合集团内外部资源。培育和巩固公司核心竞争力，形成公司良好的产业生态，引领信息科技产业发展，努力成为中国一流的信息科技产业公司。

专业服务客户至上。坚持为客户提供稳定可靠的互联网信息专业服务，为社会创造积极和谐的价值贡献，品牌影响力持续提升。如宝之云互联网数据中心IDC一期分别于2016年、2018年通过全球权威的数据中心认证之一Uptime公司的M&O初证和复证，宝之云IDC二期于2019年通过认证，标志着宝之云运维服务和管理能级已符合国际规范标准。轨道交通综合监控业务进入行业前三甲，承建的南昌轨道交通1号线一期工程获得2016—2017年度国家优质工程金质奖。

质量管理人人有责。传承中国宝武“PDCA + 认真”的质量管理理念，强调以科学的工作方法、严谨的工作态度认真做好每一项工作。“第一次就把事情做对”——倡导全员参与、持续改进、追求卓越；“过程规范、后墙不倒、系统稳定”——通过将项目管理的知识、技能、工具和技术应用于项目活动之中，保证项目过程的受控与稳定，以合理的成本满足项目要求、实现项目目标，并进一步促进过程资产（知识资产）的积累和知识共享。

重视质量文化的宣传和培育，党委、行政、工会联合推动，全面宣贯落实并践行质量文化行动：高层领导指导制定过程，制定管理文件规范流程，《企业文化纲要》明确质量文化内涵，项目经理沙龙宣贯、优秀文档评选及展示、质量文化月广泛传播，使之成为全体员工共同遵守的行为准则。

制定了总经理、管理者代表、各部门负责人、客户总代表、项目经理在质量管理方面的职责和责任，并通过质量手册的形式发布执行。公司明确，总经理及各部门负责人是质量安全的第一责任人，质量安全纳入干部的年度绩效考核管理，并实行一票否决制。每年制订量化的质量目标计划并分解到所有部门和产品层次。

2）推广先进管理方法、建立卓越管理体系

体系建设持续完善。2000 至今，从企业的实际出发，开展了一系列质量体系建构工作。2001 年整合管理资源，建立管理框架。2004 年编制企业文化导入手册，并在员工中进行广泛传播；建立了公司知识管理系统（KMS）过程文档管理平台。2005 年建立一套较为完整的管理体系 QHSEI。2006 年全面导入《卓越绩效评价准则》，并获得了上海市质量金奖；建立了内部管理的 ERP 系统。2008 年全面建成“集中 - 分布”式技术创新体系，首次获得国家创新型企业。2012 年起开展了旨在进一步提高组织运营效率的组织变革。2013 年初自主开发的经营管理一体化系统建成并投入运行；同年，全面启动争创上海市市长质量奖工作并获奖。2017 年建立了符合良好作业规范的质量管控体系，项目实施过程符合行业验证规范体系，系统功能满足行业合规性要求。2020 年公司成为国内首家通过“研发运营一体化（DevOps）能力成熟度模型”持续交付标准 3 级评估的工业软件企业，获得数据管理成熟度模型 DCMM 四级证书，顺利通过首批“信息系统建设和服务能力评估（优秀级 CS4）”。

公司建立、健全了适应公司经营的质量保证体系，见图 9 - 1 质量保证体系。

标准引领提升管理成熟度。公司用国际标准规范软件开发、项目实施及服务全过程，持续提升管理成熟度，公司在上海市乃至华东地区最早通过软件过程能力成熟度评估的最高等级 CMMI5。通过持续的软件过程改进和质量技术创新，产品缺陷率不断下降，产品质量和生产力持续提升。公司导入项目管理知识体系 PMBOK，在项目管理体制、机制、方法等方面大胆创新、开拓实践，确保了每年 3 000 多个工程项目的过程规范、后墙不倒、系统稳定、客户满意。公司借鉴 IT 服务管理标准体系 ITIL，从服务理念、服务意识、服务组织、服务平台、服务制度等层面，全面构筑 IT 服务管理方法论，夯实服务的基本

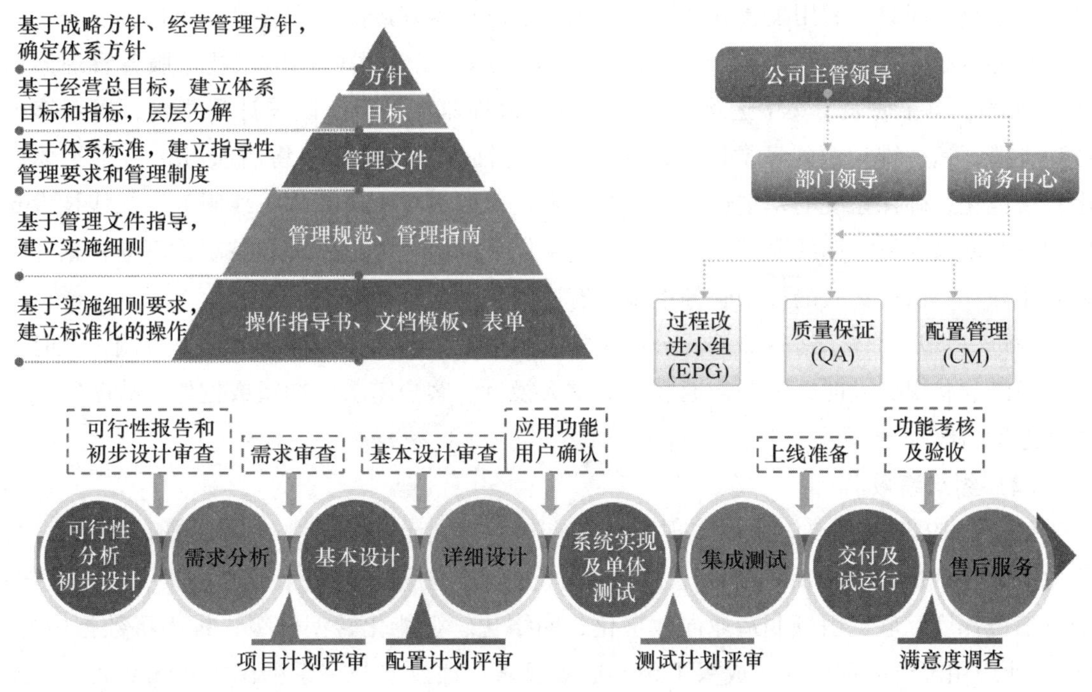

图 9－1　质量保证体系

功，历年服务满意度保持在 95% 以上。

公司积极推广成功经验，在行业内发挥示范引领作用。承担中华人民共和国工业和信息化部钢铁行业“两化融合”评估指标体系设计；参与中华人民共和国工业和信息化部中国电子工业标准化技术协会企业信息化标准工作委员会的相关国家标准、行业标准制修订；累计主导或参与编制了国家标准 30 多项、行业标准 20 多项。

体系建设渗透经营管理全过程。公司将质量管理理念和体系建设方法从具体项目拓展到经营管理的全过程，建设“五标合一”的 QHSEI（质量、环境、职业健康安全、信息安全、IT 服务管理）综合管理体系并通过认证，在此基础上不断提升体系运行的有效性和效率。工程项目管理模型涉及管理过程、实施过程、支持过程三大类共 47 个输入、工具和技术及输出(ITO)管理过程，贯穿项目干系人需求及期望，涵盖人力资源管理、沟通管理、风险管理、采购管理、分包外协管理、成本管理、进度管理、配置及变更管理等。

3）合同全生命周期过程管控，确保项目质量

公司探索并建立了合同全生命周期过程管控体系，确保项目质量和客户满意度。纵向实现体系管理职能的全程管控，横向实现工程业务的全程贯通。体系管理职能可以使管理职能纵向管控到底，满足从销售合同签订、拆分、执行、财务结算、合同结案的全过程控制。工程业务可以实现从项目创建、项目执行到项目收尾的全流程贯通。通过管理过程的控制，对客户的产品需求如同普通产品的订单一样，遵循一个严格的流程，经过一条受控的生产流水线，最后形成产品，发售给客户。一旦客户在使用过程中出现问题，可以快速定位并修复。同时，利用配置管理技术和工具，严格做好产品标识并确保可追溯。

在运维服务环节（项目或产品交付客户运行之后），公司遵循信息技术服务管理体系 ISO 20000，自主研发了集中运维平台、实时的远程监控平台。以设计为指导，以系统平台为支撑，运行维护做到日常性、适应性、预防性为主，实现了售后服务运行维护体系化、规范化，确保系统的稳定运行。运维服务提供四级技术支撑，一线服务、二线技术支持、三线专家支持、四线原厂商支持。通过一体化的服务流程管理和控制，不断积累经验和利用知识，由救火式的被动服务逐步向有序的主动服务转变。

为进一步强化体系运行监控，公司建立了内部独立的第三方满意度调查机制，及时掌握客户满意状况，及时处理和沟通客户的重大投诉、客户需求、期望或抱怨，战略客户总体满意度持续提升。

（2）组织绩效

截至 2019 年末，宝信软件实现营业收入 68.49 亿元，同比增长 17.69%。坚持“智慧化”发展战略，加快新兴信息技术与实体经济融合创新，促进工业全要素、全产业链、全价值链深度互联，引领制造业向数字化、网络化、智能化转型升级，推出了数据中心、5G 行业应用等产品和服务，成果丰硕、成效显著。通过参与一系列国家重大项目，创新溢出效应不断增强，资产结构持续优化，资产经营效率显著提升，经营业绩持续攀升，资本市场形象健康正面。

上海微电子装备有限公司贺荣明

——创业发展不息　创新质量不止

贺荣明，男，硕士，时任上海微电子装备有限公司（以下简称微电子）总经理。微电子成立于 2002 年，2017 年更名为上海微电子装备（集团）股份有限公司，是国内唯一具有制造多领域多品种产线应用的高端光刻机供应商。公司先后承担了多项国家专项任务，为国家填补了至少 10 项高端装备的空白，为产业发展作出了显著贡献。公司研制的先进封装光刻机和 LED 光刻机在中国大陆市场占有率均超过 90%，累计申请专利达 3 480 项，先后 9 次获得“中国专利优秀奖”。微电子以质量为己任，分别荣获 2015 年度上海市市长质量奖个人奖及 2020 年度浦东新区区长质量奖集体奖。2002 年以来，贺荣明带领团队专注从事应用于大规模生产的中高端投影光刻设备研发、制造。面临国际上芯片制造的技术垄断和封锁，坚持自主创新，突破芯片制造装备技术瓶颈，成为世界上少数掌握高端集成电路关键装备系统设计与系统集成技术的高科技公司之一。

贺荣明具有强烈的事业性、使命感、责任感和战略发展眼光，确立了“用先进可靠的技术开发并持续提供高端光刻设备等相关产品和服务，支撑和推动集成电路行业的发展”的创业思维，制定了“以光刻机为代表的大型、复杂、高端精密装备的系统设计、集成技术和关键技术，成为国内第一、国际主流”的高质量发展战略，为改变行业的技术落后地位，创业不息，为实现芯片制造“关键装备”零的突破，创新不止，助力企业高质量发展。

(1) 弘扬创业精神，实现中国“高科技装备梦”

贺荣明立志科技报国，自担任公司总经理以来，肩负着自主研发中国高端光刻设备、带动我国精密光学、精密机械等相关科技领域实现巨大跨越的重任，十多年如一日，带领“SMEE 人”⑳ 攻坚克难，刻苦创业，勇于创新，在技术创新、管理创新、产品创新和赶超世界先进水平等方面作出了重要贡献。他主持完成国家级集成电路高端装备科研项目 3 项。在实践中，围绕“智能装备，控制技术”两大核心提前布局，构建了光刻机产品 V 型开发模型、形成了装配与集成质量的控制反馈模式、建立了产品设计质量优化平台、实施了“企业内生动力，创新发展拉力，新技术推力”的创新动力模型等一系列企业生产经营发展思路和模式，形成了微电子中、高端产业新格局。目前，微电子形成一支逾千人的光刻机设计、集成的优秀技术人才队伍及经营管理团队。并为国家填补了至少 10 项半导体及泛半导体领域高端装备的空白。微电子研制的先进封装光刻机产品和 LED 光刻机产品在中国大陆市场占有率均超过 90%，其中 LED 光刻机产品国际市场占有率超过 70%。累计申请专利 3250 多项，先后 9 次获得由国家知识产权局、世界知识产权组织评选的“中国专利优秀奖”。

(2) 品质至上，构建质量保证体系

贺荣明坚持以“品质至上”为己任，视“质量是企业的生命”，以先进可靠的技术开发并持续提供高品质产品和服务的质量目标为导向，面向高科技、超精密、复杂大系统特性的品质发展要求，建立了“研发、制造、集成”系统工程方法的质量保证体系，实行系统集成及过程质量控制的全覆盖。组织建立了《产品设计和开发控制程序》，规范了研发类项目产品设计、开发活动的组织和工作程序。采用系统工程学原理 V 字模型方法，对产品研发过程进行系统分析，在产品装配、集成过程中，各制造部门按产品相关装配工艺、测试规范等进行装备和自检，根据产品评审锁定的测试项，对关键过程质量控制点进行检验。在产品集成测试过程中，可靠性相关的测试由可靠性工程中心工程师进行确认。对研发设计全过程采用项目全生命周期的项目管理规范进行监控，确保交付符合质量要求的产品。系统集成及过程质量控制流程见图 9-2。

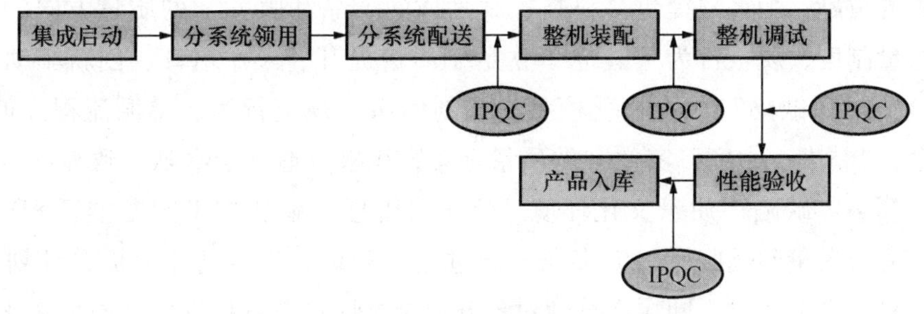

图 9-2 系统集成及过程质量控制流程㉑

⑳ Shanghai Micro Electronics Equipment 为微电子英文名称，SMEE 为微电子英文简称。

㉑ IPQC 即制造过程品质控制。

公司集产品过程的装配、集成、测校、检验、风险管控有效揉合的质量保证体系，体现了“高科技、高品质”特色的以光刻机为代表的大型复杂系统的一体化质量管理的能效。

（3）标准引领，打造技术创新高地

贺荣明坚持标准引领，在技术研发、生产、管理的创新实践中，形成了“标准引领、营造氛围、完善机制、集成创新”的生态创新圈。组织启动光刻机设备系统标准化试点和验收，开展了“物料搬运机器人标准化试点项目”项目试点和验收。牵头制定国家标准——《机械电气安全 机械电气设备 第 33 部分：半导体设备技术条件》等标准。《先进封装投影光刻机》标准被评为“上海标准”。

大力营造创新文化氛围，运用公司《创新专刊》《质量专刊》等载体，宣贯创新理念、创新文化。强化创新机制建设，确立了创新激励机制、创新竞赛机制、创市平台机制、创新容错机制等，通过设立创新引导基金、发放创新币、创新排行榜等形式，促进了创新活动的深入持久开展。他引用发明问题的解决理论（TRIZ）创新方法，实现创新活动和思维科学化、方法化，形成了高分辨率、高照度曝光技术、基于图像处理的对准技术、调焦调平测量技术、大行程高定位精度硅片台技术、超精密、高精度温度控制技术等关键创新技术，产品性能达到国内领先、国际先进水平。公司先进封装光刻机产品打破国外企业垄断，成功替代进口。同时建立了具有知识产权信息和业务管理两大功能，十三项要素的专利管理平台，收录 10 万余项涵盖全球的专利信息，为持续创新提供了知识支持。他还推动创新成果的转化和产业化，及时将所掌握的关键技术进行溢出，推动集成电路后道先进封装、有机发光二极管（OLED）显示屏薄膜晶体管（TFT）电路制造、高精度温度控制系统等相关产业的技术能级提升和技术的应用。

（4）质量至上，铸造全员“质量零缺陷”文化

坚持“质量零缺陷”的价值取向，作为凝聚职工为企业发展目标服务的信仰和基因，充分发挥全员质量文化引领发展的合力作用。

在“高品质、高素质、高科技、高效率”的质量层面上，提出了“为建设创新型国家作出显著的贡献；为客户提供高科技、高品质的产品和服务”的质量方向，围绕“质量理念、质量制度、质量行为”建立了立足于质量提升、人才培育、创新驱动的“九宫格”企业全员“零缺陷”质量文化模型。编制传递“规范行为、遵循流程、追求效率”的制度理念、“精准、力度、实效”的质量理念，积极营造甘于奉献，致力创新，营造团队的全员“质量零缺陷”质量文化环境。公司对管理问题和技术问题推行 8D 双归零制度，累计已完成质量问题归零一万多条。通过全员轮训、步步高能力提升计划、8321 人才培养工程等培训形式对不同层次培训对象开展全员质量教育培训。将质量文化、质量能力建设和制度措施有效落地。

公司推进全员“质量零缺陷”质量文化以来，“一次就做好，每次都做好，每件事都做好”“质量零缺陷”“质量即人品，质量是人品的载体”“质量是企业的生命”等质量观已深入员工内心，并付诸于行动。提升了全面质量管理的能效，增强了公司的核心竞争力，为公司持续稳步发展奠定了坚实的基础。

9.1.2　生命健康

生命健康产业是与人的身心健康相关的一切产业活动的总称，主要包括医药、医疗器械、医疗服务、健康管理、养生保健、健康旅游等产业形态。伴随生命科学、生物技术不断取得重大突破，基因检测、远程医疗、个体化治疗等新业态的不断涌现，上海确立了在生物医药领域形成世界级产业集群的新目标。在历年上海市政府质量奖的获奖组织中，有关生命健康领域的，有传承发展、焕发新貌的老字号企业，更多的是自主创新、产品达到国际先进甚至是领先水平的科技型组织。本节选取上海联影医疗科技股份有限公司、赛诺菲（中国）投资有限公司上海分公司等两个案例作分享。

上海联影医疗科技股份有限公司

——积极推进技术创新　打破国外垄断局面

上海联影医疗科技股份有限公司（以下简称联影医疗）成立于2011年，是从事医疗器械的研发、生产和销售的医疗科技企业，致力于为全球用户提供高性能医学影像、放疗产品、生命科学仪器及医疗数字化、智能化解决方案。员工近4700人，其中近40%为研发人员。公司向市场推出掌握完全自主知识产权的60款产品，包括全景动态PET－CT、“时空一体”超清TOF PET/MR、3.0T探索MR、640层CT、一体化CT－linac等，产品已进驻美国、日本、欧洲等35个国家和地区的近6 500家医疗及科研机构。获2020年度上海市质量金奖。

（1）管理优势

确立了“创造不同，为健康大同”的使命，以“成为世界级医疗创新引领者”为愿景，致力于提供高端医疗设备惠及天下大众，立足自主创新，变“中国制造”为“中国创造”，履行“用心改变”的品牌承诺，践行企业社会责任。

1）以需求为导向、产品为依托、服务为保障，打破国外产品的垄断局面

致力于改变国内医疗影像产品多年来被国外产品垄断的现状。2014年联影医疗全线产品正式上市前，国内市场80%的CT、90%的磁共振成像系统（MRI）、100%的PET－CT由进口产品垄断。公司通过用心感知行业痛点和用户深层次诉求，积极开展市场调研，对用户需求进行分析，对竞争对手的产品性能、价格、服务等方面开展深入研究，确定适应国内市场和用户需求的产品路线规划，将差异性产品性能和临床性能的产品投入市场。如世界首台全身PET－CT，诊断放疗一体化医用直线加速器，磁共振智能光梭（ACS）成像系统以及中国首台640层超高端CT等，整体性能指标达到国际一流水平，部分产品及技术实现世界范围内的引领，不仅提升了诊断精度，提高了诊断或治疗效率，也改善了用户（医生和患者）体验，迈出了改变国外产品一统天下局面的坚实步子。

培养专业化的售后服务团队，建立全国范围的快速响应机制。总结并建立了一整套包括场地勘察、设备安装、报修维修等的工作流程，打造具有联影医疗特色的售后服务管理体系，不断提高服务质量，改善用户体验，获得较高的客户满意度和忠诚度。在上海市医学会临床医学工程学分会服务满意度调查中，对产品可靠性、备件到货速度、安装维修效率及服务热线工作方式和到场响应速度等 12 个方面进行评价，联影 CT、MR、PET - CT 等多产品线设备以及维护保养质量评价 2016—2020 年连续 5 年位列第一名，赢得客户的广泛认可和信赖。

2）建立“创新矩阵”，致力于产品的自主研发、技术创新

建立内部“创新矩阵”。明确了公司的“核心技术创新”“前瞻性研究”“产学研医系统创新”等六大方面的创新内容，通过建立“四严一坚一全”自主研发、创新管理制度，推动全部关键部件与核心技术自主研发的战略落地。围绕“我的交付质量我负责”的理念，建立产品开发流程，以需求收集、需求分析、需求筛选、需求撰写、需求评审、开发实现、需求验证确认为路径，创新运用客户顾问委员会（CAB）、访谈等方式，实现技术方案的严格把控。同时，利用独特的基于特性的开发模式（FBD）实现产品落地，并成立架构委员会负责所有开发过程的概要设计评审（PDR）、详细设计评审（DDR）和关键设计审查（CDR），实现产品的精准把控。

掌握关键部件的核心技术。实现了 PET 数字光导探测器、MR 超导磁体、MR 梯度功率放大器、MR 射频功率放大器、CT 时空探测器、放疗（RT）多叶光栅等全线高端医学影像及放疗产品核心部件的自主研发，并成功向市场推出掌握完全自主知识产权的 60 款硬软件产品，包括全景动态 PET - CT（2 米 PET - CT）、“时空一体”超清 TOF PET/MR、数字光导 PET - CT、3. 0T 探索 MR、640 层 CT、一体化 CT - linac 等一批世界首创和中国首创的产品，整体性能指标达到国际一流水平，部分产品及技术实现世界范围内的领先。

健全知识产权管理。设立知识产权部，建立了全套的知识产权管理体系（IPMS），并根据 GB/T 29490—2013 进行认证。每年专利投入 2 000 多万元。目前，已累计提交专利申请 5 100 多项，其中发明专利 4 300 多项；已申请中国专利 3 200 项，国外发明专利以及专利合作条约（PCT）专利 1 000 多项。共获得国内外授权专利 1 548 项，其中发明专利 931 项；已获得授权的海外专利 247 项，其中发明专利 190 项。申请软件著作权 34 项，完成登记 31 项。共完成国内商标注册 292 项，海外商标注册 388 项。

3）建设质量文化，进行全生命周期的质量管理

倡导质量文化，强化员工质量意识。结合企业自身特点，采用多种途径，将质量文化融入至日常工作。如：开展质量月活动，通过质量竞赛、研发/生产质量大比拼、质量交叉检查、质量提升专题活动等多种形式，持续强化员工质量意识；举办由行业大咖参与的面向管理层、核心管理和骨干员工的高端质量法规和标准论坛，为高级管理人员和技术核心骨干提供更高视角的质量和法规学习平台；面向产业链的合作伙伴，以企业的质量管理平台为支点，通过质量管理品质训练营活动，提升整个产业链的质量管理水平，实现

“全链”提升产品质量的目的。

完善质量管理体系，发挥高层领导作用。始终把质量管理体系建设作为一项战略性决策，采用“体系先行，法规为先”的理念，从可扩展性、可兼容性、可发展性和可改进性四个方面进行充分考虑，根据 ISO 9001：2015、EN ISO 13485：2016、医疗器械生产质量管理规范、21 CFR 820、Japan QMS 等国际化标准的要求，建立了一整套适合企业自身特点并具有可操作性的质量管理体系。公司高层领导不仅通过组织管理评审来保持体系持续的适宜性、充分性和有效性，更是深入至工作一线，参加关键问题专题评审、项目例会评审和改进，带头参加质量文化建设活动，持续推动企业的质量管理工作。

实施全生命周期质量管理，覆盖全员全面全过程。研发质量管理——“点面集合”，确保产品的基本安全、有效，实现产品整体可靠性提升；供应商质量管理——“共建生态”，构建高质量供应体系，实现供应链整体成长和质量提升；生产质量管理——“5M1E”全要素管控，通过对“人、机、料、法、测、环”各要素的全面管控，以及持续改善与检查的机制，全员参与质量改善；服务质量管理——通过服务实现客户满意。

4）围绕技术研发和质量推进，完善人力资源管理体系，实现人才和企业的共同发展

积极实践“123”人力资源管理理念。围绕一个人才战略——打造一流世界级人才队伍，突出两大机制建设——基于价值链的流程型组织建设和多元化、体系化的创新激励，聚焦三大抓手——组织建设、人才建设、文化建设；实现以人为本，精锐队伍，促进员工与企业的共同发展。

积极开通“四通道”员工职业发展途径。建立专业技术路线、管理路线、生产技术支持类、生产操作类“四通道”，形成了以积分制、员工举证、专家评审为手段的任职资格体系。同时，确立以客户为中心的价值创造、以结果为导向的价值评估、以奋斗者为本的价值分配为支撑的激励机制。个人绩效目标对接组织目标，通过自上而下的层层分解落实到个人。

积极培养国际化管理人才梯队。公司的课程培训体系包括营销项目和管理培训项目等，采用项目制、课堂培训、导师辅导、自学、E－learning、外派学习等多种方式。通过推动与技术大咖一起共事、导师随行指导、河边咖啡厅里的头脑风暴等一系列人文环境建设，为员工提供良好的工作环境和能力提升机会，培养和促进员工发展。

（2）组织绩效

2016—2019 年 PET－CT 及中高端 DR 在国内新增市场占有率连续位列第一，2020 年 MR、CT、PET－CT、移动 DR 国内新增市场占有率全部位列第一。累计提交专利申请 5100 多项，数量位居国产行业首位，其中包括 3200 多项国内发明专利申请以及 1000 多项国外发明专利及 PCT 专利。曾获得国家知识产权优势企业、上海市知识产权创新奖、行业首个中国专利金奖、行业首个中国商标金奖等荣誉。2020 年，公司的“全景动态 PET－CT 质量攻关”项目获得上海市重点产品质量攻关成果一等奖。

赛诺菲（中国）投资有限公司上海分公司

——发挥品牌管理优势　扎根中国服务中国

赛诺菲是法国排名第一、全球排名第七的大型跨国制药企业，1982 年在中国设立业务机构，成为首批进入中国的跨国医药企业之一。截至 2019 年，赛诺菲在中国已建立 12 个办公地点、4 个研发机构、3 座生产基地、1 个数字创新中心，员工 8 000 余人。赛诺菲（中国）投资有限公司上海分公司设经营、财务、人事、质量以及需要集中管理的各职能部门，对赛诺菲集团在华投资的公司、工厂进行指导、管理和监督。经营业务范围涉及处方药、人用疫苗和消费者保健产品、康复产品。已引进 40 余种创新药物和疫苗，产品线覆盖中国前十大致命疾病领域中的 7 种，县域业务覆盖已遍及全国 2 000 余个县。获 2020 年度上海市质量金奖。

（1）管理优势

1）精耕中国市场，支持本地市场发展与行业成长

以“质为健康”价值为引领，践行“患者为先”经营理念。公司引入了 40 多种高质量创新药物和疫苗，提供的多元化治疗方案覆盖本地前十大致命疾病中的七种，惠及近 1 000 万慢性病患者、6 万余名癌症患者和 600 余位罕见病患者，持续为中国患者提供多方位的创新健康产品和服务，保障药品可及性。

借助集团技术优势，推动本地行业的药物质量标准提升。参与制定特殊注射制剂质量和疗效评价、生物类似药技术要求、窄治疗指数药物质量评价等行业指导性文件，并形成团体标准；将赛诺菲及欧洲先进的药物警戒体系与本地监管机构和行业分享，帮助建立和完善本地药物不良事件报告体系；与上海市医药行业协会共同倡议发起“中国药品质量万里行”活动，覆盖全国。在供应链中倡导采用更高标准，要求所有供应商提供第三方尽职报告，实施有效的健康、安全与环境管理体系。

积极参与抗疫和公益活动，更好体现企业社会责任。新冠肺炎抗疫期间，公司除了先后向武汉援助了共计 150 万余元的抗疫医药物资，还在保障药品和服务供应方面，创新性地在当地建立了从互联网医院、医生处方到送药上门的全套药品配送体系，保障了数百位癫痫儿童患者的急需药品供应；为当地糖尿病患者提供了诊疗、购药、疾病教育一体化的数字化医疗智慧平台。积极推动新冠肺炎治疗指定用药写入国家诊疗方案，与国家肿瘤质控中心合作编制《新冠疫情期间乳腺癌合理化诊疗指南》，推广至全国，并在国外发表，分享“中国方案”。

2）建立全生命周期质量管理体系，为产品保驾护航

公司以“质为健康”为价值观，以质量和安全为基石，将产品质量放到至关重要的地位。

① 搭建涵盖“全产品、全过程”的药品全生命周期质量管理体系模型

从产品研发、注册、技术转移、商业化生产、流通与分销、产品退市等各个阶段着手，制定关键节点控制与管理标准，并通过管理评审、质量审计、质量风险管理、法规洞察、质量文化建设，作为建立更全面、更稳健的质量风险管理体系的助推器，为高质量产品和高标准服务提供保障。近三年来，公司的产品一次合格率持续提升，市场抽检合格率保持 100%。赛诺菲全生命周期质量管理体系模型见图 9－3。

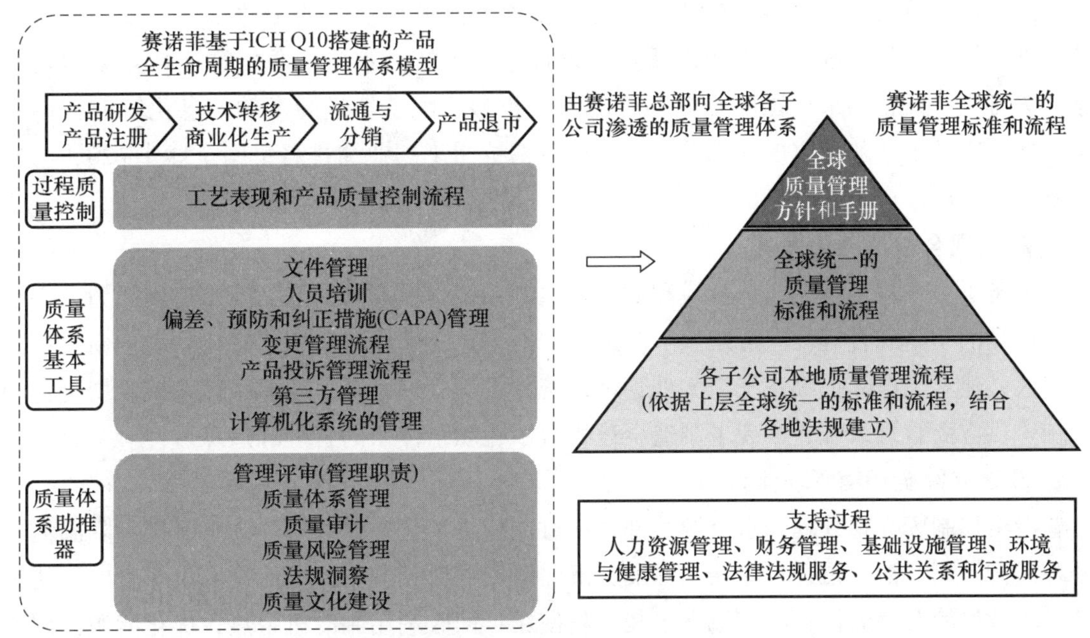

图 9－3　赛诺菲全生命周期质量管理体系模型

② 推进和实施“全球统一”的质量管理方针和质量管理文件

设置专人负责收集国内外法规的更新以及集团的制度，根据新要求与企业实际情况做差异化分析，制定行动计划，确保要求的落地和执行。在技术、设备、原材料采购及生产管理流程方面遵循统一的全球标准，从产品质量、患者安全、法规符合性、持续供应出发，建立了涵盖“前瞻性”和“回顾性”两个维度的质量风险管理模型，将风险管理理念植入质量管理流程，涵盖变更管理和控制、法规变化与评估、计算机管理系统等多个环节。

③ 建立和有效实施业内领先的国际先进药物警戒系统

引入了全球化的创新智能药物警戒数据处理技术，持续关注药物安全，不断完善人机料法环药物警戒体系模型。建立 7×24 小时全天候服务热线，通过多种渠道主动收集和分析所有药物警戒数据，开展持续的药物获益风险评估，确认药物的安全性，保护患者安全。持续开展临床试验中安全性评价和风险管理可疑非预期严重不良反应（SUSAR）快速报告，研发期间定期安全报告（DSUR）递交药监方案修订，研究者手册更新，与研究者加强沟通。

3）实现生产过程管理的精益化、信息化和绿色环保

公司旗下赛诺菲（杭州）制药公司严格执行药品生产质量管理规范（GMP），实施并通过最新版中国和欧盟药品 GMP 双认证，以及最新版国家环境管理体系、职业健康安全管理体系认证。

① 采用精益化生产模式

在技术、设备、原材料采购及生产管理流程方面遵循统一的全球标准，每一操作环节，恪守统一质量标准，秉承相同质量管理理念，维持高水平的质量管理与体系运行状态。关键生产设备均采用国际知名品牌的原装机型，配备经过验证的信息化智能控制系统，保证产品工艺的稳定度和成熟度。公司所辖杭州工厂业绩排名集团全球 Top20，已经向欧洲市场出口产品。

② 实现全程信息化保障

配备了多条自动化高速包装线和数字化追溯系统，提高防错能力及可追溯能力，持续提高产品的质量和合规性。持续投入制造过程的信息化建设，应用信息化系统创新质量管理模式，建立了产品追溯系统、文件管理系统、投诉管理系统、偏差管理系统、变更管理系统、供应商管理系统，实现了制造全过程数字化质量体系的管理和追踪。

③ 建立健全环境管理体系

严格控制废弃物处理和水资源管理，尽可能减少纯化水的使用。废水经排污降温池预处理后排入调节池，再经过除杂、降解、沉淀等专业化处理后，才能进入市政管网；使用冷链车替代冷芯盒运输药品，减少包装材料使用；回收利用制冷机余热，优化能源使用方式。2016—2018 年 3 年内，制造过程单位产值水资源消耗下降 33%，天然气使用量下降 37%，单位产值能耗下降 25%，有害废弃物排放量下降 10%，环保和资源有效利用绩效显著。

（2）组织绩效

公司本着“扎根中国，服务中国”的长期承诺，依托赛诺菲全球的品牌和管理优势，精耕中国市场，致力于医疗健康领域建设，积极支持本地市场发展和行业健康成长。2019 年销售额达 27.04 亿欧元，占赛诺菲全球约 7.5%；旗下赛诺菲（杭州）制药公司 2019 年列中国医药工业百强榜第 23 位。赛诺菲（中国）投资有限公司上海分公司累计参与 10 多项国家药典标准和团体标准的编制，包括依诺肝素产品国家药典标准、甘精胰岛素类产品国家药典标准等，支持推动中国标准国际化，提升国内药品标准水平。

9.1.3　汽车

汽车产业是推动上海经济发展的重要支柱产业之一，其发展始于 20 世纪 50 年代中后期，而腾飞则得益于改革开放的春风，尤其是近二十年来在追求卓越的过程中，在轿车、客车和载重汽车等领域均得到了长足发展。进入 21 世纪后，上海汽车工业着力打造自主品牌，同时通过构建新能源汽车和智能网联汽车高端制造产业集群，加速产业的创新转型。本节选取上海汽车集团股份有限公司乘用车分公司、上海汽车集团财务有限责任公司等两个案例作分享。

上海汽车集团股份有限公司乘用车分公司

——大力推进一体化战略　倾力打造自主化品牌

上海汽车集团股份有限公司乘用车分公司成立于2007年，是上海汽车集团股份有限公司的全资子公司，承担上汽集团自主品牌乘用车产品的研发、制造和销售。拥有上海、南京和英国三个技术研发中心，以及上海临港、南京浦口、河南郑州、福建宁德和泰国罗勇五个制造基地。员工9 400余人。公司拥有荣威、MG、R汽车三大品牌，形成多个系列和品种的产品矩阵，涵盖中高级、中级、中低级、小型轿车和SUV多功能越野车等传统车型，以及插电强混、纯电动新能源车型，形成了与国际汽车技术发展趋势相同步的、覆盖乘用车主流细分市场的产品线布局。获2013年度上海市质量金奖，获2018年度上海市市长质量奖。

（1）管理优势

1）坚持企业文化引领，提升企业向心力和凝聚力

以“创新、协同、担当、使命”作为企业文化的主线。公司成立以来，历经“造车育人”文化传承与积累、“品质”文化理念形成及内涵升华、“协同、担当、使命感”文化的认知与践行，最终将“创新、协同、担当、使命”确定为公司的核心文化价值理念，并强调以“创新”引领，助推自主品牌实现创新转型、快速发展。以文化影响员工，培育员工形成共同的行为准则；以文化践行责任，展示企业社会担当；以文化树立品牌，提升企业对外形象；以文化引领管理，体现企业追求卓越的境界目标。

积极贯彻核心价值观。高层领导将企业文化制度化，通过“认知—认同—践行—升华”PDCA，搭建创新文化“四品”平台，贯彻价值观。以“文化思辨炼品味、文化培训正品行、文化活动塑品牌、文化践行精品质”的“创新文化·四品平台屋”获得员工广泛的认同。以“互访交流、供应商会议、经销商会议”向业务相关方传播公司文化理念。

建立领导力“进阶式学习发展体系”。通过建立知识管理系统、撰写工程师手册，搭建学习发展战略屋，搭建M－learning学习平台，形成领导力“进阶式”学习发展体系，建立基地实训中心，采取“考试合格方可上岗”的制度。建立后备干部培养体系，每年400人参与学习和发展项目。

2）依托新四化，打造自主品牌及自主创新优势

在集团“新四化”战略框架以及创新转型总体目标指引下，确立了推进“电动化、智能网联化、共享化、国际化”的战略方向，创新性地开辟出了汽车新兴品类的蓝海市场机会。

针对当前经济进入新常态、原材料和制造成本上升及价格下行的两头受压情况，强化危机意识，在“产品力、科技、业务模式创新”上下功夫，在产能布局和能力配置上不断进行优化。将企业发展过程中的风险进行系统分析，并将防风险作为企业战略的重要抓手。

依托初步掌握的“三电”核心技术，形成一定的壁垒优势；利用集团与C－ALT战略合作契机，提升业务链竞争优势，提高新能源汽车市场优势。通过投放首款量产 RX5，开辟汽车市场竞争新品类，利用 i6、ZS11 等产品，扩大互联网汽车品类维度的市场认知。

3）践行“创新驱动，技术引领未来”，构建完备的研发技术创新体系

建立了完善的研发架构。公司经过多年的技术迭代，构建了从设计开发、试制试验、批量投产的研发创新架构，涵盖了研发人才队伍的储备、研发方法论、客户闭环管理机制、包括硬件和软件在内的资源投资、知识管理和问题管理体系，见图 9－4。

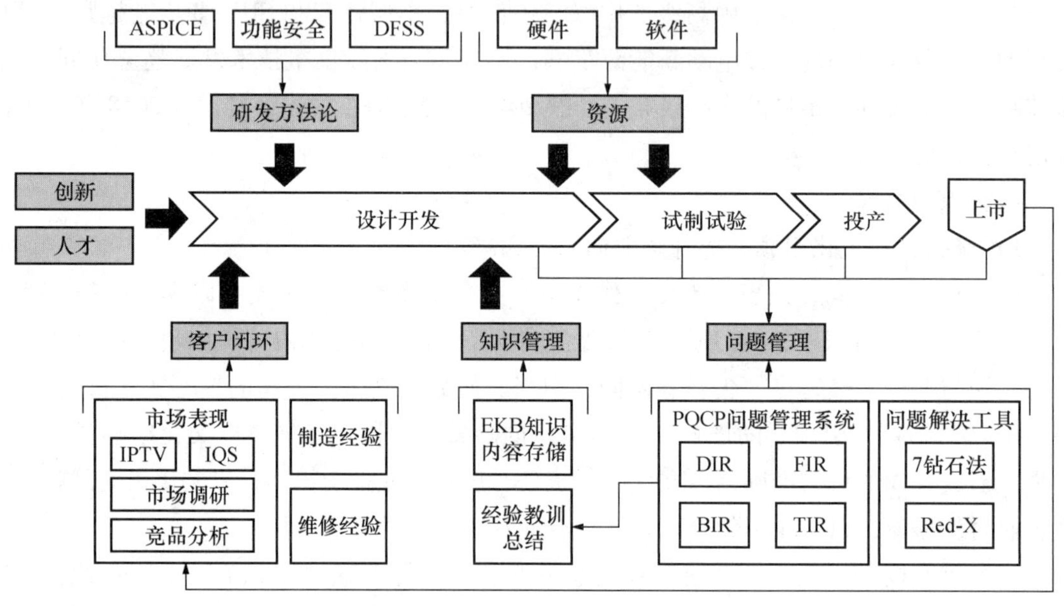

图 9－4　上汽乘用车研发体系架构[72]

注重创新体制机制建设。通过多途径激发企业创新的内生动力，如设立“专项创新基金”奖励员工在“黑科技”“黑匣子”“卡脖子”技术上的重大突破；设立种子基金项目，实现产品配置的技术储备；建立“上汽工程师之家”，积极营造创新的氛围；设置奖励机制，对于成功应用于整车项目的创新，给予一次性的奖励；通过公司的科创大会，搭建创新实践推动平台等。

高度融合互联网新兴技术。紧密围绕“四化”战略，持续提升新能源电动化技术，完成相关技术的开发与应用。通过经验积累，实现智能驾驶技术的自主集成开发，加快移动互联技术的开发与应用，实现人车、车车互联，提升产品科技感。完善产品架构开发，逐步形成模块化开发能力，通过网联平台提升产品共享价值。

4）建设“精益、柔性、敏捷、智能”制造体系，打造“智”造工厂

生产制造过程紧紧围绕降本增效、多元品种、快速响应、提质增效等需求，融合单元

[72] ASPICE：汽车软件过程改进及能力评定；DFSS：设计六西格玛；IPTV：每千辆车发生事故；IQS：原始质量研究；EKB：知识管理系统；PQCP：产品质量问题控制流程；DIR：工程设计问题报告；FIR：售后质量问题报告；BIR：制造问题报告；TIR：试验问题报告；Red－X：复杂问题解决策略。

制造、柔性制造、敏捷制造、智能制造等先进模式，努力打造“智”造工厂。

注重车间生产线规划。在基础设施建设规划时着重考虑了精益、智能化生产，以及节能、减排、环保和资源的综合利用。如采用先进、柔性的冲压生产线，伺服驱动压机生产节拍比常规机械压机提升 10%；车身生产线注重高自动化、柔性化，其主线自动化率达到 99%，通过运用 Open－Gate 技术，可以满足多车型的柔性共线生产需要；总装生产线采用模块化分装线；物流配装一体化、无人运输小车（AGV）拼合、托盘立体库等多种技术，适应多车型柔性共线物料摆放需求。

持续改进制造全过程。以精益化、敏捷化、柔性化、模块化、高质量的“四化一高”为目标，通过同步工程的早期介入，统一制定策略，从设计源头减少浪费，提早解决后期问题。通过“四化一高”的逐步实施，公司项目生产启动周期由 8 个月压缩至 4.5 个月，较常规启动周期缩短将近一半；整车审核由 Tryout 的 5.6 降至终验收的 1.8，仅耗时 5 个月，比以往项目减少约 60% 的时间。

全面布局智能工厂。建立供应链管理平台、能源管理平台、过程质量管理平台和设备管理平台，实现制造过程的可视化、决策管控智能化、生产管理精细化。通过设备管理平台对关键设备的监控和分析，识别节拍时间的不均衡；通过可视化转换，识别瓶颈工位，进行改进，使生产线的节拍时间从 172 秒降到 100 秒。通过设备管理平台的应用，对比相同工位的动作趋势，识别故障和维护需求，发现故障前兆，给出了预先检查保养的建议。

5）坚持顾客至上，创新营销模式，提升品牌动能，助力企业快速发展

开展市场需求分析。通过采用场景研究（BYOD）、“爱车坊”平台等创新手段，进行精细化的市场和顾客需求研究，加大新产品研发，不断推出满足市场需求的新产品，形成了传统、混电和纯电三大板块、覆盖中高级、小型和 SUV 五大品类的较完整产品线，为公司拓展市场，满足不同层次和地域的客户需求，创造了有利条件。

创新营销模式和手段。针对不同产品定位和客户群体，采用差异化营销。如因地制宜地进行多形式经销商布局，推出 4S 店[73]、城市展厅、自营、二网等多种营销方式，举办各类体验式营销活动，如双车花海节、MG Carffe 全新体验等；推出采用“新零售”概念的数字营销新模式，提升营销实效，创造客户价值。

致力于品牌建设与传播。打造富有上汽乘用车特色的“尊荣体验”售后服务品牌，坚持六大服务承诺，先后推出“宅捷修”上门维修服务、“绿芯管家”服务，在售后服务中引入“峰终定律”理念，采用互联网科技的“斑马”系统等，尝试不断强化客户体验，并通过车友会、论坛和网络舆情维护等一系列口碑建设举措，持续增强品牌形象和传播力。

（2）组织绩效

2020 年销量 65.8 万台，主营业务收入达 538.29 亿元。自主品牌产品市场占有率排

---

[73] 4S 店是集整销售（Sale）、零配件（Sparepart）、售后服务（Service）、信息反馈（Survey）四位一体的汽车销售企业。

名从 2015 年的第 15 名跃升到 2020 年第 6 位，海外出口排名第 1 位。累计完成 2337 项标准制定，共取得 6 项国际技术发明专利。“低能耗插电式混合动力乘用车关键技术及其产业化”获得国家科技进步二等奖，“汽车燃料电池大面积超薄金属双极板涉及与精密制造技术”获中国汽车工业发明一等奖；智能驾驶方面荣威 MARVEL X 获中国国际工业博览会创新金奖；公司多项设计获国际认可，其中荣威 i6 是国内首个获得日本 G－Mark 工业设计大奖的汽车企业。

上海汽车集团财务有限责任公司

——加强全过程质量管理控制　构建全方位风险管理体系

上海汽车集团财务有限责任公司成立于 1994 年，是隶属于上海汽车集团股份有限公司的一家非银行金融机构。员工 600 余人。经营范围包括对成员单位办理财务和融资顾问、信用鉴证及相关的咨询、代理业务；协助成员单位实现交易款项的收付；吸收成员单位的存款；对成员单位办理贷款及融资租赁；从事同业拆借，经批准发行财务公司债券等。获 2019 年度上海市质量金奖。

（1）管理优势

1）加强风险识别，从战略层面深化风险管理

倡导创新文化，走出稳健经营之路。秉持“创新引领发展，和谐共创价值”的发展理念，培育“敬业、专业、创新、合作”的高素质员工队伍，构建“独具特色的业务模式＋高素质的员工队伍＋创新绩效管理体系”的新机制，完善风险管理，走出具有自身特色的金融创新、稳健经营之路，推出有竞争力的金融新品和高质量的服务。

完善治理机构，遵循合法合规经营。建立了股东会、董事会、监事会三会制度，做到决策权、经营权与监督权三权分立。确保上级监管部门的各项指示得到全面贯彻和落实。作为非银行金融机构，公司实时保持与人民银行、中国银保监会及上海银保监局等国家金融监管机构的密切联系，时刻关注监管层面的新规定、新要求，定期开展法律合规风险排查，通过专项会，将监管层面的规定要求扎实落实在日常经营管理工作中。

落实部门责任，形成快速反应机制。建有风险管理部，设有法律顾问制度，明确规定各部门对外签订合同前必须先将拟签订的合同或协议文本报风险管理部进行合法、合规审查，如有必要还需送专业律师事务所审核，通过后方可签订。高层领导重视在公司内部营造快速反应的机制，通过定期召开的公司经营会议、业务运营会议以及紧急情况处置协调会议，对公司内、外部变化做出及时反应，制定了重大事项汇报等相关制度，为公司快速反应机制的搭建起到了制度保障。

2）健全制度规范流程，不断提升风险管控水平

完善授权体系。每年董事会对公司总经理授予各项业务的审批权限，总经理是公司各项业务的最高审批人，总经理可根据公司各类业务实际情况进行转授权。各类业务在系统中设置关键环节，系统根据授权规则自动判断、选择有权审批人，并注意岗位不相容，控制操作风险。基本审批权限原则上每年调整一次，遇特殊情况可及时调整。

合理职责分工。公司各项业务涉及的部门和岗位设置采取前中后台分离、交易操作和复核审查分离、项目运作与资金管理分离的原则，具体包括前台业务部门负责项目操作，中后台负责业务过程监控、资金和账户管理、独立实施审计。实现了公司各部门之间的制约，杜绝一项业务由一个人进行操作的风险。各部门按业务需要和操作流程设置岗位，制订各岗位职责、岗位操作流程，保证各项业务能够合法合规、风险可控地开展。

加强制度建设。根据监管部门新出台的法律法规，及时修改管理办法和内控手册，将要求和责任落实到每个岗位、每位员工。开展各项业务时，严格遵循先有制度后进行操作的原则，通过不断完善制度建设，使公司各项业务运作有了基本遵循准则。为公司各项业务健康有序开展以及有效防范风险，提供了根本保证。

重视风险排查。各部门每季度全方位开展排查，内容覆盖各类业务、流程，还包括案件防控、员工异常行为、声誉风险等方面。在排查过程中，一方面对制度、流程的科学性、完整性、严密性和有效性开展检查评估，另一方面通过对日常业务的排查，进一步夯实公司案件防控的基础，有效加强了关键岗位人员的风险意识，提高了案件防控能力。

聚焦科技赋能。建立风控技术手段，如合格证远程监控系统、消费信贷人工智能审批系统、零售远程面签系统、汽车金融贷后综合管理系统等，运用科技创新保障公司信贷资产安全。自主开发的行业内唯一的“汽车金融业务系统”，使得人均管理贷款保持行业领先，实现了管理超越同业、尤其是外资头部汽车金融公司的目标。自主研发了智能自动审批系统，颠覆了传统汽车金融行业“平衡计分卡”的审贷模式，成为业内首创并唯一的机器学习算法动态调整模型。汽车合格证远程监控系统实现对全国各大中小城市、所有在线经销商在库车辆合格证的远程实时监控，该项技术获得了4项国家专利和上海市金融创新三等奖。

3）完善绩效考核机制，落实风险管理责任人

建立了一整套较为完善的绩效考核机制和奖罚制度。对各部门实行年度目标考核，指标包含质量指标、风控指标、合规指标等；风控指标包括逾期率、不良率等；考核从工作质量和工作效率两方面实施，对于合规风险等关键性指标采取扣分制。为将风险控制置于各部门最高工作目标，专门设置了与风险控制相关的“一票否决”制，如发生重大业务风险导致经济纠纷或业务损失以及案件风险等情况的，则部门的年度考核将评为不合格。

构建业务推进与员工激励高度结合的人才管理新模式。公司制定了与业务推进和人才培养激励相关的各项制度，明确各项管理以及创新工作的推进流程、关键节点、操作方法、时间要求与相关责任人。通过完善的激励机制，引导员工关注管理过程和风控工作，积极参与合理化建议和“金点子”活动。把业务知识、专业技能和经营管理、风险防范等方面的培训相结合，遵循分类分级原则开展全员培训，员工年度培训课时持续增加。

搭建公司发展和员工进步相融合的“共赢”平台。高度重视队伍建设和人力资源开发，运用职位管理、人才培养、创新激励、授权管理等方式提高组织的执行力。确立“员工与公司同成长”的人才管理理念，推出了一系列举措，更好地吸引人才、培养人才、用好人才、留住人才。员工设立“H”型的职业发展通道，明确专业技术干部序列与行政管理干部序列的对应关系，让员工能够根据自身的特长，做好职业规划，提升个人综合素质，实现公司和员工同发展的“共赢”，为企业的绩效管理和风险管理提供人力资源保障。

（2）组织绩效

截至 2020 年 11 月末，公司资产总额从 2004 年的 138 亿元增长至 2138 亿元，增长超 15 倍，年复合增长率近 20%；公司净利润在全国 200 余家法人财务公司中位列前三甲。保持公司金融和经销商买方信贷零不良率记录，零售贷款不良率保持业内优秀水平。正因为公司高度重视风险管理以及合规经营，不断深化全面风险管理、全面质量管理工作，公司连续 7 年获评“中国金融机构金牌榜‘金龙奖’”，并分获“最佳财务公司”“最佳创新财务公司”“最具创新力财务公司”“最佳风险管理财务公司”“最佳服务财务公司”“最佳资金管理财务公司”荣誉。同时，在中国汽车金融“金引擎”奖评选中，公司于 2013、2015、2017、2018 和 2019 年五度获得“中国汽车金融杰出推动者”大奖，并于 2017—2018 年连续两年获评“最佳汽车金融公司”大奖、2019 年获评“最佳风险控制汽车金融公司”大奖。在全球客户满意度调查权威机构 J. D. Power 进行的中国汽车金融满意度调研中，公司又连续 5 年获得其全部十个调研项目中的五项第一、四项第二、一项第三。

9.1.4　先进装备

先进装备制造业是国之重器，处于价值链高端和产业链核心环节，关系国家综合实力、技术水平和工业基础，是上海市十四五规划六大重点产业集群之一。上海市政府质量奖历年获奖组织中属先进装备制造业的较多，不少企业在行业或全国乃至全球都居领先地位。这些获奖企业最显著的特征是具有较高的自主研发和创新能力，掌握核心技术，拥有世界级的产品和服务，并通过质量文化、精益制造、管理体系、数字化转型等，形成较强的综合竞争力。本节选取上海卫星工程研究所、上海外高桥造船有限公司等案例作分享。

上海卫星工程研究所

——差异化创新　精细化管理　高质量制造“中国之星”

上海卫星工程研究所（SISE）创建于 1969 年，隶属于上海航天技术研究院，是我国卫星研制总体设计单位之一。承担卫星总体设计、综合测试、在轨管理以及相关专业分系统研制任务，是我国卫星研究领域及高新技术开发研究与应用的重要基地。累计发射卫星 60 余颗，形成包括气象与环境、深空探测与空间科学在内的五大卫星系列，产品广泛服务于世界各国。创立“风云”卫星品牌，技术达到国外同类卫星的先进水平。获 2005 年度、2008 年度上海市质量金奖，获 2012 年度上海市市长质量奖。

（1）管理优势

1）以创新理念为指引，激发创新活力和动力

坚持差异化创新，支撑卫星领域开拓，引领平台技术发展。针对卫星市场的竞争形式，谋划“走差异化创新发展道路，不走同质化道路”的竞争策略。在创新技术布局上，构建支撑差异化竞争的核心技术体系。面向商业市场，打造“精致”商业卫星品牌，积极推进微纳卫星商业化与产业化发展；开展 SAST5000 化电双模平台、全电推进平台、新型通用对抗平台的研发，深入开展未来可服务航天器的探索研究。

坚持智能化研制创新，加大数字化建设，提升卫星设计能力。以智能化研制方法作为研制能力提升的有效途径，围绕“数字卫星”大力推进数字化建设工作。围绕卫星装备体系仿真系统，建设卫星方案多学科优化设计与综合仿真系统（Modelica - Mworks）、仿真数据管理平台（SDM）；组织建设数字化借口数据单（IDS）系统、产品数据管理（PDM）系统、快速设计系统，形成较为完整的数字化设计条件，提炼形成数字化设计流程、40 份所级标准规范和管理制度、30 份院级标准；建设试验数据管理系统（TDM）。已经建立十余个卫星型号测试目录，并对每个型号的测试阶段、测试项目及测试内容进行详细定义，建设统一的在轨监测信息服务网站平台，供各厂所、设计师通过办公机同步获取监视数据、异常信息、历史数据。

坚持知识管理创新，固化技术和知识，推进产品去型号化管理。优化研制队伍配置，建立卫星公用平台队伍、卫星产品队伍和产品化管理队伍；制定去型号化工作要求、产品选用管理办法、型谱产品管理办法等一系列制度，从顶层规范去型号化各项工作的要求和程序，实现在产品选用管理、元器件管理、组批投产和交付管理、质量问题管理、技术状态管理等方面与型号的对接，确保卫星产品去型号化成果在型号中的顺利应用；优化整合卫星公用平台，形成 4 类 7 型卫星公用平台，建立“单机(软件) - 模块(构件) - 零部件”的通用产品体系和型谱，覆盖机、电、热、软件等多个专业，启动 37 个标准模块的组批投产。有力促进卫星产业效能提升。

2）以创新体制为基础，提升研制效率和能力

建立和完善大研发体系，充分调动研发资源。构建大研发技术创新体系，采用“1 + X 协同互动”的创新体系模式。即：坚持 1 个研发中心的实体化建设；配套若干总体室与专业室为支撑的专兼职研究师队伍，构成大研发体系的基础。建立专职的研发工作管理队伍，推动研发工作向规范化、市场化、国际化方向发展。加强研发管理与激励配套机制建设。在研发工作中全面推行“研制研发并重”的人员选拔与使用政策，实现研发人员与型号人员“同岗同酬”，在新兴技术领域探索落实课题组长负责制，培养“既能干，也能管”的领军人才；落实预研酬金、专项奖励等多渠道经济与荣誉奖励政策，进一步激发所内研发工作活力。

搭建矩阵式管理模式，实现型号研制与创新研发的交叉融合。以型号研制、背景与新技术型号研发为纵向，通过型号研制实现“保成功、促发展”，通过背景与新技术型号研发实现“靠创新、争发展”。以专业技术建设为横向，建设核心、关键和新兴专业技术体系，培养核心人才队伍，在人员参与上形成“专职体系论证人员 + 业务科室专项研发人员 + 卫星型号人员 + 科技委顾问”的优化结构。通过纵横并举的矩阵式管理方式，真正实现“横向到边，纵向到底”管理。

营造创新文化氛围，促进企业可持续发展。推进创新人才培养计划，搭建各种创新平台。每年召开创新大会；组织管理创新论坛、博士论坛、创新发展座谈会等；通过空间科学技术导报，面向专职人员开展各项创新论文征集工作。

3）以测试信息化为手段，实现卫星全生命周期信息化质量管理

测试数据云端化，卫星全生命周期数据融合共享。将非密测试网络由单颗卫星局域网升级为全部卫星互联互通，采用单向网闸技术将非密测试网数据单向传输至机密办公网，成为我国航天行业内首家通过国家保密资格认证的实现非密测试数据实时推送至涉密网的单位。利用数据云的概念，建立测试数据云管理系统，设计师在办公室即可实时全景查看测试情况，开展数据质量监控和技术支持，开创卫星远程测试新模式。

测试管理数字化，打造“管家式”“无纸化”现场。设计测试管家信息系统，对测试现场资源集中式管控，实现人员授权、软件分发、病毒查杀、设备运行监控、专家远程协助等任务“一网通办”，打造“管家式”无忧现场。在卫星测试现场部署手写板，配套电子系统，所有质量表单数字化，并通过数据云系统实时推送至办公网内的质量管理信息系统，现场质量控制信息即填写即归档，打造过程质量管理“无纸化”，测试信息利用率和过程质量管理水平显著提升。

测试实施自动化，提升异常检测的及时性和准确性。建立一套集成卫星测试序列设计、测试过程实施、测试数据计算与呈现、测试结果提取等测试业务环节的卫星自动化综合测试系统，实现卫星测试数字化协同设计，提高测试效率和异常检测的准确性，实现测试数据的多维度目视化监视，提升异常现象检测的及时性和准确性，提高测试质量。

测试诊断专家化，提高故障信息精准快速定位能力。从知识模型与大数据分析两方面着手，构建卫星测试辅助判读系统，实现专家化测试诊断，提升故障精准快速定位的能力。从卫星工作模式状态判断、模式转换合规性、趋势预警等多方面，形成专家知识模型库，运用专家知识模型软件分析平台，辅助设计师监测卫星工作状态，提升异常检测及故障快速定位能力。对于没有固定规则的数据，通过基于数据分析的智能诊断技术进行比对分析，同时应用聚类、神经网络等机器学习算法进行异常智能诊断。

在轨评估智能化，保障卫星稳定、可靠、高质量运行。构建卫星健康状态评估系统。基于卫星数据云系统，实时监测卫星工作状态并进行健康管理，对每颗卫星提供个性化服务，达到 PHM（Prognostics Health Management）的效果。通过卫星 PHM 平台，预计分析、检测、诊断、预测卫星健康状态，在卫星健康状态下降时，主动干预延长卫星使用寿命，提升卫星在轨性能退化的早期识别能力，保障卫星在轨健康运行。

（2）组织绩效

2019 年主营业务收入 54.9 亿元。近三年主持国家军用标准 8 项，专利授权 428 项，荣获中国专利优秀奖。各级核心人才不断涌现，累计培养享受国务院政府特殊津贴专家 6 人，上海市领军人才 3 人，上海市优秀技术带头人 4 人，上海市青年拔尖人才开发计划

1 人。近几年来先后获得国家科技进步一等奖、国防科技进步特等奖、中国工业大奖、上海市科技进步一等奖等奖项。

上海外高桥造船有限公司

——构建大质量管理模式　实现船舶建造精益管理

上海外高桥造船有限公司成立于 1999 年，是中国船舶集团有限公司所属上市公司中国船舶工业股份有限公司的全资子公司。旗下全资拥有上海外高桥造船海洋工程有限公司、控股上海外高桥造船海洋工程设计有限公司，参股中船邮轮科技发展有限公司等 4 家企业。员工 11 700 多人。主要经营范围覆盖民用船舶、海洋工程、船用配套等领域。拥有设计建造大型邮轮、好望角型散货船、大中型原油船、超大型集装箱船、超大型液化气船、海上浮式生产储油轮、半潜式/自升式钻井平台等船海产品的突出能力。客户遍布全球 18 个国家和地区。其中好望角型散货船持续占据全球最大市场份额。获 2014 年度上海市质量金奖。

（1）管理优势

1）创新质量管理模式，提升质量保证核心能力

搭建以“QA + QC + QM”为核心要素构成的质量管理三维模型（见图 9 – 5），以“六位一体”质量保证方法为主要管理方法，以三级检验为基础搭建全员自主质量检验体系，以 A + B 模式为指导构建涵盖设计、外购、外包、外协、建造和售后等全过程的多型产品一体化质量管理体系，实施以线下线上融合为手段的质量文化建设，基于 L – QC 注册制的区域自主质量检验体系，以过程管控和量化评估为指引的供应链管理以及建造售后大循环的共性质量问题治理实践，形成了面向产品、面向流程和面向组织的具有大型船舶制造企业特色、可复制、可推广的大质量管理模式。

建设“六位一体”质量保证核心能力。公司经过多年的探索，总结出意识保证、组织保证、制度保证、过程保证、技术保证、责任保证的“六位一体”质量保证方法，确保各项管理要素全面实现“立法、执法、司法”的有机协同，从而有效整合公司各项中间层面的资源，通过各型产品建造工程实践得以有效验证，显著提升产品质量保证能力，目前已经成为船舶领域成熟的质量保证方法并被广泛认可。

全过程精细化外购外包外协质量管理。公司作为一家大型船舶总装厂，有近 1 000 家供应商为船舶建造提供钢材、油漆、电缆、设备等物资和外包、外协服务。输入性风险是影响船舶产品的关键因素之一。公司形成由企划部、采购部、集配部、品保部组成的核心管控机构，建立从准入、过程评价、问题处理、取消资质的全生命周期管控流程，确保供应商产品和服务质量可控。编制《船用物资供方通用质量要求》《分段、总段外协建造质量要求》等 5 项通用质量要求，作为合同附件，将质量控制前移到发货前，提升供应商质量管理意识。创造性地开展以单船为单位从各阶段对所有相关供方进行评价，提高供方过程数据的时效性和管理效果。针对问题供方，严格开展分级责任追究，包括约谈、处罚、停止资格等，有效提升供应商的质量意识并不断增强协同管理作用。

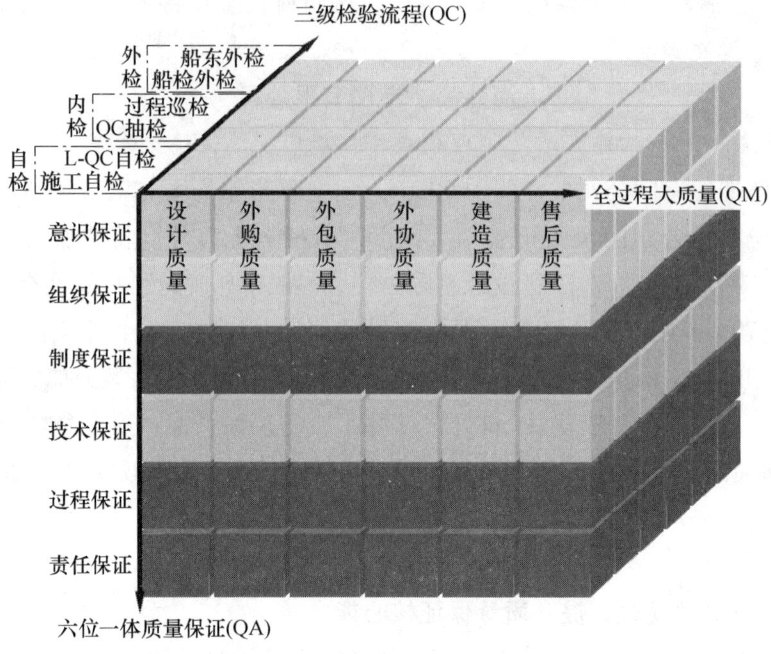

图 9－5　公司质量管理三维模型

实践全员参与的线下线上融合的质量文化建设。质量文化是一个企业员工共同的价值观和行为的总和，能够影响企业员工的质量理念、质量意识和管理认知。公司以“邮轮引领、一体两翼”的战略为指引，以顾客为关注焦点，从精神、物质、制度层面形成使命、愿景、质量方针、质量理念、质量目标、质量准则的企业质量文化体系。近年来，持续开展全员参与的线上线下全方位质量文化宣传，包括质量文化知识竞赛、目视化海报设计比赛、建立“SWS[74] 质量之窗”微信公众号等，还创造性地制作“质量准则”动画视频，以公司背景和典型岗位为原型，通过简短易懂的小故事，让员工理解每一条准则的内涵，对提高全员质量意识以及赢得客户满意起到良好作用。

基于 L－QC 的网格化自主质量管控体系。船舶建造是万人协作的多专业协同管理的巨系统工程。制造过程由 10 多个部门组成，涉及 10 数个二级工序和 30 余个生产车间，实现自主质量管控是保证船舶产品质量的重要抓手。公司构建各生产部门与品质保证部门对应的三级质量管控网络，上至各部门负责人，下至作业区现场检验员（Line－QC），通过注册将现场检验员纳入品质保证部门统一管理。针对生产部门区域多而广的特点，引入现场管理星级评价模型，在 GB/T 29590《企业现场管理准则》的基础上，经过实践和创新，编制《上海外高桥造船网格质量管理评价办法》，对全公司 30 多个生产车间开展月度评价，发现亮点、指出不足，对优秀区域颁发“月度质量示范区”流动锦旗，持续提升现场基础管理水平。

---

[74] SWS 即上海外高桥造船有限公司（Shanghai Waigaoqiao Shipbuilding）。

打通内外双循环共性质量问题治理渠道。以问题为着力点持续开展质量改善是质量管理的核心。公司高度重视共性问题治理，在质量管理委员会下设“质量问题调查及分析组”，统筹质量问题治理。编制《建造过程质量责任追溯管理办法》《质量问题调查和责任追究办法》等6份制度，确保有法可依。针对已发生的问题，建立质量问题“分级池”，包括意见池、不符合（NCR）池、问题调查池、归零问题池，并完善意见评审、升级、处理、责任追究流程，针对共性问题开展集中整治，确保从管理和技术上关闭问题。

2）构建多元化质量信息系统，推行施工质量实名制管理

自主研发新一代造船企业管理系统，其中包括配套、质量、生产、设计等模块，为现场生产提供便捷、高效、畅通的信息交互平台。在“适用开发、自主创新”的原则指导下，采用“内、外、中”“专业部门、项目组、专家”三结合的合作方式，边实施、边提高，不仅促进信息化管理，而且使公司的造船方式、管理理念产生较大转变。先后推出产品质量过程控制系统、完工质量控制系统、采购产品检验系统、客户意见管理系统、员工质量信息库等若干系统应用模块，同时借助先进信息手段，在现场质量管理中引用二维码和现场无线终端等先进信息技术手段。

率先在分段制造过程中的主要焊缝试行产品质量实名制，焊接合格率大幅度提高，随后质量实名制逐步向各生产环节推广。先后组织了“进一步开展质量实名制活动”“质量实名制回头看”“质量实名制深一步检查”等，持续巩固和深入实名制管理。在总结推广的基础上，进一步提出“质量实名制全面应用”的要求，提高员工质量意识，动员全员参与质量控制，通过快速追溯产品质量进而达到全面提升产品质量的目的。

3）加强顶层设计，确保装备建造精度管理落地

大型船舶及海洋工程装备建造精度管理实践是以大型船舶及海洋工程装备建造精度标准为基本原则，通过科学的管理办法和先进的工艺技术手段，对大型船舶及海洋工程装备零部件、分段和舾装件进行尺度精度控制，实现快速搭载，并为提高舾装率、降低涂装破坏率创造有利条件，达到缩短建造周期、降低建造成本、保证建造质量的目的。一是强化精度管理规划、优化精度管理标准、细化精度过程管理、深化精度管理考核，持续优化精度管理体系；二是通过推进数字化船坞的建设及应用、开展温度场精度技术研究、推进分段无余量制造技术持续创新、深化精度数据分析系统开发与应用和创新精度基础管理模式，深化精度改善，不断提升精度管理技术；三是通过精度管理队伍建设、提升现场作业人员精度技能，推进精度文化建设，不断夯实实践培训，提升精度管理人才队伍素质。通过这些措施，显著缩短公司大型船舶及海洋工程装备建造周期，降低建造成本，提升船东满意度，推动大型船舶及海洋工程装备建造技术和管理水平的进步。

（2）组织绩效

2013年销售收入80.57亿元，2019年销售收入142.58亿元。截至2020年年底，累计交付民船及海工产品492艘（座），是业内集规模化、现代化、专业化和影响力于一体的知名造船企业，在国际造船业接单排名、完工排名和手持排名三大指标中分别排在第

七、第四和第五。累计授权发明专利 146 项，实用新型专利 275 项，“超深水半潜式钻井平台研发与应用”荣获国家科学技术进步奖特等奖。

上海海立电器有限公司

——追求卓越是海立发展永远的动力

上海日立电器有限公司创建于 1993 年，2017 年更名为上海海立电器有限公司，为上海海立（集团）股份有限公司与日本日立制作合资举办，中方控股，中方为主经营。总部设在上海浦东金桥开发区，在全球拥有 4 家制造工厂、7 个研发技术服务中心，员工 6 000 余人。公司主营空调压缩机的研发、制造和销售，具有生产九大系列 1 000 多种产品的能力，每天生产 10 万台压缩机，累计产销近 3 亿台，制冷量全范围覆盖家用空调，全部为客户定制化研发，产品遍及全球 165 个国家和地区的亿万家庭。获 2001 年度、2004 年度、2007 年度上海市质量金奖，获 2009 年度上海市市长质量奖。

（1）管理优势

公司根据行业特点和内外部环境变化，先后建立五个愿景：“替代进口”“国内第一”“全球供应商”“全球第一的空调压缩机供应商”“旋转式压缩机领导者”，坚持走可持续发展之路。

1）从引进模仿到自主创新

公司历经“技术引进—消化吸收—联合开发—自主研发—自主创新”五个阶段的技术发展，逐步建立并完善市场与技术双驱动的创新研发构架，构建以产品为中心的市场研究、基础研发、产品设计、工艺开发的技术流程。建成国家级企业技术中心、国家认可压缩机检测中心、科技开发大楼、加工分析中心、现代制造技术中心，购入国际先进的研发、加工、试验、试产、检测技术设备，拥有从方案设计、分析模拟、可靠性试验到装机试验验证的完整开发资源和国际先进水平的研发条件。

公司适应市场需求，把压缩机技术应用领域从制冷拓展到制热，在全球首家推出旋转式热泵专用压缩机，具有“4 倍寿命、4 季高效、4 倍能效”特点，在北方“煤改电”工程中占据一半以上份额，促进中国空气源热泵这个绿色产业达到国际领先水平。在非空调领域，公司研发了寿命 20 年的干衣机压缩机，配套“家电界的劳斯莱斯”美诺产品；全球首创的机架一体化微型压缩机，应用于第四代移动通信技术（4G）通信基站冷却；全球首创 16 匹双支撑滚动转子式直流变频压缩机，进入商用空调领域。

公司“十年磨一剑”，经过 10 年持续的技术投入和市场拓展，整合“涡旋流体压缩机、永磁同步电机、360°变频控制”三大尖端核心技术，成功开发出新能源车用电动涡旋压缩机，成功切入新能源汽车产业链，大幅提升电动汽车空调动力系统的环保、舒适性、可靠性，达到国际领先水平。在新能源客车领域市场份额超过 25%，并开始进入新能源乘用车市场。从不移动的家用空调到移动的新能源汽车空调压缩机，开拓压缩机应用新领域。

2）实施品牌战略，高起点高质量打造自主品牌

公司领导层较早地认识到，中国的合资企业不能只依靠外方资本赚钱，“没有自主品牌的公司是一个不完整的公司，只有拥有自主品牌的企业才是一个可以传承的企业”，由此注册“海立”商标，迈出了自主品牌建设的扎实步子。围绕科技进步和自主创新这个关键环节，推进“质量管理”和“品牌营销”同步协调发展，助力海立品牌从无到有、从弱到强。近十年，海立品牌压缩机稳定占到全球市场份额七分之一，成为全球制冷行业的知名品牌。

公司建立产品全过程质量监控体系，针对大规模、多品种、高精度、制造员工多等行业生产特点，创立“质量金字塔”管理模式。在此基础上，积极导入精益管理，建立“3N4M5S + UTE + 精益七个零”生产管理方法。建立健全从售前服务、原料进厂、产品设计、生产加工、出厂销售到售后服务的工业产品全过程质量监控体系，并对重点控制环节应用先进的质量技术，确保产品实物质量达到国际先进水平。到 2020 年年底，海立压缩机累计产销近 3 亿台，场外不良率低于 0.005%，海立品牌高质量得到全球客户的一致认可。

公司实施“同质同价”营销策略，创造性地开展“中间产品面向消费者”品牌传播活动，提升其在顾客和最终消费者中的知名度和影响力。如通过媒体进行空调和空调压缩机普及知识连载宣传，导入工业化参观活动，举办高校空调设计大奖赛、全国 QC 小组擂台赛、全国品牌及质量管理征文等活动，参加美国、德国、中国等专业制冷展，在日本、巴西等专业杂志、国内广播电台投放广告，在商场举行技术咨询活动等。

3）提升过程管理，打造核心竞争力

创造性地实施“基于六西格玛的流程重组”，形成从顾客需求、营销服务、设计开发、工艺技术、制造加工、采购的全新业务流程。基于流程重新设计组织架构，基于战略和流程制定 KPI 绩效指标体系，融合卓越绩效模式、六西格玛和 ISO 9001、ISO 14001、OHSAS 18001 等标准，建立一体化的经营管理系统，促进企业管理水平的提升和经营绩效持续稳定增长。该成果荣获全国质量技术一等奖。

完善企业创新活动的机制与途径，构建多种创新团队，如由导师带领的发展支持项目（DSP）团队，由技术专家参加的技术创新沙龙，把自发的个体创新凝聚成自觉的团队创新。建立创新活动激励机制，如设立专利墙、专利奖等，将企业要员工创新转变为员工的自觉创新。构建从上至下，聚焦战略的绩效管理系统和改进项目；从下至上，全员参与的“双创 +”体系，以六西格玛项目、技术创新、精益改善、质量优化、QC 小组等为活动形式，发挥员工的创造力和实践力，把“创意”变成实实在在“创效”，覆盖到经营活动全过程。截至 2019 年，累计收集降本提案 16 848 条，实施 4 078 个，改进项目 456 个，实现财务收益 23 308.8 万元，以员工名字命名的成果 14 个，69 个项目获市级以上奖项。“双创 +”（见图 9 –6）项目曾荣获 2015 全国质量标杆称号。

实施自造和智造战略，建设规模定制智能工厂。累计投入超过 500 台工业机器人，上海工厂工业机器人密度达 569 台/万名产业工人，处于世界领先水平。成立“第二人力资源部”，为每台机器人编号建档，跟踪机器人的持续投入和产出情况。2019 年，公司在南

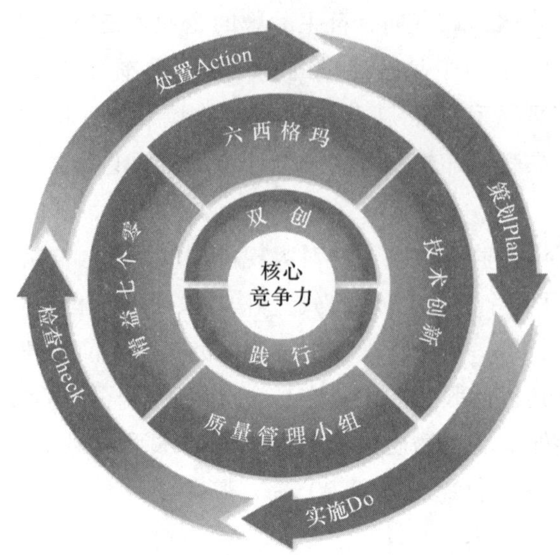

图 9－6　双创＋创新与改进

昌建成投产个性化大规模定制智能工厂，每年研发和生产超过 500 个机种，全部是客户定制，交货期 10 天。通过产品数字化、装备智能化、物流自动化、工厂网络化、系统集成化，实现产供销计划一体、供应链拉动、客户订单全过程可视，按天响应空调终端市场和客户需求进行计划和生产调整。

4）在履行社会责任、提升队伍素养中实现可持续发展

公司连续十多年发布企业社会责任报告，将社会责任纳入企业经营管理系统中统一策划，建立以可持续发展为导向、基于使命和战略的四层次企业社会责任体系。在企业价值层建立履行社会责任的承诺和中长期工作计划；在战略目标层建立实施和衡量社会责任的组织结构和绩效指标体系；在战略执行层建立实施社会责任的业务流程和方法；在企业文化层建立融合社会责任理念的企业文化，培育员工的道德准则和行为规范，进而作为社会成员放大到全方位社会生活中。

公司建立技术、管理、专业技能等多维度序列的“Y 型职业发展阶梯”，开展能力评价，为员工晋升及发展提供均等的机会。针对 5 000 多名农民工，实施“新海归计划”，探索出“四个阶段，四个适应”做法：一是初级技能培训，适应岗位需要；二是提升文明素质，适应城市生活；三是强化专业技术培训，编制员工素质系列手册，适应企业发展；四是创建“海立动力学院”，与上海电视大学等联合开展本专科学历培训，适应社会进步。

（2）组织绩效

2008 年销售收入 42.1 亿元，2019 年销售收入 82.5 亿元；主营产品空调压缩机全球市场份额前三。现拥有约 1 000 项关键核心技术和专利，累计专利授权 953 件，获得几十项国家重点技术创新奖、上海市科技进步奖。

上海振华重工（集团）股份有限公司黄庆丰

——传承质量精神，助力企业高质量发展

黄庆丰，男，工程管理硕士，教授级工程师，国际质量科学院院士，时任上海振华重工（集团）股份有限公司总裁、党委副书记。上海振华重工（集团）股份有限公司是重型装备制造行业的知名企业及上市公司，控股方为世界500强之一的中国交通建设集团有限公司。公司主营业务包括港口机械、海洋重工、大型钢结构等八大类，目前产品已进入全世界104个国家和地区。自1996年加入上海振华重工（集团）股份有限公司以来，黄庆丰通过十几年质量管理经验的认真积累和深度总结，创新提出并构建公司的“不欠债离岸”质量管理模式，该模式从港机交付离岸的全过程出发，将问题界定为债，将岸界定为问题发生地，涵盖制造岸和服务岸，强调对全过程和全生命周期不欠债，为出口型企业和装备制造型企业问题就地解决，全过程和全生命周期不欠债，以及向服务延伸提供一种可参考的管理模式。给公司发展提供强有力的支撑，带领公司荣获“第二届中国质量奖”“全球卓越绩效奖”等奖项。个人获2017年上海市市长质量奖。

（1）坚持创新发展，引领质量升级

为更好地升级完善“不欠债离岸”质量管理模式（见图9－7），提升质量管理在关键领域的保障作用，黄庆丰始终坚持以创新理念推动质量管理升级。2012年开始，在公

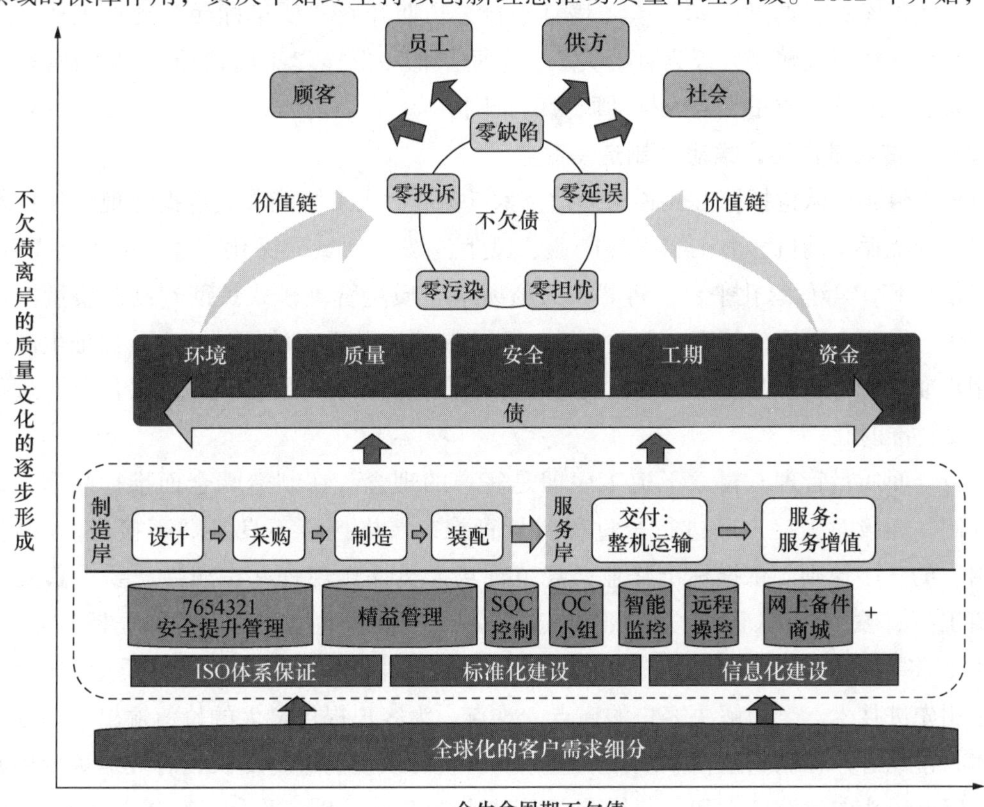

图9－7　“不欠债离岸”质量管理模式

司内部推行“工装化、工位化”改革，有效解决港机、海工装备等传统生产制造模式的弊端和不足。2014 年开始，对标国际知名企业，逐步开展符合公司实际的精益生产试点工作，并以“1 +2 +X”模式为路径在生产区域全面推广，生产质量、效率和面貌得到全面改善。

近年来，随着智能制造技术的发展和应用，公司通过引进和研发自动化生产线、焊接机器人等设备，既满足生产需要，又多方位改进生产状态，推动工业化与信息化的深度融合，掀起新一轮的产业变革，产品质量得到更高的保证。通过智能车间建设，生产效率提升 30% 以上，制作周期缩短约 20%，施工环境得到有效改善，施工人员逐步由手工操作向智能机械控制转变，工作负荷降低一倍以上。在全员努力下，公司于 2018 年成为首批获得“上海品牌”认证的企业。

（2）关注质量文化，塑造优质团队

随着全员对质量理念、品质追求、价值创造的共同实践和长期熏陶，逐步形成具有振华特色的“三者”质量文化，即质量管理的三重境界：基础层是忠于职守，坚守底线，做公司生命的捍卫者；中间层是勇于进取，精益求精，做振华品牌的建设者；顶端层是胸怀理想，追求卓越，做中国名片的推动者。此外，黄庆丰高度重视专业团队和人才的培育，先后成立数个以行业顶尖人才命名和引领的劳模工作室，设立博士后工作站、院士工作站、人才智库的“两站一库”人才培育平台，长期开展“质量标兵”评选工作，每年推动百余位一线工人转型升级为骨干员工，全面孕育和倡导“工匠精神”，积极营造人人崇尚质量、人人践行质量、人人推动质量的氛围。

（3）丰富质量内涵，推动“制造 + 服务”

黄庆丰带领团队抢抓第五代移动通信技术（5G）、人工智能、大数据等现代化技术发展机遇，围绕振华港机、海工、智慧产业、民生消费等领域，深化“不欠债离岸”管理理念，依托 ERP 等信息化平台，将“不欠债离岸”质量管理模式贯彻到制造质量控制的各环节中，采用全面质量管理、精益制造、智能制造以及适宜的统计技术，保证生产过程满足用户准时交付、产品质量可靠、提高工作效率等要求，从而实现流程最优化、过程标准化、交付准时化。

推行全面质量管理，树立下道工序即是客户的理念。在制造端全面推行品质“3N”过程控制，逐级对工序产品进行全过程质量管控，严格执行不良品“不接受、不制造、不流出”的三不原则。依据标准作业，规范现场人员操作规程并按照品质要求落实到现场每道工序，真正地从源头实现不制造缺陷。与此同时，建立自主质量控制矩阵（AQM），将车间各工位的质量状态可视化，有效控制生产过程，确保产品质量。

运用先进技术，全力解决客户的痛点、难点，为客户提供最大的价值输出。如运用仿真技术，帮助客户在码头运营系统投入生产前，就可以提前进行测试，有效缩短现场调试周期，降低码头的运营成本和运营风险；通过建设 Terminexus 平台，整合全球港口资源，提供备件服务管理新模式；在港机实体产品方面，推出智能跨运车与无人驾驶集卡，深度拓展产品线；在软件系统方面，推出全新的设备调度系统，更好地优化设备作业顺序，提高作业效率。

（4）注重质量变革，提升管理水平

注重标准化的引领作用，确立“固本强基、标准先行，全员参与、持续改进，规范管理、追求卓越”的企业标准化方针，通过建设覆盖技术标准、管理标准和工作标准的企业标准体系，推动标准化管理体制机制的健全，稳步提升公司产品和服务质量。在其带领下，公司编写国家标准 23 项，部级企业技术标准 4 项，企业标准和规范 300 余项。2020 年，《3E 级岸边集装箱起重机》标准获得首批十大“上海标准”。

以“不欠债离岸”质量管理模式为质量升级主线，在巩固精益生产成果经验的基础上，积极创新思维，发挥技术创新优势，持续推动质量的数字化变革，围绕设计、制造、服务等领域，充分应用信息化技术，依托现有的两化融合项目和互联网服务平台，打造满足高质量要求的一体化管理链条。

（5）推动国际交流，加强质量共建

黄庆丰始终致力于建立和维护良好的顾客关系，注重和顾客进行深度交流与合作。自 2014 年起，经其发起和组织，在美洲和欧洲分别举办“新战略、新产品、新技术、新服务”交流论坛，之后在上海和泰国曼谷分别举办码头智能化解决方案交流论坛等国际交流活动，覆盖 70 多个国家和地区，共计 1 500 余人参与。通过这些国际论坛，推进中国港口机械产业与全球 120 多家码头用户之间的交流，有利于达成共识，开展深化合作。积极倡导国际质量交流，努力促进质量管理经验“走出去”和国际先进质量管理经验“引进来”。参与承办第 21 届亚太质量组织国际会议暨第十届上海国际质量研讨会，来自印度尼西亚、新加坡、泰国等国的 38 个质量管理团队在其组织的分会场进行交流切磋；同时，在中国质量（上海）大会、世界质量与改进大会——中美质量高峰论坛等国际舞台上发表主旨演讲，倡导质量变革和质量创新，获得国际质量专家和学者的关注及认可。

9.1.5　先进材料

先进材料（含建筑材料、绿色钢铁、有色金属、化工材料、稀有稀土材料等）产业是支撑我国国民经济发展的重要基础原材料工业，是改善民生的基础制品业，是支撑国防、航天航空以及节能环保、新能源、新材料、信息产业等战略性新兴产业发展的重要产业。宝山钢铁股份有限公司作为先进材料产业中头部企业，是首届上海市市长质量奖的获奖组织，本节分享其卓越质量实践经验。

宝山钢铁股份有限公司

——坚持高质量发展　成为全球最具竞争力的钢铁企业

宝山钢铁股份有限公司宝钢分公司成立于 2005 年，为宝山钢铁股份有限公司最大的子公司，2009 年撤销分公司回归宝山钢铁股份有限公司直管。宝山钢铁股份有限公司现为《财富》世界 500 强中国宝武钢铁集团有限公司的核心企业，国有控股上市公司，拥有上海宝山、武汉青山、湛江东山、南京梅山等主要制造基地。员工 13 000 余人。公司专业生产高技术含量、高附加值的钢铁产品，包括汽车用钢，造船用钢，油、气开采和输送用钢，家电用钢，电工器材用钢，锅炉和压力容器用钢，食品、饮料等包装用钢，金属制品用钢以及高等级建筑用钢等。在成为中国市场主要钢材供应商的同时，产品出口日本、韩国、欧美四十多个国家和地区。获 2001 年度上海市质量金奖，获 2008 年度上海市市长质量奖。

（1）管理优势

宝山钢铁股份有限公司坚持走“创新、协调、绿色、开放、共享”的高质量发展之路，以“成为全球最具竞争力的钢铁企业和最具投资价值的上市公司”为愿景，以“做钢铁业高质量发展的示范者，做未来钢铁的引领者”为使命，践行“诚信、协同”的价值观和“宝钢人知与行”的企业文化。

1）坚持“标准引领”，做行业标准化“领跑者”

高质量企业标准引领精品发展。公司以国际先进标准为标杆，建立一套高质量的钢铁企业标准体系，共计 112 项。宝钢企标具有国际先进水平，部分具有国际领先水平，具备最先进标准的自我生成能力。在高标准的引领下，自主研发的新一代汽车高强钢、取向电工钢、高等级家电用钢、能源海工用钢、桥梁用钢等高端产品处于国际先进水平，在市场上牢固树立高标准、高品质的形象。

深耕重点领域内的国内国际标准化。作为中国钢铁的先进代表，公司从建厂伊始就积极参与国内国际标准化工作。近年来，主导完成国际标准 5 项，国家标准 113 项、行业标准 100 项以及多项行业领先的团体标准。目前各类标准在研 30 项，预研 18 项。在重点战略产品领域的标准化上，以电工钢为例，公司作为召集人主持制定 2 项 IEC 标准，主持制定 29 项与电工钢产品及方法相关的国家行业标准，其中国家标准 19 项，行业标准 10 项。在电工钢产品及试验方法领域内，除个别的国家标准和行业标准外，其他均由宝山钢铁股份有限公司主持制定。

在团体标准制定中争做领跑者。2020 年初，中国钢铁工业协会开展《钢铁高质量发展标准引领行动》。公司申报的《高性能冷轧取向电工钢带》《新能源汽车驱动电机用高性能无取向电工钢产品》2 项标准，入选中国钢铁工业协会 10 项高质量团体标准项目。同时，结合钢铁领域内的企业标准“领跑者”行动计划，公司积极开展硅钢系列的企业标准领跑工作。2019—2020 年，宝钢标准化成果获得全国钢标准化优秀成果一等奖，国家标准创新贡献二等奖。

2）走精品发展之路，创高质量品牌形象

建立“提升品牌价值，打造细分市场冠军”行动方案，推行产品品牌“BEYOND”超越行动计划，在汽车用钢、桥梁、建筑涂镀等行业，打造顶尖品牌形象。

宝钢汽车板是随着中国汽车行业一起发展壮大的。经过几十年的深耕细作，目前已占有国内汽车板市场的半壁江山，具有绝对的话语权，为行业的标杆。近年来，公司适时推出宝钢汽车板超高强钢家族品牌—吉帕钢等九个明星产品，注册品牌商标，进一步巩固汽车板的“龙头”地位。吉帕钢引领并示范全球车身轻量化选材新趋势，是宝山钢铁股份有限公司践行可持续发展之路的绿色典范。

借鉴汽车板产品的成功经验，公司重磅推出桥梁高强钢 HiBri，全疆域桥梁耐候钢（城市与工业大气腐蚀系列 RcorBri、海洋大气腐蚀系列 OcorBr、真空轧制不锈钢复合板系列 CladBri、纳米涂层金属覆膜材料系列 IMECBri），桥梁缆索钢 CableBri 以及桥梁焊接应用技术 BriWeld 等一系列桥梁钢品牌产品，奠定宝钢桥梁用钢强势品牌地位。

公司面向建筑涂镀行业提出“TRUST”（信赖）品牌理念，打造宝钢彩涂板“信赖30年”品牌。宝钢镀铝锌光板和彩涂基板全面升级为高铝锌铝镁 BaoAM；BaoAM 光板使用寿命承诺从 20 年全面提升至 30 年。BaoAM 品牌商标已获得授权，并率先在宝钢产品质保书中使用。

3）坚持高附加值高技术含量，走创新驱动发展之路

承担国家使命，解决“卡脖子”材料。针对国家、行业重大工程与装备所需高端钢材，尤其是“卡脖子”材料，有针对性地进行开发和生产，不断满足重大工程建设、“国之重器”制造需求。公司承担新一代核电关键设备蒸发器用高端材料的开发与生产，为中核集团霞浦 600MW 示范快堆工程蒸汽发生器提供关键材料，目前已全部交付。公司具备生产全球最高端硅钢能力，国家特高压、大型水电等重大工程用高端硅钢 100% 实现“以产顶进”。

研发新技术新材料，推出更多全球首发新产品。不断挑战全球高端精品钢材和技术的最高峰，研发 1 000 余个新产品牌号，其中 30 余个牌号实现全球首发。在汽车用钢方面，公司在国内市场份额持续保持在 50% 以上，是全球首个能同时批量生产第一、二、三代先进超高强钢的钢铁企业，在第三代热镀锌超高强钢点焊液态金属脆化（LME）问题上攻克国际性技术难题。在硅钢方面，特高压项目中取向硅钢占比突破 80%，成功应用于最高电压等级且唯一的 ±1 100 千伏直流换流变压器。其中，0.18 毫米规格 060 等级（B18R060）极低铁损取向硅钢新品，为目前世界上损耗最低的取向硅钢。开发出全球最高等级系泊链用圆钢 R6，2020 年实现全球首次批量商业化生产。研发的全球首发高速铁路用耐腐蚀钢轨 U68CuCr，实现钢轨力学性能、焊接性能以及耐腐蚀性能的良好兼顾，解决制约我国铁路发展的关键性难题之一。全球首创“无缝钢管在线控冷”技术，产品吨钢能耗平均降低逾 20 千克标准煤。抗微生物管线管首次实现商业化应用。

建立大数据中心，推进钢铁生产智慧制造。2020 年 12 月 8 日，公司大数据中心正式运营，打破“信息孤岛”，打造应用互联的数字生态，带动传统钢铁制造业的智能化、数字化转型。构建智慧产品、智慧生产、智慧原料、智慧管控、智慧检测等平台，打造成本最优、效率最高、用户满意的制造管理系统。结合公司智慧制造最佳可行（BAT）技术，优选出一批可标准化的项目，在数字化方面形成行业标准或团体标准。数字钢卷技术规范、转炉远程一键炼钢系统技术规范、智能冶金检测实验室建设导则等一批项目正在申请行业标准立项。

4）创新企业管理模式，为用户创造更大价值

不断提升集中一贯管理体系能力。集中一贯是对钢铁生产过程进行系统策划、组织、控制、评价和改进等一贯管理活动的总称，目的是提升“品种实现、质量稳定、合同交付、成本改善”能力，确保用户满意。通过实施一贯质量管理，在质量、成本、效率方面，追求极致。如在汽车外板涂装针孔缺陷改进方面，通过快速分析改进制造端的工艺方案，完善从炼钢、热轧、冷轧等放行标准。在工序协调降本方面，作为一贯制技术部门的制造部牵头开展热轧钢卷钢质修磨流程优化，实现工序协同降本。针对用户不涂油的期望，对合同设计、工序产线、库存周期和运输交货等环节进行系统策划，实现快速精准交付。

全面推行控制计划管理。实施技术文件体系变革，将原来的三级规程体系，变革为以产品控制计划族为主线的新技术文件体系。建立热轧、酸洗、冷轧、镀锌等 93 个产品族控制计划（CP），覆盖炼钢、热轧、冷轧 131 个控制计划；开发 APQP&CP 信息化平台，按合同自动形成产品控制计划并下发机组执行。

持续推进专业质量管理体系认证。质量体系先后通过 IATF 16949、IEC/QC 080000 认证、美国石油协会 API Q1、武器装备质量管理体系认证、特种设备等专业的体系认证，通过专业体系认证，建设高质量管理体系。持有国内外各类准入证书 60 余张。通过国内外各类认证，促进自我质量管理水平提升，用最严格准入认证来检验宝钢产品品质；同时，消除海外市场贸易壁垒障碍，确保合法合规。

建立以用户为中心的运营机制。聚焦重点产品领域，逐项策划精品化整体解决方案，从材料供应商逐步转变为精品化整体方案的提供者。把握用户需求，创造用户价值、关注用户感知，确保用户满意。通过快速解决用户端问题、用户端质量问题红橙黄预警管理、用户感知情况预警、汽车板顾客绩效评价、PPM 管理[75] - 汽车（主机厂）等一系列措施，开展用户端的风险和绩效管理，进一步提升用户的满意度。

（2）组织绩效

2007 年销售收入 1 913 亿元，2019 年销售收入 2916 亿元。在全球上市钢铁企业中粗钢产量排名第二、汽车板产量排名第三、取向电工钢产量排名第一，是全球碳钢品种较齐全的钢铁企业。拥有有效发明专利 2 504 项，实用新型专利 1 282 项；主导完成国际标准 5 项，国家标准 113 项，行业标准 100 项。荣获国家科学技术进步奖特等奖 1 项，一等奖 5 项，二等奖 29 项；获冶金科学技术进步奖特等奖 7 项，一等奖 34 项。

9.1.6　消费品

消费、投资、出口，是拉动经济发展的“三驾马车”。扩大消费正成为中国经济增长

---

[75] PPM 管理是指按照百分之一以下的缺陷进行管理。

新动力。通过新的销售理念和销售手段促进消费增加是一个方面，通过供给侧改革，发展时尚消费品也是增加消费的一个重要方面。上海市政府质量奖获奖组织与个人中与消费品有关的比重在不断增加也印证了上海经济增长模式的变化。本节选取光明乳业股份有限公司、上海蔓楼兰企业发展有限公司、上海老凤祥有限公司等上海市政府质量奖获奖组织或个人案例作分享。

光明乳业股份有限公司

——百年光明　乳业报国　坚守新鲜　健康强民

光明乳业股份有限公司的前身可追溯到1911年成立的上海可的牛奶公司，至今已有100多年历史。公司目前是全行业唯一的集饲草料种植、奶牛养殖、乳制品研发及生产加工、冷链物流配送、终端销售于一体，主营业务涵盖一、二、三产全链条的现代化企业。总部位于上海闵行区，拥有84家子公司，21个生产基地。员工11 856余人。产品涵盖乳制品的各种门类与细分领域，产品线包括新鲜牛奶、新鲜酸奶、常温牛奶、常温酸奶、婴幼儿乳粉、成人乳粉、黄油、奶酪、冷饮、烘焙产品等。获2004年度、2007年度上海市质量金奖，获2020年度上海市市长质量奖。

（1）管理优势

1）百年品牌，国货新生，从上海老字号到中国高端品牌引领者，履行“乳业报国”社会责任

光明乳业股份有限公司紧跟中国乳制品行业消费升级的大潮，通过高质量发展，创建高品质生活，确立了“让更多人感受美味和健康的快乐”的企业愿景。持续开展大品牌宣传和光明健康知识产权（IP）打造，借力体育营销、大事件营销等，提升品牌影响力。与行业权威机构、专家合作，引领行业健康发展，倡导光明“乐在新鲜”健康营养文化。以“光明”品牌开展系列推广活动，与上海冠生园食品有限公司等老字号强强联手，共创品牌年轻风尚，使上海“老字号”焕发“新活力”。

心系公益，不断传递光和热，开展“垃圾分类·光明未来”牛奶纸盒回收全城绿色大行动。在新冠肺炎疫情期间，保障上海家家户户新鲜牛奶供给，不停产、不断供；为1 859名上海援鄂医疗队员的家属每周送上新鲜蔬菜、肉类以及乳制品，切实履行社会责任。参与国家“学生饮用奶计划”，服务全国日供应量超200万盒；携手中国红十字会捐资总计金额超600万元，6 000人次学生受益；携手中华少年儿童慈善救助基金会，共计捐赠4 250箱奶粉，金额价值超570万元；参与中国小康牛奶行动向贫困地区、打工子弟学校捐赠累计1 000万元学生奶产品。公司入选“齐心·战疫担当有我——企业社会责任榜50强”榜单。

2）品质优先，三产联动，构筑全产业链协同发展模式，做好上海特大城市乳品供应的保障底板

以审时度势、扬长避短为原则，聚焦上控奶源、中控智造、下控物流、着力扩张市场新空间的战略发展构想，制定《光明乳业2018—2020三年战略规划》，实施“18165”品质光明战略（见图 9 -8），覆盖从牧业、乳品制造到冷链物流的全产业链，确保质量全程可控及战略发展与宏观环境、行业环境、企业发展相适应。

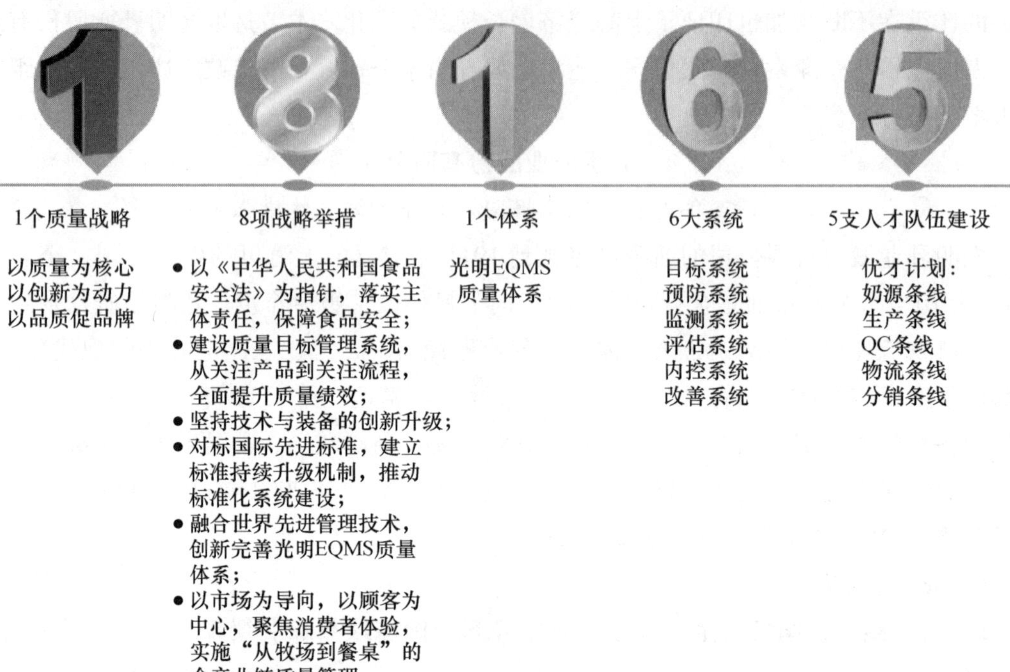

图 9 -8 "18165" 品质光明战略[76]

秉承高质量发展理念，以保障"上海特大型城市乳品供应"为己任，围绕"打造全产业链核心竞争力，做最好的乳品公司"的总体战略，加强产业链建设，打通乳业、牧业、冷链物流各环节壁垒，实现一、二、三产协同发展，整合优质资源成为四大品牌全部覆盖的企业。本着"解决有奶喝的问题"到"保障牛奶食品安全"，从"喝安全奶"到"健康中国 2030"，做"中国最好的乳品企业"的战略方向，全力打造随心订"鲜食宅配一站式"配送平台，保障全线高品质食品安全快速配送到市民手中。

3）组织保障，以人为本，建立科学机制吸引优秀人才，创造有利于人才成长的工作环境

以战略规划为导向，坚持"高绩效、高增长"的原则，根据职责、业务分工和劳动生产率要求，采取工作分析和劳动时间测量的方法，确定员工基本类型和数量。设立光明乳业学院，负责员工的培训工作。建立了总部、中心子公司、业务三层面的选拔机制和培训体系，并按员工职业生涯实施 4 阶段培训。建立移动化学习平台，依托应用程序（APP）设计移动学习培训体系，将实操类、技能类的课程以"微课程"形式呈现，适应

[76] EQMS 即卓越质量管理体系。

当今移动化、碎片化、游戏化、社区化学习发展模式。搭建了管理序列和专家序列的职业发展通道，并通过总部的“光速小匠”管培生培养项目，生产中心的“追梦计划”——工厂生产、品控、工程设备人才培养项目，进行人才梯队建设和实施人才储备计划，打造继任者队伍，拓展员工的职业发展空间，为公司提供高质量人才。光明乳业学院入列中国企业大学50强。

4）科技领先，创新驱动，彰显国内乳企硬实力，专著论文行业最多，专利数量行业第一

紧密围绕国家乳业发展战略目标，不断深化“产、学、研、用”合作，提升公司技术竞争力。光明乳业研究院拥有行业唯一一家乳业生物技术国家重点实验室，获评“优秀类国家重点实验室”，在农业领域类评估排名第一。充分利用“乳业生物技术国家重点实验室”“国家企业技术中心”“国家技术创新示范企业”“上海乳业生物工程技术研究中心”等多个国家和省部级科技平台及人才资源，形成开放、协同、高效的科技合作体系；推出了优倍、致优、莫斯利安、畅优千亿、健能JCAN、如实高蛋白发酵乳等引领市场、消费者喜欢的产品，形成主要核心产品15项，获得各类科技奖项14项。

注重标准化工作，强化知识产权保护，通过相关学会组织实施巴氏杀菌乳产品及检测相关团体标准，推动乳业制造水平及竞争力提升。积极参与生乳、巴氏杀菌乳等食品安全国家标准的修订。重视国际化专利布局，共有14项发明专利分别得到新西兰、新加坡、美国、澳大利亚、英国和欧盟的授权。累计发表论文超过1 000篇，其中科学引文索引（SCI）论文193篇，出版专著18部。注重科技成果转化，近三年每年完成新品产值率均达50%左右。专利菌株植物乳杆菌ST－Ⅲ和干酪乳杆菌LC2W成功应用于产品中，累计销售收入达300亿元。

5）“五星”冷链，“四随”服务，以保障消费者健康为己任，实行全程冷链保鲜配送服务

领鲜物流秉承光明乳业“新鲜”理念，建立了一整套成熟、稳定的冷库、配送服务体系，随着光明乳业的发展，物流网络延伸至各县级城市及乡镇，华东范围内覆盖终端网点18 000多个，全国范围内覆盖终端网点50 000多个，在全国形成华东、华南、华中、华北、西南五大物流圈；由上海及全国各物流中心始发的每日干线线路多达200余条，实现以上海为纽带的各物流圈间的联动，客户下单24小时送达，城配规模全国第一。

随心订服务是光明乳业最具本土特色的送奶上门服务模式，“随时订、随地付、随意选、随心换”的“四随”服务，兑现对消费者“新鲜每一天，送奶到您家”的服务承诺，2018年随心订服务获得首批“上海品牌”认证。目前已拥有120多万的家庭用户，居国内第一。“送奶上门”保证了产品的新鲜，深受消费者欢迎。

6）“四位”一体，“双轮”驱动，推进牧业全产业链发展，依托技术进步推进管理创新

牧业延续传承光明“好牛好奶百分百”的传统，始终坚持“好种育好牛，好牛产好奶”原则，确定其“专业、高效、可信赖”的牧业品牌理念，推进“奶牛育种 + 饲草种植 + 饲料加工 + 奶牛养殖”牧业全产业链发展。集43年育种经验，引进奶牛良种胚胎，推动新增国家级核心育种场计划的实施。育种中心已获得国际公牛站号，具备与国际育种公司同台竞争能力，逐步打破西方对世界顶级公牛的垄断；引入有机肥循环农业种植、无人机田间管理、科学密集型种植等先进技术，持续提升青贮玉米种植质量；利用配方管理软件，结合饲料近红外检测技术优化奶牛日粮配方及配方管理；开展奶牛生产性能测定（DHI）工作，实现“测奶育公牛、测奶养奶牛、测奶保质量”。优化全混合日粮（TMR）配方营养，精准饲喂；优化挤奶流程，检测和提升挤奶设备性能，提高乳房健康水平，降低乳房炎的发病率。建立夏季热应激综合防控技术体系，制定牧场防暑降温具体流程，推进体温芯片测温、喷淋房加喷降温模式优化等技术创新。探索奶牛场托管服务业务，在全国13个省份形成7.4万头的托管服务规模，在以轻资产模式实现奶源的稳定供给的同时，带动高毛利产品年销售额显著增加。

（2）组织绩效

2019年营业总收入225.63亿元，同比上升7.52%；市场份额居行业第三。近五年参与制定发布国家标准6项、行业标准5项、企业标准19项，拥有授权国际发明专利14项、授权中国发明专利415项，位列中国企业专利500强第86位，食品行业排名第一。率先导入世界级制造（WCM），在行业内第一家获得全面生产管理（TPM）优秀奖及优秀继续奖。

上海蔓楼兰企业发展有限公司

——推动品牌高质量发展，打造高品质客户体验

上海蔓楼兰企业发展有限公司成立于1997年，是一家集研发、生产、销售于一体的新中式轻奢品牌和提供高级定制的企业，中国十大旗袍品牌之一。总部设在上海虹口区，下设6个分公司、1个工厂，员工256人。公司主要以中式元素的女装、旗袍、男装等为经营内容，拥有“蔓楼兰”和“PEONY ANGEL”两个品牌。蔓楼兰品牌重在传承海派旗袍技艺；PEONY ANGEL品牌主要着力于新时尚创意中式元素服装和礼服。公司销售网点遍布全国近17个省、市、自治区，开设店铺50多家。获2017年度上海市质量金奖。

（1）管理优势

公司在20多年的发展历程中，以“成为上海名片，争做中国旗袍第一品牌，打造国际知名中式服装品牌”为企业使命，倡导“科技、创新、环保”的企业价值观，把“择一事，终一生”的工匠精神融入传承和弘扬海派优秀穿着文化的使命担当之中，致力打造经典摩登品牌。

1）秉承“顾客至上”服务理念，赢得顾客信赖

公司将“顾客至上”服务理念融入企业血脉。不断强化“顾客第一、消费者至上”的理念，在经营上强调“成就客户，赢得信赖”，充分理解顾客当前和未来需求，尽量满

足并力争超越顾客期望，创造增值服务。针对女性客户多的特点，按女性年龄段细化识别，通过会员制、新媒体、顾客管理体系（CRM）等，理顺顾客关系。充分利用定制服务过程产生的与顾客互动的机会，向顾客展示蔓楼兰产品的工艺特色、款式风格乃至品牌文化，主动构建顾客关系，建立和拓宽沟通渠道。开展顾客满意度调查（CSI），从多年积累的调查结果看，顾客满意度逐年提升，重复购买顾客达到60%左右，营业额显著增长，市场占有率持续上升。

2）发挥品牌优势，增强市场影响力

为不断提升蔓楼兰品牌在市场上的影响力和辐射范围，公司与时俱进，运用现代新渠道、新方式精准对接顾客市场，提升品牌的高度、广度和深度。在服务名人、明星、网红的过程中，加强沟通，建立关系，以优质品牌和优良服务赢得信任，逐步建立形成深度合作，借助名人“着装”效应，展示公司服饰形象，扩大在各个“圈子”中的美誉度，进而不断扩大品牌影响力。运用新媒体，如小红书、抖音等视频网站，传播公司的精良产品和高超工艺，找准相应人群进行精准推送，通过模特展示吸引对象眼球，从不知道到想了解、从深度了解到定制冲动，从而提升品牌的认知度。通过现有品牌私域的运营，在向会员提供深度服务的过程中，一方面培养和扩大粉丝队伍，一方面促使消费领袖（KOC）忠粉进行有效品牌传播，进而产生“裂变传播”效应，在提升顾客的忠诚度的同时，培育更多的忠粉。

3）实施全生命周期服务制度，提升客户体验

公司从产品设计、标准化生产、原料控制到售后及服务实施全生命周期的顾客服务制度，不断加强和优化顾客关系。在产品设计方面，与国内知名企业合作开发针对服装的分析、制作软件。采用商业智能分析软件 EMAX 和 QLIKVIEW，分析客户个性化需求。同时，首席设计师与顾客一对一地上门面谈，了解顾客需求及爱好，共同创作旗袍。在生产方面，对面料、辅料、半成品、成品、包装和检验都有技术和质量标准，层层把关设卡，使生产过程处于严控状态。在量体方面采用移动式三维人体扫描仪进行测量，让顾客非常直观地了解自己的身体数据，受到广大顾客们的喜爱。利用数码印花技术实现单件或者小批量的面料图案制作，给顾客提供高品质、高效率的个性化服务。

4）以实现消费者满意为重，解决顾客后顾之忧

实施一周意见反馈表，及时向顾客和店员征求合理化建议。及时对各方意见进行汇总分析，汇聚问题点，采取多样化方式改进产品的设计质量和服务质量。多年来实施“坚持永久免费服务”。逐渐增加了环保干洗服务、衣物焕新保养服务等内容，大大减少了顾客忧虑和洗涤保养的烦恼。近三年来，顾客投诉办结满意率为100%，无重大产品和服务质量方面的负面信息和报道。

售后服务方面，在修改修色方面，敢于承诺消费者，无论何时何地，只要有变化需求，任何局部的修改都不收取服务费用，永久提供长度修改、衣身缩放、绷线修复、补手工扣、补装饰扣、换拉链、补部分贴钻等免费修改服务。

在干洗方面，针对不同面料的旗袍选择对应合理的洗涤方法。干洗设备选用的是全封闭全自动回收式碳吸附四氯乙烯干洗机，衣物在进行干洗的全过程中符合环境保护要求，对环境基本无害，对外排废气、废水进行回收、过滤、压缩处理。

5）实施发展新战略，追求企业卓越绩效

公司面向激烈的市场竞争，提出了“科技、创新、环保，开启零售新格局”的经营战略。

深入科技运用。不断引进先进技术及设备，提升产品版型核心竞争力以及品质标准。通过对于传统工艺的深入研究和探索，在保留手工精细化及手感的同时，实现非标产品的标准化生产。把吸引年轻消费群体作为设计研发方向的着重点，定期组织设计师团队进行潮流文化、时尚元素的学习，积极组织各类时尚走秀、展会，多吸收灵感。以市场为导向，每一件旗袍的设计都应是市场需求引领而生的，设计师将更多了解市场风向，设计的产品投入市场后也持续跟踪营销状况，为之后的设计奠定基础。着力开发大数据平台，深化互联网技术在企业管理和研发、制作、服务全环节的实际应用。

（2）组织绩效

2017—2019 年实现营收分别达到 7 627 万元、7 033 万元和 6 380 万元。公司主营海派旗袍在 20～50 岁女性群体中，上海同业市场占有比例超 50%；子品牌的男装和童装方面，上海同业市场占有比例近 15%。2019 年和 2020 年的公司顾客满意指数分别为 83.39 和 84.89，呈上升趋势。

上海老凤祥有限公司

——振兴中华老字号　谱写发展新篇章

上海老凤祥有限公司成立于 1996 年 4 月，系老凤祥股份有限公司控股的子公司。由坐落在上海著名商业街南京东路的“老凤祥银楼”商号沿革而来，是具有百年历史的民族品牌。集研发、设计、生产与销售于一体，拥有 3 家专业工厂及钻石、珠宝等多家子公司。员工 1 700 余人。主要生产经营工艺美术品，旅游工艺品，金银制品，珠宝、钻石与相关产品、设备以及提供商业、贸易服务。在全国各地设有 4 400 多家销售网点，拥有完整的产业链、多元化的产品线。在行业内率先走出国门，先后在澳大利亚等国和中国香港地区开设了 19 家银楼专卖店，迈出国际化、全球化发展之路。获 2017 年度上海市质量金奖。

（1）管理优势

公司自 1996 年组建后，就把“做优是基础、做大是目标、做强是根本”的品牌发展战略，作为振兴老字号企业的导向来推进。进入 21 世纪后，在领军人物石力华董事长言传身教的带领下，保持品牌发展战略定力，融入并发扬“敢想、敢做、敢突破”的企业精神，坚持“传承是本、创新为魂”的理念，提质增效，向“做优品牌、做大市场、做强产业”的卓越目标持续迈进。

1）以产品创新作为充实品牌内涵的坚实基础

公司集 172 年中华老字号历史的积淀，有国家及上海大师级人才的集聚，保持着技艺优势和产品优质，铸就了老凤祥在新的发展道路上腾飞的根基，为技术突破与产品创新提供了强大“引擎”。

以自主创新和技艺传承为抓手，贴近饰品“百货中百客”的顾客需求导向。设计中心和传承“国家非遗”的“金银细工工艺大师工作室”作为市级“企业技术中心”的核心，每年携手众多设计师和技师，打造传承技艺的经典佳作，推出引领时尚的新款饰品；每年在阶段性开发的新产品中，申请不同类别的专利数，为产品创新、新品推广和全品类展示起到了引领作用。公司以拥有专利的储备和投放新品的备案为依托，每年完成“新品更新率达到25%以上”的考核目标。

推动饰品生产制造现代化，设立了两大产品生产基地，承担实现产品自主创新的重任。其中，“东莞素金生产基地”通过研发应用，装备100多台（套）国内一流的自动化首饰机械，填补行业空白，形成年产70吨~80吨生产能力；年开发新品3000款~4 000款，原创精品的比重从原来15%左右上升到目前的25%；极大地提升首饰制造的产能和品质。“东莞镶嵌生产基地”引进世界一流的3D首饰打印设备和精密铸造机，将国内最先进的数控铣床与车床，配套投入镶嵌饰品的生产；三条生产线、7S现场管理[77]，保障产品品质，形成年产50万件镶嵌饰品的产能，成为国内一流黄金珠宝首饰自动化生产的制造基地。两个生产基地，突破贵金属珠宝饰品行业手工加工的传统，有效提升生产效率、加工精度和产品实物质量，形成数控化的产品链，保障国内外市场拓展的产品需求供给，体现饰品行业“上海制造”的新高度。

2）以营销创新作为推动品牌发展的永续动力

将营销创新和市场拓展对接作为“敢突破”的“规定动作”，构建并不断优化“五位一体”的营销架构[78]，用“敢走千山万水、吃尽千辛万苦、不惜千言万语、想尽千方百计”的团队韧劲，不断开拓老凤祥品牌产品及服务的市场网点，从2014年的2 736家发展至2020年的4 449家，使老凤祥品牌的“朋友圈”日益壮大。

实施“平台+”的预算管理年度目标考核机制。为确保“平台”扩容和主营业绩的目标实现，公司董事长、总经理、党委书记等高层领导每年率领营销、产品、物流等部门的相关人员，多地多次走访客户，听取发展需求，落实店柜拓展和产品对接的任务。各产品业务部门同步店柜“平台”的扩张，跟进产品需求对接，坚持实施“21点锁仓”（批发价格每日时点动态锁定）和“售价集约”等的业务举措，保证销售业绩的“准点”完成，严控资金、库存和销售等风险，在确保销售递增的前提下，把应收款控制在年营收的2%以下。

继大力拓展江浙皖网点之后，公司将中西部开拓作为重点。“中部崛起”体现了公司

---

⑰ 7S现场管理即整理（SEIRI）、整顿（SEITON）、清扫（SEISO）、清洁（SEIKETSU）、素养（SHITSUKE）、安全（SECURITY）和速度/节约（Speed/Saving）。

⑱ “五位一体”的营销架构是自营银楼建设与合资公司、总经销、经销商、专卖店“五位一体”立体的营销模式。

的“敢做”所为和营销创新，如 2010 年成立的“老凤祥河南首饰有限公司”，通过扩容增量、提升调整和适度竞争等举措，督促各加盟商提高老凤祥品牌产品在各地区终端市场的占有率。截至 2020 年年底，公司在河南省销售网点有近 500 家，近三年年均增点 50 家以上；批发销售额由 2017 年的 26.92 亿元提升到 2020 年的近 50 亿元，4 年几乎翻了一番，占全省贵金属珠宝饰品零售额的 25% 左右，充分彰显品牌的力量。老凤祥品牌“产品 + 服务”的堡垒，正在像“滚雪球”一样，在国内县市级扎下根，走进寻常百姓家，公司新发展格局正在品牌推进的行动中形成。

3）以“精良精准精细”作为促进品牌发展的卓越源泉

积极开展标准化工作。把“标准是质量进步的阶梯”之共识化为行动，对标国内标准的最优水平。2018 年下半年起，公司以“第一起草人”对《贵金属饰品术语》和《贵金属饰品质量测量允差的规定》两项行业标准进行修订。2020 年 8 月配合上海市轻工业协会、上海质量体系审核中心，对标“上海品牌”的《贵金属珠宝饰品特色服务规范》和《贵金属珠宝饰品特色服务认证要求》两项团体标准，组织牵头修订，实施网上备案公布。通过标准化工作的进行，为行业和企业在产品与服务上的对标提升，起到积极促进作用。

通过“上海品牌”认证。在原先设立的大师工作室“高级定制”服务项目上，从打造有企业特色的上海高端品质着眼，从推进“一站式”增值服务的分战略出发，使对标“上海品牌”的高品质服务项目“落地”，做到了“服务透明化、操作流程化、细节规范化、体验崭新化”的贯标效果。通过认证，公司的“金匠工作室”被授予“上海品牌”证书，开启老凤祥特色服务进入对标“亮证”的新时代。展现老凤祥产品制作精良、服务精准、管理精细的企业特色。

4）积极履行企业的社会责任

以党建为引领，以品牌战略推进为动力，通过扶贫支教、拥军优属、抗灾救助和公益善举等途径，公司累计捐款捐助价值达 2 000 万元以上，成为市级“文明单位”的“十四冠”企业。自获得“上海品牌”认证以来，每年开展企业社会责任报告发布工作。2019 年度企业社会责任报告发布获得上海市工业经济联合会颁发的创新企业奖。在市民宗局的牵头和指导下，十年来通过对口帮扶，促进云南少数民族职业教育事业。对口帮助云南芒市职业教育中心，设立德宏州少数民族职业技能教育帮扶项目，每年出资 30 万元资助开设“珠宝玉石加工”专业，让 15 名少数民族学生参加专业学习，提高就业技能，帮助她们利用当地资源就业，脱贫致富。2020 年在武汉“封城”期间即时捐款 300 万元，随后向每位“上海援鄂白衣战士”捐赠老凤祥品牌的“天使之翼”纪念胸针 1 649 枚、总价值 956 万元，彰显老凤祥爱心和发挥老凤祥设计制作的优势，增强品牌影响力，增添品牌美誉度。

公司通过推进品牌战略、实现卓越进步，跃上了振兴中华老字号的新台阶。“十四五”期间，上海老凤祥有限公司将担当铸造“国内领先、国际一流”的高品质、塑造

“传承经典、创新时尚，成为首饰产品与文化的传播者”和振兴“中华老字号”的三重使命，朝着年销“千亿”的更高目标进军。

(2) 组织绩效

2020 年主营收入 512.68 亿元，资产总额达 154.38 亿元。多次入围上海百强企业榜、《财富》“中国 500 强”“全球规模最大的 100 家奢侈品公司”，并连续十多年位列“中国 500 最具价值品牌”榜单。

9.2 服务业

2001—2020 年，在上海市政府质量奖历年获奖组织和个人中，服务业获奖组织共 47 家（次）、获奖个人共 18 位，分别占获奖总数的 25% 和 18%。本节聚焦生产性服务业和生活性服务业，选取了金融、物流、设计、养老、物业等方面的获奖组织和个人典型案例，全方位呈现上海市现代服务业推行卓越绩效的成效。

9.2.1 生产性服务业

生产性服务业是指为保持工业生产过程的连续性、促进工业技术进步、产业升级和提高生产效率提供保障服务的行业，是从制造业内部生产服务部门独立发展起来的新兴产业，包括现代物流业、科技服务业、金融保险业、信息服务业、商务服务业等，贯穿工业生产过程的上游、中游和下游诸环节中，提供专业化服务产品和智力支持。当前，生产性服务业已经成为上海城市经济运行发展的重要支柱产业。本节选取银行间市场清算所股份有限公司、上汽安吉物流股份有限公司、上海市政工程设计研究总院（集团）有限公司等三个政府质量奖获奖组织的案例作分享。

银行间市场清算所股份有限公司

——当好金融衍生品市场“风险管家” 为有效防范系统性风险“担保”

银行间市场清算所股份有限公司成立于 2009 年，是中国人民银行主管的国家重要金融基础设施，是我国银行间市场唯一一家专业化集中清算机构，也是我国三大债券登记托管结算机构之一。总部位于上海黄浦区北京东路，设有全资子公司上海清算信息技术有限公司，并在北京、伦敦设立了办事机构。员工近 400 人。主营业务是为金融市场直接和间接的本外币交易及衍生产品交易提供登记、托管、清算、结算、交割、保证金管理、抵押品管理服务以及信息服务、咨询业务等，并已构建了集中清算和发行登记托管结算的双支柱业务体系。获 2017 年度上海市质量金奖，获 2020 年度上海市市长质量奖。

(1) 管理优势

1) 坚持以创新为引领，实现业务和市场新突破

从无到有，建成我国银行间市场集中清算中心。银行间市场清算所股份有限公司是在我国积极应对国际金融危机影响、履行 G20 国际承诺的大背景下应运而生的，在我国场外金融市场拓荒引入中央对手清算机制，建成了银行间市场专业、统一的中央对手清算体系。作为中央对手方，银行间市场清算所股份有限公司通过合约替代，成为所有买方的卖方、所有卖方的买方，通过担保交收，提高交易效率、降低交易成本、有效防范系统性风险。

持续创新，产品线得到不断拓展。自 2011 年推出首个中央对手清算业务以来，现已全面涵盖债券、利率、外汇、信用和大宗商品 5 大市场，业务覆盖面与国际成熟市场基本保持同步，极大丰富了我国金融市场产品供给。其中，2016 年推出的场外外汇期权纳入中央对手清算属全球首创；近期推出的“大宗商品清算通”业务，探索集中清算机制专业化延伸拓展至大宗商品应用领域，进一步满足实体企业安全交收、风险对冲、产业链融资等综合需求，支持实体经济发展。

勇于突破，建成公司信用债登记托管结算中心。作为登记托管结算机构，银行间市场清算所股份有限公司聚焦服务银行间债券市场的创新产品，具备了为我国金融债、公司信用债、货币市场工具、凭证类信用衍生品 4 大类、20 余种产品提供招标发行、登记托管和清算结算等全流程、一站式服务的能力，并已实现对公司信用债全券种托管，成为我国公司信用债全国登记托管结算中心。

坚持开放，助力推动我国金融“走出去”。发挥金融基础设施跨境互联互通的关键枢纽作用，与欧洲清算银行合作推出“玉兰债”，为境内主体面向国际市场融资提供了新选择，促进境内债券市场的监管和服务与国际债券市场对接；与香港金管局债务工具中央结算系统（CMU）跨境互联互通，支持境外投资人通过惯用渠道投资银行间债券市场；与卢森堡证券交易所联通，为绿色债券发行人提供境内外同步信息披露服务。

2）持续优化服务与合作方式，提升客户黏性和相关方关系

通过不同的方式了解顾客和市场。针对清算会员，在拜访、培训、会议、沙龙、调研等方式的基础上，搭建会员业务交流平台、分享交流经验，每年采用不同交流形式提高会员的积极性。按区域组织片区会员业务交流会，按业务类型组织会员业务交流会。针对托管结算顾客，通过客户端维护、交流会、业务热线、培训、定期机构评优等多元化渠道，加强沟通，促进关系。银行间市场清算所股份有限公司紧紧围绕市场需求提供差异化客户服务，优化顾客意见反馈机制，做到“有问必有应”的闭环式管理，推出发行人服务平台和债券账户直通处理系统，实现线上开户、变更、销户等全流程服务。以服务为导向，提供一对一客户经理制的服务。

推出差异化的顾客关系管理和维护方式。针对两大业务支柱集中清算、登记托管结算的顾客群的特点，确定差异化的顾客关系管理和维护的方式。如针对清算会员，建立了一系列的激励体系，包括年度评优、累进优惠、培训等；针对托管结算顾客快速反应的需求，建立了热线电话、提供每日券款对付（DVP）全额结算业务提醒、完善客户资金账户的外部提款及内部划转等服务。

创立“清算所沙龙”深化合作。2014 年，创立了“清算所沙龙”品牌，经过常年不间断的系列活动开展，“清算所沙龙”已逐步建立了与政府部门、市场机构及高等院校的长效合作机制，通过邀请讲师、联办沙龙等形式推广创新金融服务、推动金融知识普及教育、培育市场，目前已初步成为有影响力、多元化的活动平台。

3）坚持质量安全至上，打造金融基础设施高标准风险防控屏障

与国际接轨，积极主动接受基于国际标准的评估。高度重视基于国际标准的对标和评估工作，逐条对标《金融市场基础设施原则》(PFMI）这一金融基础设施建设的国际纲领性准则，在企业治理架构、风险管理决策模式、清算会员分层参与机制、瀑布式风险管理体系、违约处置流程、技术系统建设等方面，建立了完整规范的制度体系，为我国金融市场安全稳定运转保驾护航。2016 年，成为国内首家被人民银行认定的合格中央对手方；2017 年，接受国际监管组织开展的 FSAP（金融部门评估规划）评估，评估结果显示，公司风控管理安排设计良好、符合 PFMI 要求。公司还获得美国商品期货交易委员会（CFTC）许可，可向美国清算会员自营交易提供清算服务，成为国内同业机构首家。

推进制度建设，为强化内部监督提供行动指南。坚持制度先行，制定管理制度 100 余项，覆盖财务管理、内部管理、廉政风险防控等各方面，为工作开展提供行动指南。定期对制度进行更新修订，提升内部管理效率。坚持监督制约，监事会、纪检和内部审计通力合作，有效实施监督检查、发挥监督合力，督促公司规范发展。

建立安全控制系统，实现业务系统的同城灾备。建立了所需的技术开发和评估能力，通过与专业团队的合作，建立强大的安全控制系统，建设了先进的技术容灾管理平台，提供了跨越多个物理和虚拟资源的单一管理控制台，在多个数据中心之间完成业务服务可用性和异构存储环境的可视化、分析和控制，并通过一系列固定步骤与操作指令的集合，简化运维操作流程，从而实现了业务系统的同城灾备“一键自动切换”。

4）开展品牌建设，多渠道多方式提升行业能见度与影响力

建设行业标准品牌。银行间市场清算所股份有限公司在完善风险管理体系过程中发现实践“痛点”，挖掘国际行业标准需求，借助全球中央对手方协会（CCP12）平台，充分听取国内外监管机构意见建议，2017 年推动 CCP12 发布首个国际清算行业标准《CCP12 量化披露实务标准》(“上海清算标准”)，有力提升了我国金融软实力和话语权。探索国内外标准对接，持续丰富标准内涵，推动“上海清算标准”入选首批“上海标准”。

全面树立金融市场风险管理标杆。在我国建立符合国际标准的集中清算风控机制的基础上，不断推进自主研发，提升服务范围和风控能级。2020 年 11 月，正式成为国内第一家也是唯一一家符合国际掉期与衍生品协会（ISDA）国际标准的双边清算标准初始保证金（SIMM）管理服务机构，可为跨境衍生品交易提供全市场、全币种、全产品、全球化的风险管理服务，打破了境外机构在跨境衍生品交易关键环节的“卡脖子”垄断。

打造合作共赢品牌。聚焦平台搭建，承办人民银行、芝加哥联储和 CCP12 联合主办的场外衍生品研讨会等高级别国际会议，主办建设安全高效的金融基础设施国际研讨会，搭建境内外监管、同业、学术机构交流平台；服务普惠金融，与上海市政府共同创建

“清算所沙龙”品牌活动，截至 2020 年年底，已举办 96 期，为金融市场发展献计献策。

探索建立专业知识库。于 2019 年出版国内首个行业发展报告《银行间市场中央对手清算发展报告（2009—2019）》双语版本，编译出版中央对手清算译丛系列书籍，填补了国内相关领域知识积累和传播的空白。

（2）组织绩效

2017—2020 年，清算业务方面的总量和中央对手清算业务量年均复合增长率分别达 16. 3% 和 12. 8%；发行托管业务方面的债券发行量和期末托管余额年均复合增长率分别为 5. 7% 和 14. 5%。截至 2020 年年底，共有清算会员 91 家，覆盖了我国主要银行、券商等大型金融机构。参与制定并推动发布的《CCP12 量化披露实务标准》（“上海清算标准”），被占全球市场份额 95% 的 25 家国际同业机构采信，并入选“上海标准”。近年来有 4 个项目获得上海金融创新成果奖，4 个项目获银行科技发展奖。

上汽安吉物流股份有限公司

——互联智能，打造汽车物流一体化的质量融合新模式

上汽安吉物流股份有限公司成立于 2000 年，是上海汽车集团股份有限公司的全资子公司。专业从事汽车物流业务，全国范围内拥有 130 个枢纽点和 100 多个仓储，仓库总面积达 2 000 万平方米。员工 14 073 余人。主要经营整车物流、零部件物流、口岸物流、航运物流、商用车及装备物流、快运物流、国际物流、安吉仓储、数智技术等九大业务板块业务，配送网络覆盖全国 562 个城市，为国内外主要整车厂和零部件厂及 6 000 多家 4S 经销店、6 000 多家维修站提供智能化、一体化、网络化的汽车物流供应链服务。获 2010 年度上海市质量金奖。

（1）管理优势

公司依据汽车物流的特色，围绕整车下线分流、整车仓储及整车维护、整车公路运输、铁路运输、水路运输、经销商交接、零部件仓储、零部件运输、零部件上线、零部件售后等系列环节，针对各环节关联性强且地域覆盖范围大的特点，积极建设汽车物流一体化的质量融合管理模式，运用全供应链和全网络化的管理，提升业务能力、服务质量和企业的核心竞争力。

1）制定和实施信息化战略，打造智能物流模式

重视战略制定和实施。根据物流业在由网络化转变为数字化、智能化的发展趋势，早在十三五规划中就提出了建设数字化物流和智能化物流的战略目标，成立“人工智能实验室”，组建“安吉加加”“安吉智能、安吉四维”等一批 IT 专业型公司，拥有 500 人左右的 IT 高科技人才；为企业数字化和智能化转型打下了人才和技术基础。依据“可以托付的一体化智能供应链服务商”的发展定位，2016—2021 年实施了“1 + 5”滚动规划，以打造具备供应链运营能力的科技型物流企业为目标，围绕“四化”方面，扎实推进上汽安吉物流股份有限公司的智能化建设的进程，见图 9 – 9。

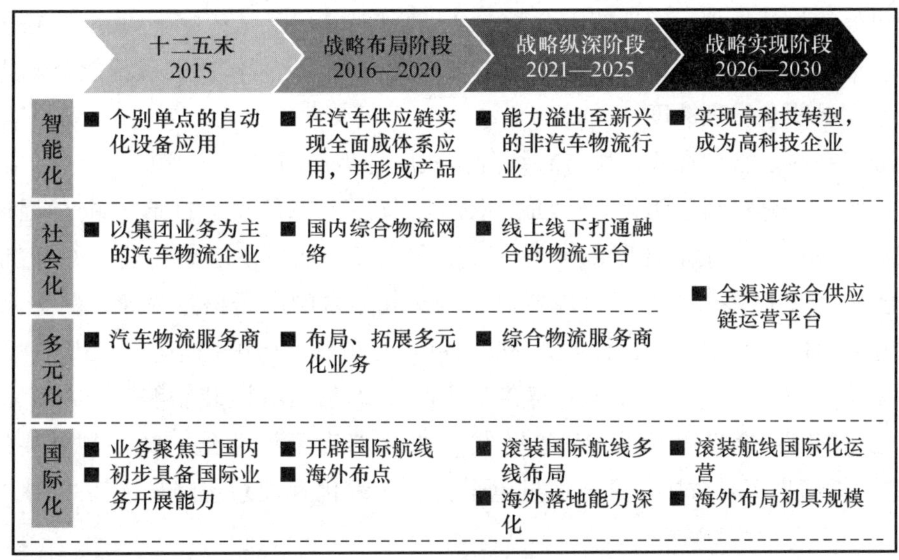

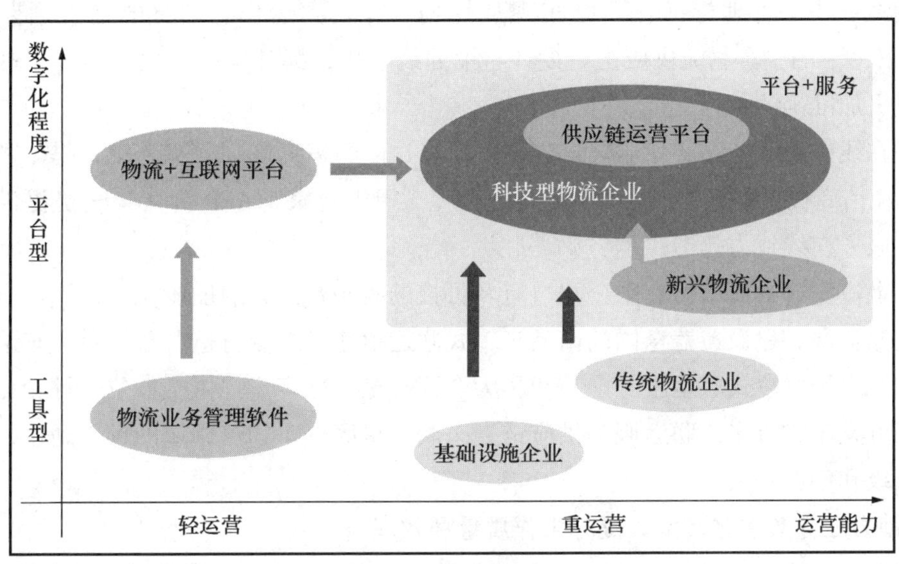

图9－9　战略规划图

2）应用智能汽车物流技术，推动互联网＋汽车物流模式

建立互联网＋汽车物流模式。围绕“智能自动化、服务多元化、管理数字化”，为客户提供一体化供应链解决方案，构建“智能自动化、管理数字化、运营精益化”核心能力体系，拓展原材料物流、预装配、独立售后市场仓配、动力电池逆向物流、绿色包装、数智化服务等新领域、新业务，并突出在豪华汽车、新势力造车等细分市场打造精益物流体系化运营新优势。建立汽车行业首个标杆性全流程智能物流项目“陇桥路自动化仓库”，具有独立知识产权，能够快速、高效、精准地完成收货、装卸、搬运、扫描、排序、存储、盘点等物流作业工作，运营效率提升30%。实现智能运输中智能调度配载，目前应用于全国所有运输公司；实现智能运输的在途管控，通过操控数字座舱、货仓，实现对物理世界的远程干预；实现智能仓库的全局管控，提升管控效率；实现智能仓库的设备管控，可进行故障预测，做到提前防护，实现现场无人化运作；实现智能仓库的人员管控，提升仓储透明化管理深度。

打造业务在线、管理在线、服务在线的多式联运生态圈。

业务在线——全过程透明化。全面获取运作节点动态信息，打造“全过程透明化”的整车物流供应链，为质量管理系统（QAS）融合、贯通打下基础。业务在线拥有全国 100 多个仓库、1 200 多万平方米仓库资源、码头和站台的电子信息采集，覆盖商品车订单的出发仓、目的仓和中转仓；拥有 3 000 多辆自有车辆、16700 辆运力、100% 安装率的在途监管系统、99.2% 司机管家 APP 覆盖率；拥有 25 艘自有滚装船舶、25 000 多辆一次装载量、七个控股/参股码头及 33 条航线；拥有 137 条铁路线、100 多个装卸站台、100% 中铁特货信息实时对接。全链通过电子化、无纸化管理系统降低人工差错，提升工作效率。

管理在线——管理标准化。已实现从规划、计划到运作、结算的信息通路，打造“管理规范化”的整车物流供应链。设计与策划线上化，提升了开发效率为项目前期质量策划提供更加准确的数据支撑。

服务在线——服务贴心化。“安吉助手”APP 让经销商随时了解车辆动态，“车好运 APP”为经销商提供高效的车辆调拨运输服务，“司机管家”APP 为货运司机提供车主增值服务，服务在线致力打造“服务贴心化”。

依托上汽安吉物流股份有限公司自有及可控的码头资源、船舶舱位、铁路站台、公路运力及仓储资源，建设覆盖全国的商品车多式联运枢纽，继续打造各型绿色汽车滚装船和车辆运输车，拓宽多式联运服务产品线，为全国乃至全球客户提供全方位、社会化、平台化的第三方整车物流多式联运服务供应链生态圈，巩固汽车物流领域的领军地位，引领行业转型升级和创新发展。

3）助力业务数字化转型，提升工作质量和效率

公司拥有运输管理系统（OTMS）、调度管理系统（TMS）、仓储管理系统（WMS）、订单跟踪系统（OMS）、“司机管家”APP、“安吉助手”APP、“安吉掌运”APP、射频识别技术（RFID）自动扫描数据收集器等一系列信息化系统和装备，拥有普货、零部件、整车三大全国物流网络枢纽和线上云网络集成平台。打造服务于整体供应链的信息化平台，助力数字化转型。

汽车物流覆盖的地域和业务品种多，通过质量管理系统（QAS）贯穿全链，覆盖全国各个运作点、每辆轿运板车、每个驾驶员、每辆整车和每箱零部件，通过手机 APP 及网点扫描设备来完成全链的质量问题上报、管控、跟踪、判定、分析和报表自动生成。QAS 协同了仓储、公路运输、水路运输、口岸（码头）、铁路运输及所有合作的供应商。信息化、无纸化、数字化、智能化的运用，降低了人工操作差错机会，提升了工作质量和工作效率。

（2）组织绩效

2010 年营业收入 80.7 亿元，2020 年营业收入 211.6 亿元，2020 年营业收入是 2010 年营业收入的 262%。年运输商品车台的市场占有率 33.7%。公司拥有 25 艘自由滚装物流船舶、33 条航线和 7 个控股/参股码头；137 条铁路运输线和 100 多个运输站台；3 000 多辆自由公路运输板车，运力 16 700 辆。拥有 113 项智能物流技术专利。获得国家多式联运示范工程、5A 级物流企业等多项荣誉称号。

上海市政工程设计研究总院（集团）有限公司

——传承携手创新，共创城市未来

上海市政工程设计研究总院（集团）有限公司成立于 1954 年，是从事规划、工程设计和咨询、工程建设总承包及项目管理全过程服务的大型国有企业，拥有首批国家工程设计综合资质甲级证书。下辖广东公司、新疆公司等 27 家沪外分公司，员工 5 000 余人。主营业务覆盖基础设施建设行业各领域，项目遍布全国所有省、市、自治区。上海的标志性工程有：东海大桥、南北高架道路、虹桥综合交通枢纽、青草沙水源地原水工程、老港生活垃圾卫生填埋场等。全国标志性工程有：乌鲁木齐地窝堡国际机场枢纽、金门自大陆引水、雄安新区容东片区、港珠澳大桥主体工程设计及施工咨询等。获 2017 年度上海市质量金奖。

（1）管理优势

1）将创新和服务理念根植于文化

始终坚持文化塑院，编制《企业文化发展战略》(2013—2022 年)，不断升华、提炼和丰富企业文化内涵。企业核心价值观：客户满意，管理科学，效率为重，创新发展，世界水准。体现客户满意为目标，创新为手段。企业精神：科学创新，诚信奉献。培育创新文化，对客户和利益相关者讲信誉、守信用，爱岗敬业，真诚服务，回报社会。企业特色文化：卓越文化、服务文化、创新文化、和谐文化。创新和服务为企业文化的重要组成部分。

2）将技术与服务宣传到心，落实到行

技术是灵魂，质量是生命，服务是保障。新员工都要经历入职培训，紧扣技术、质量、服务予以宣贯，以保证深入到人心，贯彻到行动。总院建立师徒带教制度，不仅传授技术，更要传授方法和思想。

年终对各级技术人员进行考核，主要围绕在咨询设计项目开展中的技术创新、技术质量，以及对顾客的服务。公司与各部门的主要责任人年初签署《高质量发展责任书》，技术、质量、服务为重要年终考核内容。

3）重视对顾客投诉和质量事故（事件）的处理

作为服务型企业，对顾客投诉非常重视，建立一套完整的对顾客投诉的处理制度和流程。在项目实施的过程中，项目团队成员通过与业主的多次接触，能够敏锐地感受到业主的抱怨，并第一时间将情况向上汇报，由项目团队分析讨论及时处理，把事故隐患解决于萌芽状态。

经营管理部作为顾客投诉接收处置部门，制定顾客投诉处理制度和流程，对收到的投诉进行及时汇总、分析和处理。通过原因分析，采取相应的纠正和预防措施，改进服务流程，增进与合作伙伴的关系。

制定有《工程勘察设计质量事故（事件）处理管理办法》等规章制度，对涉及的工程勘察质量事故、事件严肃处理。通过百项规章制度及 ISO 质量管理体系的有效运行，不断提高产品和服务质量；同时多渠道地了解顾客需求，有效处理顾客投诉，获得顾客满意，以最大限度地减少顾客不满和业务流失。

4）倾听顾客声音，关注顾客感受

深度剖析顾客的核心需求，准确把握不同顾客的需求关注点，提供顾客满意甚至超出顾客期望的服务。通过高层互访、日常沟通、后期跟踪、设计回访、经营沙龙等多种方式掌握不同类型顾客的需求，尤其对于公司的重要顾客，更要保持实时沟通，及时应对其需求的变化，更好地服务顾客，提高顾客的满意度和忠诚度。

制定《信息沟通与管理办法》《咨询、设计质量意见征询表》和《工程回访记录单》等文件和制度，对顾客需求信息的传达、处理和应用作出相关规定。在日常服务过程中，不断强化顾客导向的理念和公司核心价值观。通过质量跟踪、设计回访、顾客满意度调查和顾客投诉处理，收集顾客需求和期望信息，经营管理部对信息加以汇总和分类并分发到相关部门，作为改进和开发产品和服务的主要依据。公司高层领导定期召集经营分析会议，对公司收集的顾客需求信息进行分析交流，并提出领导意见。

5）创新服务模式，拓展业务领域

打造全专业、全产业链的全方位服务能力，通过设计，引领完善两级组织，提升 EPC 附加值，为顾客提供综合性、一站式解决方案。从 2008 年做 EPC 工程开始，重点针对技术含量高的项目，培育项目管理团队，鼓励员工参加注册建筑师等管理所需要的资格考试，形成近 300 人的管理团队。EPC 产值逐年增长。两项 EPC 总承包工程获上海市市政工程金奖（浙江路桥大修、奉贤第三水厂）。

公司领导层具有创新意识、灵敏的市场嗅觉、快速反应能力、主动应对的策略，针对国家和市场发展过程中的新需求（装配化建筑、海绵城市、综合管廊、土壤修复、智能交通、BIM），对标国际标准，集成创新，整合全院的资源，成立十个技术中心，紧跟国际技术发展趋势，进行课题研究、技术创新、规范标准的研究，打造新的经济增长点，促进企业持续健康成长。

拓展全国市场：打造两全战略，全国化布点，进行市场和分支机构的建设，形成 1 + 4 + 10（长三角 +4 个重点区域 + 10 个重点城市）的市场格局。成立 31 家沪外分支机构，设立市场拓展专项基金 5 000 万元，鼓励分院外地发展，鼓励年青员工赴外地工作。工程项目覆盖全国所有省市地区，建成国内最大的青草沙水源地原水工程、亚洲最大的白港污水处理工程等，地域从上海市走向全国。

6）坚持技术经营路线，为政府提供城市规划新方案

践行国家生态文明建设，公司海绵城市建设技术研究中心应运而生，积极承接海绵城市建设规划及相关专项规划，构建了我国海绵城市建设标准体系，并完成了系列标准的编制，引领行业发展。建立了国内实力最雄厚的综合管廊工程设计及研发团队，响应国家战略，聚焦“长三角一体化发展”“京津冀协同发展”“粤港澳大湾区建设”“海南自贸港建设”，承担了雄安新区、澳门、海口、上海松江、深圳前海等地综合管廊规划设计和咨询项目，打造了一批业界标杆工程，赢得各地业主一致好评。通过对诸如雄安东西轴、深圳超总、南京江北、广州南沙、武汉汉正街、成都天府新区等一批国家级新区和重点片区地下空间项目的研究与实践，进一步确立了行业内的影响力。

（2）组织绩效

2019 年营业收入过百亿，近三年来平均增长率高于 20%。净利润年平均增长率在 15% 左右。全国勘察设计企业排名稳定在第 5 ~ 7 位。主编参编国家标准、行业标准、地方标准数由 2017 年 15 项增长为 2020 年 27 项，专利申请数由 2018 年 342 项提升到 2020 年 415 项，被评为国家知识产权示范企业。十三五期间，新增国家、省部级科技进步奖 19 项，中国土木工程詹天佑奖 4 项，国家优质工程奖 11 项。获评全国勘察设计创新典型企业。

9.2.2 生活性服务业

生活性服务业是直接影响人民群众物质文化生活的重要民生行业，对上海建设“五个中心”和社会主义现代化国际大都市具有重要意义。进入 21 世纪，上海市生活性服务业伴随着上海城市经济社会的快速发展，也进入了行业发展快车道。近年来，随着政府质量奖的设定、卓越绩效模式等先进质量管理方法的推广，上海市涌现出一批创新发展、追求卓越的组织和领军人物。本节选取上海市杨浦区社会福利院、上海东湖物业管理有限公司、顾立军等三个案例作分享。

上海市杨浦区社会福利院

——质量先行　品牌创新　规范服务智慧养老

上海市杨浦区社会福利院成立于 1988 年 6 月，隶属于杨浦区民政局，全额拨款事业单位，是上海中心城区规模最大、床位最多的公办养老服务机构。建筑面积 32 448 平方米，核定床位 1 295 张，员工 302 人。主要承担机构养老（全托）、日间照料（日托）、社区居家养老指导和实训基地的职能，全托对象是评估等级为四级及以上的高龄失智、失能老人。获 2020 年度上海市质量金奖。

（1）管理优势

1）构建 6 +1 质量管理体系，创新管理模式

重视养老服务经验的总结和工作方法的提炼，将全院倡导的文化追求和价值理念通过制度管理加以落实，在管理实践中逐步形成了“6 +1”质量管理模式。①机构养老、日间照料、社区养老、互联网养老和社工培训指导相结合的“五加”综合服务体系；②以精诚、精到、精细、精准、精确为要求的“五精”服务方法；③以防跌倒、防烫伤、防走失、防噎食、防压疮、防床坠为指向的“六防”服务要素；④以满足老年人精神需求的“银发”系列养老文化服务体系；⑤以完善分级责任落实的“SBU[79]分院制”管理架构；⑥以重在打造专业化、职业化、综合化队伍的“三化”服务素养；⑦最后通过构建“标准化”管理体系，实施“标准化”管理，达到过程管理的有效控制，确保养老服务整体水平的提升。见图 9－10。

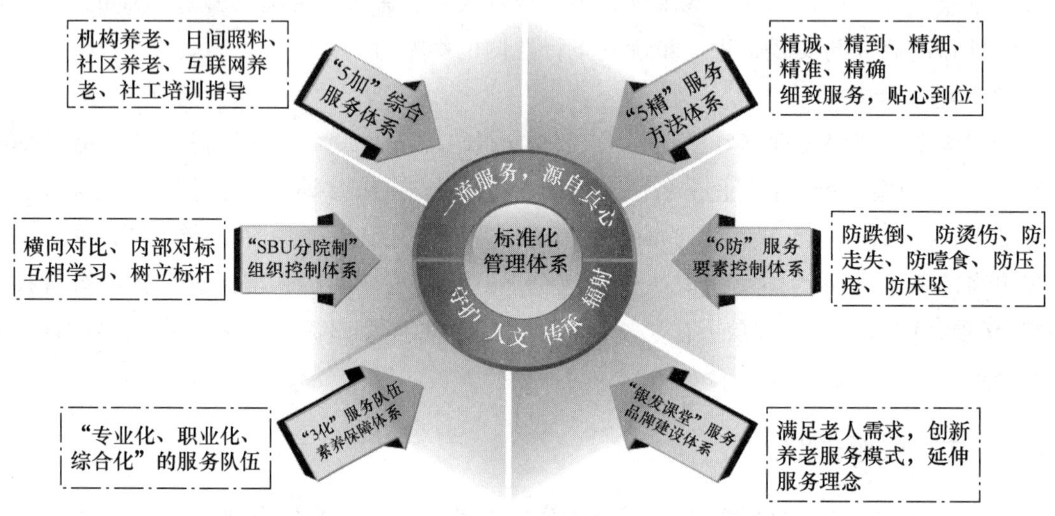

图 9－10　上海市杨浦区社会福利院标准化管理体系

“6＋1”质量管理模式，体现了上海市杨浦区社会福利院“传播人文关怀，共建和谐家园”的服务初心，秉承了“打造一个具有尊老、爱老、护老的价值体系且传播人文关怀的和谐家园”的一贯追求，在适应上海老龄化人口比例日趋增加、养老服务需求日趋提升方面走出了创新之路。

2）倡导积极养老文化，打造“银发”品牌

开发“银发课堂”等一系列主题品牌活动，内容覆盖老年人各方面需求，共设有活动小组 18 个，其中增能类 6 个，健康类 6 个，文娱类 6 个，近三年来累积开展各类活动 2 187 次，参与对象达 34 429 人次。内部成立老年民主生活委员会、伙委会，积极获取住养老人及家属等对福利院提供的包括生活起居、文化娱乐、医疗保健、康复训练等服务及环境设施各方面意见和要求，努力打造“没有围墙”的养老服务机构。

积极承担社会责任，大力开展志愿者活动，在册志愿者 1 388 人，来自 22 个单位，参与服务 3 582 人次，累积时长 4 765 小时；上海市杨浦区社会福利院的养老服务事迹受

---

[79] SBU（Strategic Business Units）：战略业务单元，应用的基础是比较成熟的生产或服务过程，职责权限相对独立，激发员工主观能动性，有助于内部绩效提升和团队成长。

到新华社、《人民日报》、中央广播电视总台等中央媒体和《解放日报》、上海电视台、澎湃新闻等上海媒体的广泛关注。

3）规范养老服务，实施标准化管控

加强标准化建设，进一步规范质量管理和养老服务工作，从全院的实际出发建立了服务标准化体系，涵盖了服务通用基础标准、服务保障标准、服务提供标准三大方面共154 项。参与了团体标准 YLXHB 001—2019《数字（虚拟）养老机构建设规范》、地方标准 DB31/T 1230—2020《呼吸道传染病流行期间社会福利机构安全操作指南》等的编制。2019 年上海率先全面推行“养老机构服务质量日常监测”，在服务安全、服务提供、服务保障三大模块共计 90 项服务质量日常检测指标方面，上海市杨浦区社会福利院各项监测指标得分都在 85 分以上，等级对应为优秀，获得两年免检资格。2020 年 10 月，中国质量认证中心（CQC）评定上海市杨浦区社会福利院为“臻值·优选”等级，上海市杨浦区社会福利院为中国首批通过该认证的养老院，且是上海唯一、全国仅有两家。

4）创新信息技术，试点智慧养老新模式

重视互联网技术在养老服务中的运用，积极推进“数字”养老，按机构养老辐射社区的新模式，共同建设了“数字化养老院”项目。2019 年 8 月—2020 年 7 月进行了为期一年的、面向院内住养和社区居家养老的“科技适老化智能改造试点”，以 1 栋楼 157 个床位为对象，院外为 32 户居民提供专业服务，围绕生活照料、临床护理、安全应急、精神慰藉、虚拟信息 5 个大类，设立了 48 项服务清单，通过无线呼叫器、卫生间滞留探测器、睡眠看护仪、燃气泄漏报警器、烟感报警及门窗开启报警器等设施，对老人身体状况和居住环境进行实时监测。一年中院外上门服务 4 776 次，院内服务 211 950 次。相关工作被收录为《全国居家和社区养老服务改革试点经验和典型案例汇编》和《上海市智慧健康养老典型案例》，其成果被纳入团体标准 YLXHB 001—2019《数字（虚拟）养老机构建设规范》。

5）开展“五级”培训，打造“星级”团队

积极打造一支梯次分明、结构合理的养老服务人才队伍。在明确岗位责任制和绩效考核的基础上，实施绩效管理“三级考评责任制”，完善部门测评、全员测评和社会测评的运作机制，规范月度考核、半年考核和全年考核的过程要求；绩效成果以“星级”加以体现，按照五星、四星、三星、无星四个类别或者五星、四星、三星、二星、一星、无星六个类别划分考核等次，确定相应奖励和处罚的金额。开设“美丽学院”，运用正面引导和心理辅导，帮助员工心理减压，倡导快乐工作、健康生活，塑造阳光心态，融洽工作氛围。构建“五级”培训体系，针对院级领导、中层干部、直至新员工的不同需求，分级设定培训目标和培训课程，近三年全院开展大型培训 60 余次，参加约 7 300 人次，覆盖率 100% 。通过评选优秀员工、记功员工和服务明星等，激励更多的员工学先进、赶先进。每年度至少开展一次员工满意度调查和员工意见征集，定期开展《幸福度量表(MUNSH)》《工作倦怠调查问卷》《职业压力量表》等问卷调查，了解员工需求，及时作出反应。上海市杨浦区社会福利院始终坚持“传播人文关怀，构建和谐家园”的初心，秉承“守护、人文、传承、辐射”的发展理念，导入卓越绩效管理评价准则，全面提升服务水平和管理效率，取得了良好的社会效益，出色地履行了公办养老机构的社会责任。

（2）组织绩效

2018—2020 年的预算收入、预算支出完成率都在 93% 以上；总体满意度处于行业最高水平，有责投诉为零，安全事故发生率为零。建立健全服务标准化体系，涵盖服务通用基础标准、服务保障标准、服务提供标准三大方面共 154 项；参与了团体标准 YLXHB 001—2019《数字（虚拟）养老机构建设规范》、地方标准 DB31/T 1230—2020《呼吸道传染病流行期间社会福利机构安全操作指南》等的编制。

上海东湖物业管理有限公司

——追求卓越服务　铸造东湖品牌

上海东湖物业管理公司建立于 1993 年，2013 年更名为上海东湖物业管理有限公司，隶属于上海三大著名饭店集团之一的东湖（集团）有限公司，是以高端办公楼管理为特色，以预见性设施管理为核心竞争力，以信息技术为支撑平台的现代化综合物业服务企业。员工 9 000 多人。公司的主要经营范围包括物业和酒店管理，物业涉及党政机关、商务办公、科教文卫、科技园区、高档住宅及顾问咨询等系列的多业态类型，形成立足上海，辐射江苏、陕西、山东、四川、海南等多省市的管理规模。至 2020 年年底，管理的物业项目有 160 多个，管理面积达到 1 400 余万平方米。自 2009 年获得行业首个上海市质量金奖以来，先后荣获上海市物业管理行业协会首批综合能力 5 星级企业、中国物业管理行业协会综合实力排名上海市第一名、上海市物业管理行业第一个“上海品牌”认证企业、2020 年上海市物业管理行业服务质量领先企业第一名等荣誉称号。获 2009 年度上海市质量金奖。

（1）管理优势

坚持“以先进管理模式、标准化管理体系”为突破口，以“大数据管理、标杆示范”为培育目标，以“高档办公楼、高端物业”为发展方向，实施个性化优质服务、精细化管理，打造独特的“东湖物业”品牌，不断扩大和提升品牌影响力，确保在上海市物业管理行业的领跑者地位。

1）率先导入先进管理模式，引领公司整体服务质量提升

2002 年公司全面导入卓越绩效模式。坚持“质量第一”“以质量促效益”的经营观，系统运用《卓越绩效评价准则》，把卓越绩效模式贯穿到公司的发展战略规划、市场营销与客户关系管理、资源以及主要业务过程和支持过程的策划和管理中，公司的经营和管理活动做到了“有章可循、有法可依、有据可查”。在导入卓越绩效管理的过程中，公司加强质量管理文化的提炼和概括，以实现“打造中国物业管理行业具有卓越管理水平的值得尊敬和信赖的高端物业管理服务供应商”为愿景，坚持“人无我有，人有我优。人优我新，人新我精”的服务创新理念，形成“精耕细作，做精做强”的全员共识，提升了整体服务质量，烘托了文化氛围。

2）率先引入国际管理标准，提高管理水平和服务质量

早在1997年，公司就引入了国际质量管理标准——ISO 9001质量管理模式，建立并实施公司质量管理体系，是上海市物业管理行业最早通过ISO质量体系的认证企业。之后根据ISO 14001、OHSAS 18001的要求，建立了公司质量、环境、职业健康安全一体化的管理体系。2006年，公司根据GB/T 1.1《标准化工作导则　第1部分：标准化文件的结构和起草规则》建立了企业标准化体系，成为上海最早建立物业管理服务标准化的企业。另外，公司建立了包括监督检查、考核评估、质量控制在内的，贯穿公司经营活动全过程的内部管控体系，通过全员培训和参与，保证了标准化管理机制的有效运行，标准覆盖率达到100%。

2019年，公司在原有质量/环境/职业健康安全三体系的基础上，增加了食品安全体系，形成了四体系合一的一体化文件。2020年5月由公司作为主要起草单位的DB31/T 1210—2020《非居住物业管理服务规范》正式实施。努力对标国际标准，于2020年9月成为了全国首批ISO 41001设施设备管理标准体系试点单位，并先后成为全国设施管理标准化技术委员会副主任单位、国际设施管理协会（IFMA）白金会员单位、BOMA国际（国际建筑业主与管理者协会）BOMA中国白金会员，从而使公司在增加高新科技与先进理念应用、降低全生命周期运营成本、节约能源等方面，更好地与国际同行进行对标，进一步大幅度提升公司自身的管理水平和服务质量。

3）打造“深智”设施系统，提高物业管理与服务效率

运用了大量的移动互联+智慧物联的先进模式，构建公司信息化服务平台，打造“深智”设施系统管理平台，创造性地将智慧物联技术接入物业设施管理系统，构成全领域、全过程、全流程、全生命周期的智慧管控平台。通过大数据应用与标准化建设相结合，形成全流程数据应用标准化体系，为企业的业务改进和服务设计提供系统的管理和服务大数据支撑。全面依托物联网（IoT）的数据支持，加强对于现场从业人员工作的监管，加快提高相关人员的工作效率，提高设施管理人员的工作质量，提升业主和所有参与者的体验与满意度。对于现场工作流程的改善和现场运维工作智能化推进功效显著。

4）建立服务项目示范基地，推广星级现场服务经验

秉承“获得全国示范不是终点，而是新起点”的管理理念，将全国示范评分标准，上海市物业管理服务规范，以及公司经营、安全、质量、环境、人力资源及硬件措施管理等绩效指标和企业文化建设软件绩效指标集合起来，制定公司示范基地考评标准。在全行业首先推出“物业管理示范基地”的推荐和挂牌活动，通过有效地推荐和评比，推动了公司服务项目管理品质上新台阶，有多个办公楼项目被列为上海市物业管理行业协会示范基地，接待上海市及全国物业管理行业协会等同行参观、交流和学习，并且定期在这些标杆项目进行实地的品质交流活动，通过现场讨论、现场参观、现场讲解，进行“COPY不走样”，将优秀的项目特点复制到同类项目，通过“走进来，带回去”的方式，将好的工作方式、现场管理带回本项目，做到复制粘贴，共同提升服务质量。

5）创立预见性物业管理体系，提升风险防范能力

最早催生物业服务“预见性管理”理念，并于 2006 年创立预见性物业管理体系，编制了一整套操作规程和作业指令，提升企业的各类风险防范能力。聚焦管理过程中的各个运行操作、维护保养、服务改进、风险应急等环节，以事先确定预案的形式并付诸实施的科学管理组合系统，最大程度地满足物业管理全过程、各环节的运行工作和突发处置，并在这个过程和环节中实现指令、督导、考核、反馈、纠偏等控制功能。预见性管理体系对服务过程的各类风险和各种案例进行分析、评估、归纳、总结、创立了一整套与最新的国际楼宇管理标准衔接与配套的操作规程和作业指令，从整体管理到细节管理，凸显精益求精、独具匠心的专业品质，创造无数不可替代的竞争优势，主推物业管理服务专项升级。在日常运营中预见性管理已经很好地体现出了功效，在上海极端寒冷天气期间，公司的预见性管理在防止物业项目各类管道发生冻灾爆裂事故中发挥了有效作用。

（2）组织绩效

2009 年主营业务收入 4.234 6 亿元，2019 年主营业务收入约 13.883 6 亿元，纳税总额保持年 9 000 万元以上。有 20 个服务项目获得中华人民共和国住房和城乡建设部“全国物业管理示范项目”，总数位列全国第二，办公楼项目列全国第一；37 个服务项目获得“市（省）物业管理优秀示范项目”，居全市第一；2020 年，公司 14 个服务项目获得了“上海市优秀示范项目”。连续 3 年行业诚信企业评定 AAA 级。

上海海淞环境卫生服务有限公司顾立军

——做城市精细化管理的“绣花匠”

顾立军，男，工程师，任上海海淞环境卫生服务有限公司经理，是上海市第十四届、第十五届人大代表。公司主要承担生活垃圾分类清运、粪便清运、公厕保洁、无主垃圾整治等环卫作业管理。顾立军以当好绿化市容科学发展主力军为已任，坚持业务管理有方针、生产经营有举措、推动发展有创新，引领公司持续健康发展，取得了显著的成效。获 2019 年度上海市质量金奖（个人）。

作为上海市容环卫行业的领军人物，顾立军以其发展的眼光、敏锐的判断、大胆的开拓，带领公司实现了服务质量上的飞跃式发展，顾客满意率不断提升，始终高于全市平均水平，真正展现了一名城市精细化管理“绣花匠”的卓越质量意识。

（1）以质量为抓手，提高社会经济双效益

高度重视质量工作，将质量工作与公司各项业务紧密结合。2007 年提出“质量强企”的理念，并以“立足环卫、跳出常规”的思维方式和“不畏艰险、永不懈怠”的工作热情，一举扭转了公司长期经济不景气的困境，公司进入了可持续发展的良性轨道。2020 年面临前所未有的疫情挑战，带领海淞全体职工按照“坚定信心、同舟共济、科学防治、精准施策”的要求，全面落实防疫措施，构筑严密防线，提出了隔离户生活垃圾“五专”清运模式、“零接触”门责收运模式，公厕“一清二净三消毒”疫情保洁模式，并在全市环卫行业得到推广。组织团队参与社区疫情防控工作并在公司内建立了人员外出管控机制、每日全员健康报告机制，全力服务区域复商复市。积极履行社会责任。

（2）以管理体系为引绳，规范行业质量建设

率先引入 ISO“三标一体”管理体系[80]，从质量、安全、环境三方面入手，加强了企业管理流程，形成“以体系促管理，以管理促规范，以规范促发展”的良好格局。在其影响下，行业内各单位也将体系建设作为重要抓手，逐步引入企业管理。作为上海市市容环境卫生行业协会渣土管理专业委员会标杆企业，结合体系管理提出了“四个规范”的要求，保证建筑垃圾承接、运输、处置过程公开、公平、公正、规范，从而推动整个建筑垃圾运输行业的管理规范化建设。2015 年，在行业内首个引入 GB/T 19580 卓越绩效管理体系，在公司内建立了优质高效、运转协调、管理规范、保障有力的管理服务机制，打造了高水平的质量管理团队。2020 年，又从“服务”入手，带领公司成为全国首家通过环卫服务体系五星级认证的企业。

（3）以管理标准为支撑，创新环卫作业模式

立足于标准化建设，从老旧小区突出的“老大难”问题入手，创新多个环卫作业模式。如面对居民区装潢垃圾乱堆放破坏环境、影响出行的情况，提出了装潢垃圾“改点为箱”的收运新模式，从而细化装潢垃圾清运作业流程，固化管理过程，量化管理环节，使各岗位工作有章可循，各管理环节有迹可查，形成了结构合理、层次分明、协调统一的操作标准，构成从管理目标到管理过程再到管理效果的综合管理体系，在行业内形成可推广可复制的作业服务模式，成为上海市标准化示范试点项目，先后获得了上海市职工先进操作创新奖、宝山区“建功十三五、创新在一线”职工劳动竞赛扶持项目二等奖。

（4）以城市生活管理热点为入口，带头践行垃圾分类

作为沪上为数不多来自环卫作业一线的基层人大代表，多次聚焦城市管理、垃圾分类、城市精细化管理等热点问题，连续多年呼吁推进“生活垃圾分类”，针对《上海市生活垃圾管理条例（草案）》，先后从明确示范群体、引入新型设备材料、打造新时尚作业板块等角度提出多个建议，并全部得到采纳。积极带头践行做新时尚的“宣传者、践行者和引领者”，多次作有关垃圾分类的专题讲座，组织公司垃圾分类宣讲团深入社区开展宣讲活动，覆盖居民 3 万余人次。带队走访了 40 多个社区，听取居民意见，研究环卫作业新模式，切实抓好源头分类和专业化分类运输环节。2019 年，公司负责作业服务的两个街道全部被评为“上海市垃圾分类示范街镇”。

（5）以品牌建设为目标，全面提升整体管理水平

紧紧围绕“提升整体水平，打造海淞品牌”的总体目标，积极推进办公管理现代化、生产控制专业化和人力资源多元化的“三个平台”建设；并逐步实现环卫作业管理“精

[80] “三标一体”管理体系指质量管理体系、环境管理体系、职业健康安全管理体系三合一的管理体系模式。

细化”，经济工作“数据化”，业务工作“专题化”，基建工作“现代化”。建立起现代化基础设施、专业化机械化作业群、科技化信息化枢纽框架。不断通过固化创建全国文明城区、国家卫生城区、进博会保障、垃圾分类专项活动等成功经验，提升环卫作业质量，破解服务社区难题，使企业实现了“从无到优”的飞跃。

（6）以安全为重点，创新智能环卫模式

建立了“横向到边，纵向到底”逐级负责的风险责任管理机制，坚持安全第一的原则，提出“智能监管、智能作业、智能设备”为核心的全新智能环卫作业架构，并通过技术改进打造了一支“智能车队”。2019 年以来不断引入各类安全监控、安全行车智能化设备，带领公司科研队伍探索 5G 技术与环卫作业服务相结合的路径，为进一步构建智能环卫作业模式寻找新的突破口。

（7）以员工为主体，营造幸福劳动氛围

提出了“做幸福劳动者”的企业文化愿景，充分给予员工自主权、参与权。在公司内部搭建“海淞课堂”学习平台，提供培训菜单供员工自主选择，实行内部竞聘用活人力资源，支持员工岗位成长成才。注重人才队伍的培养，提出了“海淞代言人”“海淞之星”“十大工匠”等人才培养措施，公司内部涌现出多名上海市劳模、宝山工匠、行业先锋等标杆人物。注重完善职工工资福利待遇，不断提升员工的工资收入、改善员工作业休息环境、丰富员工业余生活、提升员工综合素质，从而提升员工的幸福感和对企业的归属感。

9.3　公共领域

公共产品和服务基本上包括公共交通、公共卫生、公共文化、公共能源、公共通信等。近年来，上海市政府质量奖获奖组织中来自公共产品和服务的组织和个人越来越多，充分体现了在公共产品和服务领域推行高质量发展，创造高品质生活的实践。本节选取公共交通、公共卫生、公共文化、公共基础设施等领域的部分上海市政府质量奖获奖组织案例予以分享。

9.3.1　公共交通

公共交通是城市的命脉，在上海建设世界级城市的进程中，交通始终发挥着基础性和先导作用，它不仅是城市现代化水平的重要标志，也是城市可持续、高质量发展的重要保证。上海城市公共交通围绕上海城市发展战略规划，凭借高标准的海港、铁路、空港、公路道路和轨道交通等交通设施，采用先进的地铁、火车、飞机、船舶等交通工具，依靠现代运行质量管理体系，全面助力上海城市发展综合能力的提升。上海申通地铁集团有限公司、上海国际机场股份有限公司、中国铁路上海局集团有限公司上海站等政府质量奖获奖组织的卓越质量管理体系和成果，为构筑国际大都市一体化交通，不断推动上海高质量发展迈上新的台阶，提供了可复制、可借鉴、可推广的经验和范本。

上海申通地铁集团有限公司

——申城地铁　通向都市新生活

上海申通地铁集团有限公司（以下简称上海地铁）成立于2000年，是一家融地铁建设、运营管理、投融资、资产资源开发和技术研发为一体的大型国有企业集团，是上海地铁建设、运营管理和投融资的责任主体。公司运营管理着世界最大城市的轨道交通网络，地铁长度总计772千米，建有459座车站，全网逾7 000节列车保有量，日客流超千万人次。根据世界地铁协会（COMET）的统计数据，2019年上海地铁客流总量位居世界第一位。获2015年度上海市质量金奖。

（1）管理优势

1）迭代价值创造模式，用战略目标引领企业

上海地铁在“十三五”实施“安全地铁、人文地铁、绿色地铁、科技地铁、智慧地铁”的过程中，准确研判和把握内外部环境变化，运用SWOT等战略工具，瞄准上海构建社会主义现代化国际大都市的愿景目标，给合企业自身资源禀赋、优势能力等，聚焦城市轨道交通网络运营主责主业，最新确立“到2035年成为卓越的全球城市轨道交通企业”的愿景，价值创造模式从“服务乘客出行”向“服务市民生活”转变，积极实施“三个转型”远期战略，推进从建设运营的高速增长向高质量发展转型、从单一的交通运输功能向综合服务的城市地铁网络转型、从运营地铁向经营地铁转型，努力构建集出行、居住、工作、消费、娱乐于一体的城市地铁新生态，为人民群众提供高品质生活。

2）创新质量管理模式，打造魅力地铁

上海地铁不仅涉及专业多，而且系统复杂性极高，总体呈现出“规模体量大、覆盖范围广、结构枢纽型、功能层次化”等特点。在超大规模、超大客流网络下，要不断满足城市发展要求，以及顾客服务需求的升级，应对持续增加的客流压力，控制渐进凸显的安全风险，上海地铁提出了“通向都市新生活的上海地铁质量管理模式”（见图9－11），该模式融合了“始于设计源头的人性化服务、贯穿安全运营全过程的精细化管理、覆盖企业经营全业务的标准化建设”质量管理多体系。通过服务基础能力保障（线路交通网、数据信息网和社会生态网）和服务过程管理（标准化建设、精细化管理和人性化服务）的循环改进，提升轨道交通建设、运营和经营的质量和效率，以不断提升的都市新生活要求作为输入促进上海地铁的高质量发展，又以上海地铁的高质量发展实现城市和市民多元化的新生活场景，为顾客及相关方实现服务价值的创造。

3）构建特色标准体系，领跑轨道交通行业

上海地铁作为全国轨道交通行业第一家国家级标准化试点单位，把标准化建设作为支撑企业可持续发展的制度基础，逐步构建“完整、连通、先进”的企业标准体系，建立了覆盖建设和运营专业条线，工作标准、技术标准和管理标准三大类别21个子类的5 000多项标准，实现以流程贯穿专业，以程序打破部门壁垒。

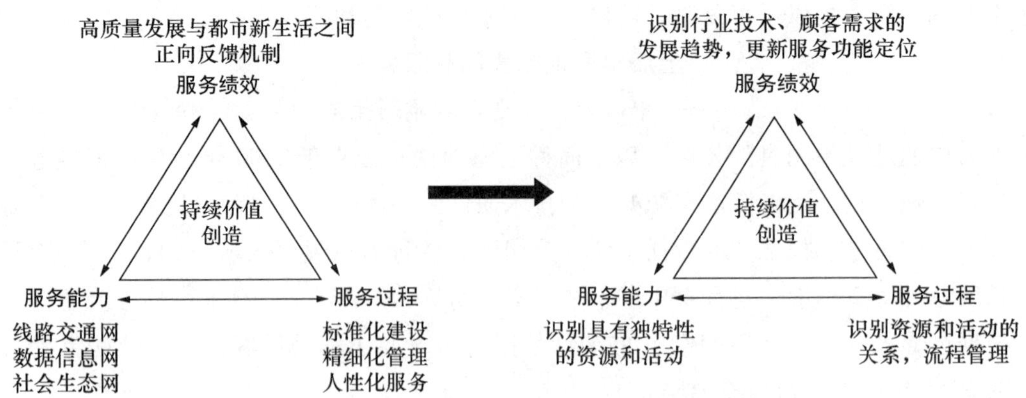

图 9－11　上海地铁质量管理模式的核心理论框架

坚持对标先进，独创性企业标准占企业技术标准总量 38%，行业领先水平的占总量 16%，其中，全自动驾驶列车企业标准荣获首批“上海标准”。同时，主参编国际标准 1 项、国家标准 24 项、行业标准 85 项，编制全球轨道交通领域首个国际绿色评价（LEED）标准，主编首个中国城市轨道交通协会团体标准体系。此外，参与全国城市轨道交通标准化技术委员会、全国城市客运标准化技术委员会等多个标准化专业技术组织，负责全市轨道交通相关领域地方标准的技术归口管理。荣获 2018 年度中国标准创新贡献奖。

4）推进数字化转型，实施智慧地铁建设

近年来，上海地铁加快互联网、物联网、大数据、云计算等先进数字技术在地铁运营全过程的应用，持续推进数字化转型，全力打造智慧地铁。经过多年的积累创新，逐步建设形成一个高效决策的地铁“数据大脑”和互联互通、信息共享的“神经”系统。在大数据基础之上，进一步打造“人工智能（AI）”，逐步实现大客流管控、车站服务、行车指挥、设施设备等方面智能化管理。实现设备互联和在线检测，为提升设施设备的安全可靠性提供保障，上海轨道交通车辆智能运维系统被列为国家示范工程项目。推出全自动驾驶系统技术，建成中国第一条全自动运行线路——地铁 10 号线，列车运行可靠度达到全网络平均水平的 3 倍，员工配备数可由 53 人/千米精简至 39 人/千米。启动大客流管理系统，提高大客流的响应和处置效率。推出 Metro 大都会 APP 平台，提供便捷高效的刷码进站服务，极大方便乘客异地出行，覆盖达 1 646 千米，占全国所有城市地铁的 30%，累计服务约 610 万人次。

（2）组织绩效

上海地铁紧扣“高质量”和“高品质”两个关键，五年战略绩效呈现出“整体指标提升、关键指标跃升、乘客体验攀升”的良好态势，网络规模和覆盖密度、运营安全、服务质量等主要绩效指标处于行业领先地位；车辆可用率和车辆上线率国际排名第一；网络运行可靠度处于世界领先水平。地铁占全市公共交通出行比例达 66.6%，乘客满意度指数多年来稳居上海公共交通行业首位。运营成本增长率连续 5 年下降，为国内最低。先后获得国家科技进步二等奖、上海市科技进步特等奖等诸多荣誉称号。

上海国际机场股份有限公司

——持续追求卓越　实现高质量发展

上海国际机场股份有限公司成立于1997年，是国内第一家大型机场上市公司，负责上海浦东国际机场的运营管理，从事航空运输地面服务及其他相关业务。浦东机场于1999年建成通航，占地面积50平方千米，目前拥有4条跑道、2座航站楼、1座全球最大单体卫星厅，是上海航空枢纽战略目标实现的核心载体。2019年旅客吞吐量7 615.35万人次，全球排名第9位、国内排名第2位；货邮吞吐量363.42万吨，全球排名第3位、国内排名第1位。获2003年度上海市质量金奖，获2015年度上海市市长质量奖。

（1）管理优势

1）创新协作，推动国际枢纽地位持续提升

创新机场运营模式。浦东机场作为国家民航战略的重要载体，担当着代表国家参与全球枢纽机场竞争和上海航运中心建设的重任，在国内机场业中率先实施了“区域化管理+专业化支持+运行中心（OC）平台”运行管理系统，形成了区域管理部门为责任主体，其他专业支持单位协同支持的管理格局，构建了全新的枢纽机场运营模式——“浦东机场模式”。在系统的指挥下，浦东机场运行平稳有序，成功应对业务的快速发展和突发事件；有效管控和化解风险，运行效率得到显著提升。公司将成功的运行经验进行提炼汇总，编写《机场运营准备和管理》一书，为国内机场提供运行指挥管理、改扩建和开航准备方面可借鉴和可复制的成功经验，为国内机场树立了卓越运行的典范。

搭建三大管理平台。公司发挥“机场管理协调者、机场服务整合者”的管理主体作用，建立飞行区联席协调管理、航站区同创共建和场区管理三大平台，按照“信息共享、运营共商、难题共解、责任共担、成果共享”五大原则，与合作伙伴共同营造浦东机场良好的生产运行和商业经营环境，共同维护上海国际大都市窗口形象。公司依托飞行区管理联席协调管理平台，修编《上海浦东国际机场使用手册》和《上海浦东国际机场机坪运行管理手册》，开展提高航班地面运行保障品质等专项研究，确保飞行区运行秩序、运行保障水平和现场管理效率不断提升；依托航站区同创共建平台，牵头编制了区域管理制度及《同创共建活动章程》等，联合15家驻楼单位推出《上海航空港窗口服务承诺》，协同开展现场协调、服务监督检查以及航站区准入培训，合作完成了提高边检通关效率、通程联运等重大项目，大大提高了候机楼内的管理效能；依托场区管理平台，加强与场区驻场单位的配合沟通，定期召集场区29家驻场单位召开工作例会，协调解决各类道路交通、环境整治等管理问题，为驻场单位和旅客营造一个“安全、便捷、舒适、和谐”的场区环境。

2）完善体系，持续实现安全运行

率先建立并实施安全管理体系（SMS）。依据“5+X”全覆盖安全理念，率先建立并实施以风险管理为核心的SMS，将危险源排查与控制、隐患排查治理作为安全风险管理的两大抓手，持续辨识各类危险源，实施风险级别的差异化管理。通过应用先进科学方法，在国内率先开展区域化监控、生态驱鸟、可能损伤航空器或系统的外来物质（FOD）联席防控机制、突发事件预案体系等，为旅客提供安全放心乘机环境。

打造全要素的安全应急救援体系。通过安全应急救援体系为安全运行提供保障。举办“敬畏 2020”上海浦东国际机场应急救援综合演练，是中国民航史上规模最大的机场应急救援综合演练，涉及 14 家参演单位共 800 余人，动用运输客机 2 架，直升机 3 架，救援车辆 100 余台，为全国机场应急救援综合演练提供了示范样本。“11. 28”津巴布韦货机应急救援，被民航业界称为航空救援奇迹。公司连续保持 20 个安全年，荣获国家民航局安全管理最高奖“金鼎杯”。

疫情期间做好防护工作闭环管理。公司面对新冠肺炎疫情，坚决贯彻党中央、国务院和市委市政府、民航局的决策部署，积极协同海关、边检、航空公司、市卫生健康委员会、交通委员会、公安等联防联控单位，做好进出港旅客的体温检测、进港旅客健康登记、现场秩序维护、公共场所的消毒通风等工作。在国外疫情蔓延时期，浦东机场切实做好境外疫情输入风险管控，抓细抓实航班停靠、通道设置、秩序维护、现场消毒、人员转运等工作，与联防联控单位共同做好防输入的闭环式管理。在疫情防控工作中，公司共检测航班超过 9 万架次，测温旅客超 1 千万人次，转运人员超 16 万人次，顺利完成各项防疫任务。

3）多措并举，不断提升服务质量

追求卓越，对标一流。公司提出以“国内最好，世界一流”为目标开展对标一流工作。形成标杆机场、企业的案例资料库，构建对标关键指标体系，按照立标、追标、达标、创标的步骤推进对标项目，打造对标样板间，形成可复制可推广的对标管理特色工具和方法，为大型机场运营管理提供参考。

精益运营，持续改进。在服务业中创新引入“精益运营”管理方法，在行业内率先构建浦东机场 FINE 精益屋，创新性地识别出顾客的八大损失，精简服务过程中一切非增值活动，最终实现服务最优的目标。编著出版《机场精益运营管理》一书，对于机场管理与行业发展具有一定借鉴意义。

引领标准，建设体系。对内完成作业标准集中制修订；健全质量管理体系，发挥质量体系对运行管理的指导作用。对外参与国家标准、地方标准、团体标准的编写，向社会公开推出具有行业先进性的《民用国际机场旅客服务》团体标准，参与国家标准《质量管理　顾客满意组织处理投诉指南》修订和上海市团体标准《质量管理体系响应突发公共事件的指南　第 1 部分：公共交通服务》编写。

打响品牌，提升品质。强化服务创新和关注旅客需求，连续 5 年向社会公开推出“浦东机场十大服务举措”等。公司作为立项单位参与中国民用机场协会组织的《中国民用机场服务品牌建设指南与行业研究实践》编写，对于推进行业开展品牌建设有较强的指导性和可操作性。旅客满意度分值连续 4 年位列全球机场前 5 位，2020 年浦东机场旅客满意度（ACI）测评得分为5.00分，排名位列全球第一。

4）智慧建设，增强核心竞争能力

发挥智能设备和高端技术在日常运行管理方面的作用，努力使公司成为机场行业实践智慧运营和智慧服务的国际航空枢纽机场典范，形成智慧机场初步规划蓝图，明确实施方案和路径，利用先进的信息技术，实现机场智慧式管理和运行，在全面保障机场安全的前提下，提高机场运行效率，进而为旅客提供良好的服务，促进机场的可持续发展。

利用物联网、大数据、人工智能技术和三维可视化技术的整合，建设陆侧交通实时三维可视化融合运控平台，实现陆侧交通管理与保障区域的三维场景可视化场景漫游，多类型的陆侧交通数据融合展示与同步处理分析，在行业内率先完成了“空地一体”数据协同，与“多部门、多类型”数据融合，消除信息孤岛，优化陆侧交通运行管理流程，最终为旅客提供“一站式出行”服务，极大提升了陆侧交通服务水平和能级。

5）勇于担当，积极履行社会责任

把社会责任的理念渗透到组织的文化、制度和体系中，使组织各项活动都体现社会责任理念和精神，并以此引领公司的管理创新、服务创新、技术创新工作，回报股东，回馈社会，落实精细管理。

履行上市公司社会责任，促进浦东机场结构性节能减排，实施机场综合性节能减排改造项目与工程，利用航班联动系统、光伏发电、中水回用、新能源车、桥载设备、锅炉低氮燃烧、水蓄冷等绿色生态科技，发挥节能减排引领作用，并积极响应国家及上海市的碳排放政策，打造共享蓝天，共绘绿色的空港社区局面。

坚守“环保合规”的红线，注重环保工作的主动性、积极性与自觉性。在原有ISO 14001体系管理的基础上，从优化组织机构、完善制度体系、梳理环保实务、建立公司环保规划、加强检测监测、落实一批重点项目等方面推进浦东机场环境管理工作。积极做好浦东机场环境保护、废弃物管理、节能降耗、预防污染排放等各项环保工作，降低资源消耗，实现企业绿色可持续发展。

（2）组织绩效

2019年主营业务收入为109.45亿元，与获奖当年相比增长57%；利润总额为666 758万元，与获奖当年相比增长79%；连续保持20个安全年，ACI测评得分为5.00，未发生重大服务质量投诉，获得3个专利授权。

中国铁路上海局集团有限公司上海站

——深度聚焦顾客满意，打造全新顾客体验

中国铁路上海局集团有限公司上海站（以下简称上海站）原名为上海铁路局上海站，是一家历史悠久的大型国有企业，最早可追溯至1876年中国第一条营业铁路吴淞铁路，2017年12月正式更名，目前管辖上海火车站、上海南站、上海虹桥站三个大型客运站及上海西、南翔北、安亭北、安亭西四个城际车站。上海站是京沪、沪昆、沪宁、沪杭、沪苏通等线路的始发终到站，开行列车覆盖除台湾、澳门以外各省市区首府和全国211个地级以上城市。每天办理旅客列车超过 1 100 趟，日均到发旅客最高峰超过 110 万人次。2019 年，车站旅客吞吐量超过 2 亿人，占上海市城际交通运输总量的 50% 以上，为上海建设五个中心提供了有力的交通运输保障。获 2018 年度上海市质量金奖。

（1）管理优势

上海站积极构建“心尚”服务质量模式，立志用心服务、温馨旅途，不断满足顾客需求，创造和传递顾客价值，提升顾客忠诚，从而构建起可持续的竞争优势。

1）强基达标，从严务实，抓好安全生产工作

完善三位一体安防体系。突出人防核心，深入开展惯性两违整治，严格触碰红线考核追责，加大发现问题隐患、防止事故险情人员奖励力度。完善物防措施，围绕高铁和旅客列车安全，加大各类安全设施投入，加强日常检查，补强薄弱环节。强化技防建设，推广运用安全风险预警、站台端部防入侵、列车晚点股道智能调整等系统，从根本上降低安全事故发生概率。

狠抓安全隐患排查整治。贯彻落实关于高铁和普铁环境安全治理的要求，在严格执行定期分级检查验证制度基础上，加强与地方政府部门对接，利用召开协调会、发函公告等方式，超前完成了 26 处高铁和 8 处普铁外部环境隐患整治工作，逐步完善了路地协调联动长效机制，同时扎实开展了消防、调车、防错办等专项整治。

强化结合部安全管控。针对结合部日益增多实际，修订完善了《上海站结合部安全监督管理办法》，共与驻站单位签订了 142 份安全协议，确保了结合部管理的制度健全、责任明晰、约束有力。建立健全定期隐患排查机制，分级分时联合各驻站单位开展结合部安全隐患集中排查并定期召开协调会议，消除了结合部间隙，确保了生产组织、应急处置更加高效。

2）以改革促发展，向管理要效益，持续提升运输经营品质

找准定位，在掌握市场脉搏上争取主动。强化市场前沿地位，通过问卷调查、专题调研等形式，跟踪收集旅客反馈，及时掌握市场动态，编制专题市场分析，为科学制定营销策略、优化产品服务提供了坚实支撑。发挥上海市长三角龙头优势，系统研究通勤旅客出行规律，针对性制定产品策略。建立上海地区大型会展资料库，主动对接会展机构，研究制定配套方案，积极引流上线。整合成立营销分中心，与集团公司形成了协调互补的良好格局。

抓住关键，在精细营销组织上追求实效。选取客流特征明显的京沪高、沪宁杭等重点线路，分线开展客流预测分析，合理优化运能配比，努力做大热门线路客流。认真研判客流规律，按照能流匹配原则，积极采取高峰期增加供给、淡季减编停运等优化措施，实现运能高效利用。进一步固化分线拟定、按周提报、按需调整的运能增补模式，做到运能申请、跟踪、反馈的闭环管理，努力实现列车开行效益最大化。

强化保障，在创新运作机制上不断探索。以标准化规范化建设为抓手，进一步健全营销例会制度，完善形成“三统三分”标准化工作机制。挑选优秀大学生到营销分中心开展挂职锻炼，为车站积蓄营销后备力量。成立由营销骨干领衔的“数据应用工作室”，开展课题攻关，加强营销实践。重新修订工效挂钩奖励实施办法，加大职工收入与车站经营业绩的关联程度。出台精准营销考核激励办法，每季进行专业技能和岗位履职评价，实现有奖有罚，激励营销岗位人员主动营销、多做贡献。

3）改进服务举措，尊享美好旅行，让旅客有更多获得感

突出需求导向，提供精准服务。采用专业问卷、抽样调查、旅客评分等形式，常态梳理旅客出行需求，动态收集旅客意见建议，持续推广网络购票，推出自助办证、自助退票服务，全面实行电子客票，全方位提升旅客办票体验。升级补强标识引导系统，全面推广刷脸验证进站，增设商务、急客专用通道，实现虹桥站高铁旅客换乘地铁单向免安检，确保旅客从容出行。巩固厕所革命成果，推进绿色车站建设，直饮水供应实现三大站全覆盖，设立站区医疗点、朗读亭，增设手机充电站、自助寄存柜等，积极响应和满足旅客多样化需求。

追求细节完美，传递服务温度。通过实施各类微更新、微调整、微创造，体现城市窗口服务的温度。补强站区无线网络覆盖，改善旅客上网体验，规范调控站区广播音色音量、商业店招和广告灯箱色彩亮度，营造温馨舒适环境。落实重点旅客优先服务，修订重点旅客分类服务办法，完善“四区一室”建设，分站制订落实“主动发现、主动服务”74条具体举措，确保重点旅客出行无忧。推出“心尚”云服务，强化线上线下服务联动，联合上海交通广播打造“心尚”主播，传递品牌声音，扩大社会认知。

强化创新引领，提升服务能级。率先实施“窗口革命”，在虹桥站建成全路首家集空铁通、常旅客服务、高铁随手寄和旅游、票务等多功能于一体的开放式综合服务窗口。积极整合各类社会资源，携手航空公司、银行、社会公益组织、高校，增加值机、外币兑换、应急救助，创建价值共同体，不断拓展服务外延。积极开展禁烟宣传，推行生活垃圾分类，引导旅客文明出行、绿色出行。

4）倡导精细化，构筑数字化，全面提升企业管理水平

推进标准化管理。深入推进“五位一体”标准化规范化建设，全面对标找差、创优争先。深化车站机构改革，调整科室职能，补强专业力量，推动专业管理向一线延伸。健全与各站区管委办及地铁、公交、长途客运等方面的联动机制，加强协同管理，形成良性互动。

推广数字化应用。从解决实际问题出发，组织研发了安全风险管理预警系统，建设CTC3.0模拟仿真系统，推广电气火灾自动报警系统。积极推动虹桥站5G网络建设，主动顺应时代潮流，打造安全、便捷、智能出行新生态。坚持推行精细化集约化用工，结合专业维保、电子客票等变化，重新调整人员配置。

灵活用工制度。坚持内涵挖潜，优化劳动班制，推行兼职并岗，抓好非在岗人员清理。坚持灵活用工，构建以劳动合同制职工为主体，以劳务派遣、业务外包、志愿者等为补充的多元化用工机制，缓解结构性缺员矛盾。2015—2019年，车站客发、收入任务分别增长 36. 95%、56. 98%，平均用工总量增幅仅 4. 02%，在工作量高位增长的同时，用工总量得到有效控制。

提升应急处置能力。新冠肺炎疫情期间，上海站按照党中央、国务院、上海市委市政府、国铁集团和集团公司统一部署，根据属地管理要求，坚持科学防治、精准施策，全力以赴守一扇门、护一座城。第一时间成立组织机构、启动应急预案，连夜组织测温设备安装调试、防护用品采购发放，率先实施旅客全面测温、职工健康防护。从严从紧从细落实旅客测温筛查、站区清洁消毒、职工自我防护、发热旅客处置等“八个严格”要求，坚决防止疫情通过车站传播。持续关注疫情发展态势，毫不松懈抓好常态化疫情防控工作，针对个别地区疫情反复实际，及时跟进落实属地政府管控要求，严格健康码查验，打好常态化疫情防控持久战。疫情以来，车站累计测温筛查旅客 1. 2 亿人、处置发热旅客 765 人；转运境外重点旅客 2 054 人；运输援鄂防疫物资 1 249 批、601. 3 吨；运送医护人员 7 批、179 人，生动诠释了车站干部职工“交通强国、铁路先行”的责任担当。

（2）组织绩效

旅客发送总量的份额逐年递增，从 2018 年的 53. 22% 上升至 2020 年的 58. 62%，实现运输收入 504. 81 亿元，其中 2019 年实现运输收入 202. 55 亿元，比 2018 年的 189. 93 亿元增长 6. 6%。三年来，车站旅客投诉率由 16. 85% 下降至 3. 81%，表扬率由 1. 59% 上升至 6. 76%，旅客满意度由 80. 49 上升至 85. 11，连续 3 年在全局名列前茅。

9. 3. 2　公共卫生

人民健康是上海建设卓越的全球城市和具有世界影响力的社会主义现代化国际大都市的重要内涵。建设亚洲医学中心城市，是服务上海“五个中心”建设、全力打响“四大品牌”尤其是上海服务品牌的重要抓手。上海的医疗卫生行业以人民健康为中心，以亚洲医学中心城市为目标，通过建立健全科学化、专业化、精细化的现代医疗卫生管理体系，更新管理理念，优化管理模式，完善管理制度，提高管理效能，确保质量安全，不断提升医疗卫生服务能力与水平，推动行业从高速度发展向高质量发展转变。在这个过程中，涌现了诸如上海儿童医学中心、复旦大学附属中山医院（内镜中心）、复旦大学附属华山医院（神经外科）、上海交通大学医学院附属瑞金医院（内分泌代谢科）、上海市血液中心等一批锐意变革、追求卓越、成效显著的质量奖获奖组织，同时涌现出了潘柏申、张文宏等一批从经验管理走向卓越管理的政府质量奖获奖个人。本节选取上海交通大学医学院附属瑞金医院（内分泌代谢科）、上海儿童医学中心、复旦大学附属华山医院等三个案例作分享。

上海交通大学医学院附属瑞金医院（内分泌代谢科）

——构筑质量管理七大体系创新代谢病管理全程模式

上海交通大学医学院附属瑞金医院内分泌代谢科创建于 20 世纪 50 年代，是中国内分泌代谢学科发源地之一，是国家代谢性疾病临床医学研究中心，国家基金委糖尿病创新群体，中华人民共和国国家卫生健康委员会内分泌代谢病重点实验室和上海市内分泌肿瘤重点实验室。医生62人，年门诊量达25万人次，床位总数200张，收治病种达190种，几乎涵盖全部内分泌疾病。建立国家标准化代谢性疾病管理中心（MMC），创新代谢病管理新模式，在全国31个省（自治区）和直辖市的1 100家医院得到应用，总管理超50万糖尿病患者。创有国内最大的内分泌代谢病临床样本库。获2019年度上海市质量金奖。

（1）管理优势

1）夯实基础，构筑内分泌全程质量管理七大体系

建立代谢性疾病临床诊疗规范与质量控制体系。自2000年起建立多学科诊疗模式，坚持20年，完成1 500例疑难病例临床诊治，首创“瑞金内分泌代谢学科群”（MDT）诊治模式，设立学科群专项研究基金，不仅显著提高疑难病的诊治率，而且还带动兄弟科室临床和科研水平的提高。

建立临床研究标准流程、信息化质控管理系统。不断创新技术，逐步推出5项治疗新方案，优化15项临床路径，实现内分泌肿瘤精准诊疗。并在国际上首次提出“三类十种”内分泌肿瘤分子分型法，整合医学优势，指导个体治疗，提高疾病的治愈率。上述诊疗技术两次获国家科技进步二等奖。

建成中国最大的内分泌代谢病临床样本库。重视生物样本库质量建设，以50项SOP进行样本库建设，创建五大研究队列，已拥有600万份样本。创建全国代谢性疾病临床研究合作网络，是最早实现可溯源、可跟踪、可交换、系统性、规模化的开放共享式智能生物样本库信息化管理体系。

成为中国唯一经CAP认证的内分泌临床检测中心。以106项SOP建立国内唯一获得美国国家糖化血红蛋白标准化计划（NGSP）和美国病理家协会（CAP）认证的内分泌临床实验室。从2011年首次通过CAP认证以来，已连续10年通过现场复审。实验室以质量管理为核心，质量创新为抓手，质量效益为目标，为临床一线提供高质量服务。

创建精细测量的全中国首个“人类生存模拟舱”。通过环境、生理、行为传感器实时采集20余种指标，其中12种为世界首创，应用人工智能技术研究人体在不同状态下对疾病和治疗方法的反应，实现疾病精准诊断及治疗。人类生存模拟舱平台的建立，为转化医学研究提供了高端测试平台。

建立健全辐射全国的人才培训体系。自1978年创办国家卫生部“全国内分泌医师进修班”以来，培养全国内分泌专科医生4 000余人，其中一半成为学科带头人。主编出版《糖尿病学》《临床内分泌学》等多本学术专著，创办《中华内分泌代谢杂志》和《Journal of Diabetes》中英文两本杂志，以及代谢网，2020年10月学科主编的全国统编教材《内分泌内科学（第二版）》被推荐为全国首届优秀教材（研究生教材）奖。

创建形成可推广的代谢病管理全新模式。注重疾病诊疗流程的改造，聚焦关键环节制定了一系列的SOP，将就诊环节检测设备、数据平台、转诊流程标准化、规范化和系统化。以25项SOP创建糖尿病足中心，以252项SOP建立国家级代谢性疾病信息化管理控制体系，并以 469 项 SOP 在全国范围内建“国家标准化代谢性疾病管理中心（MMC）”。

2）创新模式，创建“国家标准化代谢性疾病管理中心”

MMC 项目启动于 2016 年，其核心理念是“一个中心，一站服务，一个标准”，即利用物联网＋互联网技术，在“一个中心”实现糖尿病等代谢性疾病的登记、检测、诊疗、患者教育、随访管理等全部功能，为患者提供“一站式”服务，并把这种方式做成统一标准，用各项细致的 SOP 在全国所有代谢中心推广实施。MMC 项目经过多年的探索和实践，陆续建立了 469 项 SOP，涵盖了从项目立项、标准建设、验收培训、随访流程、血样采集、治疗路径、质量控制等各个环节；并通过督查官、巡查员等不同层级的督导制度，形成环环相扣的管控流程。MMC 项目将循证医学、转化医学、精准医学、智慧医疗进行了有机融合，把先进的诊疗设备与物联网技术整合为线上线下一体化的整体解决方案，实现了对病人的全方位诊疗和健康管理，实现对代谢性疾病的早期发现，干预前移，减少患者痛苦，降低国家医疗负担，实现双赢。

作为代谢病诊疗的标准化模式，MMC 项目得到全国同行的高度肯定，并在全国范围内快速推广。截至 2020 年 12 月，全国已有 1 100 家医院加入 MMC 行列，覆盖 31 个省（自治区）和直辖市，其中 592 家医院正式收治患者，管理患者总数达 50 多万人。MMC 项目在全国的广泛应用，以统一标准的方式，实现不同地区、不同类别医院的全国同质化管理。使各个地区患者都能得到以国际最先进水平建立的代谢性疾病管理标准化照护，从根本上改善医疗资源及医护配置问题，让全国各地的患者都可以享受到源自中国排名第一的内分泌学科慢病管理模式。统计数据显示，经过 MMC 项目的管理，全国患者的血糖水平得到有效控制，糖化血红蛋白（HbA1c）达标人群明显提升，由基线的 21.4% 显著上升至 47.0%，代谢综合达标率也由基线的 7.1% 上升至 18.7%，均达到国际先进水平。由此 MMC 也荣获了 2018 年度第二届“上海医改十大创新举措”。

3）改进创新，努力实现造福“1 000 万患者”的目标

学科为 MMC 的推广描绘了宏图，在建立 1 000 家 MMC 的基础上，进一步提出实现管理 1000 万糖尿病患者的目标，力争在 10 年后降低我国糖尿病发病率 1%，降低各种并发症 10%。

加强培训服务。继续面向全国提供专业培训。从质量管理要求与实际能力出发，制订年度培训计划，区分培训类别，明确受训对象，规范培训内容，包括基础质量培训，质量管理类、质量标准类、质量制度类等培训；专业能力培训，专业类、项目技术类、特殊病例讨论、标准化诊治流程等培训；丰富培训形式，包括办班、参观、讲座、演练、线上培训等多种形式；组织培训考核，了解参训人员掌握技能的情况，加强培训评估，及时发现问题，及时进行调整，不断提升培训质量。

重在技术突破。进一步改进“代谢一体机”，从根本上简化诊治流程，整合现有及最新的 MMC 相关检测，建成“可扩充”的检测平台，减少患者来回奔波，同时又能降低医护人员的劳动强度，并保证检查的准确性。搭建标准化、结构化的数据管理系统，方便医生针对检查数据提供更及时和更精准的诊疗方案，实现对患者健康状况的实时全程管理。进一步完善远程会诊系统，服务更多基层中心，并最终为全国范围内的代谢病远程医疗全覆盖提供参考方案。

（2）组织绩效

学科在中国医院科技量值排行榜专科榜连续6年以满分获排名第一，在《中国医院专科声誉排行榜》中连续十次荣获内分泌专科榜全国第一。近年来发表SCI收录论文620余篇，获国家级课题235项，省部级课题164项，获批新药和器械各1项，授权发明专利20项、外观/实用新型专利16项，授权软件著作权22项及商标2项。学科近年来先后荣获国家科技进步奖二等奖4次，国家科技进步奖三等奖2次，省部级科技进步奖一等奖6次。

上海儿童医学中心

——构建“3Q”质量管理体系，创建一流儿童医学中心

上海儿童医学中心成立于1998年，由上海市人民政府和美国世界健康基金会合作共建，是一家集医、教、研于一体的三级甲等专科医院，设有国内首家儿科转化医学研究所、卫生部重点实验室、卫生部首批小儿先天性心脏病诊断和介入治疗继续教学的培训基地。于2017年获批成为国家儿童医学中心建设主体单位之一。立足上海，服务全国，拥有多个在国内外具有重要影响力的优势特色学科，如小儿心血管学、血液肿瘤学、发育行为儿科等。儿科学专业已经成为国家重点学科、211工程、985工程、085工程重点建设学科，相关儿科学专业相继获得国家临床重点专科、上海市医学重点学科及上海市公共卫生重点学科等称号。获2017年度上海市质量金奖。

（1）管理优势

上海儿童医学中心构建“3Q”质量管理体系，将质量保证（QA）、质量控制（QC）、质量改进（QI）的理念和做法融入医院的日常运营之中，实现质量、技术和服务的全方位提升。

1）质量保证（QA）——增强服务意识，夯实管理基础

将“一切为了孩子”的理念融入诊疗全过程。中心以提供一流医疗服务，培养儿科卓越人才为办院使命，凝练出“进取、合作、尽职、自信”的核心价值观，努力打造提供一流医疗服务，培养儿科卓越人才，创造转化科技成果的国家儿童医学中心。在管理上极为重视医疗质量，将质量控制作为永恒主题，不断追求卓越绩效。通过多年的不懈努力，历经“质量管理筹备期”“质量管理转型期”和“质量管理深耕期”。对接国内外医院质量标准，在提供同质化、连续性医疗服务、完善医疗流程和评估方法等方面进行全面改进，取得了丰硕的成果，确保组织的可持续发展。

聚焦质量提升，构建完善的三级组织管理体系。中心领导作为决策层，带头执行国家、行业、地方关于医疗质量和服务的法律法规，提出质量管理的总体要求，明确各层级职责，召开专题会议，落实专项培训，推进整体工作。中心在国内儿童专科医院中率先独

立设置质量控制办公室，从质量管理第三方的角度，客观公平地测评医院质量运行状况、规章制度执行情况，与各主管职能部门交叉补充，共同为医疗与患者安全保驾护航。医院各级职能部门、临床科室（病区）成立质量控制小组，配备有资质人员，运用多元化的质量管理工具，组织实施质量改进与病人安全项目。包括质量改进项目（PDCA/QCC），警训事件的根本原因分析（RCA），识别管理过程或医疗流程存在的潜在风险及流程再造（FMEA），精益项目管理（Lean－six sigma）等；通过每月收集监测指标数据，进行自身或标杆比较，设定干预或改进措施，定期通过《质量报告》季刊、相关会议、微信群等多种形式反馈质量改进结果及效果，并进行改进效果的持续追踪。

确保诊疗质量，建立健全系列化规范化制度。规范管理，制度先行。中心在不断完善质量管理体制的同时，积极开展建章立制工作，聚焦主题，配套制定，体现系列，增强可行性和行政效率。全院每3年进行制度修订或重审，根据国家法律法规、行政决议、专业质控要求、临床指南推荐等及时更新制度。累计形成543项制度及流程，36项预案，更新了44个部门268项岗位职责。同时，为有效的贯彻医院制度，每年针对核心制度及新修订制度进行培训及考核，并将培训完成度及考核合格率纳入科室绩效。医院还采用医疗管理信息化系统，对医疗全过程进行实时监控，将包括制度执行在内的各项要素落到实处。在此基础上，实行医疗质量与安全量化指标考核，纳入科室月度绩效，不断强化目标导向与执行力。

2）质量控制（QC）——创新管理模式，有效流程控制

打造卓越绩效管理新模式。成立“医院质量改进与病人安全委员会”，明确18项医疗核心制度，设立10大患者安全目标，运用风险评估表确立质量安全高风险项目及监测指标。每年初由委员会牵头，组织各层级责任部门根据上一年医院质量及安全控制情况进行全面对照，年度考核用具体的质量指标、效率指标、成本指标“说话”，进而在“医疗质量与安全”“管理有效”“发展持续”“社会满意”四个维度上实现工作质量的全面提升。在此基础上，进行新一年绩效目标及管理指标的设计和分解，通过科室主任目标责任书的方式，将各项指标落实到各责任部门。中心建立和完善医疗质量、运营效率、成本控制、科研教学等方面的绩效监测系统，通过月度绩效跟踪，及时发现倾向性问题，及时召开全院科主任例会进行点评，一级保一级，确保全年绩效目标的有序推进和全面实现。

推出质量管控多样化措施。中心采用部门合作、点线结合、多措并举的方式，切实落实管控措施。如以缺陷管理为抓手，开发“网络化医院不安全事件报告系统”，及时发现系统性、潜在性风险的循证依据。倡导“无惩罚”理念，积极鼓励不良事件主动上报，每月进行不良事件的分析点评，对重大事件进行根本原因分析（RCA），对事件中存在的流程、管理缺陷进行整改。2019年门急诊针对上报的药物不良事件，与信息科共同合作，研发了“门急诊高风险药物闭环管理系统”；针对手术室上报的多起选择性手术无故取消事件，医务部将“无原因取消择期手术申请率”作为院级质量重点监测指标。中心向作出相应改进的急诊科与手术室颁发了年度“医院安全文化最具价值奖”。同时，医院组织不同形式、层面及内容的督查，通过科室部门自查、条线常规检查、日常早巡夜查、质控联合督查、专项突击检查等形式，对医疗终末质量和运行质量进行督导。内容涉及核心制度落实、KPI运行、各条线质控要求（病案、院感、消防、安保、精神文明等），推进制度流程在一线的落地。

借助系统化提升过程质量。中心运用系统化和信息化手段，研发了基于网络平台的医院不良事件报告系统，形成不良事件报告系统管理的有效模式——“3 + X”模式：3为3家职能部门，医务部、质控办、事件发生的主管部门；X为事件发生科室或部门。对警讯事件启动“3 + X”进行根本原因分析，并在规定的时间内完成根源分析报告，制定改进措施，每月进行效果追踪。近年来通过“3 + X”根源分析，共改进流程制度21项，补齐防控短板，提升医疗质量。

医护条线建立了“医疗服务质量行政巡查制度”，每日上班前和下班时，对在院的危重患儿和三级以上手术术前患儿进行巡查，与家属加强沟通，倾听家属对我院临床医护服务的需求和建议。创立“医疗风险防控基金”，将临床防控成效与荣誉挂钩，每年超80%科室实现零投诉，大大提升临床预防风险积极性。

3）质量改进（QI）——借助管理工具，引导全员参与

结合诊疗实践，用好各类质量管理工具。基于PDCA多元质量管理工具，以各类管理工具（QCC、FMEA、Lean - six sigma、DR）为推手，强化医疗质量精准管理。近三年累计开展院级PDCA项目40项、科级42项、部门级101项，项目总体完成率100%，目标实现率89.6%。此外，自2010年起每年针对重大警讯事件做根本原因分析（RCA），并由此改正流程缺陷、完善制度共计13项。2017年医院与GE公司合作，推进精益六西格玛管理改进项目实施。2018年医院成立“精益医疗社”，以“精益在心、改善于行”的理念持续推动质量改善。四年来医院共完成12项精益管理项目，并达成预期目标，取得较好成效。在“精益医疗社”的运作下，医院培养了12位精益绿带成员、成立了院“精益培训讲师团”，在此基础上，继续推出“青苗”“翠竹”“劲松”精益绿带递进计划，让更多的医务人员参与到医院的各级各层质量管理活动中。

聚焦过程管理，开展群众性质量管理活动。中心围绕“医院质量人人有责”的理念，动员和激励员工积极参与质量管理和过程控制。在2019年9月开展的“医疗质量月”活动中，以“构建卓越质量的儿童健康体系”为主题，围绕“病案质量、处方点评、院感防控、精益管理”四部分内容，组织员工共同参与对照检查、分析交流，提高医务人员对医疗质量和医疗安全重要性、必要性的认识。每年遴选优秀PDCA项目刊登于《质量报告》季刊上，进行经验交流及学习分享；年度汇总不良事件，从中节选出“十大重点案例”，组织全院质控员进行讲评；设立“医院安全文化突出贡献奖”，授予积极填报不良事件的科室；设立“医院安全文化最具价值奖”，授予因不良事件而在制度、流程改进中有显著成效的科室与个人。2020年，在评选“医疗质量奖”的原则上改变以往考核单因素成绩的做法，综合医疗基础质量、新技术培育、质量改进成效和医疗纠纷四个方面，进一步凸显全面、全员、全过程质量管理要求，吸引更多的员工积极参与。

（2）组织绩效

中心近三年业务量稳步上升，年门急诊总量约 192.42 万人次，出院病人约 4.25 万人次，手术病人约 2.5 万人次。是国内首家通过 JCI 国际医院认证的儿童专科医院。2020 年，国家卫生健康委员会进行的国家三级公立医院绩效考核结果显示，中心获得全国儿童医院总分第二，康奈尔医学（CMI）指数第一。先后获得国家科技进步二等奖 8 项（其中合作 2 项），多次获得上海市科学进步一等奖、中华医学会科技进步奖、教育部科技进步奖、宋庆龄儿科医学奖等重大科研奖励。

复旦大学附属华山医院感染科张文宏

——展现共产党员风采　体现“医者仁心”情怀

张文宏，男，教授、主任医师。从医 27 年，2010 年至今担任复旦大学附属华山医院感染科主任，目前还兼任复旦大学临床医学院内科系主任、中国医师协会内科分会副会长、《中华传染病杂志》总编辑；在抗击新冠肺炎期间，担任上海市临床救治专家组组长。共发表论文 300 余篇，其中 SCI 收录第一或通讯作者 100 余篇，主编专著 10 余部，承担国家、省部级科研项目 20 项；获中华医学奖三等奖、上海医学科技奖二等奖、上海市科技进步奖三等奖等。2020 年荣获全国优秀共产党员、全国抗击新冠肺炎疫情先进个人。获 2020 年上海市市长质量奖。

（1）加强党建引领，将“共产党员先上”成为共识行动

2020 年疫情初期，张文宏的一句“共产党员先上”，引发全社会的强烈反响，但对感染科的党员同志而言，这不仅是疫情期间的要求，更是日常工作之中的常态表现。张文宏兼任党支部书记，在工作实践中高度重视发挥党员的先进性和模范性，构建党建工作与业务工作有机结合的体制和途径，把党的领导融入科室管理的各个环节，实现党建工作与医疗服务的深度融合。加强思想教育和政治引领，把文化倡导、道德要求、工作表现转化为具体指标，纳入员工绩效考核。张文宏以身作则，感染科团队风正气顺，形成了党员主动带头、广大员工力争上游的良好局面，成为全国首屈一指的疑难感染病及发热待查诊治中心，连续 9 年在复旦大学医院管理研究所《中国医院专科声誉排行榜》上名列第一。感染科作为一支“特别能战斗”的队伍，在 2009 年 H1N1 甲型流感、2011 年布尼亚病毒感染、2013 年 H7N9 病毒、2014 年埃博拉疫情、2020 年新型冠状病毒病等公共卫生“战役”中，始终冲锋在前，战斗在第一线，以勇于奉献的奋斗精神和严谨细致的科学态度，一次次夺得令人瞩目的成绩。

（2）坚持文化倡导，提升文化与制度协力推进的源动力

张文宏怀揣“建立国内领先、世界一流的感染学科”的愿景，努力践行“维护保障社会和人民的生命健康”的使命和担当，不断创新、拼搏和跨越，孕育了全科室“质量、责任、服务、品牌、创新、精准”的卓越意识。在实际工作中，张文宏坚持文化倡导和理念先行，帮助员工明确目标、统一思想；同时建立起一系列的规章制度，构建起较为完善的文化“落地”的制度体系和保证措施。在履行医院管理制度的基础上，在张文宏的领导下，感染科从自身实际出发，进一步充实了适应本科专业需求、符合自身专科特色的若干制度，包括安全质量管理制度4项、传染病/院感/医务人员感染风险控制与处理6项、诊疗常规1项、实验室管理1项、人员管理2项、会务管理2项。通过制度规范更好体现团队的精神风貌。感染科现有50位人员，每年完成11万多人次的门诊量，9个病区214张床位承接8 000多人次的入院治疗，还承担一系列的科研任务和课题研究，是上海乃至全国名副其实的行业排头兵和先行者。

（3）展现精湛医技，履行“医者仁心、生命至上”的职业情怀

张文宏从业27年来，始终坚守在感染病学临床和科研的最前沿，医技精湛，挽救了无数疑难重症患者的生命。张文宏强调“救死扶伤是医生的社会责任”，针对感染病患者的实际情况，不仅以高超医技为之服务，更是以“大爱无疆”的境界给予帮助。在他的带领下，感染科经常组织集体募捐，体现了“医者仁心”的博大情怀。为了更好地服务患者群众，张文宏以做大做强感染科为己任，积极打造亚专科，从原来的4个发展到今天的16个，几乎涵盖了当前感染病的全部；打造多学科联合诊治感染病平台，开设全国首个“感染疾病多学科会诊（MDT）门诊”。通过十年努力，目前感染科已经成为全国发热待查诊断的中心之一，诊治的疑难病大于80%，病人有好转的大于90%，患者的满意率大于95%。在2020年疫情期间，张文宏作为上海市专家组组长，牵头形成了新冠肺炎诊疗的“上海方案”，赢得国内外同行的赞誉和借鉴。张文宏坚持临床诊治和科研工作相结合，带头钻研业务，共发表论文300余篇，其中SCI收录第一或通讯作者100余篇，主编专著10余部，承担国家、省部级科研项目20项。

（4）推进管理创新，构建具有“华山感染”特色的质量管理模式

张文宏高度重视诊疗质量，结合20多年从事感染医学的专业素养、医学理论和管理实践，建立了“六维一体”质量管理模式。“六维”：党建引领为核心的质量文化体系，患者关注为焦点的“三精”（精准、精通、精心）医疗服务体系，科学管理为基础的医教研管创新体系，过程管理为重点的“三全”（全过程、全时段、全质量）质量管控体系，安全为目标的医疗风险管控体系，计划管理为导向的绩效考核体系；“一体”：“医、教、研、管”质量要素一体化管理。将大质量管理的理念与医学精准化管理的方法相结合，贯穿感染亚专科各领域病种的过程质量、环节质量、终末质量。实现诊疗前中后的规范、合理、同质的质量控制。建立“症结识别，要因分析，现状改善、改进创新”的质量提升机制，确保感染科医疗服务的综合质量。华山感染病学科是上海市新发传染病公共卫生应急响应重点实验室、卫生部抗生素临床药理重点实验室、上海市重中之重临床医学中心，成为国内感染医学领域的质量标杆，彰显了质量管理模式的卓越成效。

（5）重视梯队建设，运用“擂台”形式搭建公开化选人用人平台

张文宏坚持“人才强科”的发展定位，以人才资源能力建设为主题，以调整和优化人才梯队为主线，着力建设高素质的员工队伍。制定科室人力资源长短期发展规划，指导实施感染科员工的继续教育培训计划，在科学定位感染学科发展和个人发展路线的基础上，制定了“培训、晋升、轮岗”等人力资源管理制度，采用“打擂台”方式，提供展示平台，加快人才培养的透明度。目前科室拥有“973”首席科学家 1 名、上海市领军人才 2 名、上海市优秀学科带头人 4 名；在国家和上海相关学协会担任职务的有 10 人次。瞄准国内外先进医疗技术和管理培养模式，广泛开展国内外合作交流与培训，全科继续教育培训合格率 100%，近五年内到国外专业进修 19 人次，在国际学术会议上发言 30 余人次，多次派青年医师赴国内外顶尖医疗机构进修，在鼓励个人自主选择学科的氛围下，开设出了若干亚专科，并成为领军人才。张文宏作为复旦大学临床医学院内科系主任，热心教学，指导博士生 40 名（在读 14 名），硕士生 7 名（在读 3 名），多次获得“研究生心目中的好导师”称号。注重发挥“华山感染”品牌优势，构建覆盖全国感染病学科的培训网络，举办进修医生培训班 25 期，参训学员来自全国各地，达 660 人次。

（6）勇担社会责任，用“听得懂的科普”为百姓解疑释惑

张文宏在历次公共卫生事件中，尤其是新冠肺炎疫情发生时期，积极主动地向大众介绍防疫知识，传播防疫科学思想，倡导抗疫科学方法，弘扬战胜疫情的科学精神。2020 年疫情期间，张文宏运用自身的医学理论功底和丰富的临床诊疗经验，紧跟热点事件，分析疫情走向，缓解民众焦虑，“致力于老百姓听得懂的科普”，用通俗的语言回答老百姓关心的问题。第一时间翻译世界卫生组织（WHO）疫情指南，发布在华山感染公众号上，阅读量达到 1 500 万次；编写发布科普书《张文宏教授支招防控新型冠状病毒》，以公益和销售相结合的方式出版，发行量达 110 万册，电子版在各网络平台实现 500 多万次点击下载量，同时翻译成 18 国语言输出海外；举办线上线下报告会 50 余场，线上音频听众达 44 万余人次；应外事部门邀请为 20 余国海外华侨、留学生提供防疫咨询，相关视频播放量达 8 298 万次，被群众称为“接地气的硬核医生”。这一称号，既体现了群众对张文宏过硬的业务能力、语言沟通能力的肯定，也是对张文宏勇担社会责任的认可。张文宏及其团队用实际行动塑造了“华山感染”新形象，成为百姓心中信得过的“定海神针”。

9.3.3　公共文化

公共文化是为满足社会的共同需要而形成的文化形态。现代公共文化服务体系彰显城市精神和城市品格，上海市公共文化领域通过推进卓越绩效管理模式，有效提升质量，更好满足人民群众对美好生活的需求，建设现代公共文化服务体系成效显著。本节选取上海市政府质量奖获奖组织上海交响乐团的案例作分享。

上海交响乐团

——职业化运营管理　擦靓城市文化名片

上海交响乐团拥有百余年历史，是中国交响乐的发源地，是亚洲最早创立、具备广泛影响力的大型管弦乐队，前身为上海公共乐队，曾享有“远东第一乐团”的美誉。是国内少数拥有顶级音效音乐厅的交响乐团之一，员工 230 余人。近年来，先后获得全国文化系统先进集体、上海市文明示范剧场、市文明单位、上海市科学技术奖二等奖、上海市民终身学习文化艺术体验基地“优秀站点”等荣誉称号。获2018年度上海市质量金奖。

（1）管理特色

乐团集百年之优势，走国际化之路，成为吸引和聚集全球名团名家前来的“码头”、孕育优秀中国作品推广中国艺术家的“源头”。改革开放至今，上海交响乐团创作了50余部曲目。成为中国大陆与世界级指挥家、独奏家、歌唱家合作最早、合作场次最多的交响乐团，上海交响乐团在运营上也是国内首个与国际接轨组建基金会的乐团、首个跨入职业化运营轨道、运作高质量年度音乐季并且率先成功实行预售票制度的乐团。

1）坚持以人为本，推进人才强团

乐团管理层始终秉持“以人为本，天下人才为我所用”的用人理念，建立绩效管理机制，用好三个“台柱”，吸引人才壮大队伍，展现上海文化标识度。为实现“音乐人才汇聚、艺术水平卓越”的人才战略目标，乐团注重激发员工潜能，保留关键人才，引进优秀人才。乐团制定了《薪酬福利制度》《绩效考核管理细则》《业务考试办法》等一系列人力管理制度，加强绩效考核，明确价值分配导向，保证乐团持续发展的内在动力。

发挥老中青作用，用好三个“台柱”。传承“以人为本，天下人才为我所用”用人理念；着重用好三个“台柱”。一是照顾好“昨天的台柱”。上海交响乐团有一批有影响力的老艺术家，如朱践耳、曹鹏等；乐团建章立制，为即将退休的艺术家举行舞台告别仪式，同时做好老艺术家创作作品和代表作品的传承工作。二是珍惜好“今天的台柱”。利用现有音乐厅的平台优势，对重点骨干人员、骨干重奏组合进行节目设计和包装，通过音乐季、上交室内乐、“乐工房”“乐工房”“乐行天下”等品牌项目推介重点骨干人员和骨干重奏组合，提升其艺术水平和社会影响力，培养德艺双馨的复合型人才。三是培养好“明天的台柱”。利用上海乐队学院课程教学的资源优势，乐团为青年人才提供观摩和参加大师班的机会，安排青年人才作为协演人员参与乐队学院的课程和演出。加深对音乐季客席首席模式的探索，结合客席首席音乐会日程安排，开设大师班，对青年人才进行业务培训和指导。鼓励青年人才多排练多出节目，在现有品牌项目中多给予演出机会和平台。

注重青年员工职业发展，拓宽专业晋升渠道。乐团重视加强青年员工的自我管理，加快青年员工的职业发展，提高工作绩效，发掘青年员工潜能，乐团适当提高了艺术系列高级职称的比例，克服“论资排辈”的现象，高级职称增量主要用于青年骨干。根据交响乐艺术样式特点，合理设置高级职称中一线青年骨干比例，使青年人才能够在艺术生涯的巅峰期得到相应的专业认可，以创建一个具有发展潜力和创造力的优秀团队，推动乐团总体战略目标的实现。坚持“一年一小考，三年一大考”的业务考核制度，从专业能力、业务表现、合作意识、道德品质等方面全方位地进行考核评聘，实行“能上能下，能进能出”的人员聘用机制；完善与职务序列相配套的薪酬体系，设计保障基本生活与强化绩效激励相结合的薪酬分配制度。合理分配演出收入，鼓励演出收入按照多演出多得酬劳原则拉开差距，向顶尖业务人才倾斜，向一线演职人员倾斜。

培养引进优秀人才，适应乐团职业化发展。乐团与上海音乐学院、纽约爱乐乐团联合创办上海乐队学院，明确办学目标，制定课程手册，培养方式多样，以乐团为实践中心，构建国际合作交流平台，全方位培养职业乐队演奏人才，帮助员工更好更快地成长，以适应乐团不断发展的需求。在音乐会的安排中，让业务骨干担任乐季音乐会的独奏，并有意识地安排乐团演奏员和知名艺术家合作；鼓励优秀人才进一步深造学习，提供优秀演奏员专场音乐会及独奏机会。目前上海交响乐团已成为吸引和聚集全球名团名家前来的“码头”，邀请国际顶尖乐队演奏艺术家来沪教学，开拓国际教学实践和交流活动，重点加强与欧美等国际知名音乐节和音乐院校的合作互访。开拓艺术管理人员培养的新方向，目前外籍及港澳台演奏员占比 14. 4%，在提供音乐表演培养基础上，增强对艺术管理人员的培训，提供全国性实用信息交流平台。

2）“团厅合一”模式，提升运营能力

专业级演出场馆是文艺演出的重要依托，也是现代公共文化服务体系的重要组成部分。随着上海交响乐团音乐厅的建成，上海交响乐团成为国内少数拥有顶级音效音乐厅的交响乐团，在“隐性”艺术资源和“显性”音乐厅方面均属于一流。

拥有世界一流的硬件设施。上海交响乐团音乐厅，采用隔振器技术使得音乐厅成为国内第一个建在弹簧上的“全浮建筑”，302 只隔振器将两个音乐厅整体架起，隔绝来自外部的振动；上交音乐厅外观质朴简练，内部空间则充满了科技与智慧，考究的声学设计堪称完美。葡萄园式结构，确保每个座位的高质量；“房中房”噪声振动控制系统，隔绝音乐厅外的噪声或振动的进入；内饰布置采用不规则反声管、木制雕花反声板，为音乐厅中的每一个座位提供最佳的聆听体验。

推出全新的职业化运营模式。乐团是国内首个与国际接轨组建基金会的乐团，是首个跨入职业化运营轨道、实施职业化管理的乐团；近三年经费自给率分别为 25. 11%、37. 65%、39. 48%；人均产出由 34. 15 万元提高到 37. 33 万元。职业化运营调动了员工的积极性，大大提高了乐团的演出频率，音乐季内平均上座率 70. 9%，高于国内先进水平 69. 4%；主办了十多年的上海夏季音乐节共计 200 余场演出，现场观众累计超过 20 万人次。

首推与国际接轨的预售和会员制度。乐团成功推出预售票制度的音乐季演出，观众得以提前一年获得表演时间地点、曲目、音乐家等信息。实行在线购买预售票，整个预售票购票系统为零人工干预系统；预售票官网销售比例逐年提高，从 2014—2015 乐季为 15%，到 2017 年的 51%，再到 2018 年的近 61%；现场排队观众减少四分之三，总接待观众耗时缩短 6. 5 小时，接待单人的时间由 19 分钟/人减少到 5 分钟/人。现场服务及购票体验均得到乐迷高度赞扬。推出会员制度，按高低分金弦卡、银鼓卡、牧笛卡和风琴卡四个等级进行分级管理，会员来自 29 个国家，31 个省市。针对会员顾客推出演出前的导赏活动、做有准备的聆听。

3）服务市民，反哺社会

细分顾客市场。乐团重视顾客市场调查，对顾客群进行细分，按专业程度分为专业顾客和大众顾客，按年龄分为老年观众、中年观众、青年观众和少年观众。针对各层次的顾客，推出不同的曲目菜单，以经典曲目保证基础票房，配以30%的新知名曲目用于刺激票房，以市场化手段提升演出效果，保持乐团的美誉度。面向学生，举办特色鲜明的校园音乐会、学生音乐节；针对儿童推出音乐好邻居亲子活动；走进企业，举办多种类型的音乐讲座；深入街道老年学校的音乐教室进行品牌推广活动。

推出惠民举措。本着让市民更好享受音乐体验的理念，推出各类惠民措施。在票价上，与其他同等级院团的音乐会相比，上海交响乐团的票价可优惠一半左右，且推出针对学生群体的优惠票。率先形成了政府搭台引导、区域市场主体共同参与的公共文化服务配送机制；与中国（上海）自由贸易试验区管理委员会陆家嘴管理局合作的文化进楼宇演出活动，以及上海城市草坪音乐会的文化惠民品牌，其门票全部为公益票。音乐季的公益票比例达到25%以上，远大于其他院团和剧场5%左右公益票的比例。总体顾客满意率较高，公益演出受到了广泛好评。

（2）组织绩效

上海交响乐团自新中国成立以来，已举办6 000多场音乐会。近十多年，还举办了600多场室内音乐会，市场反响热烈。改革开放至今，上海交响乐团约创作的曲目共50余部，在上海城市精神、中国文化特质、世界音乐潮流的引领下，上海交响乐团已经成为了东西方文化交流和亚洲音乐教育的推动者与培养者，延续着三个世纪的光荣梦想。

9.3.4 公共基础设施

公共基础设施是满足人们公共需求（如便利、安全、参与）和公共空间选择的设施，是城市主体设施正常运行的保证。公共基础设施坚持以人为本、质量为先的管理理念，提升公共基础设施的运行效率和质量品质，是健全超大城市现代化基础设施体系的基础。本节选取政府质量奖获奖组织国网上海市电力公司、上海市第四建筑有限公司等案例作分享。

国网上海市电力公司

——创新引领　用户至上

国网上海市电力公司成立于1985年，是负责上海地区电力输、配、售、服的特大型企业，统一调度上海电网，参与制定、实施上海电力、电网发展规划和农村电气化等工作，并对全市的安全用电、节约用电进行监督和指导。直接管辖各类电网企业、发电企业、施工单位、科研机构、能源服务等单位29家，员工13 300余人。截至2020年年底，公司服务客户1 088万户。共有35千伏及以上变电站1 212座，变电容量17 442.4万千伏安，输电线路26 993.28千米，最大市外来电1 691.3万千瓦，最高用电负荷3 339万千瓦。获2018年度上海质量金奖。

（1）管理优势

1）营造创新环境，培育行业一流技术创新能力

追踪世界供电技术发展动态，以世界一流城市电网高端前沿技术为重点，以国家电网有限公司电力系统规划和运行仿真分析实验室、上海市经济和信息化委员会大数据联合创新实验室等 10 个试验平台夯实研究基础，在交直流受端电网规划运行、城市电网安全可靠供电、智慧清洁用能等方面形成公司特色和优势，在潮流控制器、配网主动防御、充换储一体化电站、城市电网智能化调度等方面处于国际领先地位。

建成城市核心区高可靠性示范区、蕴藻浜站统一潮流控制器示范工程、“世界会客厅”智慧保电系统、“钻石型”配电网工程示范、殷家浜站“多站融合”等科技工程。公司主导完成国际电工委员会（IEC）首项关于直流偏磁抑制装置的标准，实现了中国在 IEC 变压器委员会中主导制定标准零的突破，成为首个发布 IEC 国际标准的省公司。国内首个独立发起储能领域 IEC 标准，发布国际标准 2 项，牵头在编 5 项、参与 10 项。

注重培养创新人才，2 支科技攻关团队获得国家电网有限公司命名，组建 8 支专业创新团队、23 支基层技术攻关团队。国际化人才基础良好，国际学术交流活跃，产生 3 名 IEC 工作组召集人和 2 名电子和电气工程师协会（IEEE）工作组主席，20 余人参与国际标准工作。拥有国家级、上海市级、国网及公司级专家人才 328 名。

注重创新环境的营造，建设投运覆盖本部和基层单位的“1＋23”双创基地，发挥资源集聚、辐射带动、成果转化和人才培养的作用。面向专业带头人、青年员工、博硕士群体、技术骨干，实施“挂帅”“揭榜”“举手”三制并行的科技创新机制，2020 年开展实施韧性电网、钻石型配电网等 5 大挂帅制项目，开展 16 个“揭榜”项目，下达“举手”项目 149 项。挂牌 15 个劳模创新工作室，鼓励一线员工的创新。

通过提升技术能力和创新环境，公司累计拥有专利 3 904 项，申请 PCT 国际专利 8 项。“十三五”期间获得国家科学进步奖 3 项、中国电力奖 39 项、中国专利奖 2 项、上海市科技奖 59 项、国家电网有限公司级奖励 64 项。

2）创新服务理念和服务方式，持续为客户提供优质服务

根据客户的不同需求和用电特征，建立了个性化的合作关系。与“高危”及重要客户建立“责任共同体”关系，与大客户建立“合作共赢”的关系，与居民客户建立“亲如朋友”的关系。如，公司率先与临港新片区管理委员会签订协议，主导开展能源规划编制、综合能源项目实施。在特斯拉 220 千伏电力配套项目建设中，设置专人对接，推行“现场联合勘察机制”“设计施工一体化招标”等工作模式，以同等规模最快速度送电。

坚持以领先的服务树立行业标杆。2017 年以来，公司围绕世界银行营商环境报告中“获得电力”指标关键内容，打造了“强前端、大后台”的“FREE”（代表延伸投资界面，压减接电成本）高质量供电服务模式，连续 3 年分别提出“五省五增”“五降五减”“五新五优”的高质量供电服务“FREE”1.0、2.0、3.0 版改革措施，获得了国务院督导组和世行专家充分肯定，世行“获得电力”排名从 2017 年的 94 位跃升至 2019 年的

12 位，国内获评标杆城市。

以高质量发展为引领，与东京电力等先进同行开展国际对标，持续改进提升质量水平，拓展不停电作业覆盖面，大幅降低用户接电时间和成本，打造了比肩东京等国际一流水平的供电服务品质。在全球首创“钻石型”配电网，在自贸区临港新片区、长三角一体化示范区、中心城区“两翼一中心”重点区域推广，打造城市电网高质量发展“上海样板”。高质量完成架空线入地工程，推动城市品貌升级。持续提升不停电作业水平，基本实现“无感停电”。公司在全国公用事业服务行业中，率先推广公用事业居民用户“多表集抄、多单合一、多费合收”，并被列为上海市政府实事为民工程。

推进专业领域服务品牌培育，累计通过 6 项“上海品牌”认证，成为获证最多的企业。注重营造服务质量文化，将每年 4 月 28 日确立为企业“质量日”，连续 3 年召开质量大会，发布系列年度高质量发展白皮书，总结质量成效，表彰质量先进，营造全员崇尚质量的氛围。通过企业质量文化建设，提升服务品牌美誉度和影响力。

3）建设高标准电力基础设施，实现高水平电网可靠性

建成国内最为领先的城市电网，如国内首个 220 千伏和 500 千伏环网，首条 ±500 千伏超高压直流线路和 ±800 千伏特高压直流线路，拥有我国仅有的两座 500 千伏全地下变电站，负荷密度、电缆化率、线路绝缘化率全国第一，电网资源优化配置能力、安全控制能力全国领先。

围绕城市发展，建设以特高压为引领、各级电网协调发展的城市坚强智能电网，在自贸区临港新片区、长三角一体化示范区、中心城区、“两翼一中心”重点区域推广“钻石型”配电网，打造城市电网高质量发展“上海样板”。推进配电自动化全面覆盖，推广应用开关站分布式自动化技术，不断完善双环自愈功能，实现故障秒级自愈。

全面推广不停电作业技术，编制国内首个配电网不停电作业抢修服务认证标准，在国网系统内率先实现带电作业的产业化、集团化运作，2020 年以来，公司带电作业开展次数较 2018 年同比增长 53% 。

构建超大型城市骨干电网智能高可靠运行体系，以全方位、立体式的感知体系和智能化、数字化、自动化的监测技术监控风险点，开展自动预警，大幅提升“机器代人”覆盖面，有效促进人机协同效率，推动运检作业的智能化、自动化，该项目获得中国质量协会质量技术一等奖。充分应用人工智能、大数据、云计算等现代信息技术，构建全景智慧供电保障系统，打造世界会客厅“智慧保电大脑”，进博会连续 3 年实现“三零六确保”。

在市区供电公司开展“五个九”高可靠性示范建设，开辟国际领先配电网试验田，系统性探索高可靠性建设管理模式。2020 年，上海城市核心区实现供电可靠率 99.999 13% ，用户平均停电次数 0.05 次，超越东京核心区水平，标志着上海成为全球供电可靠高水平城市。

4）履行社会责任，引领区域供电协调发展

积极承担起为国家托底保障的社会责任。如：公司的援藏干部参与西藏拉孜县农网改造工程；配合上海各区改造的“光明工程”，3 年投入资金 66. 77 亿元，涉及 7 000 个小区，收益居民 315 万户，惠及了上海市近三分之一的家庭；此外，常年坚持开展志愿服务，近三年累计进行志愿服务活动 2 077 次，服务对象高达 88 493 人次等。

助力区域发展，领航长三角电力供给。公司牵头发布《长三角电力一体化行动计划》，引领带动长三角区域能源体系协同发展；率先完成长三角一体化发展示范区内青浦—吴江/嘉善 10 千伏联网工程，打造能源互联网“样板”；率先实现电费缴纳、业扩等 10 项业务跨区“一网通办”，形成辐射长三角公共能源服务样板。

新冠疫情期间，国网上海市电力公司推出“上海疫情防控期间供电服务保障十项举措”，对防疫应急用电需求开辟绿色通道，建立电力复工复产指数，创新试点“共享电工”入企服务，提供“办电不出门、欠费不停电、减免违约金”等贴心服务，有效支撑疫情防控大局，精准助力企业复工复产。

（2）组织绩效

2020 年公司售电量 1 355. 69 亿千瓦时，营业收入 844. 61 亿元。公司供电可靠性不断提升，2020 年公司供电可靠率 99. 9923%，在全国 52 个城市中排名第一，城市核心区电网供电可靠率达到 99. 999 1%，在国内率先达到“5 个 9”，位于国际领先水平。2016—2020 年，新增专利 1 200 余项；获国家级科技进步二等奖 3 项、省部级和国网公司科技奖 162 项。

上海建工四建集团有限公司

——凭人才推动科技创新　拓市场实现快速发展

上海建工四建集团有限公司（以下简称四建），其前身是始建于 1 964 年的原上海市第四建筑有限公司，世界 500 强企业——上海建工集团股份有限公司的全资子公司，2012 年更名为上海建工四建集团有限公司，是集房建、市政、安装、装饰、设计等多样化建筑产品为一体的综合性大型企业集团，拥有 15 家分公司，员工 4 800 余人。主营业务涉及总包管理、施工建造、设备采购、安装调试、运行维护、改造再生等全过程专业服务领域；经营区域以上海为总部，深耕华南、长三角区域，覆盖国内 8 省市、近 30 座城市，形成了“1 + 2 + X”的市场格局。获 2006 年度上海市质量金奖。

（1）管理优势

1）优化市场布局，提升品牌声誉

规模是建筑企业行业地位和市场竞争力的代名词。区域市场又是建筑企业规模发展的主要来源。四建围绕全国化不断强化战略谋划，加强顶层设计，分步实施、有序推进组织体制建设。在组织体制、政策支持、管理制度、分配机制上不断探索实践：从设立深圳经营点、南京区域经营部，到正式组建区域公司和独立法人公司；坚持人力、物力、财力各类资源向区域公司倾斜；探索负面清单管理模式，给予区域公司更多的自主权。在“十三五”期间先后新组建了深圳公司、江苏公司、华南市政公司、海南公司等四个区域分公司，成立了第一家沪外独立法人公司——广东申粤建设有限公司，增设了华南管理部。

国内市场新签合同额从2016年的85亿元发展到2020年的192亿元，增长125.9%，占比达到42%。其中华南市场连续两年突破百亿元。施工产值从2016年的53亿元发展到2020年的120亿元，增长126.4%，项目覆盖9省市近30座城市。成功构建了“一体两翼”的发展格局，为企业长远发展奠定了扎实的基础。

在推进全国化战略、拓展区域市场的同时，四建紧跟上海城市发展步伐，深度参与宣传文化、医卫设施、市政交通项目建设，先后承建了中共一大纪念馆、上海大歌剧院、上海图书馆东馆、上海博物馆东馆等一大批上海市重点工程，2020年上海市场新签合同额完成268亿元，比“十二五”期末增长了101.8%。在进一步扩大传统业务领域领先优势的同时，在城市更新、水利水务、生态环境、工业化建造、建筑服务业等新兴业务领域发展迅猛，建成了全球最大单座垃圾焚烧发电厂——老港再生能源利用中心工程、国内建设标准最高的全地下式污水处理厂——泰和污水处理厂，承担了锦沧文华改建和上海音乐厅、玉佛寺、春阳里等一大批改造修缮任务，成功进入城市道路养护业务领域，并在建筑智慧运维领域形成了先发优势，打开了新的市场空间。

2）聚焦前沿技术，提升企业核心竞争力

四建聚焦前沿趋势，不断攻坚核心技术，连续4次被认定为“国家高新技术企业”，是上海市专利试点企业。仅2020年就获得詹天佑奖1项，国家级课题立项2项，省部级课题立项5项，中华人民共和国住房和城乡建设部绿色施工科技示范工程立项2项、验收3项，华夏建设科学技术奖6项，上海市科学技术奖3项，上海市高新成果转化6项，申请专利151项（其中发明专利132项），授权专利20项（其中发明专利10项）。

2014年8月，上海建工四建集团工程研究院揭牌成立，标志着四建研发机构的全面升级。工程研究院成立以来依托重大工程、聚焦核心领域，在技术创新和重大工程建设方面起到了引领和支撑作用。工程研究院聚焦城市更新和数字建造两大核心技术领域以及展演类公共建筑、超高层和市政工程等关键技术领域，在研发团队培养、体制机制建设、创新能力提升等方面取得了快速发展。新成立智慧建筑与大数据平台技术研究中心、市政工程技术研究室、建筑可视化研究室、历史建筑保护与修缮研究室、既有建筑结构改造研究室等机构，逐步形成专业研发团队，并积极探索与基层单位的协同创新。六年来，工程研究院建设引领企业技术创新体系快速发展，已经逐步成为四建的工程技术支撑平台、人才培养储备基地和核心技术培育中心。

同时，工程研究院积极开展技术合作，促进产学研用协同创新。对外与同济大学、上海市房地产科学研究院、上海市建筑科学研究院、上海岩土工程勘察设计研究院等单位开展多领域合作，对内与上海建工集团工程研究总院、上海市机械施工集团有限公司、上海市建筑装饰工程集团有限公司等集团兄弟单位合作开展工程技术攻关和科研开发。与同济大学、华东建筑集团股份有限公司一起合作“建筑遗产”和“建成遗产”中英文两个期刊；与上海市房地产科学研究院、上海市建筑科学研究院（集团）有限公司等单位合作，积极参与国家标准和行业标准编制。在上海市房屋管理局的领导下，团队与上海市修缮中心、同济大学常青院士团队等相关单位一起，把上海的传统工艺以视频、工艺手册等形式进行保护和保留，并结合数字化手段对工艺进行模拟展示，为濒临失传的上海传统建造技艺的传承提供数字化支撑。同时也为今后培育掌握传统修缮工艺的工匠队伍提供培训和考核认定的基础。

3）坚持人才强企战略，打造人力资源领先优势

四建始终本着“引进优秀人才、提供实践平台、注重梯队建设”的方针，坚持分类管理、有序培养，不断开辟用人渠道、搭建发展平台，不断挖掘人力资源潜力，激发员工队伍活力。经过多年的探索和实践，四建在人才“招、育、用、留”方面已经形成了一套相对有效的做法。当前，四建本科以上学历职工占 45.5%，“全日硕博 +985 +211 本科”706 人，其中不乏清华大学、北京大学、复旦大学、上海交通大学、武汉大学、哈尔滨工业大学等一批名校毕业生。

在引入源头活水后，以“师徒带教”领进门，以全方位、伴随员工职业生涯“3 +5 + X”培训体系和一系列措施保障为员工搭建成长的快速路。近年来相关执业资格考试通过率不断创出新高，当前拥有各类注册执业资格人才 1100 人，其中一级建造师人数 769 人；拥有正高级、高级职称人数 331 人。2016—2020 年，四建培育集聚了一批站在行业科技前沿和具有创新能力的技术领军人才，包括国务院特殊津贴专家 1 名、上海青年科技英才 1 名、上海市青年拔尖人才 1 名、上海工匠 1 名、上海市青年科技启明星计划 5 名、上海市青年科技英才扬帆计划 3 名、上海市人才发展资金 3 名、上海市首席技师 1 名、上海土木工程科技英才 1 名。人力资源总量和质量呈现向年轻化、高学历化、高素质化发展的良好态势。

企业的快速扩张为一批青年的成长提供了舞台，通过不断完善干部梯队建设，加大干部队伍培养力度，将全国化市场、重大工程和艰苦环境培养锻炼作为年轻干部成长的重要途径，越来越多的“80 后”“90 后”在“建楼育人”中快速成长，走上领导岗位，成为企业的中坚力量。

此外，四建不断完善员工职业发展通道建设和相配套的薪酬制度改革，构建了更加公平竞争的人才发展空间。连续增加岗位工资，提高补充公积金、施工现场值班考核津贴、高温津贴标准，扩大补充公积金受益范围，落实人才公寓、补充医疗保险，建立核心员工中长期激励办法以及一系列全国化激励措施。

（2）组织绩效

2020 年实现营业收入 280 亿元，较“十二五”期末增长 89%。2020 年完成新签合同额 460 亿元，较“十二五”期末增长 94.5%；完成施工产值 310 亿元，较“十二五”期末增长 93.8%，高于全国同期建筑业总产值增速。拥有专利 355 项。获得国家鲁班奖工程 32 项，位居全国同类建筑企业之首，被评为全国创鲁班奖工程突出贡献奖（金奖）单位，三次荣获国家创鲁班工程特别荣誉称号，9 项工程获得詹天佑奖，近 300 项工程获得上海市白玉兰奖或全国其他省市同类型奖项。

中国电信股份有限公司上海崇明电信局邱莉娜

——服务用心　实践创新　极致匠心　精益求精

邱莉娜，女，中级经济师，电信业务员技师，时任中国电信股份有限公司上海崇明电信局销售组织与现场管理。从事电信营业厅的一线服务工作 17 年，凭借过硬的学习能力和精湛的服务能力，实现了从一名基层员工到崇明局、上海公司级、中国电信集团级、通信行业级客户服务专家的跨越。所在的崇明电信局经营业绩在上海电信始终保持前列。邱莉娜是党的十九大代表，获 2020 年度上海市质量金奖。

作为上海市通信服务业的领军人物，邱莉娜以其“微笑、精细、高效、智慧、品质”的示范服务，不断以质量提升行业整体服务水平，使服务更具态度、温度、精度、力度、广度。

（1）有态度：坚持学习，延续质量文化

坚持学习服务领域的知识，通过实践和创新推动服务管理模式精细化，延续质量文化。2003 年作为营业员刚入职时，邱莉娜以同期实习生中最佳成绩取得了营业员初级上岗证，之后陆续取得了中级营业员、高级营业员证书。对营业岗位来说，能取得营业员高级证书的大概只有 20%，但代表上海电信参加各项技能比赛后，邱莉娜总是自我反省掌握的知识还是太少，又开始研究“电信业务员”岗位证书，并陆续取得了电信业务员高级、电信业务二级技师证。同时为更好地服务客户、做好带教师傅和工作室领军人物，邱莉娜又自学客户心理学，并且获得了国家二级企业培训师、项目管理专业人士（PMP）、国家中级经济师各项证书。在岗位上工作十余年，邱莉娜从未停止过学习的脚步，知识、能力和涵养持续提升。

以“熟悉吃透—转化落地—实践检验—多级管控—跟踪反馈—总结提炼”的 6 步工作方法为主线，运用合理化建议、QC 活动、服务差距模型分析法、时间管理工作法等工具，攻坚克难，改进服务质量。关注全程和全触点服务流程，从客户体验出发，为客户提供暖心服务，开创“服务式销售”模式，提高服务质量和服务效率。推出爱心便利贴、创新“小镜子、小信封、小手册、小黑板、小公仔”五个工作法宝，将细致贴心融入服务之中。针对员工在入职、融入、激励、发展、离职五阶段的变动情况独创营业厅人员“服务人员生命周期管理”，对营业员进行不同的培训和能力提升指导，通过以赛代训激发员工潜能，培养出智慧家庭规划师 93 名、微笑大使 4 名，保持全市范围营业厅员工流失率最低的佳绩，体现了可持续可传承的质量文化。

（2）有温度：热心公益，守护人间烟火

坚持把民生问题作为推动志愿服务的主抓手，守护人间“烟火气”，凸显服务的“人情味儿”。2011 年邱莉娜加入致力于帮助教育事业发展的民间资助组织——“安心行动”，用爱心照亮贫困孩子的学习之路。目前，其所资助的几名孩子已从小学生成长为高二学生，并且还将继续资助他们，直至完成学业。多年来，邱莉娜深入组织开展“学雷锋志愿”“向阳花开关爱留守儿童”“小英留守儿童工作站”“敬老爱老重阳送温暖”“智慧小课堂”等活动，将信息化体验送到留守儿童和老年人身边。

作为党代表和全国劳模，认真履职、主动作为，从公益宣讲做起，勇担政治责任、社会责任、经济责任。身为上海市经信系统宣讲团成员、上海市劳模宣讲团成员，她不断发挥着桥梁纽带、联系群众的作用。自 2017 年 10 月至今，开展公益宣讲近 200 场，听众 16 万人，宣讲足迹遍布崇明岛大街小巷、全市 80 多个行业、全国多个省市。

（3）有精度：追求卓越，织密服务之网

积极践行“服务为善”理念，大力弘扬精细服务文化。为更好地提升窗口服务精度，完成月度、季度、年度目标，邱莉娜认真研究服务过程中的关键点，严格把控每一个环节，把营业厅管理形成一套模式化的闭环管理，确保目标实施过程无偏差。2020 年带领团队编写了《疫情防控期间营业工作服务口诀》，打造疫情之下安心放心的营业环境。同时，牵头成立“邱莉娜劳模实训基地”，结合自身经验，总结归纳出 10 余套课件，带教出 22 个营业服务内训师团队。2019 年来累计授课 500 余次，培训人数约达 3 万余人。

以客户为中心，全力打造精品窗口。在电信业务拓展的相关领域都注入了邱莉娜的智慧和汗水，如线上私域专属客户经理服务能力提升，客户关系管理系统升级改造，上海电信投诉压降工作站，优化营业、装维、投诉、客服各个触点服务规范动作提升服务执行能力，以及营业厅党建指导员队伍建设。“向娜姐学习”已成为中国电信股份有限公司上下一致的语言。

在追求“百分百满意”的卓越服务理念、追求“零投诉”服务质量的道路上，邱莉娜创造了“一座岛、一个厅、一个人、服务全岛四万居民九年零投诉”的佳话，连续 3 年带领团队进驻进博会现场提供通信服务保障，出色地完成了“零投诉、零差错、零事故、零距离”的企业使命，将上海电信的品质服务带到了国际舞台，向世界展示“上海服务”的风采。

（4）有力度：实践创新，打破服务边界

崇明区是上海老龄化程度最严重的区域，为了帮助长者跟上信息化步伐，邱莉娜结合中国电信股份有限公司差异化服务要求，推出了许多个性化的服务举措，每月 5 日、20 日在营业厅内开展不同主题的智慧小课堂，开设“防止网络电信诈骗”“防走失定位豆”“手机应用辅导”等课程。开展“党建 + 服务”进社区各类活动，获得社区和百姓好评。成立崇明“电信娜娜”，为崇明用户提供一对一的 VIP 贵宾服务，防疫期间无接触销售共服务了 5 万多用户，线上引流短视频在上海电信实体渠道六家工作室创新赋能竞赛中斩获第一名。

面对挑战，积极创新突破，用智慧服务打破传统边界，带领工作室成员完成了众多改进创新的项目，2017 年至今共完成 29 个项目。2017 年起负责渠道投诉分析与管理，通过建立 PDCA 投诉闭环分析模型，促进区局管理制度的完善，显著降低了投诉的重复发生率。2018 年崇明局由此获得“投诉压降显著单位”。2019 年公司新 CRM 系统重构（崇明试点）项目中，邱莉娜组织党员、工作室成员组成志愿者团队到现场进行保障并参与编写新系统操作手册，试点两个月期间崇明局无一例因新系统问题引起的用户投诉。试点工作经验和《营业员操作指引》为切实提高全市电信营业厅的工作效能夯实了基础。2020 年编撰的《营业厅五星现场管理工作指引》，对上海电信各营业厅提升现场管理服务质量有重要参照价值，有力推动电信业整体服务提升。为进一步强化客户感知，牵头公司重点项目《四大客户服务触点的服务规范》，建立了公司服务标准 2.0，推动 400 家营业厅上墙展示细化规范，做到规范服务公开化、透明化。

（5）有广度：乐于分享，发挥辐射作用

总结提炼工作方法，开展现场情景带教示范，将多年的营业经验总结为一门门课程，毫无保留地把服务礼仪和践行电信服务理念的经验传授到中国电信股份有限公司各省的营业人员以及其他窗口行业单位。《邱莉娜销售四步法》《营业服务手册》《“人语人”带教法》等多项操作法，获得上海市职工操作法创新奖，并在全国电信行业广泛推广使用，推动了电信服务规范一次次的升级。将邱莉娜的事迹作为《我是党员》专题报道在上海电视台进行宣传，成为诸多产业工人坚守岗位创造和实现价值的学习典范。邱莉娜同时被推荐为上海市公用性服务行业窗口代表，在上海市文明办举办的首届国际进博会誓师大会上分享服务经验，传递岗位价值。

附　　录

1 上海市政府质量奖大事记（2001—2020 年）

2001 年

* 设立上海市质量金奖。

2002 年

* 由市经济委员会、市质量技术监督局等 11 个部门联合印发《上海市质量金奖管理办法（试行）》(沪质技监管〔2002〕223 号)。

2006 年

* 制定《上海市质量金奖评审员管理实施细则》(沪质技监管〔2006〕209 号)。

2007 年

* 设立上海市市长质量奖。

2008 年

* 首届上海市市长质量奖颁奖，时任上海市市长韩正出席颁奖仪式。宝山钢铁股份有限公司宝钢分公司荣获首届上海市市长质量奖组织奖；上海三菱电梯有限公司董事长范秉勋荣获首届上海市市长质量奖个人奖。
* 由市政府办公厅印发《上海市市长质量奖管理办法（试行）》(沪府办发〔2008〕8 号)。
* 成立上海市市长质量奖审定委员会（沪质技监管〔2008〕227 号），由 13 个部门组成。
* 制定《上海市市长质量奖评价标准》《上海市市长质量奖评定实施细则》。

2009 年

* 确定上海市市长质量奖标志。
* 建立评审员专家库，经培训、考核首批 61 人入库，结合年度实际聘任。
* 上海市奉贤区首次设立区长质量奖。

2010 年

* 成立上海市政府质量奖审定委员会，由 11 个部门组成。

＊制定《上海市政府质量奖评审员管理规定》(沪质技监管〔2010〕310 号)。

＊启动实施“两千一百”工程，即 3 年内培训 1 000 家企业，1 000 名企业中高层管理人员学习卓越绩效管理模式，培育 100 名政府质量奖评审专家。

2011 年

＊发布《上海市政府质量奖评审规范（试行)》(沪质奖审办〔2011〕2 号)。

＊制定《上海市政府质量奖评审程序细则（试行)》(沪质奖审〔2011〕2 号)。

＊在教育、医疗等公共领域推行《卓越绩效评价准则》。

2012 年

＊市政府办公厅印发《上海市政府质量奖管理办法》(沪府办发〔2012〕8 号)。

＊调整上海市政府质量奖审定委员会（沪府办发〔2012〕40 号)，由 19 个部门组成，审定委主任由副市长担任。

＊发布上海市地方标准 DB31/T 598《上海市政府质量奖个人评价准则》。

＊首次开展医疗领域卓越绩效评价准则应用试点。

2013 年

＊上海市政府质量奖评审程序增设公众评价环节，征询行业意见和社区居民意见。

＊上海交通大学医学院附属瑞金医院卢湾分院院长胡翊群获上海市质量金奖（个人)，为医疗卫生领域首位获奖者。

2014 年

＊上海市政府质量奖评审程序增设现场评审组织答辩环节。

2016 年

＊修订《上海市政府质量奖管理办法》，并由市政府办公厅印发，文号沪府办发〔2016〕39 号；政府质量奖评审范围扩大为制造业、服务业、小企业组织、其他类别组织、创新单项。

＊发布上海市地方标准 DB31/T 1009《小企业卓越绩效评价准则》。

＊创新单项评审标准参照中国质量奖评审要求。

2017 年

＊推动上海市 16 个区全部设立区级政府质量奖励制度。

＊举办中国质量（上海）大会，宣传上海市政府质量奖获奖组织和个人。

＊银行间市场清算所股份有限公司获上海市质量金奖（组织），为上海市金融领域首家获奖组织。

2018 年

＊发布《上海市政府质量奖评审员管理规定》（沪质奖审办〔2018〕6 号）、《上海市政府质量奖观察员管理制度（试行）》（沪质奖审办〔2018〕7 号）、《上海市政府质量奖评审规范（试行）》（沪质奖审办〔2018〕8 号）。

＊组建“上海市质量宣讲团”纪念改革开放 40 年，首批宣讲团成员 40 人。

＊邀请部分媒体参与政府质量奖现场评审。

2019 年

＊第二次修订《上海市政府质量奖管理办法》，并由市政府办公厅印发，文号沪府办规〔2019〕8 号。

＊发布《上海市政府质量奖评审工作规范》（沪质奖审办〔2019〕3 号）、《上海市政府质量奖评审员管理规定》（沪质奖审办〔2019〕5 号）。

＊调整上海市政府质量奖审定委员会（沪府办发〔2019〕36 号），由 19 个部门组成，审定委主任由副市长担任。

＊发布上海市地方标准 DB31/T 1153《医疗机构卓越绩效评价准则》。

＊现场评审阶段邀请全国人大代表、市政协委员、市政风行风监督员作为观察员全程参与。

＊开展“百家获奖企业质量开放日”活动，展示获奖组织先进质量管理成果，传播质量文化。

2020 年

＊发布《上海市质量工作领导小组办公室等九部门关于推进实施企业首席质量官制度的意见》（沪质办〔2020〕902 号）。

＊组织全市各级政府质量奖获奖组织，积极开展抗疫防疫、复工复产，发挥获奖组织的标杆引领示范。

＊政府质量奖培育工作首次开设线上直播，与线下培训相结合。

＊上海市杨浦区社会福利院获上海市质量金奖（组织），为上海市养老服务领域首家获奖组织。

2　上海组织和个人获中国质量奖名录（2013—2018 年）

届次	奖 项 名 称	获奖组织/个人
第一届	中国质量奖提名奖	上海锅炉厂有限公司
		上海核工程研究设计院
		上海新世界股份有限公司
		上海振华重工（集团）股份有限公司
		李斌（上海电气液压气动有限公司工段长）
第二届	中国质量奖	上海振华重工（集团）股份有限公司
		国网上海市电力公司浦东供电公司
	中国质量奖提名奖	上海电气核电设备有限公司
		上海三菱电梯有限公司
		中国建筑第八工程局有限公司
		上海建工集团股份有限公司
		上海杨浦科技创业中心有限公司
		中智上海经济技术合作公司
		沪东中华造船（集团）有限公司
		东航凌燕乘务示范组
		上航吴尔愉劳模团队创新工作室
		胡双钱（中国商用飞机有限责任公司数控机加车间钳工组组长）
		张冬伟［沪东中华造船（集团）有限公司总装二部电焊二组班组长］
		李锦华［江南造船（集团）有限责任公司］
第三届	中国质量奖	中国商用飞机有限责任公司上海飞机设计研究院总体气动部总体布置班组
	中国质量奖提名奖	国核工程有限公司
		上海长海医院（泌尿外科）
		上海交通大学医学院附属瑞金医院（血液科）
		中国人民解放军第二军医大学东方肝胆外科医院（吴孟超肝胆外科团队）
		中国船舶工业集团公司江南造船（集团）有限责任公司
		上海航天设备制造总厂对接机构总装组
		洪刚（上海外高桥造船有限公司加工部部长助理、技师）

3　上海市政府质量奖获奖名录

上海市市长质量奖获奖组织及个人名录（2008—2020 年）

年份	获 奖 组 织	获 奖 个 人
2008 年	宝山钢铁股份有限公司宝钢分公司	范秉勋（上海三菱电梯有限公司董事长）
2009 年	上海日立电器有限公司	刘瑞旗［恒源祥（集团）有限公司董事长］
2010 年	上海市建筑科学研究院（集团）有限公司 上海锅炉厂有限公司	—
2011 年	上海大众汽车股份有限公司	冯伟忠（上海外高桥第三发电有限责任公司总经理）
2012 年	上海卫星工程研究所 上海建工七建集团有限公司	—
2013 年	上海通用汽车有限公司 上海宝信软件股份有限公司	李　斌（上海电气液压气动有限公司工段长）
2014 年	上海三菱电梯有限公司 延锋汽车饰件系统有限公司	黄克斯（中国建筑第八工程局有限公司董事长、党委书记）
2015 年	上海国际机场股份有限公司	贺荣明（上海微电子装备有限公司总经理）
2016 年	上海电气电站设备有限公司上海发电机厂	谢吉华（上海杨浦科技创业中心有限公司总经理） 陶海龙（上海汽车集团股份有限公司乘用车分公司副总经理）
2017 年	上海电力设计院有限公司	黄庆丰［上海振华重工（集团）股份有限公司总裁、党委副书记］
2018 年	上海汽车集团股份有限公司乘用车分公司 上海核工程研究设计院有限公司	黄国英（复旦大学附属儿科医院院长） 潘柏申（复旦大学附属中山医院检验科主任）
2019 年	上海电气电站设备有限公司上海汽轮机厂	姜　健（上海卫星装备研究所所长）
2020 年	光明乳业股份有限公司 银行间市场清算所股份有限公司	张文宏（复旦大学附属华山医院感染科主任） 肖　臻（上海中医药大学附属龙华医院院长）

上海市质量金奖获奖组织及个人名录（2001—2020年）

年　份	获　奖　组　织	获　奖　个　人
2001年	宝山钢铁股份有限公司 上海大众汽车股份有限公司 上海铁路局上海铁路分局 中国电信集团上海市电信公司 上海市第七建筑有限公司 上海日立电器有限公司 上海烟草（集团）公司 上海市第一百货商店 上海三菱电梯有限公司 大众交通（集团）股份有限公司营运分公司 上海丝绸（集团）有限公司	—
2002年	延锋伟世通汽车饰件系统有限公司 上海航空股份有限公司 上海隧道工程股份有限公司 上海柴油机股份有限公司 上海开开实业股份有限公司	胡茂元［上海市汽车工业（集团）总公司总裁］ 陈金海［江南造船（集团）有限责任公司董事长］ 马宝发（上海日用-友捷汽车电气有限公司总经理） 金裕龙［上海开天建设（集团）有限公司总经理］ 郑平山（上海市住安建设发展有限公司项目部经理） 薛　峥（上海移动通信有限责任公司网络优化中心总经理） 胡双钱（上海飞机制造厂组长） 秦　蓉（上海宝山巴士公共交通有限公司售票员）
2003年	上海通用汽车有限公司 上海国际机场股份有限公司 中国石油化工股份有限公司上海高桥分公司炼油厂 上海冠生园食品有限公司 华东建筑设计研究院有限公司 上海移动通信有限责任公司 上海航天局第八〇一研究所 上海协大国际贸易有限公司	苏寿南（上海三枪集团有限公司总经理） 杨国平［大众交通（集团）股份有限公司总经理］ 徐　燕（彭浦机器厂总经理） 徐家平（上海新世界股份有限公司总经理） 卞家骏（上海市第四建筑有限公司总经理） 瞿元庆（东方国际集团上海市纺织品进出口有限公司总经理） 王瑞福（中国标准缝纫机公司上海惠工缝纫机三厂厂长） 俞明康（中国石化上海石油化工股份有限公司涤纶事业部经理） 包增林（上海宝信软件股份有限公司质量保证部经理） 胡传厚（中国航空无线电子研究所质量管理员）

续表

年　份	获　奖　组　织	获　奖　个　人
2004 年	上海市建筑科学研究院有限公司 上海汽轮机有限公司 光明乳业股份有限公司（上海） 上海建筑设计研究院有限公司 上海交大昂立股份有限公司 上海万豪虹桥大酒店 上海港复兴船务公司 上海日立电器有限公司 上海大众汽车股份有限公司 上海烟草（集团）公司 上海铁路局上海铁路分局 上海市第七建筑有限公司 上海丝绸集团股份有限公司	袁　洁（上海航天技术研究院院长） 沈秀芳（上海市隧道工程轨道交通设计研究院院长） 刘瑞旗［恒源祥（集团）有限公司董事长］ 马立行［上海白猫（集团）有限公司总经理］ 刘家雄（上海沪工汽车电器有限公司总经理） 顾明强（上海南汇汇绿蛋品有限公司总经理）
2005 年	上海市电力公司市区供电公司 上海市第二建筑有限公司 上海巴士出租汽车有限公司 上海小糸车灯有限公司 上海卫星工程研究所 上海航空股份有限公司 上海柴油机股份有限公司	王文斌（上海飞机制造厂厂长） 狄高志（上海波特曼丽嘉酒店总经理） 林凯文［上海凯泉泵业(集团)有限公司总裁］ 王　斌（卢湾烟草糖酒有限公司长春食品商店柜组长）
2006 年	上海三菱电梯有限公司 上海宝信软件股份有限公司 上海新世界股份有限公司 上海市第四建筑有限公司 上海通用汽车有限公司 上海移动通信有限责任公司 上海冠生园食品有限公司	金兴明（中国航空无线电电子研究所） 陈荣林（上海电器股份有限公司人民电器厂） 邵松岐（上海第一医药股份有限公司） 石力华（上海老凤祥有限公司） 王瑞福（上海惠工缝纫机三厂） 杜晓宁（上海化工研究院新型材料所） 柴刚强（上海港务工程公司）
2007 年	上海锅炉厂有限公司 上海隧道工程股份有限公司 上海市第一建筑有限公司 宝山钢铁股份有限公司化工分公司 恒源祥（集团）有限公司 上海良友海狮油脂实业有限公司 上海汽轮机有限公司 上海大众汽车股份有限公司 上海市建筑科学研究院(集团)有限公司 上海日立电器有限公司 上海铁路局 上海烟草（集团）公司 上海港复兴船务公司 光明乳业股份有限公司（上海） 上海市第七建筑有限公司 上海丝绸集团股份有限公司	夏斯成（上海工具厂有限公司） 周秋芳（上海振兴铝业有限公司） 张锡淼［上海连成（集团）有限公司］ 曹稼桢（上海立丰食品有限公司） 卢国生（上海童涵春堂药业股份有限公司） 刘　刚（上海化工研究院检测中心） 王国清（宝山钢铁股份有限公司宝钢分公司制造管理部）

续表

年 份	获 奖 组 织	获 奖 个 人
2008 年	上海电气集团上海电机厂有限公司 上海普天邮通科技股份有限公司 上海市隧道工程轨道交通设计研究院 上海卫星工程研究所 上海市第二建筑有限公司 上海市电力公司市区供电公司 上海巴士出租汽车有限公司	楼世和（上海红双喜股份有限公司执行总经理） 周　文（上海普利特复合材料股份有限公司董事长兼总经理） 陈建兵［上海电器科学研究所（集团）有限公司检测所副所长］ 张铭杰（上海输配电股份有限公司党委书记兼副总经理）
2009 年	上海通用汽车有限公司 上海纳铁福传动轴有限公司 上海太太乐食品有限公司 上海造币有限公司 上海安装工程有限公司 上海东湖物业管理公司 上海阿波罗机械制造有限公司	黄建英（上海汽车乘用车公司临港整车厂厂长） 王　炯（上海市城市建设设计研究院院长） 陈在根（上海宝信软件股份有限公司总经理） 程幸之（上海建设路桥机械设备有限公司总经理） 戴　南（上海市第五建筑有限公司总经理）
2010 年	上海金力泰化工股份有限公司 上海电气风电设备有限公司 安吉汽车物流有限公司 上海德律风物业有限公司 上海建科建设监理咨询有限公司 上海丰科生物科技股份有限公司	李　煜［上海亚细亚食品（集团）公司董事长］ 唐海东（上海市杨浦区人民政府副区长） 郭德华（上海出入境检验检疫局动植物与食品检验检疫技术中心理化室主任） 沈雪华［联合汽车电子有限公司质量保证部经理（入围）］ 陆金琪［上海阿波罗机械制造有限公司董事长（入围）］
2011 年	延锋伟世通汽车饰件系统有限公司 上海第一机床厂有限公司 上海亚明灯泡厂有限公司 上海林内有限公司 上海超日太阳能科技股份有限公司	韦　博（上海波特曼丽嘉酒店总经理） 杨春保（上海汽车变速器有限公司总经理）
2012 年	中国建筑第八工程局有限公司 联合汽车电子有限公司 上海电气电站设备有限公司上海发电机厂 上海市漕河泾新兴技术开发区发展总公司 上海上实物业管理有限公司 上海陆家嘴物业管理有限公司 上海杨浦科技创业中心有限公司	金建华（上海培罗蒙西服公司总经理、党委书记） 陈明涵（上海电气集团上海电机厂有限公司总经理） 萧伟锋（上海工具厂有限公司总经理） 王　炜（上海洗霸科技股份有限公司董事长、总经理） 杜桂潭（上海环宇消防工程有限公司董事长）

续表

年　份	获　奖　组　织	获　奖　个　人
2013 年	上海汽车集团股份有限公司乘用车分公司 上海电气电站设备有限公司电站辅机厂 沃尔沃建筑设备（中国）有限公司 永大电梯设备（中国）有限公司 正泰电气股份有限公司 中智上海经济技术合作公司 上海雷允上药业西区有限公司 上海环境实业有限公司 上海紫泰物业管理有限公司	胡翊群（上海交通大学医学院附属瑞金医院卢湾分院院长） 章稼新（中国上海进出口玩具检测中心质量负责人）
2014 年	上海外高桥造船有限公司 上海三思电子工程有限公司 上海日用－友捷汽车电气有限公司 扬子江药业集团上海海尼药业有限公司 伽蓝（集团）股份有限公司 上海电气核电设备有限公司 上海核工程研究设计院 上海海博出租汽车有限公司 上海市质量监督检验技术研究院 上海电力设计院有限公司	孙善福（中国商用飞机有限责任公司 ARJ 21—700 新支线飞机项目总质量师）
2015 年	上海汉钟精机股份有限公司 上海东方雨虹防水技术有限责任公司 大金空调（上海）有限公司 上海市对外服务有限公司 上海申通地铁集团有限公司 上海建科检验有限公司 大众汽车租赁有限公司 上海中信信息发展股份有限公司 上海复展智能科技股份有限公司 上海蓝盟网络技术有限公司	何建忠（上海天阳钢管有限公司董事长） 李　勇［上海微创医疗器械（集团）有限公司品质资深总监兼管理者代表］ 张国勤（上海联业农业科技有限公司董事长）
2016 年	上海航天设备制造总厂 上汽大通汽车有限公司 上海赛科利汽车模具技术应用有限公司 上海中建东孚投资发展有限公司 上海信业智能科技股份有限公司	张鹏举［美钻能源科技（上海）有限公司总经理］

续表

年份	获奖组织	获奖个人
2017 年	上海市政工程设计研究总院（集团）有限公司 银行间市场清算所股份有限公司 上海蔓楼兰企业发展有限公司 上海儿童医学中心 上海老凤祥有限公司（设计、制造） 复旦大学附属中山医院（内镜中心） 上海长海医院（泌尿外科） 上海中医药大学附属岳阳中西医结合医院（特色推拿）	卢　奕（复旦大学附属眼耳鼻喉科医院眼科研究院院长） 华建刚［上海爱谱华顿电子科技（集团）有限公司总裁］
2018 年	上海华虹宏力半导体制造有限公司 上海电力股份有限公司 上海微创医疗器械（集团）有限公司 国网上海市电力公司 中国建材国际工程集团有限公司 上海股权托管交易中心股份有限公司 上海交响乐团 复旦大学附属华山医院（神经外科） 复旦大学附属肿瘤医院（病理科） 中国铁路上海局集团有限公司上海站（心尚质量服务模式）	单传伦（上海马陆葡萄公园有限公司执行董事） 李秀峻（上汽大众汽车有限公司质量保证执行总监） 徐文东（上海市静安区中心医院院长） 吴公保（上海静安建筑装饰实业股份有限公司事业部经理） 刘根敏（上海英雄金笔厂有限公司小组组长）
2019 年	中国船舶重工集团公司第七一一研究所 卡斯马汽车系统（上海）有限公司 上海三枪（集团）有限公司 同济大学建筑设计研究院（集团）有限公司 上海汽车集团财务有限责任公司 上海市北高新（集团）有限公司 上海熊猫机械（集团）有限公司 上海市计量测试技术研究院 上海市血液中心 上海交通大学医学院附属瑞金医院（内分泌代谢科）	曹一峰（上海三凯工程咨询有限公司总经理） 顾立军（上海海淞环境卫生服务有限公司经理） 郭秀玲（上海沙涓时装科技有限公司总经理兼技术总监） 华克勤（复旦大学附属妇产科医院党委书记） 章　毅（中国干细胞集团上海生物科技有限公司董事长）

续表

年　份	获　奖　组　织	获　奖　个　人
2020 年	上海市第六人民医院（骨科） 复旦大学附属中山医院（感染诊疗与防控中心） 上海空间电源研究所 上海漕泾热电有限责任公司 上海联影医疗科技股份有限公司 上药控股有限公司 上海清美绿色食品（集团）有限公司 上海市杨浦区社会福利院 安波福中央电气（上海）有限公司 赛诺菲(中国)投资有限公司上海分公司	曹文洁（上海新通联包装股份有限公司董事长） 杜　诚（上海申迪园林投资建设有限公司总经理） 蒋陈忠（国网上海市电力公司金山供电公司项目管理中心主任） 邱莉娜（中国电信股份有限公司上海崇明电信局销售组织与现场管理） 张　劼（上海中航光电子有限公司总经理）

4　上海市各区政府质量奖获奖名录

浦东新区区奖获奖组织名录

年份	奖项名称	获　奖　组　织
2013 年	第一届区长质量奖	扬子江药业集团上海海尼药业有限公司
		上海浦东路桥建设股份有限公司
		上海华虹 NEC 电子有限公司
	第一届区长质量奖提名奖	中达电通股份有限公司
		上海浦东新区塘桥社会组织服务中心
		上海陆家嘴金融贸易区开发股份有限公司
		联想（上海）电子科技有限公司
		上海东昌汽车服务有限公司
		上海中信国健药业股份有限公司
2016 年	第二届区长质量奖	上海浦东软件园股份有限公司
		上海嘉里食品工业有限公司
		上海市浦东医院

续表

年份	奖项名称	获奖组织
2016 年	第二届区长质量奖提名奖	博彦科技（上海）有限公司
		上海微创医疗器械（集团）有限公司
		上海烟草机械有限责任公司
		上海金伯利钻石集团有限公司
		上海临港科技创业中心有限公司
		上海天马微电子有限公司
2020 年	第三届区长质量奖	上海微电子装备（集团）股份有限公司
		上海清美绿色食品（集团）有限公司
	第三届质量金奖	上海微创心脉医疗科技股份有限公司
		上海微小卫星工程中心
		上海勃林格殷格翰药业有限公司
		上海华岭集成电路技术股份有限公司
	第三届质量创新奖	上海东方艺术中心管理有限公司
		玛戈隆特骨瓷（上海）有限公司
		上海浦公检测技术股份有限公司
		上海天华建筑设计有限公司
		上海翔港包装科技股份有限公司
		上海通领汽车科技股份有限公司

黄浦区区长质量奖获奖组织及个人名录

届次	奖项名称	获奖组织/个人
第一届	区长质量奖	上海老凤祥有限公司
		银行间市场清算所股份有限公司
		上海古今内衣集团有限公司
		刘智勤（上海新世界集团假日酒店管理有限公司总经理、党委书记）

续表

届次	奖项名称	获奖组织/个人
第一届	区长质量奖入围奖	上海思南公馆商务管理有限公司
		邦信阳中建中汇律师事务所
		北京外企德科人力资源服务（上海）有限公司
		上海吉晨卫生后勤服务管理有限公司
		贺满［法利投资（上海）有限公司〈必维〉大中华区总裁］
第二届	区长质量奖	上海三枪（集团）有限公司
		上海邦信阳中建中汇律师事务所
		上海上药华宇药业有限公司
		章懿［上海新丸百货有限公司（上海新世界大丸百货）总经理、党委副书记］
		羽嶋仁［索尼（中国）有限公司上海分公司董事、常务副总裁、首席财务官］
		孙青锋（上海兆妩品牌管理有限公司董事长、总裁）
	区长质量奖入围奖	上海国际商品拍卖有限公司
		上海闻泰电子科技有限公司
		上海艾能电力工程有限公司
		上海新天地旅业集团有限公司

静安区区奖获奖组织及个人名录

年份	奖项名称	获奖组织/个人
2015 年	（原静安区）区政府质量奖	上海国旅国际旅行社有限公司
		上海中信信息发展股份有限公司
		张翔华（上海雷允上药业西区有限公司董事长）
	（原静安区）区政府质量奖入围奖	上海立丰食品有限公司
		包兴鸿［上海静安置业（集团）有限公司董事长］
2017 年	第一届区政府质量奖	莱茵技术（上海）有限公司
		上海苏河湾投资控股有限公司
		上海恒邦房地产开发有限公司
		上海静安建筑装饰实业股份有限公司
		上海华凯展览展示工程有限公司
		张曙华（上海中信信息发展股份有限公司总裁）
		陈昭惠［南德认证检测（中国）有限公司上海分公司副总裁］
		郑琦（国药集团化学试剂有限公司经理）

续表

年份	奖项名称	获奖组织/个人
2017 年	第一届区政府质量奖入围奖	上海八佰秀企业管理有限公司
		上海中安商业发展有限公司
		科勒（中国）投资有限公司
2019 年	第二届区政府质量奖	上海风语筑展示股份有限公司（2019 年更名为上海风语筑文化科技股份有限公司）
		国泰君安期货有限公司
		上海静安置业（集团）有限公司
		安道拓（中国）投资有限公司
		陈俊峰（上海市静安区市北医院院长）
		马静波（中信证券股份有限公司上海恒丰路证券营业部总经理）
		唐蓓蓓（上海中检医学检验所有限公司总经理）
	第二届区政府质量奖入围奖	上海数据港股份有限公司
		上海东方天祥检验服务有限公司
		郑鸿河（上海百乐门文化娱乐有限公司董事长）
		杨振文（上海宇振国际旅行社有限公司董事长）
		林伟强（上海信谊医药有限公司总经理）

徐汇区区奖获奖组织及个人名录

届次	奖项名称	获奖组织/个人
第一届	区长质量奖	3M 中国有限公司
		上海中学
		上海依图网络科技有限公司
		张立军［腾讯科技（上海）有限公司总经理］
		孙学峰（国核工程有限公司陆丰项目部总经理）
		甘荣兴（上海医药临床研究中心有限公司董事长）
	区长质量奖提名奖	上海交响乐团
		通标标准技术服务（上海）有限公司
		韩宝富（上海漕河泾新兴技术开发区科技创业中心董事长）
		李向民［上海市建筑科学研究院（集团）有限公司副总裁］

续表

届次	奖项名称	获奖组织/个人
第二届	区长质量奖	澜起科技股份有限公司
		上海壹账通金融科技有限公司
		上海话剧艺术中心有限公司
		谢应波（上海泰坦科技股份有限公司董事长）
		肖臻（上海中医药大学附属龙华医院院长）
		陶巍（上海华侨汽车修理服务有限公司总经理）
	质量奖	采埃孚亚太集团有限公司
		上海先进半导体制造有限公司
		上海漕河泾开发区物业管理有限公司
		上海市徐汇区社会福利院
		上海东升新材料有限公司
		张晖（中智上海经济技术合作有限公司外企服务分公司副总经理）
		李宗海［科济生物医药（上海）有限公司董事长］
		吕烨（上海安吉星信息服务有限公司质量工程部总监）
		钟巍（上海中南建筑材料有限公司董事长）
		潘顺芳［上海电动工具研究所（集团）有限公司行业管理部经理］

长宁区区长质量奖获奖组织及个人名录

届次	奖项名称	获奖组织/个人
第一届	区长质量奖	上海市长宁区妇幼保健院
		张金秀（上海新长宁集团仙霞物业有限公司董事长）
		何东仪（上海市光华中西医结合医院副院长）
第二届	区长质量奖	上海春秋旅行社有限公司
		上海市光华中西医结合医院
		俞德超［信达生物制药（苏州）有限公司上海信圣生物科技分公司董事长］
		庄建林（上海市长宁区疾病预防控制中心综合办主任）

续表

届次	奖项名称	获奖组织/个人
第二届	区长质量奖提名奖	百视通网络电视技术发展有限责任公司
		北京市金杜律师事务所上海分所
		金亚东［如东信息技术服务（上海）有限公司总经理］
		朱永明（上海嘉春企业管理有限公司副总经理）

普陀区区长质量奖获奖组织及个人名录

年份	奖项名称	获奖组织/个人
2016年	第一届区长质量奖	上海市普陀区人民医院
		上海延华智能科技（集团）股份有限公司
		傅明敢（上海百联中环购物广场有限公司总经理）
		陈存兴（上海自立塑料制品有限公司董事长）
2018年	第二届区长质量奖	中国建材国际工程集团有限公司
		上海市普陀区中心医院
		上海浦江缆索股份有限公司
		刘抒［上海电器科学研究所（集团）有限公司检测所质量部部长］
		徐仁彬（上海波克城市网络科技股份有限公司总经理）
		刘根敏（上海英雄金笔厂有限公司笔尖车间金笔尖组组长）
	第二届区长质量奖提名奖	上海百联中环购物广场有限公司
		计安平（上海上咨会计师事务所有限公司董事长、主任会计师）
2020年	第三届区长质量奖	劲霸男装（上海）有限公司
		吴以芳［上海复星医药（集团）股份有限公司总裁兼首席执行官］
		宋峥（上海天地软件创业园有限公司总经理）
		王金玉（上海市普陀区人民医院副院长）
	第三届区长质量奖提名奖	上海金叶包装材料有限公司
		上海市普陀区长风街道长风社区卫生服务中心
		戴志伟［上海电器科学研究所（集团）有限公司质量管理部质检部长、主任工程师］

虹口区区长质量奖获奖组织及个人名录

年份	奖项名称	获奖组织/个人
2013 年	区长质量奖	上海德律风物业有限公司
	区长质量奖提名奖	上海普利特复合材料股份有限公司
		张敏（上海瑞虹新城有限公司项目总监）
2014 年	区长质量奖	上海绿地建设（集团）有限公司
	区长质量奖提名奖	上海嘉春装饰设计工程有限公司
		上海长园维安电子线路保护有限公司
2017 年	区长质量奖	上海森信建设集团有限公司
		吕翠峰（上海盈思佳德供应链管理有限公司董事长）
	区长质量奖提名奖	上海招商局物业管理有限公司
		上海园林工程设计有限公司
		李嫔（上海园林工程设计有限公司设计部主任）
2018 年	区长质量奖金奖	虎扑（上海）文化传播股份有限公司
		曹汉林［医东网络科技发展（上海）有限公司董事长］
	区长质量奖银奖	上海材料研究所
		上海招商局物业管理有限公司
		上海园林工程设计有限公司
		上海乐宁教育培训有限公司
		上海市中西医结合医院检验科（创新单项）
		夏银桂（上海埃波激光仪器有限公司副总经理）
		曹正国（上海新文创地产投资管理有限公司董事长）
		谢春毅（上海市中西医结合医院院长）
		王伟灵（上海市虹口区医学会）
2019 年	区长质量奖金奖	上海家化联合股份有限公司
		吴锦华（上海市第一人民医院副院长）
	区长质量奖银奖	远孚物流集团有限公司
		上海美设国际货运有限公司
		上海海直投资集团有限公司
		上海中医药大学附属岳阳中西医结合医院医学装备处（创新单项）
		陈剑（上海明珠创意产业园有限公司董事长）
		梅国江（上海中医药大学附属岳阳中西医结合医院副院长）
		王晔（上海依蝶雅电子商务有限责任公司总经理）

杨浦区质量创新奖获奖组织及个人名录

届次	奖项名称	获奖组织/个人
第一届	质量创新奖	同济大学建筑设计研究院（集团）有限公司
		优刻得科技股份有限公司
		施雷（上海复旦微电子集团股份有限公司总经理）
	质量创新奖提名奖	华平信息技术股份有限公司
		上海挚达科技发展有限公司
		梅举（上海交通大学医学院附属新华医院心胸外科主任）

宝山区区奖获奖组织及个人名录

年份	奖项名称	获奖组织/个人
2015年	第一届区长质量奖	上海复控华龙微系统技术有限公司
		皇家加勒比量子号邮轮
		张鹏举［美钻能源科技（上海）有限公司总经理、总工程师］
		张琳（上海玻璃博物馆理事长兼馆长）
	第一届区长质量奖提名奖	宝钢工程技术集团有限公司
		上海宝山顾村公园管理有限公司
		孙涛勇（上海晖硕信息科技有限公司首席执行官）
		顾立军（上海海淞环境卫生服务有限公司总经理）
2016年	第二届区长质量奖	上海钢联电子商务股份有限公司
		上海海隆石油钻具有限公司
		庄兆祥（上海兆祥邮轮科技集团股份有限公司董事长）
		崔建华（上海福然德供应链股份有限公司董事长）
	第二届区长质量奖提名奖	上海景峰制药有限公司
		上海宝康电子控制工程有限公司
		张忠（上海宝山顾村公园管理有限公司总经理）
		周汉康（上海汉康豆类食品有限公司董事长）
2019年	第三届政府质量奖区长质量奖	福然德股份有限公司

续表

年份	奖 项 名 称	获奖组织/个人
2019 年	第三届政府质量奖区长质量奖提名奖	上海新通联包装股份有限公司
	第三届政府质量奖区长质量奖提名奖	上海吴淞口国际邮轮港发展有限公司
		马贤鹏（上海景峰制药有限公司总工程师）
	第三届政府质量奖质量创新奖	上海长江软件园投资管理有限公司
		上海市宝山区淞南镇社区卫生服务中心
		上海汉康豆类食品有限公司
		上海尤安建筑设计股份有限公司
		上海东晨市容清洁服务有限公司

闵行区区奖获奖组织及个人名录

年份	奖 项 名 称	获奖组织/个人
2016 年	区长质量奖组织奖	中航商用航空发动机有限责任公司
		上海紫竹高新区（集团）有限公司
2017 年	区长质量奖个人奖	泉茂伸（日籍）［大金空调（上海）有限公司董事长兼总经理］
		陈晓东（上海日之升新技术发展有限公司总经理）
2018 年	区长质量奖金奖组织	上海闵行客运服务有限公司
		上海其胜生物制剂有限公司
	区长质量奖金奖个人	张伟（上海卫星工程研究所所长）
		韩震雄（上海建科检验有限公司执行董事兼党委书记）
	区长质量奖银奖组织	上海闵行区继王敬老院
		上海中航光电子有限公司
	区长质量奖银奖个人	陈敏（上海阑途信息技术有限公司董事长）
		陈晓群（上海良相智能化工程有限公司董事长）
2019 年	标准创新组织奖	上海市闵行区古美社区卫生服务中心
		光明乳业股份有限公司

续表

年份	奖项名称	获奖组织/个人
2019 年	服务创新组织奖	上海新东苑投资集团有限公司
		上海玻机智能幕墙股份有限公司
	管理创新组织奖	上海齐耀螺杆机械有限公司
		上海至正道化高分子材料股份有限公司
	品牌创新组织奖	上海紫燕食品有限公司
		上海日之升科技有限公司
	研发创新组织奖	上海航空电器有限公司
		上海紫江新材料科技股份有限公司
2020 年	区长质量奖金奖组织	上海市闵行区中心医院
		上海艾为电子技术股份有限公司
	区长质量奖金奖个人	刘付成（上海航天控制技术研究所原所长）
		范晔平（上海广为焊接设备有限公司董事长）
	区长质量奖银奖组织	上海东富龙科技股份有限公司
		上海紫江彩印包装有限公司
		上海民族乐器一厂
		上海至纯洁净系统科技股份有限公司
	区长质量奖银奖个人	邱爱华(中国船舶重工集团公司第七一一研究所动力装置事业部总经理)
		祖辉（上海艾瑞德生物科技有限公司董事长）

嘉定区区奖获奖组织及个人名录

届次	奖项名称	获奖组织/个人
第一届	区长质量奖	上海天灵开关厂有限公司（现上海平高天灵开关有限公司）
		上海汽车制动系统有限公司
	区长质量奖提名奖	上海仪电科学仪器股份有限公司
		上海机动车检测认证技术研究中心有限公司

续表

届次	奖 项 名 称	获奖组织/个人
第一届	区长质量奖提名奖	网宿科技股份有限公司
		精进百思特电动（上海）有限公司
		上海帕卡濑精有限公司
第二届	区长质量奖	安波福中央电气（上海）有限公司
		甘晓卫（上海市嘉定区妇幼保健院）
	区质量金奖	卡斯马汽车系统（上海）有限公司
		上海市嘉定区中心医院
		上海威派格智慧水务股份有限公司
		刘天骄［精进百思特电动（上海）有限公司］
	区质量创新奖	上海新时达电气股份有限公司
		上海大华电器设备有限公司
		福耀集团（上海）汽车玻璃有限公司
		上海德梅柯汽车装备制造有限公司
第三届	区长质量奖	科世达（上海）管理有限公司
		侯霞（中国科学院上海光学精密机械研究所）
	区质量金奖	华荣科技股份有限公司
		上海冠龙阀门机械有限公司
		上海重塑能源科技有限公司
		孟瑛（上海市安亭镇社会福利院）
	区质量创新奖	上海市嘉定区第一中学
		上海市嘉定区中医医院
		上海市嘉定区图书馆
		中青旅（上海）国际会议展览有限公司
		上海华特企业集团股份有限公司
		上海洗霸科技股份有限公司

续表

届次	奖 项 名 称	获奖组织/个人
第四届	区长质量奖	延锋彼欧汽车外饰系统有限公司
	区质量金奖	采埃孚汽车科技（上海）有限公司
		上海市嘉定新城实验幼儿园
		上海嘉定再生能源有限公司
		王士勇（上海航天电子有限公司）
	区质量创新奖	上海市嘉定区南翔医院
		南亚新材料科技股份有限公司
		爱孚迪（上海）制造系统工程有限公司
		上海佳冷冷弯科技股份有限公司
		上海旭恒精工机械制造有限公司
		上海嘉捷通电路科技股份有限公司
		中国干细胞集团上海生物科技有限公司

金山区区长质量奖获奖组织及个人名录

届次	奖 项 名 称	获奖组织/个人
第一届	区长质量奖组织	上海石库门酿酒有限公司
	区长质量奖个人	余昱暄（上海汉钟精机股份有限公司董事长）
	区长质量奖提名	上海汉钟精机股份有限公司
		上海泰胜风能装备有限公司
第二届	区长质量奖组织	上海东方雨虹防水技术有限责任公司
	区长质量奖提名	上海鑫博海农副产品加工有限公司
第三届	区长质量奖组织	上海蓝滨石化设备有限责任公司
	区长质量奖个人	杨卫忠（上海德福伦化纤有限公司总经理）
	区长质量奖提名	上海抚佳精细化工有限公司
		上海起帆电缆股份有限公司

续表

届次	奖项名称	获奖组织/个人
第四届	区长质量奖组织	上海永继电气股份有限公司
	区长质量奖个人	于昌德（上海融氏企业有限公司董事长）
	区长质量奖提名	上海东大化学有限公司
		上海嘉宝莉涂料有限公司
第五届	区长质量奖组织	华峰日轻铝业股份有限公司
	区长质量奖个人	王志标（上海博海餐饮集团有限公司董事长）
	区长质量奖提名	上海艾录包装股份有限公司
第六届	区长质量奖组织	上海新跃物流企业管理有限公司
		德韧干巷汽车系统（上海）有限公司
	区长质量奖个人	周供华（上海起帆电缆股份有限公司总经理）
		董万田（上海发凯化工有限公司总经理）
	区长质量奖提名	中粮融氏生物科技有限公司
		上海汇得科技股份有限公司
		上海永太服装金山有限公司
		上海合全药业股份有限公司
第七届	区长质量奖组织	上海起帆电缆股份有限公司
		上海龙创汽车设计股份有限公司
	区长质量奖个人	蔡蕴敏（复旦大学附属金山医院副主任护师）
		张慧东（上海东慧口腔门诊部有限公司总经理）
	区长质量奖提名	上海肇民新材料科技有限公司
		上海中塑管业有限公司
		上海台界化工有限公司
		上海沙涓时装科技有限公司

松江区区奖获奖组织及个人名录

年份/届次	奖 项 名 称	获奖组织/个人
2012 年	区长质量奖	上海永大电梯设备有限公司
		石海云（上海飞航电线电缆有限公司总经理）
	区长质量奖提名奖	上海江河幕墙系统工程有限公司
2013 年	区长质量奖	毕强（上海生农生化制品有限公司董事长）
	区长质量奖提名奖	延锋伟世通汽车电子有限公司
		上海开元企业经营管理有限公司
		韩峰［蒂森克虏伯电梯（上海）有限公司原总经理］
2014 年	区长质量奖	上海来伊份股份有限公司
		陈洪凌（上海保隆汽车科技股份有限公司董事长）
	区长质量奖提名奖	阿克苏诺贝尔太古油漆（上海）有限公司
2015 年	区长质量奖	上海昊海生物科技股份有限公司
		陈成剑（正泰电气股份有限公司总裁）
	区长质量奖提名奖	上海旭福电子有限公司
2016 年	区政府质量奖区长质量奖	上海临港松江科技城
		孙江燕（上海新阳半导体材料股份有限公司副董事长、总工程师）
	区政府质量奖质量金奖	上海飞科电器股份有限公司
		上海余天成医药有限公司
	区政府质量奖质量创新奖	正泰电气股份有限公司
		上海保隆汽车科技股份有限公司
		豪威半导体（上海）有限责任公司
		上海形状记忆合金材料有限公司
		库卡机器人制造（上海）有限公司
		上海市高桥电缆厂有限公司
		蒂森克虏伯电梯（上海）有限公司
		上海扬盛印务有限公司

续表

年份/届次	奖 项 名 称	获奖组织/个人
2017年	区政府质量奖区长质量奖	库卡柔性系统（上海）有限公司
		刘会平（中饮巴比食品股份有限公司董事长）
		张友良（上海市松江区水厂良种场场长）
	区政府质量奖质量金奖	龙工（上海）机械制造有限公司
		上海超硅半导体有限公司
		上海巨昂投资有限公司
	区政府质量奖质量创新奖	上海创远仪器技术股份有限公司
		上海辰竹仪表有限公司
		真诺测量仪表（上海）有限公司
		上海欣诺通信技术股份有限公司
		上海昌强工业科技股份有限公司
		上海尚实能源科技有限公司
		理想晶延半导体设备（上海）有限公司
		上海友邦电气（集团）股份有限公司
		上海花冠营养乳品有限公司
第七届	区政府质量奖区长质量奖	柯马（上海）工程有限公司
		施永雷（上海来伊份股份有限公司董事长）
		吴剑英（上海昊海生物科技股份有限公司总经理）
		马金忠（上海市第一人民医院骨科主任）
	区政府质量奖质量金奖	上海丽人丽妆化妆品股份有限公司
		上海天马再生能源有限公司
		中饮巴比食品股份有限公司
	区政府质量奖质量创新奖	上海回天新材料有限公司
		上海诺雅克电气有限公司
		上海润米科技有限公司

续表

年份/届次	奖 项 名 称	获奖组织/个人
第七届	区政府质量奖质量创新奖	上海雅氏鞋业有限公司
		上海邦中高分子材料股份有限公司
		德马吉国际展览有限公司
		聚威工程塑料（上海）有限公司
		东陶（上海）有限公司
		上海纽贝滋营养乳品有限公司
		上海华硕精瓷陶瓷股份有限公司
第八届	区政府质量奖区长质量奖	庄信万丰（上海）化工有限公司
		王龙钦［上海松林食品（集团）有限公司董事长］
		王竹平（上海辰竹仪表有限公司董事长兼总经理）
		曾文礼（上海奔腾电工有限公司总经理）
	区政府质量奖质量金奖	上海保隆汽车科技股份有限公司
		晋拓科技股份有限公司
		上海宏力达信息技术股份有限公司
	区政府质量奖质量创新奖	上海生农生化制品股份有限公司
		上海市松江区血站
		汤始建华建材（上海）有限公司
		贵研中希（上海）新材料科技有限公司
		云汉芯城（上海）互联网科技股份有限公司
		上海百力格生物技术有限公司
		上海恩梯恩精密机电有限公司
		锐奇控股股份有限公司
		上海宝鸟服饰有限公司
		上海比亚迪有限公司

青浦区区长质量奖获奖组织及个人名录

届次	奖 项 名 称	获奖组织/个人
第一届	区长质量奖	上海熊猫机械（集团）有限公司
		喻会蛟（圆通速递有限公司董事长）
第二届	区长质量奖	国家会展中心（上海）有限责任公司
		龙吉生（上海康恒环境股份有限公司董事长）
	区长质量奖提名奖	书香门地集团股份有限公司 ［原名称：书香门地（上海）美学家居股份有限公司］
		上海沪工焊接集团股份有限公司

奉贤区区长质量奖获奖组织及个人名录

年份	奖 项 名 称	获奖组织/个人
2009 年	第一届区长质量奖	上海超日太阳能科技股份有限公司
2010 年	第二届区长质量奖	上海伟星新型建材有限公司
2011 年	第三届区长质量奖	上海天阳钢管有限公司
2012 年	第四届区长质量奖	上海亚虹模具股份有限公司
	第四届区长质量奖提名奖	上海科勒有限公司
		上海泛微网络科技股份有限公司
2013 年	第五届区长质量奖	伽蓝（集团）股份有限公司
	第五届区长质量奖提名奖	上海恒业分子筛股份有限公司
		上海福克斯波罗有限公司
2015 年	第六届区长质量奖	上海凯宝药业股份有限公司
	第六届区长质量奖提名奖	上海通用风机股份有限公司
2017 年	第七届区长质量奖金奖	上海水星家用纺织品股份有限公司
		菲林格尔家居科技股份有限公司
	第七届区长质量奖卓越个人奖	陈瑶（上海德朗能动力电池有限公司总经理）
	第七届区长质量奖银奖	上海市奉贤中学
		能率（中国）投资有限公司
		上海晨冠乳业有限公司
	第七届区长质量奖创新成果奖	上海市奉贤区教育学院附属实验小学

续表

年份	奖项名称	获奖组织/个人
2019 年	第八届区长质量奖金奖	上海和黄药业有限公司
		上海奉贤发展（集团）有限公司
	第八届区长质量奖银奖	上海益中亘泰（集团）股份有限公司
		上海市奉贤区实验中学
		上海创元化妆品有限公司
	第八届区长质量奖卓越个人奖	刘敦银（菲林格尔家居科技股份有限公司总裁）
	第八届区长质量奖创新成果奖	上海德驱驰电气有限公司

崇明区区长质量奖获奖组织名录

届次	奖项名称	获奖组织
第一届	区长质量奖	上海超诚科技发展有限公司
	区长质量奖提名奖	上海万禾农业科技发展有限公司
		上海建科工程咨询有限公司
		上海明珠湖肉食品有限公司
第二届	区长质量奖	上海东鼎钢结构有限公司
	区长质量奖提名奖	上海华宇西红花种植专业合作社
		上海瀛庙果蔬专业合作社
		上海泓济环保科技股份有限公司